中国近代法观念的域外谱系

晚清民初法学译文选编

杜宴林　姚远　主编

THE FOREIGN GENEALOGY OF
MODERN LEGAL IDEAS
IN CHINA

法律出版社 LAW PRESS·CHINA
北京

图书在版编目（CIP）数据

中国近代法观念的域外谱系：晚清民初法学译文选编／杜宴林，姚远主编. -- 北京：法律出版社，2024.
ISBN 978 -7 -5197 -9682 -2

Ⅰ. D909.9 -53

中国国家版本馆 CIP 数据核字第 2024ZB0599 号

中国近代法观念的域外谱系
——晚清民初法学译文选编
ZHONGGUO JINDAI FA GUANNIAN DE YUWAI PUXI
—WANQING MINCHU FAXUE YIWEN XUANBIAN

杜宴林
姚　远　主编

责任编辑 孔明林
装帧设计 李　瞻

出版发行 法律出版社
编辑统筹 学术·对外出版分社
责任校对 王　丰　郭艳萍
责任印制 胡晓雅　宋万春
经　　销 新华书店

开本 A5
印张 15　　**字数** 382 千
版本 2024 年 12 月第 1 版
印次 2024 年 12 月第 1 次印刷
印刷 北京虎彩文化传播有限公司

地址：北京市丰台区莲花池西里 7 号（100073）
网址：www.lawpress.com.cn
投稿邮箱：info@lawpress.com.cn
举报盗版邮箱：jbwq@lawpress.com.cn

销售电话：010 -83938349
客服电话：010 -83938350
咨询电话：010 -63939796

书号：ISBN 978 -7 -5197 -9682 -2　　**定价**：79.00 元

凡购买本社图书，如有印装错误，我社负责退换。电话：010 -83938349

编 者 序

此次编选计划的最初构想，来自我们对改革开放以来的晚清民国法学资料整理的观察，以及加快构建中国法学自主知识体系文明根基的认识。约从 1979 年出版《清末筹备立宪档案史料》（上下卷，故宫博物院明清档案部编，中华书局）以来，在各方面力量的支持下，相关工作持续推进，成果蔚为大观。就编辑出版方式而言，现有成果可以大致分为：(1)简体点校本，例如“二十世纪中华法学文丛”（中国政法大学出版社），以及散见于“中华现代学术名著丛书”（商务印书馆）的法学经典；(2)原版影印本，例如散见于“民国丛书”（上海书店，五编共计 1126 种）、“民国专题史丛书”（河南人民出版社）、“民国西学要籍汉译文献”（李天纲主编，上海社会科学院出版社）、“中国法制史丛刊”（冯学伟主编，北京燕山出版社）的近代法学著作。就具体资料类型而言，可以大致分为：(1)法学论著，例如“华东政法学院珍藏民国法律名著丛书”（何勤华、殷啸虎主编，中国方正出版社）、“民国·比较法文丛”（11 部，何勤华主持，商务印书馆）、《法意发凡——清末民国法理学著述九种》（程波点校，清华大学出版社）；(2)法学译著，例如“中国近代法学译丛”（何勤华主编，中国政法大学出版社）；(3)法律条文，例如《新译日本法规大全》（11 卷，何勤华主持点校，商务印书馆）、《大清新法令（点校本）》（11 卷，上海商务印书馆编译所编纂，何勤华主持点校，商务印书馆）；(4)讲义和笔记，例如“清末民国法律史料丛刊”中的《京师法律学堂笔记》（22 卷，何勤华主编，上海人民出版社)和《朝阳法科讲义》(28 卷,李秀清、陈颐主编上海人民出版社)、《法政速成科讲义录》(11 卷,李贵连、孙家红主编,广西师范大学出版社);(5)个人文集,例如“东吴法学先贤文丛”(艾永明主编,法律出版社)、“朝阳大学先贤文集”(冯玉军、郑爱青主编,法律出版社)、“汉语法学文丛”(清华大学出版社)、“同济法学先哲文存”(蒋惠岭主编,商务印书馆);(6)司法档案,例如《龙泉司法档案选编》(五辑共计 96 册,包伟民、傅俊主编,中华书局)、《民国时期江苏司法档案辑录·法官卷》(60 卷,江苏省档案馆、南京师范大学法学院编,国家图书馆出版社);(7)法学工具书,例如“清末民国法律史料丛刊”中的“法律辞典”(5 卷,李秀清主编,上海人民出版社);(8)专题史料集成,例如《清末法制变革史料》(上下卷,怀效锋主编,中国政法大学出版社)、“清末立宪运动史料丛刊”(胡绳武主编,从属于“国家清史编纂委员会·文献丛刊”,山西人民出版社);(9)报刊文章汇编,例如《西法东渐:外国人与中国法的近代变革》(王健编,译林出版社)、《民国法学论文精萃》(6 卷,何勤华、李秀清主编,法律出版社)、“东吴法学先贤文录”(胡玉鸿主编,中国政法大学出版社)、《日本法学博士与近代中国资料辑要(1898—1919)》(史洪智编,上海人民出版社)。

总的来看,汉译资料的整理明显弱于本土资料的整理,而在汉译资料之内,期刊文章的整理(集中于前述第 9 类文献),又明显弱于专著的整理。这的确是很有意思的事情,某种意义上也呼应了当前我国高校的成果认定偏好,但当年法学译文的引介价值的确不容忽视。

一般说来,重要刊物对法学译文的大力支持,代表着一种沉潜汲取世界法治文明优秀成果的态度。诚然,一些晚清民初学人在从事翻译活动的时候,或多或少带有“中学为体,西学为用”甚至“全盘西化”的意思。但是,“我们判断一个人不能以他对自己的看法为根据,同样,我们判断这样一个变革时代也不能以它的意识为根据”。[1] 以世纪为单位的长时段考察让人们有充分理由得出结论：无论就术语传统抑或思考路径而言，当代中国法学的发展、繁荣都离不开近代知识分子曾经付出的艰辛努力，都从其心血中受益良多。

为了全面赓续近代法学汉译脉络，激活被尘封百年的知识和讨论，深刻认识近代学人的语言功底和对域外法律世界的把握，我们编选了摆在读者面前的这本文集。需要说明的是，这是由于客观限制而割舍百万字已编校文稿之后重新辑录的结果。其中，收有晚清民初法政期刊上的41篇或长或短的译文，以及2篇格言附录。相较于更加晚近的知识引介阶段，早期法学译者被中日两国“双向奔赴”的大势所裹挟，所据底本多为日语文献，兼顾其他世界主要语种。

本书收录资料的发表时间上讫1901年，下至1931年，前后跨度长达30年，代表着西学东渐运动中的承上启下的关键阶段，话语系统悄然发生改变。作品主题覆盖法学理论、法律史、宪法学、民法学、刑法学、国际法学等数个法学二级学科，聚焦于具有一般学理意义的问题。许多内容系首次以简体中文形式呈现，构成前人整理工作的有益补充，两相叠加，完整地展示了中国近代法观念的域外谱系和创造性转化，也为法学翻译史的研究者和爱好者提供了重要一手资料。

吉林大学理论法学研究中心和南京师范大学法学院四海法学编译馆的一大批本硕学生曾投身于文稿的录入和校对，南京师范大学的公丕祥教授和李力教授、四川大学的刘昕杰教授等人先后对本书整理工作给予了无私帮助，法律出版社责编孔明林女士的编辑加工为本书增色不少，我们在此一并深表谢忱！以下是参加定稿阶段的研究生名单（按姓氏拼音排序）：迟峻炜、李星妍、彭宇轩、邵一龙、王思睿、韦宇、杨鸣、姚晓龙、张嘉妮、赵坤、赵梓宇。在

[1] 《马克思恩格斯文集》第2卷，人民出版社2009年版，第592页。

本书编校过程中，大家的辛勤劳动为本书最终顺利问世奠定了基础：(1)改原文的繁体字为简化字、标注通假字；(2)改原文的竖排版式为横排版式，将词句中的"如左""右述"等相应改为"如下""前述"；(3)遵循现代标点用法为原文修改或添加标点；(4)通过题注说明文献出处，通过编者注说明翻译和编辑问题；(5)直接修订原文的中外文拼写错误。

是为序。

杜宴林　姚　远

2024年6月10日

目　　录

Contents

各国国民公私权考*

井上毅 著

一、绪　论

国之原质为何？曰国土与国民是已。国民者，生活于国土之上，而为组织（联合成立之意）国家之一分子是也。生活于国土之上，而为国家之一分子。此等之人，即应享有此国臣民之权利，与服从此国臣民之义务，此定则也。

一国臣民之权利，可分为二种。一曰公权，一曰私权。

公权与私权之区别何在？第一，私权者，指人民各营其生活而得之权利，所谓私益上之权利也。公权者，指社会中之一人，参预（与）公共事务而得之权利，所谓公益上之权利也。故私法大抵以民法规定之，而公法大抵以宪法及其他国法规定之。第二，私权者，为人民一身一家之计，故除明文禁止之外，外国人亦得许其享有。公权者，为一国公民专有之特权，非外国人所得预（与）闻。第三，私权者，人人享有，无男女老少之别。公权者，必有公民资格之人，如成年以上之男子，及未受刑法之剥夺者，始得享有。由此三者，公权私权之区别，其大略可知矣。

以上所述各种公权，指社会成立以后，宪法或其他国法法律所认定者。故宪法与国民之公权，尤有密切之关系焉。

---

* 原载《译书汇编》1901 年第 8 期。

试征之各国法典,法国民法第七条云:私权之行用,与公民之身分(份),无所关系。公民之身分(份),由宪法而得之,盖所谓公民身份者,即享有公权之谓也。其后一千八百八十九年,公布国民身份法。民法第七条改正如下云,私权之行用,与公权之行用,无所关系。公权者由宪法与选举法而得之。

英国一千八百七十年归化法(入籍法,凡甲国人入乙国籍者,谓之归化)第二条第一项云:外国人于一切财产及相续权(受领遗产,谓之相续)许其享有。其第二项又云:本条所载,若官吏或议会与地方之特权,外国人无享有之资格。由此观之,未归化之外国人得与内国人同享私权,而不能同享公权。读以上条文,公权私权之区别,可判然矣。

公权者,欧人称之曰公民权(法语 Droit civil、德语 Staatsburgerrecht),或曰政权(法语 Droit politique)。法国学者,政权之外,加以各种特权(如发行新闻权,及结会权等类),谓之公民权。德国有分政权与公民权为二,而特以政权属于内国人者(按《巴华里宪法》第四章第一条云:巴华里之一切公民权及公权私权,其得完全享有者,以有本国人资格为限。本国人之资格,或由出生、或由归化而得之。据晓子耳之说云:外国人得与内国人受同一之保护者,惟私权为然,其公民权,如营业权之类,外国人亦得享有,独至公权,则内外人未有可以同等者,故外国人不得有何种政权焉。)又有于公民权中,分广狭二义者。又有分公民权与国家公民权为二者,其说不一。然此不过命名不同,至于以政权为本国人之特权,则其主义一也。雪而楷氏云:普国惯习,泛称本国人曰公民,由狭义言之,公民者,谓遵守宪法,参预(与)国政,而有执行政权之权者也。故公民以本国人为限,而尤以男子成年行状无失为要,有此资格者,始得为公民,而有参预(与)国政之公民权,法人则名之曰政权。公民权之最重者,第一,参预(与)代议之事,即有选举及被选之权。第二,参预(与)裁判权之事,即陪审及充当裁判僚属之权。第三,据法律之规定,而为各种官吏之权。第四,参预

(与)自治之权是也。此说简而易悉,足备参考焉。

公权之名不一。德语所谓“Öffentliches Recht”或以为合政权与公民权而并称之,迈尔氏则以为即政权之别称(见前巴华里宪法)。法语所谓“Droit publique”或以为指科学上政法门者有之,或以为公民权之外,指宪法所载臣民之权利者有之。(如所有权及身体自由权等类,均包括在内。)本编所谓公权者,据日本刑法所载,即公民权是也。法语所谓“Droit civil”、德语所谓“Staatsburgerrecht”即系此语。恐读者误解,故于兹特申明之。

日本刑法,当宪法未立以前,已有剥夺公权之刑名,此立法上消极之作用(消极者,犹言阴极无之谓也,与积极相对,积极者,犹言阳极,有之谓也。),始有公权私权之区别。兹引鲍沙那特刑法注解之说如下以资参考焉。“民法权者,除特例以外,即外国人亦得享有。故民法权者,即私法权也。公权反是,公权为国民所特有,此著之明文者也。公权者,由权利之性质言之,为国民之固有物,无论何国,虽立法宽厚,而亦不能假手与外人也。”

二、私　权

内外人公权私权之关系,单就性法上论之,固无不可。然参照各国惯例,有属乎交际法者。其古今之沿革,及其现行之大概,亦宜略述。兹于说明公权之前,请先示私权之要略焉。

古罗马时代,虽属私法,凡本来之罗马人,与征服之外国人,其间亦有区别。本国人所享之权利,名曰市民权(Jus civitas),非外国人所得共有。外国人之权利,有所制限。于特别之区域以内,普通认许之权利,名曰人权(Jus Gentium)。凡此两名,即今日总称为私权者也。

考之旧史,欧洲上古草昧时代,外国人之名称与敌人无别,故或称之曰漂泊人,又曰贱人。置之法度之外,禁与内国人贸易结婚。其后稍开化,外国人亦得享有人权。而其区域尚极隘狭,往往科以重税以掊克其资利,又赠遗及相续(解见上),不得以财产相授受。若死于其国而无子者，不问名义如何，即没为共产，隶于君主。名曰治外民之特权，以此为富殖君家之一方法焉。

自封建变为王国之后，外国人之待遇，仍极苛虐。迨其后各国交际渐密，始稍重招来外国人之意。德墺两国，始由联邦条约，废外民财产没取权。法西两国，由一千七百六十一年之条约，取国际交互之主义（国际交互者，两国视相待之薄厚，互相交换之谓），遂亦废之。法国与英国，由一千七百八十六年十一月二十六日之条约，不待交互主义。凡英国人民在法国者，许其置有财产及相续权。又法国与俄国，由一千七百八十七年之条约，亦废财产没收权。至一千七百八十九年，法国大革命后，复大倡博爱主义，其翌年国民会议宣言曰：外民财产没收权，于万国同视四海兄弟之主义，大相乖戾，此惟野蛮时代则有之。今日以人权为基础，建立宪法之国，非禁绝此风不可。自由之法国，宜广开国土，使地球上各邦人民，享有人生固有之权利，而怀来之。自今以往，所有治外民之特权，与财产设取权，宜永远废止云。

普国法典，凡外人在普国住居及营业者（经商者），照所在地之法律，以定裁判（凡则第三十四条），又外人由法律许可营业者，除违法之外，普国人民享有之一切权利，亦得享有（凡则第四十一条）。若外国于一切外人，或特于普国人民，发不利之法令，而故意有不当之处置者，普国于外国人民，亦得夺其应有之利益（凡则第四十三条）。巴华里国民身分（份）法中，一千八百一十八年之敕令云：凡外人在巴国者，得享有巴国及其属国之国民私权（第十六条）。若外国法律，或特别之处分，对乎巴国人民，不由普通法律，与以国民应有之私权，则其国人民在巴国者，巴国亦得照例待之（第十七条）。范腾排而国，凡关乎相续之事，以交互主义为准，若外国无同一之规定者，则外国人在其国者，不得有不动产（财产有动产不动产之别，凡钱物等可携取者，谓之动产；其他若土地房屋之类，谓之不动产）。故由赠遗或相续而得之不动产，必经二年以内之协议，或由裁判所之干涉，仍使归之于本国人，著为定例。惟外国人得住居国内之许可，及由政府特许具有不动产者，不在此例。墺国民法，外国人除特别明文外，得享有国民同等之民法权，与服从同一之义务。若外国人与内国人享有同等权利，因之而起疑问者，以墺国人在外国者，亦有同等之规则为准（第三十三条）。英国自占有居住特许之法，凡已得特许者，许其有不动产，其他之外国人，虽宪法宣告商贾之自由，仍不得有不动产。据一千八百四十四年之法律，外国人以二十一年为期，得租赁土地家屋，而收受其利益。其后一千八百七十年之法律，凡外国人始得与英国出生臣民，由同一之方法，置有一切动产不动产，而收受其利益。又一切动产不动产之权利，英国出生之臣民，得遗其子孙享有之，外国人亦得据同一之方法，而享有相续之权利，著为定例焉（第三条）。

法国首废外民财产没收权，前既已述之。及革命以后一千七百九十一年之敕令第三条云：外人虽住居法国以外，其由在法国之亲属，或亲属之法人，所得一切遗产，有相续之能力，又得据法律所定之方法而处分之。其后制定民法，其第十一条云：革命时博爱主义之反动力，外国与法国所结之条约，采国际交互之主义。外国人之权利，照外国于法人所授之私权，法国亦得使之享有。据讲民法者之说云：外人住居法国以外者，虽得据法律之明文，享有应得之权利，而明许之外，其他一切之民法权，不在此例（笛毛龙白氏之说）。近时说者（华来脱氏及特孟其氏）又云：外国人除法律明文所禁之外，得有一切之民法权。由甲之说，以禁止为凡例，而以认许为特例。由乙之说，以认许为凡例，而以禁止为特例，其主义正相反对。而近时制法者，若伊太利（意大利）民法及白耳义民法，大率采用乙说。一千八百六十六年伊太利民法第三条云：外国人于一切国民权，许其享有，此明证也。法国一千八百一十九年七月十四日之法律，复废民法第七百二十六条及第九百十二条之关乎交互主义者。纯用内外人同视之博爱主义，此其现行法也。其他一千八百零八年一月十六日之敕令，外国人在法国者，得有银行股票之权利（第一章第三条）。一千八百一十年四月二十日之法律，不同外国人之归化与否，及其结社或独立营业（谓经商资本，悉由已出不招他人股份者），皆得有请求开矿之权利（第三章第二节第十三条）。是年二月五日之敕令，外国人得有著作之版权及让与权（第四十条）。一千八百五十三年三月二十八日之法律，外国人许其以金银寄存金库。一千八百四十四年七月五日之法律，外国人得有发明之专利权。一千八百五十七年六月二十三日之法律，外国人在法国者，所有工商业之建造物，其制造标记（牌号），得与法国人之标记，受同一之保护（第二章第五条），其据条约有交互之约束者，亦得受同一之保护（第二章第六条）。土耳其于一千八百六十七年公布法律云：凡外国人遵奉土国之法律命令者，得与本国人民，同享不动产之权利。据查耳恩脱恩之说云：不问土耳其人与归化人，于住居本国外之外国人，不得以遗嘱授以财产焉。

丁抹所定私权，待外国人与本国人，毫无区别，亦无其他要款。外国人得由亲属之丁抹人，而相续其所有财产。

瑞典及挪威，均采国际交互之主义，以为立法之准。

白耳义一千八百六十五年四月二十七日之法律，与法国一千八百九十年之法律，同一条文。

俄罗斯于一千八百六十年，外国人许其有不动产所有权。近年有数处地方，于外国人之权利，制限颇严。

荷兰一千八百六十九年四月七日之法律，凡不动产之处置，及享有其利益，外国人与本国人一例云。

瑞士各联邦，其立法各殊。或有取交互主义者，或有取内外人同一主义者。

海梯（海地）国民法第五百八十七条，凡外国人于不动产，不得相续。

北美合众国，各邦大都以外国人不得由相续及遗嘱，享有不动产为原则。一千八百四十六年，与纽格拉会大所结条约，及一千八百五十年，与沙恩沙而华特尔所结条约。两国人民，得由卖买享有动产及不动产之权利，及不问遗嘱之有无，相续此等财产之权利

(据查耳恩脱恩之说)。

然合众国议院,于一千八百八十七年三月,议决合众国直辖领土内外国人不动产制限法,其要款如下。

第一条 合众国外之民,与有为合众国民之意思,而未照法律宣言者。又会社(公司)不遵守合众国各邦及领地之法律者,除经裁判上之判决,抵还从前债务,应当收受之外,嗣今在合众国领地及科伦坡地方,不得置有土地,及收受其利益。惟据现行之条约,外国人民,于合众国领土以内,得置有土地及处分之权利者,不在此例。俟条约期满之后,仍照此例禁止。

第二条 凡会社股票,非二成以上,为合众国人民所有者,嗣今于合众国领地,及科伦坡地方,不得置有土地。

第三条 凡会社非建造铁路,开凿运河,及创设转关路者(凡道路设立关门,收取行人路费,谓之转关路),于合众国领土以内,一会社所有土地,不得逾五千曈(合中国三百余里)。其会社有铁路运河及转关路等之事业者,除合众国国会法律许可之土地外,视其相当之事业,不得有无用之土地。

第四条 凡违背本条例者,其所有土地,悉行没收,由司法总官实行之。

以上所述,古今之变迁,可以概见。不动产之所有权及相续权,各国于外国人,犹有未尽许者。然若中古时故意压抑外民之制度,则已绝迹于今日,此亦历史上之古事谈也。

今日各国对乎外人之制限,非无其例。如法国凡外国人为原告,诉于裁判所者,其裁判结后之赔偿费,必先立保证人,或先纳保证金若干。又避倒产之宣告,以财产付于债主之权。民法一千二百六十八条揭载之。而诉讼法第九百零五条,于外国人仍禁之之类是也。又各国凡属于本国之船舶,禁外国人管有(德国一千八百六十七年十月二十五日之规则,英国一千八百五十四年之条例,西国商法第五百八十四条,合众国一千八百九十二年十二月三十一日及一千七百九十三年二月十八日之法律,法国一千八百四十五年六月九日之法律,凡所有权一半以上属于法国者,许其有法国船之资格。伊国法律,凡伊国之船舶,三分之一以下,可以属于外国人)。著述及美术之特许(专利权)与商标(牌号)之保护,均不得属于外国人。惟各国之间,有交互之条约者,两国人民,始得享有之。如一千八百三十三年,法兰西、白耳义、西班牙、孛拉齐尔、筋笛妈拉、伊太利、荷兰、葡萄牙、沙而华特耳、塞而皮、瑞士等十一国,缔结工业权之条约,英吉利、伦泥齐、爱加而偷耳、三国,亦加盟焉。凡盟约国之人民,互得工业上权利之保护,设事务局于瑞士,政府之监督,使执行事务,其实例也。

由是观之,私权无内外人之别,固近世文明之美举。然各国各有自护权,为国际法所承认。如警察法中,凡危害之外国人,无论何时,可以使之退出境外,由警察员押送之,此各国之所属行者也。兹姑不详论焉(白耳义于危害之外国人,使之退出境外著为法律云)

三、公　　权

公权者,由宪法及其他国法,专属于本国公民之权利,外国人所不得享有。所谓本国公民权是也,故外国人欲得公权者,必遵法律所定,得归化之许可,而后始得臣民之身分(份)焉。

考之欧洲,罗马之初,凡公民得公权者,惟一都府之绅士有之。若一都府之特权者然,其后始以公民之名称。为对乎外国人而言,凡本国人有法律上之资格者,皆得有公权焉。

公权之种类甚多。第一,被选议员之权。第二,选举议员之权。第三,任官之权。第四,参预(与)自治之权。此皆普通所谓政权者也。此政权之外,又有陪审及参审权,代言人(律师)及公证人之权,新闻纸发布之权,政社结合之权,遗言书公证之权,仲裁人(调停人)之权,侩官之权,各国大都著之法律。公民权禁外国人之享有,惟各种之附属权利,或有许其享有者。至于政权,则立宪国无有与外国人者,此原则也。今试逐一说明之。

第一,上下两院议员被选之权。现今各国,无一国许外国人有者。且即普通归化之外国人,非经大归化之允许(凡归化有大归化小归化之别,大归化得有政权,小归化则无之),及已逾一定之期限者,仍不得充两院议员。白国取大归化之法。美国凡归化之外国人,充当上院议员者必经九年以后,下院议员者,必经七年以后。法国一千八百一十四年之敕令及一千八百四十九年之法律,凡归化人非有大功于国家,得归化之特许者,不得有被选权。一千八百六十七年废之,一千八百八十九年复定法律云:凡归化许可后非经十年,不得为立法议员。惟以特别之法律,此期限得缩短为一年。匈牙利一千八百七十九年之法律,除有大功于国家者,归化后非经十年,不得为国会议员云。

第二,选举两院议员之权。此亦与被选权同。惟英国于外国人有居住特许权者,得与选举,乃一变例,此由未布归化法以前所定。盖一千八百七十年以前,以居住特许法代归化法,凡得特许者,可以得英国人权利之半云。其他县会邑会选举之权,无有与外国人者。毛里斯孛洛克云:无论何国法律,非本国国民,其有参预(与)政事选举权者,未之有也。

第三,任用官吏之权。凡官吏有三种。其一,由直接国权之委任,执行命令一部之官吏。其二,辅助官吏。其三,一时佣雇官吏(据万尔氏之说)。其第一类官吏,各国任用之道,尤为慎重。英国于一千七百零一年有所谓殖民条例者(Act of Settlement)。其第五条云:嗣后凡于英伦、苏格兰、爱兰各王国,及王国属地之外出生者,虽已归化,其归化人之父母,除为英国人外,不得为枢密议官,与两议院之议员,及其他文武有责任之官职。此条条文,自一千八百七十年归化法发布以后,仍有效力与否,学者之说虽不一,而归化法第二条云:外国人不得与以官吏之权,则固明言之矣。白耳义于归化法中,分为大归化与普通归化(上所谓小归化)二项。普通归化人,非得大归化之允许,不得为大臣(宪法第八十六条及归化法)。葡国及瑞典,凡外人虽已归化,不得任执政及参议官(葡宪法

第一百零六条及第一百零八条、瑞政府组织法第二十八条)。由是观之,凡枢要之职务,均不得任。西班牙凡未归化之外国人,不得行裁判权及行政权之职务(宪法第二条第二项)。巴华里除本国人及外国人遵照宪法归化者之外,不得享有王室高等官,政府文武高等官,及侩官之爵禄(宪法第四条)。凡此皆规定官吏有职权者之任用,而不禁归化人者也。其他澳国国民宪法第三条云:凡国民均得为官吏。外国人有官吏许可者,以得公民权为准。丁抹宪法第十七条云:非有公民权者,不得为官吏。凡此又为国家官吏有职权者规定也。其第二类官吏,职权稍轻,据各国特别之规定,凡应特别之需用者,外国人亦得任之。荷兰宪法第六条云:凡荷兰国民,均得为官吏,外国人除照法律条款外,不得任为官吏。而一千八百五十八年之法律,复列举可以任用外国人之地位,即第一,领事。第二,公使馆领事馆之书记官及翻译官。第三,学校校长、教师及议员。第四,电信局官吏。第五,兹汽工厂官吏。第六,矿山官吏。第七,仓库官吏。第八,兵器检查官。第九,造弊局印刷局雕刻师。第十,各官衙雕刻师,是也。白耳义宪法第六条云,凡德意志及白耳义人,均得任文武官吏。惟有特别之地位,为法律所定者,不在此例。而一千八百三十一年九月二十二日之法律云:与荷兰战争之中,政府得采用外国士官。瑞典政府组织法第二十八条云:凡王国官吏,由国王之命存记者,不问其高等下等,所有瑞典出生之国民,其任命升叙之权,属于国王,而由参议院行之。国王由主务官厅(犹行该管衙门)之奏请,凡器能卓伟信奉新教之外国人,得任用为大学之教授,与文学技术制造、美术、医科各学校之教授及职员,惟不得任大学之神学教授。普国素有统一德意志全部之志(是时德意志联邦,尚未成就,各邦各以外相待),故一千八百四十八年,当制定宪法时,其上院第四条,仿白耳义例,加入普国人一语。当时有提议修正者,而院议以为开使用外国人便利之门,故遂未行,此当时之情势然也。然据一千八百七十年六月一日德意志法律第九条,凡以外国人为官吏时,其任用状,即作为归化证状,故应得本国人之权利,及负其义务,盖归化之例也(俄国亦从此例)。且其使用之法,仍以次等官吏为限。至上所述第一类官吏,仍未见其例焉。若第三类官吏,以技艺学术器械工业等事,一时雇佣之人员,或属乎书记之属员等类,各国大抵得随意使用外人,不必归化。或由内阁会议,或由一省长官之意见,使其人矢诚实奉职之誓,即可任用,以为常例。据廖恩乃氏之说,德意志一千八百七十年之法律第九条,其所谓任官者,乃久任之谓。至一时或一定期限之任用,与随时解任之职务,不在此条之列。又据白耳义脱泥生氏之说,大学中学之教师、议院之速记者,及各省地方厅之书记,可以使用外人,盖此不过为国家官吏之助手(犹言帮理)而已。日本刑法注释者(鲍沙那特氏),于刑法第三十九条关乎公权剥夺之款,其解释如下云:国家官吏与属员之区别,颇非难事。国家官吏者,委任国权之一部者也,就其职权之范围及其性质而言,于国民之行为,有命令禁止与许可拒否之权。且国家官吏者,又必不受政府之给料(犹言佣金),反之属员则常受给料。其对乎国民,无政府代表之关系,不过为国家被辅助之勤劳而已。各省及其他大部局,未有无属员者。日本以属员与国家官吏,固称为官吏,不得谓得其当也。

以上所述,就官吏之位置差异,而任用之制限,亦有宽严之别。惟裁判官一项,于官吏之位置若何,颇者足论者。盖裁判官者,以主权者之名,执行国权之一部,人民司直之父也。故宪法上必使之终身其任,以期资格之完全,且必以法律定之。又凡国内臣民,均有受裁判官裁判之权利,法律上亦证明之,故假使外国人得执裁判权,决非立宪主义所得许可者也。不但此也,即陪审参审公断人,及其他裁判附属之公吏等类,亦必以内地公民为限。即如俄国者,宪法未行之国也,据其一千八百六十四年之裁判法,凡任裁判官者,必俄国人民,由大学法科卒业,经试业及修习之年期者,始得承充,亦一例也(据翟梦平氏之说)。

今再就陆海军士官论之,以备参考。凡从事陆海军者,既以身为牺牲,任国家最大之义务,故各国或有不必归化,亦得任用者。

又各国归化法中,大半于陆海军士官及从事兵伍者,不著定例。听其人之意向,使得有人民之身分(份),以为通例(美国一千八百七十三年归化法第二千一百六十五条)。盖外国人既无公权,又无服兵役纳兵税之义务。故以其人自己之意就兵役者,则与以一部之公权,亦报酬应有之义也。然司令之重务,仍不得任之。瑞典政府组织法第二十八条云:国王得任用材(才)干伟绝之外国人,授以军职,惟不得任城塞司令官。此其证也。

第四,参预(与)自治制之权。此为公民权最重之部。英国凡外国人及受公费之救助者,不得登载邑公民簿。其他德意志各国,无不有此例者。

陪审之权,白国与议员同例,以大归化人为限。法国一千八百七十二年十一月二十一日之法律第一条云:凡未满三十岁者,不得有政权民权及亲族权,并不得充陪审之职。其所参预(与)之有罪宣告,仍归无效。其他各国,大抵相同。美国凡外国人亦无陪审选举与就官之权。俄国虽裁判构成法,未经完备,而充当陪审者,亦以俄国人民,自二十五岁起至七十为止,二年以上,住居于管辖区内者为限。德国不但陪审之职,即裁判所参审之职亦然。其裁判构成法第三十一条云,参审员为荣誉职,故以德意志人为限。与第八十四条陪审之规则同。英国桥其第四世时定例云:凡外国人之刑事裁判(裁判有民事刑事之别,凡财产等案属乎民事,人命等案属乎刑事),由原被告之请愿(凡人民有所求于政府,谓之请愿),得以通外国语者之半数,设特别陪审。其后一千八百七十年复定归化法,据其第五条,此例作废。外国人不得由特别陪审,有审判之权利。悉视英国人民同一之方法为准,著为定例。埃及于外国人刑事裁判,参审四名,陪审十二名,得用外国人,由被告之请求(与请愿意略同),其参审及陪审之半数,得用被告之同国人。波斯及都尔其余外国人之诉讼,与外国领事会同审问,凡此皆混合制度。非立宪国司法构成之原则,不得谓之善法也。

代言人与公证人之权,法国墺国,均有明文,以内国人为限。

据德意志一千八百七十八年代言人规则，凡本国人之资格，虽无代言职之明文，其实外国人由德国法律所定修学规程，而从事代言人之事务者，未见其例。加之德意志以代言人为官职之一，其一千八百七十年国民身分(份)法云：凡任代言人者，不得不作为德意志人。于此可见，惟孛龙须伐西国(德意志联邦之一)，凡在外国有代言人之资格者，视其需用，得于讼廷行代言之职，此为异例。英国以代讼人(solicitor)为公务之一。故其归化法第二条云，外国人虽不得资格，但辩护士(Barrister)乃一职业，故但凭法律会之许否，非必以本国人为限。惟英国讼廷执辩护之职者，必得英国 Barrister 之学位。其在他国所得者，不得预闻。美国凡外国人虽得行代言之职，而纽约及其他二三州地方，仍禁之云。

其他若新闻发布权、政社连(联)结权、政事集会权，法国墺国，均有明文禁之。其他各国，亦有任其自由者。今不一一列举焉(墺国一千八百六十七年结社法第三十条云：外国人及妇人与未成丁者，不得入政社。又是年集会法第八条云：外国人不得为集会之发起人及干事会长等。法国一千八百六十八年集会法云：凡集会必住居布邑之人，有私权政权者七名，联名提出)。

四、结　　论

以上所述，一国人民，得享有公权私权。而私权可使外国人通有，公权则以本国公民为限。读者于此，可以知之矣。

今再举其要论之。私权者，除民法特别制定条例外，为人民生存不可缺之权利，故凡生存于社会(犹言人群)者，无论内外人，均得享有。而公权者，由建国之国体而成立，故得平等参预(与)一国之政权公务者，必限于一国之人民。譬如参预(与)一会社(犹言公司)之事务者，必以其人列名会社名簿为限。若乙国人得参预(与)甲国之政权公务，则其国之成立，不分内外，为世界公共国家矣。公共国家而能存者，未有之也。

更就团体自治之点论之，一市之自治必其人于市内之繁盛安固,有密切之关系者也,故自治之要件,在一市之公民。商议其市之公事而辨理之(日本市制町村制实取其主义)。推至一国,亦一市之积而已。

夫外国之不得为高等官,此何故也?欲国家之文明幸福进步,而任用外国人,其能收效与否,彼解释白耳义宪法之脱泥生曾言之矣,今试引以为证。其言曰:凡国民不问其为何等种族,于外国人之执国务,无不禁之。往古之惯习,为今日宪法原则之胚胎者,其禁止尤严。在同一主权之下,非有特别交互之约束者。甲州之住民,不得任乙州之官职,一市一邑之吏员,惟其地之住民,始得选用,习为惯例云。

观以上所述,骤视之若出于利己排人之念,然细考之正非无理。盖一国之安宁独立,非其人与国家有连(联)结之系统,而与本国关系最切者,不能委之以扶持之任。故外国人非有利益之及忠义之实据可见者(归化之誓可为实据),不得任国政也。

以上所述之主义,可由国家成立之性法推得之。然立宪国规定国民之公权,故国家官吏,必以公民任之之义,大都著为明文。至专制国则于公权保护之道,未经明示。故法国革命前之理财大臣纳克耳氏为瑞士人,洛氏为苏格兰人。日本自中古以来,羡中国之文物,盛以输入汉唐风为事。当时隋唐之人来归者甚多,或赐以姓,或与以土田,待遇甚厚。然参谋帷幄,为顾问者则有之。未有任以枢要之官职者也。统观历史,如中国与土耳其者,殆无其例。此殆立宪主义,历史上足征者也。又况今日宪法,固已著为明文者乎。

法律学纲领*

户水宽人 著

一、法律学者何

罗马国之硕儒，乌罗毕奴士氏曰："法律学者，神事与人事，及正与不正之识别耳。"

此为士脱阿派哲学家主张之定义。故士脱阿派之学者，以此为至正至当之论。虽然今日以论法律学，亦难言之矣。就私见所及，所谓学者，万物组织之知识，所谓法律学者，即法律之过去、现在及未来之学耳。容于后段法律学之分类备述之。

二、法律学之分类

英国之大家，宾塞尔氏著一书曰：《道德及立法之原理》。论法律学，有二大纲。一曰说明的法律学(Expository jurisprudence)，一曰批判的法律学(Censorial jurisprudence)。一则说明既制之法律，一则论法律之如何制定。宾氏之说，洵足资学者之参考也。

德意志国之鸿儒，喇蒲泥制氏，二十二岁之时，即著法律学教授新法，区别法律学之种类，以备研究法律学之方法。文才卓荦，议论雄浑，先进诸公莫不叹服。

喇蒲泥制氏之书，分法律学为四，一曰教授的法律学

---

* 原载《译书汇编》1902年第2卷第1期。

(Jurisprudentia didactica);二曰历史的法律学(Juriprudentia historica);三曰解释的法律学(Jurisprudentia Exegetica);四曰辩论的法律学(Jurisprudentia polemica)等是也。

教授的法律学者,讲明法律语之定义,推定法律之大原。喇蒲泥制氏之偏重法律字义,盖其精于数字,好为探源之论。亦受阿利士脱派哲学之影响也。法律之类别,从来学者,往往崇尚油士季泥阿恩氏[1]之《法学阶梯》。喇蒲泥制氏,又取其书,批难而分论之也。

历史的法律学者,法律之历史,喇蒲氏有内外二者之别。今日德意志国之学者,著法律学历史,往往曰内纪,曰外纪,皆宗喇蒲氏之说也。法律之内纪,叙各国法律之规则;法律之外纪,溯法律之起由,以及政治宗教之关系也。

解释的法律学者,纯为法律注解是也,喇蒲氏亦别以二类,一则不拘法律成文之顺序,专论其原理;一则依法律成文之顺序,逐条解释以明之。

辩论的法律学者,法律之原理,及运用相关之理,尚为世间未决之问题。有时法律之不规则者,则取决于自然法(Jus Naturale)有时法律之规则者,则用比考类推之法。

按喇蒲氏自然法之说,恐不免入于误谬,试述吾简单之论。余于法律学分三者,曰法律之历史,曰现行法律之解释,曰法律哲学,是即过去、现在、未来之区别也。盖法律之历史,过去之相关也。现在法律之解释,现在事物之相关也。法律哲学,能左右未来之哲学也。以此对照喇蒲氏之说,非两歧也。盖法律之历史,即历史的法律学是也。现行法律学之解释,即解释的法律学是也。法律哲学,实该教授的法律学,及辩论的法律学之二者是也。喇蒲之说,略备于兹,然未尽学术之蕴也。

法律之历史,有实纪与沿革之别,而实纪中又有内外之别。但

[1] 即优士丁尼。

欧洲语言中,仅有历史之称,无实纪及沿革之名也。余所谓实纪者,一般之历史是也;所谓沿革者,若述英国之古代法,及古昔制度之沿革是也。又如英人富喇读氏所著人类婚姻之沿革。又如法人路制路氏所著婚姻进化记。生人之初,强娶夺婚。继则卖买,以及今日通行之婚制。法律之沿革,亦犹是尔。研究沿革之方,不能徒恃一国之法律。必合各国之法律,参互比较,方知经过变迁之理也。

法律实纪中,犹有内纪外纪之别,前段既详,兹不复赘。附法律学图解如下:

- 法律学
  - 法律之历史(过去)
    - 实纪
      - 内纪
      - 外纪
    - 沿革
  - 现行法律之解释(现在)
  - 法律哲学(未来)

三、法律哲学者何

法律哲学之学派甚多,故其说多异。批论者又纷纷扰扰。兹仅举其简明之说法律哲学者,曰论法律当然之学,曰研究法律根据之原理之学,曰探考立法家之主义方针之学,推验未来法律之运命之具,及批判现行法律之善恶之金针,亦足以当未来法律之标准也。

法律哲学之学派,既千差万别,然十八世纪以前之学者,往往多属于自然法。是等学者之说曰,是为人类日用周旋,恒久不变之法则。又曰定法律,方成政治,天地之常经也。

是等学者之中,以主张君为轻,社稷次之,民为重之说者,为多也。其意若曰:人类始生之时,何尝有君主臣民之别?皆自然人尔。此为自然之状态也。持此自然之状态以立论,由是有唱社会契约之说者,彼批难自然法派者曰:单纯复古之主义,不啻一野蛮主义耳。实则自然法派不尽偏重复古主义,亦不尽排斥复古主义也。譬如荷兰国之俄洛季乌士氏曰:“人生天地间,组成社会,亦具天然自然之性质也。”俄洛氏虽不明指何等社会,要指秩序社会而言也。保持社会之秩序,以自然法为基础,则契约其急务矣。盖契约既结,凡有损害不可不偿。洵如俄洛氏之言,即自然法之说矣。然而俄洛氏著《平和及战争之法律》一书,啧啧宇内,实为国际公法之嚆矢。此书原理多采自然法,然则自然法派之学者中,取复古主义者固有其人,要不为之拘囿也。亦有主自然法之说,以阐明新理者,故概斥为复古主义,非确评也。但今日以论自然法之学说,岂无遗憾之处乎。自然法派之说,不免谫薄,故十七世纪研究哲学之深远者,不能踌躇满志也。从来自然法派诸人,未尝不思导法律哲学以臻于完全之域。德意志之哲学者,喀恩脱氏已然矣。喀恩脱氏之著书,出版于十八世纪之末叶也。

十七、十八世纪之交,有革派起焉,有若伊太利(意大利)之还苦氏,德意志之杀还泥氏等皆是也。杀还泥氏之议论,折中于历史者多。还苦氏之议论,有时亦本于自然法之说也。兹试述其事。

俄洛季乌士民所著《平和及战争之法律》之序文曰:吾人虽不愿自然及国际法之常存也,不可不征哲学家、历史家、诗家及演说家之言。非以共说之尊荣而存之也。殆亦以取裁于众,愈足表其共同之原因,而为互相一致之确据。盖自然法即出于自然的原理也,国际法即基于共同一致也。

此论大为还苦氏所乐闻,还苦氏以为洵如此说,则国之风俗习惯及议论,不但今日一致,亦昔日一致也。自然法之使用,不惟其今,亦惟其昔也。虽经诸国之变迁,不无犹有相似之处乎。

还苦氏因此立论,谓诸国法律制度之变迁,惟一定之法则是从。遂称沿革派之鼻祖也。

统而观之,俄洛季乌士氏及还苦氏等,皆为旧派新派之连锁,而还苦氏尤兼自然法派沿革派之连锁者也。

十八世纪以前之学者,属于自然法派者多,迨十八世纪本于哲学上之研究,有改良自然法之图矣。尚有一种沿革派,在十七、十八世纪相交之后,是起丁推理派之傍也。

至十九世纪,而动物学、植物学及其他新学,皆大发明,有轻置哲学之议。论者亦第根据社会学,因考法律之原理者,若墺太利、匈牙利国之达摩蒲洛樊制氏是也。社会学家,非无据法律之沿革者,即如达摩蒲洛樊制氏。论法律之沿革,亦归重于原理。观二十世纪之趋势,殆以此类学派,蒸蒸日上欤,亦一时之倾向然也。就法律之原理而论,不可偏于社会学之一方。宜兼采哲学上之议论,若偏于社会学,则流为浅薄之实验家。若偏于哲学,则流为迂远之空论家。且今日之通弊长于社会学者,则不长于哲学。若长于哲学者,则又不长于社会学。若通社会学及哲学,则又不通法律学。无论东西洋,凡为法律哲学之大家住住而然。

四、推理派沿革派

沿革派曰:法律者,人类共存之必要条件,人类间发达之自然,语言其一,法律其一也。惟法律之合耶否耶?及立法家之主义是耶非耶?抑为善法耶?恶法耶?虽不乏论者之嚣嚣,究未见奏效也。

此论非无真理之可采,亦有误谬之可憎。若以法律为人类共存之必要条件,若恶法则何如?政治家及学者,好为善法恶法之别。非从善以去恶,不足以维持社会之秩序,亦难期共同之生存。区别善法恶法之方,宜操何术?是不可不研究法律哲学。推理家之言曰:不可不根据于社会学及哲学。诚哉!研究法律哲学,裨益于世,良非浅鲜。虽然亦有以沿革为法理者,则不啻指黄铜为黄金,及白铜为白银耳。沿革派常扬言曰:譬如婚姻初则强娶夺婚,继则卖买,以及今日通行之婚制,斯即法理也。呜呼!此岂法理之足称乎?直断之曰,沿革也,非法理也。所谓法律之沿革者,如前述法律之历史,亦其一类,过去之事实是也。此外皆属于未来之学术,以演绎法及归纳法之二者最为学者之便利也。

五、比较法学

甲国之法律与乙国之法律相比较,在昔已不乏其例。如古时日本法,常与中国法相对照。又如英国法律,与罗马法律相对照,此皆有名之事实也。

又若伊太利之还苦氏,法国之孟德斯鸠氏,罗列诸国之法律,附以评论,尤极比较法学之能。在十九世纪之下半期,英国之梅因氏,尤为热心从事。今日德意志之可辣(科拉)氏,实为斯学之泰斗也。

所谓比较法学者,亦分二种如下:

第一,不但研究文明诸国之法律,亦及野蛮诸国之法律,不但今代之法律,亦及古代之法律,错综考订,方知法律沿革之大势。梅因氏、可辣氏,是得此种三昧,故名溢欧士也。

第二,即将诸国之法律对照比较,尤宜取其长而舍其短。

以上二者,一为考法律之沿革,一为推究法律哲学。又极运用之妙,各不相同。故比较法学,一名之下,系以两项,是否适当,尚属疑问。就余所见,法律之比较者,不过为研究法律之方法。所谓方法者,研究法律沿革及法律哲学为要耳,非有特种之学问也。欧洲学者以此别立一科,未见其识之卓也。

六、法律及权利

古来法律学,文字之定义,不知几千百万。就其间,最有名莫罗马国之制哀路士氏若,制哀氏生于一世纪及二世纪之交,擅法律哲学之长。受皇帝哈读李河奴士之知遇。制哀之言曰:"法律者,善良及公正之术也。"后世士脱阿派之谈哲学者,莫不奉此为圭臬。虽然今日亦难言之矣。

此义之何以有名?《学说汇纂》中详述之矣。六世纪之时,研究法律学者,以《法学阶梯》《学说汇纂》《法令类典》,三者为必读之书。其研究之顺序,先之,以《法学阶梯》;继之,以《学说汇纂》。

故当时学者之论议，不出制哀氏之范围也。近世谈法律之定义者，尤追宗于喀恩脱氏。兹述其说如下。

喀恩脱氏曰："法律者，调和各人之意志，订正一般自由之法则，以成集合之条件也。"

此定义中，意志二字，有人指为语病者。然就大体而言，喀恩脱氏之言，未可厚非也。

余下法律之定义曰："法律者，是范围国家及私人之行为之规则也。"能示道德法律之别目，包括公法私法之故，又与后段所述权利之定义相牵连比附者也。

国际公法之是否为法律，早纷议于日本之天保时代，英国翘恩蚌禁曰："国内法为主权行动之所及，故曰法律。国际公法，为诸国公共，非一国主权所可强。故仅可谓之道德，不可谓之法律也。"然推考国际公法，发生之历史，及进长之历史，以及今日发达之情形，明明法律，非道德也。日本人犹有疑信于其间者，真属陈腐之问题矣。虽然国内法与国际公法，确有相异之点在也。一则为国家所制定，一则为诸国所参定，是为条约缔结之基本。苟有一国不同意，即条件不能成立也。然弱国则不然，虽不同意，亦令之强从。此今日时势之所趋也。约而言之，国内法为羁束国人之具。有时，亦能羁束外国人。国际公法，为国家间交涉之具，有时亦为私人之直接。

法律之定义虽不尽于此，姑从略也。

法律有公法私法之别，乌罗毕奴士曰："凡关于罗马事物之基础者，称之为公法，凡关于各人之利益者，称之为私法。"

然则如乌罗华奴士之言，法律者，本于利益之公私，以区别者也。

中古时期，谓公法私法之别者，大抵偏于个人主义。故曰："公法者，规定国家与人民关系之法律。私法者，规定人民相互间之关系之法律。"

晚近则又偏于国家主义，有曰："公法者，规定权力关系之法律;私法者,规定权力关系之法律。”

余谓主张国家主义者,及个人主义者,皆不免陷于偏僻之虑。不如植二者中间之立说为稳当也。今若措定(thesis)国家之存在,则个人之存在是为反措定(Antithesis)。若措定个人之存在,则国家之存在,是为反措定。何如总措定(Synthesis)?国家与个人两全也。表为国家之直接,即裹伏个人之间接。表为个人之直接,即裹伏国家之间接。既非单纯国家主义,亦非单纯个人主义,是折中于二者也。公法者,国家直接之法律;私法者,私人直接之法律。直接于国家者,即私人之间接相关;直接于私人者,即为国家之间接相关。此自然之枢纽,不待言而著者也,此公法私法之定义,与前段所述法律之定义,固相牵连者也。

试举公法之实例,国际公法者,为公法之极端,其他宪法、行政法、刑法、刑事诉讼法等,皆公法也。私法之实例者何?民法商法是也。唯民事诉讼法则在公法私法之间,盖以政府之行法手段言之,则为公法。若以私法上权利伸张之具言之,又为私法。故曰民事诉讼法,在公法私法之间。

有评余之说者曰:“吾闻公法私法之别,未闻有中立也。”余答之曰:“然。但民事诉讼法,固中立者也,强称之曰公法固不得,强称之曰私法亦未便也。”昔有主张进化者之说曰:“人与猿同祖也。”或有人评之曰:“人与猿同祖,其祖先似猿,故猿也。”进化论者答之曰:“人与猿之祖先,使似猿,未尝不可称之为猿。使似人,未尝不可称之为人。实则人与猿之祖先,既非人,亦非猿。乃中间之动物耳。”斯言也,先获我心也。既非人,亦非猿,不得强名之曰人,亦不得强名之曰猿。民事诉讼法,立于公法私法之中间,亦犹是尔。

主张权力关系之说者,尝就余之说而难之曰:“宪法第二章,规定臣民之权利义务,然则是私法乎?”余答之曰:“宪法第二章,规定臣民对国家之职分,及国家对臣民之职务。规定之处,是与国家相直接,非臣民相互间之权利义务相关也。故宪法第二章,不失为公法之规定,且如子之说。假令宪法第二章,规定臣民之权利义务,则是权利关系。何以列入公法之中?”难者语塞,敬谢不敏而退。

余尝就权力关系说而难之曰:“国际公法者,明明规定权利关系之法律也,洵如权力关系说,则国际公法,不得不列入于私法。是则公法私法,自相撞着也,故权力关系说之不能答,非不为也,不能也。”

刑法者,基于刑人之趣意,是欲达保护国家之目的也。世有私人直接之说,不待辩而自知其非也。

余所定间接直接之语,往往受世人之非难,毕竟未明措定、反措定、总措定之旨,亦学养之不充,致法理之不解也。

此外公法私法之说甚多,兹姑从略。

次述权利之定义如下。

权利之说,学者之主张既不一致,深长之论,兹姑从略。揭举,其有名之定义者,德意志之硕儒,哀林俄氏之言曰:“权利者,保护法律上之利益。”余以为“利益”二字,未可为适当之解。余则曰:“权利者,法律上之能,即法律上敢为当为之谓也。”即如选举权,索债权,财产上之使用权,事业上之占有权,皆视法律之规定,适于法律,则其权举;违于法律,则其权废。故白权利者,法律上之能。

此定义与前述法律之定义,相牵连者也。诚以法律者,范围国家及私人之行为。故国家与私人生息于范,围中不啻涵养于权利中也。今日欧洲学者之一派,尝不惮举他人之定义条分缕析,绳其愆糺(纠)其谬,而扬扬自得。然以二三行之条文,蔽之以一字,未足与人以信从。此则譬之于老练园丁,手植一畦,即诩诩自命。然无论其如何高雅,要不如生长于断崖绝壁间,排云霄摩苍穹之松柏桧杉也。余不重法律上之文字,盖以其拘牵文义,反不足以显法理之真相也。若以此为可废,则法海茫茫,亦能无捕风捉影之虑乎?因论法律及权利之定义而赘以一言焉。

明治三十四年十二月二十七日记

法典编纂方法论*

赤门生 著

世之谈欧美各国之富强者，莫不曰工商农业之发达似也。抑思其所以致此发达者，实本于组织之有秩序，更推其组织之有秩序，何莫非源于法典之修明。故今日世界列国之盛衰、之文野，莫不视其国之法律之程度为差，征诸史册，昭昭然矣。日本人民之于法律也，犹狃于使由不可使知之误解。呜呼！法律者，非徒为驾御苍生之利器。欧洲十九世纪前，卓识钜(巨)见之政治家，已大声疾呼而道破之，吾亦可以豁然而醒矣。欧美人之来日本也，一若彼可辱我而我不可辱彼，彼可凌我而我不可凌彼，此亦视法律之有无而区别耳。彼有法律也，即处处有域限也，故犯之而即惊我无法律也，处处无域限也，故彼得蹂躏而有余，吾又可以对观而悟矣。况乎无法律之观念，即无权利之观念，宜乎？民气之日弱也。呜呼！普及法典之智识于民间，为国家第一之责任(National Duty)。英国女帝之温诏如告也，奔走编纂，组织草案，宾塞姆氏士基蓬氏之热心可师也。日本中之士夫，岂无闻而兴起者，毋亦以法典浩瀚，正如一部十七史无从说起也。因译辑欧洲各国编纂法典最初之模范，以待朝野之有志者。

欧洲各国编纂法典之方法，不可不经者，计十有四事。

第一，定编纂规程；

---

* 原载《译书汇编》1902 年第 2 卷第 9 期。

第二,定法典规范;
第三,定法典主义;
第四,定法典本位;
第五,定法典纲领;
第六,定法典文体;
第七,定法典材料;
第八,定法典各条各项之立案;
第九,开立案审议会;
第十,开草案审议会;
第十一,公布草案及理由书;
第十二,设审查意见事务官;
第十三,开第二次审议会;
第十四,草案既决上奏之事。

本论就上列各项,参考欧洲已成之事实,而略为说明之。

一、法典编纂规程

编纂规程者,示委员遵守之条规也。考诸欧洲各国,大抵以三种方法,或由政府制定规程,交编纂委员者,一也;或别设准备委员,制定规程,交编纂委员者,二也;或经由编纂委员议定规程者,三也。德意志国,民法编纂之时,曾设准备委员,似添置一官,示以郑重,实则不惟其重复,而惟其窒碍,不经局申之甘苦,而出于局外之代谋,何往而不隔膜也。故德意志国编纂民法之时,准备委员所拟编纂规程,究嫌不足,而编纂委员,又自定编纂准则,德语所谓"Arbeitsplan"[1]是也。故上述三种方法,要以第三种为最便。盖编纂委员者,必选拔国中法律名家,又何患其制定之不密乎哉。

编纂规程之内容,有若委员会之议事规则,委员长及各委员之职务,立案、审议、修正之细则而已,他若法典之结构、体裁、主义等

[1] 译为"工作计划"。——编者注

事尔。

编纂规程而定于政府或准备委员者，必及法典之主义。编纂规程而定于编纂委员者，仅及编纂之准则，其他法典之结构体裁等，别开委员总会以议定，此亦常例也。

二、法典之范围

天下同种之法律，似可编入同一之法典，然而误矣。盖法典之范围，凭事物之便宜，非可执一以定也。譬如民法商法之别，其机甚微，惟其微也，故分之愈显，而别有商法法典。又如军人之犯罪，似可同编入刑法中，乃别立陆海军刑法法典，此范围之因时制定之最著明者也。他如单行法之规定，不列入于法典范围者，比比然也，即如日本刑法第五条。

此刑法无正条者，即就其他法律规则中，指定刑名者，各自从其法律规则也。由是观之，刑法法典中，不尽含刑事法规者，断可知矣。假令民法法典中，凡关于民事诸法规者，无不揭之，假令刑法法典中，凡关于刑事诸法规者，无不举之，恐反生种种不便之害矣。故编纂法典委员，当议定编纂规程之先，不可不豫(预)定法典之范围也。

法典中不可编入之法律甚多，兹举其重要者如下：

一单行法之附属法规，例如邮便罚规，附属于邮便法；租税罚则，附属于租税法。此由于便利，即不揭于刑法者。

一时时变更之法律。

一实施期限之法律。

一特别细密规定之法律。

一地方上或一种人民中之特别施行法。

一如商业法、工业法、农业法、森林法、海上法等，有一种特别规定之法律。

以上所述，撮其大要言之。德意志帝国民法编纂委员之编纂准则第二条，议定民法法典之范围，若商法、海上法、为替法，邮便法、山林法、专卖特许法、意匠法、版权法、商标法等,及其他十余种法律,悉不在其列也。

法典者,包含全体法律之说,古来学者及政治家之间,已纷纷论议矣。苟使立法者废单行法,而布法典,恐不免生实施之妨害。苟使立法者,网罗一切法规,包诸法典,恐亦不免失败之虞。此爱麻士氏及从来学者,所以有失于懦怯,而过大胆之论也矣。[1]

一千八百七十九年,英国国会提出之刑法草案(Draft of the Criminal Code),由士基蓬氏,费二十五年之辛勤,搜集材料而成也,又经判事蒲兰恩克扣路恩氏(Lord Blackburn)、判事排来氏(Justice Barry)、判事腊希氏(Justice Lush)及士基蓬氏等之四人,为编纂委员之议定,洵称备矣。英国判事长可扣路恩氏(Lord Chief Justice Cockburn)对此刑法草案颇有精密之批评,建白国会,直以《议院文书》(Parliamentary Paper)公刊当世,其批评书中,谓刑法草案中第一之缺典,是在不能包含刑法之全体。可氏之意,若曰:所贵乎法典者,贵乎完全,故综括法规之有效力者,务期纤悉不遗,是为编纂法典之要件。备此要件,则在上者之施行,以及在下者之服从,俱不致有支绌之困难。然又非搜索伙多之单行法,而使全书浩瀚无稽也。是则全部法规之事情可窥矣,否则同种之法律,漫为割裂,反以单行法令为补充之要则。试问编纂法典之目的果安在者哉?观可氏之言,知其以综揽同种之法律,而编为一篇之律书,是为法典之目的。但遍读各国立法史上,未尝有如彼所说之例也,故士基蓬氏在十九世纪杂志上有答辨(辩)一篇(The Nineteenth Century, Jan. 1880),申论英国刑法中有不可编入法典之故者。盖可扣路恩氏以法典之范围为无限,士基蓬氏等以法典之范围为有限,此二氏之大区别彼此所见之不同也。

---

[1] Amos, An English Code.

三、法典之主义

国家之纪律，莫重乎法典，法典之纪律，莫重乎主义，故编纂委员者，以两可为戒，以游移为惩。溯从来之历史，察当今之人情，不可不确定者也。

譬如宪法或取君主主义，或取民主主义，或取国家主义。譬如民法人事篇，或取家族主义，或取个人主义；财产篇，或取完全所有权之主义，或取有限所有权之主义；相续篇，或取分配主义，或取总领主义。譬如商法，或取保护主义，或取助长主义，或取放任主义。譬如刑法，或取绝对主义，或取对立主义，或取折衷（中）主义，或就复仇、恐吓、改良、防御等诸主义中，而择其一。譬如治罪法诉讼法，或取口诉主义，或取书诉主义，或取听讼主义，或取审纠主义。譬如裁判所构成法，或取单独裁判之主义，或取合议裁判之主义，在在宜慎择而固执之者焉。

一部法典中，有大主义小主义之别。大主义则融贯全体，小主义则略示一班（斑）。故当编纂之初，大主义不可不确定，俾小主义有所准绳，否则脉络不相接，能无矛盾扞格之虞。假令宪法则取国家主义，民法则取社会主义，显然出入，轇葛有余，整齐不足，何以致国家于安宁，增公益于社会者乎？从来法典抵触之弊，往往由分担编纂者之学派互异，因之学说不同，各逞私说，不顾公共，徒使各法典间，有杆格不通、血脉不联之弊，此编纂委员所宜三致意也。

四、法典之本位

法典之全部，必区之以门类，析之以条文。但门类如何分，条文如何立，非武力可许也，非悬揣可定也，实有一定以为准绳，一定者何？所谓本位是也。欧美法典本位之种类，约有四说：（1）权利为本位；（2）义务为本位；（3）复本位；（4）新本位，即行为为本位。

权利二字，恐阅者不能骤解，略注如下：

德意志国学者曰：法律学，即权利学也。西洋诸国，法律权利，同一语言,无甚区别。以法律为权利之外表,以权利为法律之内容。主观言之则是权利,客观言之则是法律,二者虽有内外之别,实质无不同。所谓二而一,一而二者是也。故权利为法律之精髓,无权利即无法律。讲法律学者,不可不先明权利为何物,此欧洲法学家之常言。日本权利二字,译自西文,当其始也,知其义者甚稀。学士大夫,旁注曲譬,或载新闻,或订成本,解说之书,不知凡几。迩来渐渐融会于国民之脑筋,而民气日强矣。毋亦由礼让之观念,浸润太深也,苟有人,有以振作之,鼓舞之,吾知其即能蓬蓬勃勃矣。德人伊耶凌氏,忧澳国人之委靡也,曰救之之法,莫如发达其权利思想,故著《权利之斗争》及《权利竞争论》(此书曾有译出)专为澳人痛下针砭者。日本冈村司氏忧日本人之乏权利思想也,故其所著《法学通论》中,于《权利精义》,论之剌剌不休,盖以权利思想之发达,警醒国民,犹如暮鼓晨钟。冈村氏又曰:以西洋人权利思想之发达,若犹欲奖之,不啻薪而添油矣。以东洋人权利思想之薄弱,若犹不奖励,不啻奴隶而加以铁锁,恐卑卑不胜屈矣。

权利本位:由权利之区别,分类编纂,故法典中之条规,一以权利为目的,义务者全为权利而存,凡百条款,悉置权利于主位,义务于客位者也。

义务本位:正与权利本位相反者也,由义务之类别分项编纂,故以权利寓于义务之中。若法典条规之制定,皆为人民之义务,盖以义务为目的者也。

复本位:不拘一格,有时以权利为本位,有时以义务为本位,因时制宜者也。

新本位即行为本位:脱姆斯沙路难里氏(Thomas Thornely)著《法典新本位》一书,论法典以权利义务为本位者,几生种种之不便,不如以"行为"(Conduct)为本位之宜也。脱姆斯氏以行为为本位之要旨,曰法律之制定,莫非视人民之行为。故法律者,或助行为,或禁行为,或以权利而得为,或以义务而得为,或强制其不可为,故以行为,为法律之目的物,谁曰不宜?然则以行为为法律本位之说可定也，法典之排外，悉视行为之种类而分，似最为妥洽者也。兹述行为分类之大要如下：

不法行为：
- 公犯即犯罪
- 私犯即民事犯

适法行为：
- 命行为：例如纳税、兵役等类，对国家者也；又如负债偿还等类，对个人者也（绝对义务、对立义务）。
- 许行为：例如属于所有权之行为，对一般者也；又如属于债主权之行为，对个人者也（对世权、对人权）。[1]

法典本位之说，自来学者之论议不一，若宾塞姆氏（Jeremy Bentham）[2]、澳赞斯脱康姆脱氏（Auguste Comte）[3]、花其孙氏（Shadworth Hodgson）[4]等主张义务本位之说；若澳斯听氏（Austin）等，则又主张权利本位之说；若米路氏（John Stuart Mill）[5]、爱麻斯氏（Sheldon Amos）[6]等，则又主张复本位之说；若脱姆斯氏，则又主张行为本位之说，名之曰新本位者，以示于诸说之外，别倡一义也。学说纷纷，莫衷一是。吾辈考诸历史，在古代权利未发达之时，人民者惟君主之命令是从，法律不啻命令也。当时之法律，悉以义务为本位也。近世权利之观念，渐渐发达，故知法律者，非仅为君主之命令，实保护人民之权利也。权利主义，日渐风行，于是法律之本位，大都以权利为则。故断之曰：古代之法律以义务为本位，近世之法律以权利为本位。

虽然亦有例外者。如法兰西国之民法，其中所有权之法理则基于权利本位，地役权之法理则基于义务本位，既非单本位又非复本位，可称为变迁时代之编纂法也。

---

〔1〕 New Basis for a Code-Law, May. & Rev., Nov. 1889.

〔2〕 Works. Ⅲ. p.181.

〔3〕 Auguste Comte, Phil. Pos. Ⅶ. p. 450.

〔4〕 Shadworth Hodgson, The Theory of Practice. Vol. Ⅱ. p. 169.

〔5〕 John Stuart Mill, Dissertations and Discussions.

〔6〕 Sheldon Amos, A Systematic View of the Jurisprudence.

近世法典，皆以权利本位为主，征诸近史有凿凿者矣。但是公法中之法规，有不得不基于义务本位者，譬如征兵令、租税法等，纯乎其为义务本位者。又如刑法中禁害公益者，若人之生命、身体、荣誉、自由等例，此禁法之成绩，即生权利之效验。然而在权利犹为间接之结果，不如在义务得直接之结果。由是观之，似乎法典，又不能概以权利本位也，况如澳斯脱列亚之维克脱尔国一千八百七十九年，立法议会中，提出普通法典草案，则虽在近世法典，尚有以义务本位者，是则不可同日而语也。要之国法全体之制定，终不得唯一单位之是从，务凭法典之性质，而逐定其本位者也。

沙路难里氏，行为本位之说，古来诸国之法律，颇有行之者，称便利矣。虽然，以行为为本位者，不过分类之便宜，犹非示人以直接之目的也。就法理上论之，不如以权利义务为本位，使人一望而知趋向之为得也。

五、法典之纲领

法典之重要者，在于各条之立案，尤在于全体之顺序，及各条之排列。是必有纲领(plan)也，如人身之有头骨，而全部之结构，悉据以为准者，故纲领立案之手续，尤为要中之要。欧洲各国法律纲领立案之方，约有三种：(1)委员长自任其事；(2)选委员中之法理最精者，任其事；(3)开委员会，合议其事。

昔德意志国编纂民法之时，由准备委员，议定纲领，而后编纂委员皆从之也。有时募集纲领之定案者，有时征法律家之意见而斟酌损益者，盖大体之论议既同，亦省却此后琐屑更改之劳矣。

如普鲁士编纂普通国法之时，第一制定法典纲领，而后委员据纲领以成法典，分为数编，一方仍搜辑普鲁士现行诸法，若罗马法、惯习法、成文法、裁判法等类，分别其若者可存，若者可废，又增补其新者，至是普鲁士之法典正文始称定稿。此立案之主任者为克腊因氏(Klein)，而最后之修正草案，成于士槐来氏(Svarez)之笔也。

六、法典之文体

法典文章之用语,关乎法典之声价非浅鲜也,若法典之文辞,高远斩(崭)新恐仅适于执法者及专门家之悦目,而一般人民,未必骤能融会贯通也。若法典之文字意义,暧昧模糊又恐作奸犯科,徒陷良民于法网。故宾塞姆(Bentham)氏有言曰:"法典之文辞贵于宝玉"(The words of the laws ought to be weighed diamonds)。诚以法典声价之高低,悉视文章用语之何如,宾塞尔氏之取喻,非溢论也。

法律文章之用语,以平易简明、人人了解为主。在昔古代,以法律徒为治民之要具,故法律之文章,仅适于执法者之了解而足。近世则不然,以法律为保护权利义务之利器,不可不家喻而户晓也。试观丹马国之克里斯卿第五世时代,极之茅檐蔀屋,法典与圣约全书,同为书架必需之品,后世传为美谈。法典智识之普及,亦立法者之责任,不容旁贷者也。一千八百六十六年,英国女帝,敕选调查法律委员若干名,既而复命者,以普及法典智识于民间,为国家第一之责任(National Duty),今录其言曰:

天下人民,有遵守法典之义务,若不知法典,恐不免荡检逾闲之举。(中略)故法典之条文,务以平易简明,俾妇孺皆能成诵。此即国家对人民首先之义务,臣等所确信不疑者也。

由是观之,法文简明,实为法治主义之根本,然非法律家之论曰:通俗文辞而用诸法典,恐文字浩瀚,不能简截,恐意义漠然,反生疑惑,不免酿成争讼之虞也。亦有曰:法律文字,务以矜严庄重,以示人凛凛然不可侵犯之状。此则误以法律为驾御苍生之秘,具不待辨,而知其为谬见也。要之法典中,艰涩文字,不可不除。若已为法律上习惯之成语(Technical Term),沿用既久,有确定之意义,非通俗语所能代用,则不得不仍其旧也。[1]

---

〔1〕 Bentham's Works, Ⅲ, p. 209.

一千八百七十四年九月十九日，德意志国民法编纂委员，开会定议法典中之法律语，务以德意志国向来固有之辞为决，除罗马传来之法律语沿用既久，既普及于民间者，不采别字，但有时求意义之适合，不得不铸造新语以成之焉。

向来法律之病，往往失于文字意义之暧昧，吏胥之舞弄，奸徒之漏网，小民之误犯，何莫非由法文不明之所致乎？故法典之用语，务以正确明晰，一目了然，人人易晓为断，前既缕缕，言之者矣。

欲使法律条文之意义明晓，其方法不一而足也，如法兰西民法法典中之所有权，地役契约等，及其他重要语词，皆定注解，如英国近世之法律法令中，又插以解释文(Interpretation clause)，如印度刑法、印度契约法等之各条范例，皆附以说明。如一千八百七十三年英国之高等裁判所条例(Supreme Court of Judicature Act)，法典末尾(第一百条)，有法典疑义定解。又一千八百七十五年之高等裁判所条例(Supreme Court of Judicature Act, 1875)，附则末尾(附则第六十三条)，有法典难语解题。就法典文体而论，与其插解释文于全体中，不如置法典附则之为优也。

法典者，顺世界之变迁，庶几不违乎人情。古来法典，往往不能因情制宜。常为非法典论者之指摘，是为法典中之一大阙(缺)点，故编纂法典者，不可不讲求弥缝此缺陷之方法。近世制法典者，常有救济法之论。以法典之条文，仅示原则而止，不可别揭细则也。若一涉事物之细微，则虽些少之变迁，不得不因之而更动也。

穗积陈重氏评之曰：法文之繁简精粗，不得不由法典之种类而区别，或者必列细则，或者仅列原则而可。究不可执一以概论也，譬如诉讼法、治罪法等，条缕之琐繁，由于性质之细密，非列细则不备也。其次行政法、商法之条项，以视民法为细密，反是若宪法、刑法、民法等，止于副则、原则、变则而可不必过涉于细密者矣。要之法典条文，自以概括泛则，不生枝节为贵。然使星移物换，社会之状态焕然一变，仍不免改正之劳矣。故条文之繁简，不得不凭法典之种类而定，虽然，事情之可省者省之，无事冗沓也。

德意志国民法编纂委员，于一千八百七十四年九月十九日，委员会之决议，民法条文，务以原则、副则、变则而止，不涉细则为主义。故新民法草案之条项，大加删减，盖守其决议之主义者也。

德意志国新民法草案，全典一千六百十四条，比之南部施行之法兰西民法，减却一百十七条；比之中央部施行之杀克孙（Saxon）民法，减却四百五十六条，比之北部施行之普鲁士民法，直减去三分之一耳。[1]

下列之对比，采诸剧可别氏（Jacobi）民法草案论中，德意志国之新民法，以视旧时之法典，不知简截若干倍，于此可窥一班（斑）矣。

	普鲁士民法	德意志帝国民法草案
占有法	第二百五十条	第二十八条
地役法	第二百四十八条	第十四条
使用权法	第一百八十六条	第六十三条
质权法	第五百三十五条	第一百六十四条
贷借法	第一百八十六条	第六条
赠与法	第一百四十一条	第十四条
赁借法	第三百六十八条	第四十六条

七、法典之材料

当法典之立案，不可不先集材料。欲集材料，不可不遵下方之顺序。此验诸欧洲诸国而已然者矣。

第一，搜集现行法令、惯习法、判决例及各家学说，以备法典之汇类。

第二，搜集外国各种法律，以备分类参考。

第三，将现行法令及惯习法等，淘汰而删除之。

---

〔1〕 Jacobi, Der Entwurf eines bürgerlichen Gesetzbuchs.

第四,改正法规及新定法规之事。

以上四者,确定为法典之材料,起草委员者,始则配当各编各章,继则再分各条各款也。

德意志国编纂民法之时,曾经三次之手续,而后告成全璧也。始则网罗搜集,若德意志固有法,若普通法之本于罗马法,若杀克孙法,若台奈路克法,若法兰西法,及其他帝国中通行诸法例。次则就诸法例而淘汰之,舍其短而取其长。终则调和斜合,集成法典条项之案,由是称备矣。全典分五编,由各主任委员,分担其事,每年中数星期,开总会一次,议定大纲,俾各委员担任之部分,不生龃龉矛盾之虞也。

独是德意志国民法编纂之起源,犹在一千八百七十八年,应为草案脱稿复命之期,以事业之浩繁而不果。一千八百八十年,联邦议会中,提出草案之问题,而事亦中止。迄一千八百八十一年,草案渐能脱稿,复举修正委员,撰定顺序,整一文体,定各条之号数,而各编卷末,附以委员之会议。溯全典第一次审议会,在一千八百八十七年。当第二次审议会之既终,由委员长订定草案及理由书,上诸帝国总理大臣,翌年,由联邦议会将草案及理由书,公布于民间。查委员议事录,计先后开委员会者,七百三十四回之多也。

杀克孙民法草案之起成于海路铎氏(Held)之手。一千八百五十六年,举委员十一名,公选大审院议长。腊恩猏氏为委员长,重加编纂,并说明海路铎氏之起稿原案【海路铎氏死后,稀陪恩排路氏(Siebenbaal)代之】。其他由行政各官衙、各派委员参议其间。今观其编纂之方法,先开委员总会议定法律全部之大纲,及定委员担任各部之条项,追原案脱稿之时,复开总会,议定其事。计开担当委员会者,八十三回。总会议者,二百四十五回。经过四年之岁月,才告大成。一千八百六十年,公刊草案及理由书,先导民间,又经国会之修正,送诸政府。一千八百六十三年,为法典发布之期。一千八百六十五年,三月一日以后,为杀克孙民法实行之时代也。

以上既叙德意志编纂法典之取材,试讲述英国编纂法典之事业。

英国之人民，富于保守精神，而不肯翻然舍旧更新。虽政治之变更不鲜，而未有如他国革命之时，扫荡旧制之烈也。自诺路曼恩战捷以来，犹未知治安策、统一策、更新策，为编纂法典之至要也。社会之进步，日未有已，判决例之丛生，亦日未有已。故英国判决录之帙数，日积月厚，数千年来，陈腐不适用之法令，犹未删除，以及判决录之已经破毁者，犹与现行之法，相提并列，交互错杂，识别为难，专攻法律之士，犹觉搜检之苦，何论民间乎。故英国而言编纂法典，先在整理，以区别其成文法、不成文法之规则，而后可言编纂法律之事业。当时英国之朝野上下，莫不悟其积累之弊者，故爱路槐路铎第六世之诏敕中，有其词曰：

"朕欲将向来复杂冗长之法令，编成一平易简约之律书。俾人民容易知法禁之意义，时哉勿可失。尔诸臣其有以副希望焉"。[1]

王虽发此诏，而不能践其言。其后洛路脱培可恩氏，于法典编修之事，屡有建议。王亦不从，自是以降。实质上改良之说渐息，而形体上改良必要之说，日盛矣。当十九世纪之初，宾塞姆氏，著书立说，昌言法典编纂之必要。又有匹路氏(Sir Robert Peel)、洛路铎蒲洛哈姆氏(Lord Brougham)其人者，卓见钜(巨)识，是为当时之政治大家，极奔走尽力于法典编纂之事也，但英国之法律，沿数百年来，高积数百卷，犹棼丝乱麻之不得骤寻其绪也。故先以整理之方。兹述其顺序之次第如下：

第一，徒法删除(Expurgation)；

第二，法例汇辑(Consolidation)；

第三，成法编纂(Codification)。

(一)徒法删除

废止数百年来，无用之法律，是谓徒法删除。如英国法律之复杂累积，当编纂法典之前，不得不审去取，盖不能一任己意，务宜出

---

〔1〕 Burnet, History of the Reformation, Vol. 11. p. 102.

诸斟酌也，先时废止之明文，犹未公告。一千八百五十四年，洛路铎、克腊恩蛙路斯氏之上奏，言之甚力。因举“成文法委员”(Statute Law Commission)，以当拣择去取之权，而政府遂有删除法(Expurgation Acts)之发布矣。计旧时法律之不适于用，而先后废止者，至三千有余条之伙，亦具见英国法律之复杂，而整理之不容须臾缓焉。

（二）法例汇辑

同种之事件，而只语单句，或杂在判决例中，或混入单行法中，由散而使之聚，是谓法例汇辑。譬如有一会社相关之事，乃有数百之单行法，数千之判决例，则为之删烦（繁）就简，汇辑一完全之会社条例是也。斯为整理法律，犹之编纂一小法典也，故曰：法典编纂之预备，至为便利之方者也，按此法例汇辑之举，始于一千八百二十六年，至一千八百三十二年间，通行刑法改修之始，创议于匹路氏者也，一千八百三十三年，洛路铎、蒲洛哈姆氏组织刑法委员，起刑法总则之草案，建白于上议院，不见采用。一千八百五十三年，克腊恩蛙路斯氏因刑法汇辑之相关，广征各裁判官之意见，莫不非笑之，而克氏固执高见，不动于其中，卒也制定《刑法整理条例》(Criminal Law Consolidation Acts, 1861)，为刑法书中最有名誉者也。《刑法整理条例》之内部，曰正从犯条例，曰财产毁害罪条例，曰证书伪造罪条例，曰货币伪造罪条例，曰人身毁伤罪条例，总称曰六法。自是以还，英国政府，益矜矜于法律形体之改良。一千八百六十六年，选拔法律家十二名为委员，命其调查编纂之方法，及分别成文法、不成文法之汇类。于定英国之制定法律，得长足之进步，其效卓著。若商船条例、会社条例、实业让与条例、为替条例、破产条例等类。从来数百之判决例，数千之单行法，零星散落于处处者，今则汇辑于一方。陈者新之，分者合之，俾读者之易解，检查之便宜，讵非搜集编纂之所赐者乎？而字之曰成文法。

（三）成典编纂

条例者，搜集单行法令及单行判决例而定；成典者，搜集各条例汇类编纂而定。自来英国立法之顺序如此,故刑法、治罪法、诉讼法等,虽成典之要点极多,亦不得不经以上所述之顺序也。如现行诉讼法,在十九世纪时代,犹为单行法,一千八百六十年,才改正为《普通诉讼法条例》(Common Law Procedure Act, 1860)。至是普通法与诉讼法之条例,合而为一矣。一千八百七十三年,及一千八百七十五年之两回,行大改革法律条例之举,若裁判构成法及诉讼法,合而为一法典,曰《高等裁判所条例》是也,亦成典编纂之一大纪念物也。

英国刑法、治罪法之草案,成于士基蓬氏(Stephen)之手,盖奉大法官开路恩士伯爵(Lord Chancellor Cairnes)之命,而起草者也。一千八百七十八年,检事长花路喀路氏(Attorney-general Holker)在议院,提出此案,由议院命精通法律者,为草案审查委员:(1)判事蒲腊客衣扣路恩氏(Lord Blackburn);(2)腊希氏(Lord Justice Lush);(3)排来氏(Justice Barry);(4)士基蓬氏。翌年委员等,加之以修正,复命于议院。当时议院,因议事之件猬集,此案未尝开议。一千八百八十二年,政府再提出治罪法草案,而议院中仍未议决。故刑法、治罪法之草案,脱稿以来,已经过十有余年,尚未公然发布也。民法、商法等,既从法废止之奉行,莫不颂为简截了当,政府尤夙夜从事,整理之不遗余力也。

八、法文之起草

法典条文起草之法有二类:一则全编出于一人之手,是曰单独起草编纂法;一则本于法典之纲领。立案之事,数八分任,是曰分担起草编纂法。单独也,分担也,其名虽殊,而定稿后,必经众议则一也。若遵单独起草编纂法则文章体裁,皆得一律,而首尾亦得贯串焉。虽然,如民法之范围广阔,断非一法学士之力所能胜其任也,势不得不遵分担起草编纂法,添选委员,分司其事。既非一手,恐不免扞格之虞,欲除其弊,非多开立案协议会则不得焉。草案脱稿后,尤宜开草案审议会,务使各部之脉络贯通,而全典之文章体裁,亦不致有参差不齐之病也。

太古之法典遵单独起草编纂法者为多,有若印度梅泥之法典、希腊铎腊克之法典、沙龙之法典莫不成于一人之手。其他如罗马之杀罗维耶士及里耶奈士之《永久告示法典》、克来可里耶恩法典、海路麻其泥耶恩法典及日本中世之上宫太子《十七宪法》皆是也。虽然近世法典,遵单独起草编纂法者,不得谓之绝无也,其中以富衣哀路排富氏(Feuerbach)所编之陪陪里亚国刑法,非耳特氏(Dudley Field)所编之纽约州法典,士其蓬氏所编之英国刑法草案,此数种为最著名者也。若日本之法典,则又据单独立案合议定案之方法,如刑法中治罪法之部,则成于扣阿沙那铎氏之起草;商法草案则成于姚士来罗氏之起草;诉讼法草案,则成于铁戎姚氏之起草。盖草稿虽由于一人之笔墨,而议定案实经多数之审度,故不致有流弊也。[1]

德意志民法法案,据分担起草合议定案之方法,编纂委员者,遵准备委员议定之法典纲领,而分民法全典为五编,每一编由主任起案委员手定。故编纂委员共有十一名,其中以一名为委员长综理编纂事业,及整理法典之全体者也,五名为主任起案委员,各自从事担当部分之起草,及编修理由书也,五名为协议委员与各起案委员和衷共议。当委员会时,如对原案而有意见者,直陈不讳也。分担起草诸稿,务经委员总会之审议,损益修正以后,方得谓之草案云。

德意志民法编纂委员之职任及其姓氏如下:

—委员长:牌陪氏(Pape);

—总则主任:牙蒲哈路脱氏(Gabhardt);

—债权法主任:留陪路氏(Rübel);

---

〔1〕 If it is to be done well, it must, in the first instance, be the work of one mind, although that work ought to be carefully corrected and checked by other minds. —Sir J. F. Stephen

—物件法主任：姚花氏(Johow)；
—亲族法主任：蒲兰恩克氏(Planck)；
—相续法主任：休米制脱氏(Schmitt)；
—协议委员：台路险衣铎氏(Derscheid)、可路扣姆氏(Kurlbaum)、洛脱氏(Roth)、为陪路氏(Weber)、乌衣恩铎耶衣铎氏(Windscheid)。

此外则又别选法学士及裁判官等九名为编纂补助委员(Huelfsarbeiter)，分担起草编纂法者。虽若众擎之易举，然亦错综之可虞，就法典全体而观之，恐不免参差不齐之弊。盖主义之倾向不同，而文笔之浓淡又殊也。迨合议定案之时，欲使主义佥同，文笔归一，恐非易易。德意志编纂民法草案之成立，不觉蹉跎于十三年四个月之光阴，其中以七年一个月，费于起草期中，六年三个月费于议定期中。此亦分担起草合议定案之编纂法也。

德意志法学士腊沙氏曰：Rassaw 据分担起草编纂法，则恐法典之完成，未免因扞格而迟滞也。盖氏之意不以分担起草为然。[1]皮耶花士氏(Bierhaus, Die Entstehungsgechichte)对之曰：德意志国唯一独尊之民法法典，事之重大，自不待言，何计乎十年之迟速也。虽然，以视法律家之殚精竭力，务编成一完全法典，则此犹全体之一部，沧海之一粟耳。

九、草案之公布

粤稽古代，法律者，徒为统御苍生之具便君主一己之私图。有如日本前代，上宫太子之十七宪法、北条氏之贞永式目、德川氏之御定书百条，皆是也。所谓法在有司，民不周知。当时政府之主义，误本于民可使由不可使知之一言。故如御定书百条之序文曰："奏达上闻，执役之外，不可有他见者也。"其条文之秘密有如是，又何论制定法律之参与权哉。近世法律之主义，随世界之文明而更

〔1〕 Gruchot, Beitraegen zur Erlaeuterung d. deut. Recht.

新。法律者，不徒为官吏之执务规程，实为保护人民权利义务之障壁。本乎必知必行之主义，不独公布法令于既成之后，尤当公示法案于未成之先，非仅以编纂法典为至重至大之事业，不可轻易确定。诚以法律者，为人民所日用，如水火布帛之不容须臾缓也，是与人民之利害，有直接之关系，安得使之不见不闻，而有若愚弄之也。况乎今日列国交通，民法商私，尤觉处处相干，虽欲秘之而不得，掩之而不能。故近世文明诸国，当制定法典之初，莫不公开立法议会，将法典草案，宣布天下，以窥全国之舆论。又征集意见于大学校、裁判所、法律家、学术家、政治家、实业家等，若彼等有意见书送呈，则特派审查意见书事务官专司其事，参互考订，不厌其详。当征集意见书之时，贵乎审慎周详葑菲是采，否则生遗珠漏玉之讥矣；贵乎静心平气，虚怀若谷，否则遗吐露不实之憾矣；贵乎博采众言，不仅及于学问家、裁判官等之咨询，否则蹈偏重一派之弊矣；贵乎从容不迫，假以时日，否则不能潜心推察，徒贻潦单塞责之讥也。凡百意见书，及理由书皆，当公刊于世，不没撰者之苦心，亦示去取之一秉至公也。是则有例可证者，如一千八百七十九年，英国议院判事长可扣路恩氏提出之刑法草案批评，假《议院文书》刊行于世者，是其一例也。

编纂法典之大业，事事有权利之所存，不得委任于外国人者，其理固昭昭然矣。独是国家当鼎革之初，尚未养成法律之材，一时不得不借材于异域者，诚可愧之尤者矣。虽然，即有立法之材，不免少年新进，于立法事业，犹未练达，迨草案初成，乞外国之硕学大家，发学术上之讨论批评，以收他山攻玉之益，亦求完全法典之一策也。即如普鲁士之民法，一千七百八十四年，至一千七百八十八年，四年之中，分六回之公布，广征公众之意见，凡意见书之裨益于国计民生者，则旌功行赏，授以动位。不仅微诸普鲁士境内，犹广征诸德意志全国，及澳大利等之大学校、裁判所、法学家、裁判官、辩护士、政事家等之批评。政府之度量，如是其正大光明也。于是爱国之士，莫不披陈意见，顿觉盈车累箧也。一为编辑，得三十九大卷之多，传为盛事焉。委员士槐来制氏（Svarez）之命意，编纂《意见书拔萃》（*Extractus Monitorum*）八卷，附以调查报告刊行于世，普国政府得如许之意见书。后来草案之修正，据以为粉本者，不知凡几。迨草案之改正既竣，复经委员之审议，其用意之周到有如是者。故普鲁士民法虽未能臻于全璧，然私家之诽议未有所闻也。反是者，则有如澳大利之编纂民法，当其草案之初成也，仅就政于本邦之大学校、裁判所、法律家等，而未及于德意志全国也，故澳大利民法之优劣，以视普鲁士之民法，不甚差池。而编纂方法之不适，德意志国学者，交口讥之矣。[1] 德意志国民法编纂委员所议定之《编纂规程》内第九条曰：

"民法草案，当起业委员第一读会之后，即添附理由书，公刊于世，且送呈于联邦诸政府。"

按此条之意，即知第一读会之前，委员全体之意见，犹未确定，不容公布。迨第一读会草案既定之时，即添附理由书，刊行于世，广征法律家、实业家之意见如何。

又第九条曰：

"第一读会既终之后，即设审查意见书事务官，以备审查联邦政府及其他诸人等提出之意见书，整理编辑，以当第二读会修正案之准备。"

右遵编纂规程第八条，起案委员第一读会之既终，即由政府直托苦铁恩挞克（guttentag）书肆，刊行发卖，计草案一卷、理由书五卷，其草案绪言之结末曰："联邦议会，于一千八百八十八年一月三十日之会议，决议法典之第一读会草案，及其理由书，公刊诸世，其实施之事。委托诸帝国总理大臣，务期吾邦法学者、司法官、实业家、政治家诸氏等，反覆本案，各赐批评，摘出其应加修正者若干条，提出于总理大臣之前，是为公刊之本意也。"

现今欧洲各国中，称为法学之泰斗之渊业者，莫德意志帝国若

---

〔1〕 Tellkampf, Essays on Law Reform, p. 86.

也。既精选法学士及裁判官十一名为委员，重费十二年余之岁月，而后才成民法草案，亦既审慎周详矣。乃犹卑辞言逊，不自满足，广征天下之舆论，非愈见编纂法典之事业，至重且难者乎。

十、草案之上进

法典上进者何，编纂法典之最终方法也。编纂委员者，或受政府之委托，或受立法议会之委托。迨草案既定，立案之事业告终，不得不有以复命者。是之谓上进，亦有不脱于政府并不惬于立法议会者。一时法典之公力，不得发现，如喀姆陪三来氏所编之法兰西民法草案是也。观古来诸国之立法史上，往往有之，故法典之草案，必待政府之可容，议院之可决，君主之裁可，方为编纂之事业告成焉。

编纂法典之事业，垂令名于青史者。欧洲各国，古来不乏其俦，其中以希腊之腊衣克路牙士王，罗马之及士其泥耶恩帝、丁抹之克里士其耶恩第五世、普鲁士之富来台里克第二世、法兰西之拿破仑帝，是为最著名者。历史家其蓬恩氏（Gibbon）尝评及士其泥耶恩帝之伟业曰：及士其泥耶恩帝之战捷，仅属一时之虚荣，早已化为尘芥，不留影迹矣。惟及帝立法之芳名，则与纪念碑以常存，洵足千秋万古也。[1] 又如拿破仑帝者，席卷全欧，震动非洲，昭昭在人耳目，然其功业之煊赫，尤在其法典之足以模范诸国也，即拿帝之言曰，“朕手定法典垂裕后昆”，盖亦自知武功之威霸，不如其文德之优长也。

由是观之，编纂法典者，“经国之大业，不朽之盛事”，荣莫荣于斯，德莫德于斯，诚以国家千秋之利害，生民亿兆之休戚，胥于是关系也。

日本穗积陈重氏曰：编纂之责任，既如是之大而重，当执何道以处之，方足扬邦家之光，而尽吾人之责任，是不可不深长思也。

---

〔1〕 Gibbon, Decline and Fall, ch. 44.

法典之繁简*

穗积陈重 著　林鹍翔 译

一国之文明，在于法律之完备。而法典者，又法律之根据地也。我国法典，惟有《大清律例》一书，然独注重刑法，若于此可赅其余者。而刑法之中，则又条目繁多，过于周密，外人不免因此而有疵议。社会进化，惟法是视，成文习惯，舍此难行。法典之编制亦綦要哉！日本法学博士穗积陈重，法律大家也，曾充法典调查会起草委员，民法半其手定。有《法典之繁简》一篇，刊于《法政新志》中。论极精当，足备参考。因亟译之，以供众览。

——译者按

编制法典有二种主义：一简单，一精密。汉高三章之法、各尔基痕之十二壁法、罗马十二之铜标、上宫太子十七之宪法，古代成文法中之最简单者也。社会进步，法典益备巨识之儒。亦有执简单之主义者，其说谓："立法者制一法典，欲尽举恒河沙数无极之人事，包括无遗，实非易易。且法典益精细烦碎，即人民之知法律愈难。人民既不知法律，则芒昧汶暗，误陷必多，而奸人转得乘之以肆诈欺，以逞凶恶。是本为防奸利物而设者，适为助非长暴之资。"故编制法典之大要，在揭其一切规定之纲领，而泛为博之原则而已。其适用解释，须委任于裁判官及行政官也。历史派者曰："法

---

* 原载《法政杂志（东京）》1906 年第 1 卷第 1 期。

律木由于自然发达。徒以立法改造社会,终不可得。”据此更可知制定法典,但当举其大纲,俾自然发达而为习惯,有不可不留余地者。近世法典中据此主义而编成者,如墺太利(奥地利)民法、西班牙民法、日耳曼民法草案是也。

精密主义之中,包含有种种目的。“有欲举人间万事,尽网罗于条文之下,凡可为争议之端,悉预想像,而加以适宜之条文者;有欲槌碎向来之习惯,别制作可以代此之法文,以新天下耳目者;有执干涉主义,不但欲防遏民间之弊害,更以条文启迪人智,兴起世益,奖励进步,使社会沾其进取之恩者;有患司法官、行政官之幼稚,动辄误为处理,欲以精详之法条,示其裁判措置之标准者。”此外,又或全然不惯于法律生活,对于人民新布法律,以条文揭示一切法律关系,而欲以法教民者。此教训的制法之例,近世欧洲诸国,略取半开以下之邦土,开发移民之处,多因此情形。欲以本国之法律思想,注入其地,故常以精细之法律颁布,使人民由之,而识法律关系之所在也。如英于印度布契约法、刑法、其他之法律,当麦可连等之创意。“以正条之外,添以释文,并附判例,以解明未生之疑问”,是其例也。又如孟德乃古诺法典,亦因不惯法律之人民而为公布,其法文不但极为精密,并附以定义、注释等也。如普佛露葡(普鲁士、法国、俄罗斯、葡萄牙)于印度孟德乃古诺之法典,其原因虽不一,要之据精密主义而为编制之例也。盖今古之法典中,其采最精密之方法者,为普国之《来痕独连伊笃》,全典一万七千六百一十条,其二部第八章,有二千四百六十四条之多。

法典编制之精密主义,与简单主义,进化之原则上,有互相前后之关系否乎?若有关系,则孰前孰后,亦不可不研究。以余观之,此两主义,自有前后之序:盖从精密主义,进于简单主义者也。世界最古法典之一,如美义育法典者,其规定极为详细。又罗马乔司基义痕法典之浩瀚,亦世人所共稔也。其他法律生活,稍至发达时代,所制定之法典,亦尽据精密主义,以收集人间之关系为目的而编制者。故比较社会进步,其整备精细,彼此之间大相径庭。所以然者,盖大有理由在也。此时人民一般之智力尚未十分发达,其有教育、有智能者,必在政府,而黔首概为愚昧。于是人民与政府之间,恰如今日欧洲诸强国对于新版图之土民,有同一之关系。立法者欲使人民无迷于歧路、惑于适从,以教导扶植其精神,乃不得不以详细之条规以为之指示。迨至社会进步,及于一方,民间教育泛行,智识之程度,亦稍普遍;而治者与被治者之间,智愚之别,畛域已融,各人皆有自治之能力;加以所司法律执行之司法、行政诸官,亦智能进步,知法律之活用,而无不当之解释、不正之适用。于斯时也,法律仅定其大纲目,亦足适用。凡一切人事变迁,任执法者之斟酌,自能达法律之目的。盖时势至此,已骎骎有入于精微之势。若必尽为规画,则法典适为桎梏之具,转碍适切之应用矣。此最近法典所以多由简单而成也。

或者曰:"法律之精粗繁简,与社会之现象相随。社会进步,人事愈趋复杂,则法律亦因而复杂,故法律必自简而进于密,亦子所屡言,何以论法典编制法,忽易其说,而曰自复杂进于简单,得毋以矛刺盾乎?"则应之曰:"是两不相妨之论也。"盖法律中之物之复杂,并非从法典编制法之精密而来,故法律之社会进步,自简单而进于复杂,可不必言也。试以关中之三章、大和之十七条、夫活挪拇之十二标,以较诸今日露普诸法典,其自粗而精、自简而密,毫无疑义。如古枯笃里挨帝即位以来之法典,自窝里涯拇所订定,以至于古枯帝践祚而后,全数较多。此社会进步,加增法律分量之明证也。法典编制法渐次进于简单之原则,与法律中之物渐次近于繁密之原则,本毫不相乖;不但不相乖也,且法律渐趋繁密之事实,由编典方法渐趋简单之事实而来。其原因固不爽耳。假令于人事复杂、法律繁多之时,以其法律悉收于一法典之内,则纷烦糅碎、轇葛不清,普通人民必有不能普及者。故开明社会于交际纷繁之际,欲使人民稍通法律大体,必揭人事关系根本之大原则,冀其易以了解。至精细之点,则另有特别法也。盖法律宜简,特别法宜密,实编制最进步的社会之法典,所不可或阙(缺)之方法也。夫网罗人事之希望,为今日立法者所不能,而精密之编典方法为今日时势所不可者,因一般人民有不能尽知法律之弊,决不可与特别法同日而语。何也？特别法者,但令有其关系者知之,其他不必尽知也。故近世增加法律之分量,其要可于特别法见之。由是以观,法典之繁简,与法律之繁简,进步次序实有相反,其理由本不相牴(抵)触也。如上所论,更可信关于法典进步之原则:古代之法典,以包括国法全部为目的者居多;近世之法典,使含有国法根本之法规为目的者居多。此社会自然之势也。

论公法私法之区别*

井上密 著　徐家驹 译

举世皆言立宪矣，立宪之端不一，简言之不外纳君民于同一法律范围之内而已，则法也者即为立宪之根据。虽然，法之为用，亦巨矣哉。行于国内者曰国内法，行于国际者曰国际法，而国内法中又有公法私法之别。如宪法、刑法、刑事诉讼法，公法也；民法、商法，私法也；而民事诉讼法之为公为私，则无定论矣。即如宪法、刑法、刑事诉讼法等之为公法，若谓其专属于公，不涉于私不可也。民法商法等之为私法，若谓其专属于私，不涉于公，亦不可也。至于国际法，有以为有公法无私法者，有以为有私法无公法者，有以为无所谓公法私法者。此等疑问，非专攻此学者不能解决。然能明公法私法之性质，参酌诸学说而贯通之，亦不难得其概要。是篇为日本法学博士井上密氏所著，罗陈各种学说，互相推论，虽未得肯定之断语，但区分二者之性质，亦可谓详且细矣。夫研究法学者，固不可下拘泥之解释；而编纂法制者，则不能不为详密之推定。我国法律，外人谓仅趋于公法一方面，虽大清律例中不无私法之规定，一视各国之单一法律，未免有间。近今商律既布，私法之编制，当必日臻完备。用译是篇，以供我立宪国民之参考也。

——译者附识

公法私法之区别，言人人殊，其为世人所最称道者，有四说，试

* 原载《北洋法政学报》1906 年第 2 期。

历举而辨明之。第一说,以利益之公私为区别之标准。谓公法者,关于公益之法也,私法者,关于私益之法也。而问其若何为公益,若何为私益,学者解释未能一致。或以国家及社会共同团体之利益为公益,一人之利益为私益;或以公益为多数人之利益,私益为一人之利益。然以此解释为公法私法之区别,仍未为正当,盖从第一解释,谓关于国家及社会共同团体利益之法为公法,关于私人利益之法为私法。如论者所认为公法,则刑法及警察法不可不谓之为私法,何则?之二法中必不仅规定国家及社会共同团体之利益,凡关于一私人之利益如保护个人之生命及其自由等之规定,亦不少也。至于第二之解释,谓关于多数人利益之法曰公法,关于私人利益之法曰私法。然如论者所认为私法,则关于会社法(即公司律),如合名会社(无限公司)、株式会社(股份公司)之法,又不可不谓之公法,何也?会社法中必不仅关于一人利益之规定,而关于多数人利益之规定亦复不少也。

由是观之,以利益之公私为标准而为公法与私法之区别。若如其说而推论之,势必至其所认为公法者亦可为私法,其所认为私法者亦无不可为公法。夫公益私益非大相反对也,而谓规定公益之法必不涉及私益,规定私益之法必不涉及公益,得乎一法律也?同时有规定两方面之利益,不观夫警察法乎?明明为保护一私人生命财产之自由,可为一私人之利益矣。而其所以维持国家安宁秩序之方法,亦不外乎此。又不观夫民法乎?小之所以保护一私人之权利,大之即以保国家之秩序,则民法亦可为关乎国家利益之法矣。是以执一法而细考其规定之利益为公为私,势难专属。故以利益之公法为标准,而为法之公私之区别,实不可能之事实也。

第二说,公法者,直接关于公益之法也,私法者,直接关于私益之法也。此之说明,欲以补第二说之不足,然仍不免为暧昧之标准,何则?如论者所谓公法,则禁窃盗之刑法何故不直接关系于吾人之利害,而仅谓关于公益者耶?又如论者所认为,私法,则规定国家及市町村等债权债务之关系,何故为间接关于国家及市町村等之利害，而不直接关于其利害耶？此为吾人所未能索解也。盖以直接间接之区别解释之，基于人人之感情。而法也者，故无所谓直接间接者也，且自论者所谓私法关于私益，公法关于公益，此为主从之区别而非若直接间接之区别，由于各人之感情而推移也，此亦未得为正确之标准也。

第三说，谓公法者，规定国家与国家或国家与私人关系之法也；私法者，规定一私人相互关系之法也。此说也，为举世所称道，而其区别之标准亦甚简明，然亦不能无缺点。何以言之？盖如论者所认为公法中，亦有规定一私人相互之关系，其所认为私法中亦有规定国家与一私人之关系。例如日本现今之国法中，世所称为公法也，其中不无有一私人相互之关系，又如刑事诉讼法，当为论者所目，为公法也，然私诉之规定又明明关于一私人相互之关系矣。至其所称为私法者，其中规定国家与一私人相互之关系亦不少其例。如民法然，凡无主之不动产（土地家屋）于一定期间内，无主张相续人之权力者，则其相续财产即为国库所有。观此规定，则民法不又可称为公法乎！由是言之，则第三说之解释，亦未能成立。然辩护此说者曰：吾人所称为国家者，指有权力主体之资格而言也，其有权力主体之资格，而以一私人之资格，不得为国家。故于民法中规定国家与一私人财产上之关系，国家既无公权力主体之资格，则为一私人相同等，是即为一私人相互之关系。故执民法以相难，不足以攻击此说也。虽然仅此权力之主体为国家，而以权利义务之主体，非谓国家，则解释国家之意义未为充足。夫权力之主体，亦权利义务之主体，皆同为国家。彼国家者，以战胜之结果，请求敌国之偿金，或募国债，或营专业，以增进国家之岁入，是表示财产权之主体者亦国家也。如论者所云国家，则于文字上亦有不当之意义。必强欲维持其说，而为正当之意义，则莫若易“国家”二字为“权力主体”之文字，而谓“公法者，规定权力之主体，与一私人关系之法”较为适当。然其说亦未为正确也（于第四说中解决之），且固守第三说者，其于刑事诉讼法中之私诉，其为一私人相互之关系与否,犹未得其解决也。然属于此派之学者,又谓关于国家一方要素之规定曰公法,若仅关于国家者,不得皆为公法,若规定国家与一私人财产上关系之法,非国家必具之要素,不过生各个人间相互之关系而已。但于民法中如无主不动产,属于国家所有,又于一定期间内,无相续之申出(申告)。相续财产即为国家所有,此等规定为国家之要素,故国家即取得其所有权,非以一私人,而取得之也,论者其将以民法为公法也与,吾知其必不然也。

第四说,谓规定权力之关系者曰公法,规定权利义务之关系者曰私法。凡法律规定之各事项,当不出于二者之外。谓非权力关系,即为权利义务关系。而公法私法,即于此而区别,其对于法律全体,甚为明确,而亦不能无疑也。夫曰权力,曰权利义务,果能包括一切法律否耶?规定权力之关系曰公法,规定权利义务之关系,曰私法,则公法私法之外,其将有别种之法存在否耶?不观夫日本之国法乎,其中不关于权力之规定,又不关于权利义务之规定者,亦不少其例。如民法第二十一条“以各人生活之本据为其住所”,又第二十二条“不知住所时以居所为住所”之规定。又如民法第七百二十五条以下之关于亲族之规定,夫住所与亲族,非权力也,亦非权利义务也,从公法则为权力之关系,从私法则为权利义务之关系,若住所与亲族之规定,既非公法,又非私法,则不可不为一种特别之法,其可得乎?

论者或曰,住所之所在地及亲族之关系,于权利义务大有关系,关于此等规定,亦可为关于权利义务之规定。然此说也,亦牵强附会之甚者也。设令以所定住所,所定亲族关系之结果,影响及于权利义务,又或关系于权力者,是不过为间接之结果耳,其规定之目的物,无所谓权力,亦无所谓权利义务也。以此为标准,而区别公法私法,则如前项之规定,当不得列于二法之中也。

是以法也者,所以应社会之必要,对于一切事实,而设种种之规定,不得以权力及权利义务二者,一概括之。若矫正第四说而说明之,谓公法者,关于权力之法,私法者,关于非权力之法,则其说始合于论理，而又不免诡辩。且如宪法、刑法、刑事诉讼法、民事诉讼法等，举世目为公法，其中不仅为关于权力之规定，即关于非权力之规定，亦间有之。又民法、商法，世所称为私法，如其中关于罚则之规定，又关于裁判所一定作用之规定，则又为权力作用矣。则此说也，其终不能完全无缺也夫。

则如是而公法私法之区别，果以何者为标准乎？其将以前述诸学说为基础，而由法典上以为区别，如以宪法、刑法为公法，民法、商法为私法，然亦未得为概括的论定也，抑将于法典之各条文而区别之乎？如以某条文为公法的规定，某条文为私法的规定，又或以某条文第一项或半部为公法的规定，某条文他之一项为私法的规定，是又为琐碎而未见正确者也。不然，于各国制定法制之始，其编纂公法法典，即为公法，制定私法法典，即为私法。虽然，应政治上一定之必要，由种种之方面而生种种之事实，即规定种种之法制，若以一定之标准以概国法之全体，而欲为公法私法正确之分类，吾知其难矣。则此说也，亦未得为正当者也，无已将试以概括之方法乎？所谓公法的规定占多数，为公法，私法的规定占多数，即为私法，夫多数云者，过半数之谓，即三分之二以上之谓也，设令一法典中公法私法，两相对立，则又无法以区别之也。诚如是，公法私法，其终不能区别之矣。以余辈论之，公法私法，未可区别，之二者，各有特殊之法理，两不相侵，然阖之则互相敌视，辟之则又不免抵触，斯学之所以发达迟迟也者，其在斯乎，其在斯乎！

论司法权之范围*

林鹍翔 译

国权之发动,绝对无限而唯一不可分也。然自形式上观之,即立法、行政、司法是也。立法者,以法制定的行为;行政者,于大权及法律之范围内,达国家之目的行为也;而司法者,以法适用的行为,其与行政相异之处者,行政在于法之适用,但非以自身为最终目的,第为达其目的之准备行为而已,若司法虽在于法之适用,而以此为最终目的。故于此点,可信司法与行政之区别。

司法之意义,有广狭二种。广义之司法,汎(泛)称以法适用的国家行为,故行政裁判,虽亦司法,而不得谓之司法。狭义之司法,民事、刑事,其他特委于裁判所之事件的裁判。换言之,则除属于行政裁判所事件外,凡法之适用者也。帝国宪法所谓司法权者,于天皇之名,依法律而裁判所行之,即规定狭义之司法也,试说明于下。

一、司法之主体

司法者,统治权作用之一也。分此为立法、行政及司法者,不过依发动形式之便而已,实则不外唯一不可分之统治权也。而统治之权力,属于一天万乘之至尊,故作用之一的司法权,亦归属于天皇。

---

* 原载《法政杂志(东京)》1906 年第 1 卷第 1 期。

二、司法之机关

司法者,虽属于天皇之权力,然非躬亲行使之,盖使裁判所所行之统治机关也。而其机关,有通常裁判所及特别裁判所两种。

三、司法之形式

司法者,依法律行使,非依命令及训令而行之者。故裁判悉从法律所命,认定事实,而确认为法之适用者。

四、司法之实质

司法者,于种种实在情形,适用严正法规的行为也。盖法者,国家外表的意思,而共同生存之条件也。故犯法者,即为有害共同生存之辈。对此适用严正之法,即所以保共同生存。而裁判所者,代法规发表法之意思,以判定附着于事实的法律关系也。古有言曰:司法官者法也。又曰,法之言法,裁判是也。韪哉言乎。

如上所述,所谓司法者,盖亦可以知矣。试更以其范围言之,欲决司法之范围,必先明其限界,而其限界,以求之形式与实质为便。

(一)形式的限界

行使司法权之手续,虽有种种学说,然准据于法律者,最为可信仰,即通常裁判所(依民事诉讼、刑事诉讼者),特别裁判所中军法会议(依陆军治罪法、海军治罪法者)是。至依命令及训令而遵行者,非属于司法范围之事项也。

(二)实质的限界

实质的限界可分为二种,曰积极的,曰消极的。

1. 积极的限界

积极的限界者,属之肯定的司法范围内者,为通常裁判所所定之事项,及特别裁判所所定之事项也。

(1)属于通常裁判之事项

通常裁判者,别于特别裁判所而言,盖以民事及刑事裁判者,如构成法第二条明示之处(构成法第二条云:于通常裁判所,为裁判民事刑事者,但以法律使属于特别裁判所管辖者不在此限)。所谓民事及刑事者,如下所解。

①民事事件

民事事件者,于吾人平常间权利义务上之关系,即诉讼事件,及非诉讼事件也。

a. 诉讼事件

诉讼事件者,当事者之间,可生系争关系。关于私法上之权利保护者,终就法之解释适用,得生争议性质之事件也,其手续从诉讼法审理判决(系争谓在于二人以上之人之间,或以事实或以权利而相争也)。

b. 非诉讼事件

非诉讼事件者,关于当事者私法上之权利保护者,而不生系争关系的事之事件也。其目的之处,在于干涉权利之生灭转变,因此确认而豫(预)防其侵害。至其手续,准据于非讼事件手续法(有反对论)。

②刑事事件

刑事事件者,正刑罚法令之适用,以维持公之秩序,即刑罚法令所列举。对于有责且不法行为者,而以罪之成立不成立,及责任之有无,纠问裁断之事件也。其手续从刑事诉讼法之规定。

③以法律委于通常裁判所之事件

以法律委于通常裁判所之事件,欲列举之,亦甚困难。然如土地收用法之补偿事件,又当选诉讼之非民事及非刑事,以法律委于通常裁判所者,故属于通常裁判所之职权。

(2)属于特别裁判所的事项

特别裁判所谓裁判特别民事、刑事之司法机关。盖就特别之人与物与处,所设之特别裁判所,为实际上之必要也。而规定于宪法，宜属于特别裁判所管辖者，别以法律定之。如构成法第二条所云：所以然者，以特别之民事、刑事，为属于特别裁判所之法意也。例如军人、商工业于新领土之裁判，则此为相当者。他若陆海军治罪法，军人所犯之重罪轻罪的审判，及违警罪之正式裁判，并附带之私诉，均于军法议会审判，即所谓特别之民事、刑事之审判也。

2. 消极的限界

消极的限界者，属于否定的司法范围内者，为司法裁判所权限内之事项也。

属于裁判所规定之事项，但有行政裁判事件一者而已。盖依行政官厅之违法处分，被毁损权利者所要求处分之取消及变更之诉讼，属于行政裁判之权限，非司法裁判所受理，宪法已明示之。故此种事项，所以示消极的司法畛域也。

如上所述，司法权之范围者，为民事、刑事、其他特委于司法裁判所之事件，可无疑也。按司法权为最广义之行政，故司法与行政最易混淆。日本以宪法为根据，又有裁判所构成法为墙壁，其意可思也。

——译者附识

论法律之渊源*

奥田义人 著　徐增礼 译

一、惯　　习

惯习者,由于人类之自然,而永久根据的行为之标准也。其渊源所自,固有种种,当其发生之始,犹如雪中之路。夫积雪数尺,人迹断绝,交通至困也,有人焉为之前驱而开通之,以存雪上之迹,则后之来者,遵其道而行之,亦何畏积雪困难之有乎？行之久焉,道路荡平,而交通益便矣。惯习之发生,何异于是？例如日本当出产之时,弥月则亲戚往祝之,赠以赤饭。死亡之际,忌日致赙奠者,配以馒头。此等习惯,初未尝通行于全国也。欲寻其源,问其事之起于何人,始于何日,盖不可得而知也。西邻效之,东邻和之,渐成为同一之行为,得通行于一般社会之中,是不可不谓之惯习矣。但此不过卑近之一例耳,推而至于人事上之惯习,亦莫不依顺序而成立,及其成立,即为法律上之一大渊源。试观人类年久通行之惯习,有如人类本然之性,欲反行之,则必为人所摈斥。故惯习亦有强制力含其中者,是以国家法律承认之,或采以为成文者,亦靡不由此。

惯习有种种区别:(1)因其所行之处之广狭,如一般惯习、局地

---

* 原载《法政杂志(东京)》1906 年第 1 卷第 2 期。译自法学博士奥田义人《法学通论》第二章。

惯习是也。一般惯习者,行于国内一般之惯习也;局地惯习者,行于国内一部之惯习也,其在交通不便之时代往往局地惯习,多于一般惯习。例如日本关于婚姻之惯习,关于用水之惯习,古来各地方,莫不相异。近来交通便利,惯习亦渐次统一,而其变迁亦从可知矣。(2)由其所行之人之范围,如普通惯习、特别惯习是也。普通惯习者,行于一国人民之一般也。特别惯习者,行于特别之人民间也,例如商业上、农业上之惯习,只行于商人及农民之间,此谓特别惯习。关于养子之惯习,行于全般,即普通之惯习也。(3)因其形式之如何,如成文惯习、不文惯习是也。成文惯习,集录于文书之惯习也。不文惯习,不集录于文书之惯习也。例如日本存于民事惯例集中之惯习,谓之成文。关于用水之惯习,多不记载于文书,即谓之不文也。

惯习不问其种类如何,于其本体(惯习),本无法律之效力,其有法律之效力者,由国家承认之,而又不可不俟其规定也。故惯习为法律材料之方法有二:

(一)承认惯习为法律上有效力者

国家承认惯习,而与以法律之效力也。如英国之普通法,即由国家承认,变惯习为惯习法。又日本法例第二条之规定亦如之。

(二)采用惯习规定于成文法律者

国家当新制定法律,恒采用惯习,规定以为成文。如英国之卖买法、破产法、会社法、我民法中之亲族法、相续法,皆采用惯习,而规定于成文。其在诸国法典中,此例亦数见不鲜也。

二、宗　教

其在政教一致之时代,无论东西何国,宗教之势力,非常强大,声名文物,皆归于僧侣之手。故宗教者,不仅为法律之渊源,谓古代之法律,概基于宗教,亦无不可。今日本如圣德太子之宪法,及大宝令,又如北条时代之贞永式目,莫不混入宗教之元素。其他穆罕默德之法典,亦然。故列举古代之法典,以宗教谓渊源者,不遑枚举。又观文明国之现行法律,其起源之由于宗教者,不一而足也。马印(Maine)曰:法律之基础,发于崇敬天帝之念。洵旨言哉,是以宗教为法律之材料,其方法有三:

(一)以法律为神所制定

此说已如前述,如穆罕默德之法典、摩西之法典、古伦之经典,皆谓拜受于天帝者。

(二)基于宗教之教旨以制定法律

如欧洲中世所谓寺院法是也。集录高僧会议之议决,一本宗教之教旨而为法律。

(三)采用宗教上之规定以为法律

宗教之规定,其为惯习者,法律承认之,又成文法律中,采用此项规定者,亦不少也。

三、条　　理

条理者何?以哲学上言,可谓之通常正义。又其所谓自然法,实不外乎条理,即谓之条理,亦无不可。但其性质,颇漠然不拘,最有力者,如吾人何故不可不忠君,又何故不可不孝亲。欲明确其理由不能也,是即所谓条理者也。条理者,固一国、一家、一社会之秩序上所必要也,故条理为法律之材料,其方法有三:

(一)以条理为法律制定之基础

其在昔时,条理即法律观念之存在,虽法律比条理为狭隘,至欲为二者之区别,即法律莫不本通常条理而行,间亦有不合条理者,如恶法亦法也。秦始皇作坑儒之法,不条理之极也,而亦不妨为一种之法律。然虽如是,可谓之例外,而古今之法律,莫不以条理为基础也。

(二)采用条理规定于成文之法律

昔时之法律,概为条理之集合,即近世法律,如关于亲族关系,采用条理为法律者,不少也。

(三)条理得与以法律之效力

条理得有法律之效力,恒在法律不备之时。如明治八年之布告裁判事务心得,有云:"凡于民事裁判有成文则依成文,无成文则依惯习,成文惯习皆无时,则推条理为裁判。"又如墺国民法第四条曰:"无明文及惯习时,则依自然法。"法国民法第四条曰:"有以法律不备法律缺漏为口实,而不肯为裁判时,法律上当科裁判官以漫不裁判之罪"(以此条文换言之,即命裁判官遇此情形,可依条理为裁判也)。不仅此也,其在英国衡平法之起源,由于条理,盖英之普通法缺点颇多,即如诉讼方式甚严。有误其方式者,虽有起诉之权利,亦不受理其诉讼。又普通法之裁判所,只及于金钱上之救济,人民因之不得伸张其权利,群相请愿于王,王许之乃于普通法裁判所不能受完全救济时,得许其人之请愿,于其审理之末,可依条理而与特别之救济,此衡平法之滥觞也。一千八百五十二年,制定衡平法厅裁判权条例,改正其审判手续,于是遂有普通法、衡平法之二种法律,而二种裁判所亦同时并立。及一千八百五十二年制定司法条例,凡二法中有抵触者,从衡平法,而以衡平法裁判所编入于高等裁判所部内,由是裁判所乃归一致。然衡平法之范围,亦云大矣,此其例不独英国,罗马亦然,其所称普德而(Praetor)法律者,与英之衡平法相似。盖行于罗马人民中之市民法(Jus Civile),仅适用于罗马人民,罗马之版图渐大,隶属之外国人出入于罗马者踵相接,是以罗马人与外国人及外国人相互间乃生种种关系。不得已对于市府裁判官外,别其名曰外国裁判官(Praetor Peregrinus),凡罗马人与外国人及外国人相互间之事件,皆由此裁判官之意思。依条理以相处理,与英之所谓衡平法者事同一辙。而罗马遂有市民法(Jus Civile)、公平法(Jus Honorarium)之二种法律,此与条理以法律之效力之最著之例也。

四、判　　例

判例者,裁判所关于诉讼所下之判决例也。古时法律之规定,甚不完备,而裁判官又同处于立法官之地位,故其判决即为法律,所谓审定法是也。马印曰:"法律非由原则而生,集各事件之判例为原则。"判例者,固为法律之大渊源也。降及近世,法律制度渐次完备,而司法立法之权,又以分立为原则。判例之适用,对于裁判官无论有重大之势力,而于法理上,决不许有法律之效力。然就判例之效力有二种法制:(1)英国主义;(2)罗马主义。英国主义,认判决为法律作为之方法,故其判例纯然有法律之效力,援用判例无异援用法律条文,而上级裁判所之判例,乃得拘束下级裁判之判决。反之则为罗马主义,以判决不过为适用已存成文法或不文法之结果,而不作为法律。其以判决:(1)为惯习法成立之证据;(2)示明关于裁判官法律解释之见解;(3)判例所采之见解,虽其势力得及于后之裁判,但法理上不认有法律之效力。此主义由于罗马,故曰罗马主义。虽罗马之初,亦有不本此主义,而以判例作为法律一方法者,如提白流(Tibelius)帝尝与判例以法律之效力,至入斯底尼安(Justinianus)帝之敕令始为禁止。现今欧洲大陆诸国之法制,皆袭用之,如普国州法,墺国民法,皆以明文规定之,其他各国法律上虽无明文,然法理上莫不以之为准则也。

判例为法律材料之方法有三:

(一)判例与以法律之效力

是即英国主义也,现今除英国外,皆不采用此方法也。

(二)采用判例规定于成文之法律

现今各国往往采用判例所定之规则,规定于成文法律者,例如法国关于生命保险及抵当权之法律,皆采用判例以规定也。

(三)判例者养成惯习法

判例之势力,得及于后之裁判,人既从其判例,则关于权利义务之事项,亦于是定。故判例者,养成人民间之惯习之最有力者,惯习既成,国家承认之以为惯习法亦不少也。

五、学　　说

学说由于学者之脑髓而出,谓其有法律之效力,固不待言,即以英国法系诸国论之。裁判官所下之判决,恒采硕儒之学说为理由,辩护士之为辩论,亦以大家之学说为论据。学说愈精,愈促立法上之进步,现今文明国之法律,日臻完备,学者之力居多。盖法律之进步,后于社会之进步,社会进步,所生之需要愈新,而旧有之法律渐见其不完全。改正而补救之,学者之责也。是以学说,即成法律之一渊源也。

学说之为法律材料其方法有四:

(一)与法学者以法律解释之权

例如罗马帝奥古士都(Augustus),选当时之法律家,与以法律解释之权,以其解释意见,称为学士说(Responsa Prudentium),而有法律之效力是也。

(二)以学说为有法律之效力

例如罗马帝帖痾多削(Theodosius)采五大法律家之著书,集巴比那(Papinianus)、巴留斯(Paulus)、尤比弩(Ulpianus)、加犹(Gaius)、达摩士的尼(Demosthenes)之学说为其国之法律。若五子学说,有异同时,则折中巴比那氏之说。又西班牙王伊萨伯拉(Isabella)以拍图尔(Poldol)、勃尔特(Bald)二家之著书为有法律之效力,此例之最著也。

(三)编纂学说以为法典

例如入斯底尼安帝编纂罗马三十九家之学说以为法典是也。

(四)学说者养成惯习法

法学者之在一国,即有代表一国之法律思想,故其于国法上之解释论说,有重大之势力。人民因之以定趋向,且因而成惯习,由惯习而成为惯习法,亦自然之势也。

六、条　　约

条约者,国家对于他之国家,表示其意思而合意之约束,非对于国民表示其意思也。故条约不有法律之效力,或者谓条约有二种之效力,一对于外国,一对于国民,以此论之,则条约亦有法律之效力。虽然,条约仅不过为法律之渊源,绝非法律,故对于国内毫无效力。国家为履行条约,对于人民多以此为材料,而制定法律,国家公布条约欲人遵奉必布法令,其始以条约为材料而生法律,依法律而人民生遵奉之义务者也,是以条约为法律材料之方法有二:

(一)条约与法律有同一之效力规定于宪法者

依此方法,就随时所缔结各条约,特关于执行而不发布法令,其条约之当然效力,亦可及于人民,如北美合众国则采此方法。

(二)条约缔结,必以法令公布之

依此方法,则条约因法令之效果,对于人民而生羁束力。盖仅以条约公布,对于人民,尚不能生效力,惟因法令之效果,而始生效力也。

七、外　国　法

一国法律,以仅行其领土内为原则,外国法只于该外国有效力,故除治外法权而外,断无有依外国法律而裁判者。凡所称涉外事件,即关于在留一国之外国人所特定之事项,例如关于身分(份)上能力之事项。又自国人与外国人之法律关系,关系于婚姻上离婚之事项,依其性质,固用外国法。然非以外国法而适用外国法,不过以之而适用自国法耳。虽然,国家以外国法为自国法之材料者,岂少也哉。盖国与国交际频繁,以一国之法律,为他国法律之材料,不为自然之结果也,是以以外国法为法律材料之方法有二:

(一)以外国法为材料而制定法典

如法国之采用罗马法,以其材料为基础,而制定拿破仑法典。又如日本参酌外国法,而制定新民法,及其他法典,皆所谓外国法之继受也。而其为模范材料，以外国法为母法，以系于继受之自国法为子法，盖相互之间有如祖先与苗裔之关系也。

（二）外国法者养成一国之不文法

例如德国于民法未制定之前，以罗马法中惯习法之形式而为普通法，以行于实际。又如日本于未订民法之前，采用法国民法中之原理而为不文法是也。

法律理论与法律事实*

菱谷精吾 著　林鹍翔 译

理论与实际不并行者，非科学也。无否对象之理论，其理论即不得独存。故科学有反于事实者，其无学之价值也，可得而断言焉。

法律学之对象，为社会之现象，与人类之行动。故法律者，从存在于自然界的人类社会各现象中，公共与个人之二方面，网罗无外，而裁定秩序整然、制规截然的一定之规律者也。人类若不有社会团体，则可无法律。人类向于共存之目的，若无行动，则可无法律之存在。社会之现象，若不有定变之秩序，则法律亦不成系统的科学。

是故法律之制裁，不能在于事实上之人类社会时，则其法律可谓不有法规的实质。法律之命令，不能与社会定变之秩序合一时，则其法律之命令终无由执行。人类之行动，无附与何等之规范，则科学无研究之价值。

虽然，法律者，非事实之罗列，亦非现象之解剖也。罗列事实者，记录也、历史也；解剖人类者，生物学也、社会学也。法律实非可记忆而可理解者，而其理解，又非仅求之纸上。实于千变万化之活事实，附与一定之价值者也。然则法律非事实法律盖附与价值于事实也。

---

* 原载《法政杂志（东京）》1906 年第 1 卷第 4 期。

附与价值于事实者何？曰以人类之行动，及社会之事实，附与一定之效果之谓也。凡有事实则有力。自然界之一事一物，于其活动不生一定之结果时，亦人所认知。虽然自然界之事物力，非从人类思考而出之力，而出自然法则之力。法律之力，则从人类思考而出之力也。人类之共同生存，出于规正秩序之力，其力固无以自然界之事物而支配者。自然界之力，由各种事物所发，而基于人类之意思。以社会的现象为规律，而原因于人类之行动，及对于已得结果法律的事物，附与一定值效果者也。简言之，即法律特有之力，而附与价值于事实之原动力也。

法律非实事之配列，而附与价值于事实之点，实成于法律理论的根据也。盖所谓法律，无以法律为支配之事。故国家内种种法律，不能有各别之力可知，其各般之法律，基于一定之原则所附结于特定不动之统治权。据系统的理论而组成者，至应用时亦然。人类之头脑，若无综合汇类之力，则社会之现象，必至纷乱如麻。盖理解者，合一之根据也。若不能发见事物之合一性，则法律终无由施于应用。社会之事理，千差万别，虽应于时与处固不同一。然能从特殊异能之状况中，发见（现）其同一性，斯法律方能活动应用。何则，法律本不能以其特殊异态之状况，为种种之规定也，故法律不可不以理论的系统的智得而成。详言之，则以人类之汇类综合、识别理解，领得事物之普遍性、同一性、恒久性时，非范畴则无由使法律波及。故从一面言之，则法律之系统观念者，事物之普遍性与恒久性之识别，而实法律理论之根底也。

法律者，虽为理论的，亦不可不为事实的，虽为系统的，更不可不为特殊的。盖以人类之行动为对象，社会之现象为主题。换言之，则法律者，支配事实之绳墨也，故离事实之法律者非法律，不从事实归纳之理论者亦非法律。不能适应于事实之理论，则法律之为学亦无所用矣。盖事实有各种之特异性，由特异性而为归纳，为抽象，又现出普遍性及同一性。其各种特异之状态，则形成法律上之所谓事情。故法律有正有权，虽为系统的，实更特殊的也。由斯以谭,无论风俗若何高尚,必以法律学为特长。无论都分若何概括,必以法律学为有趣味,以故领得之法律仅以理论,可为纸上之空谈。活用法律仅着眼各种之事情,又迂远而暧昧,至于不可收拾也。

自来法律学,有解释派之一派。此名称虽旧,然由中古黑暗时代,促进罗马法之再兴者,实此派之功也。法理之解释的理论,固为必要,然解释之理论,非因解释其物而生者。可解释之力,实存在于解释以前。恰如无理解力之鹦鹉,虽弄舌学人语,终不能领得人类之智识也,故非领得法律理论之骨髓。则法律之解释,无由希图其正鹄。欲领得法律理论之骨髓,则离法律之字句,不可不尽知法律之对象。法律之对象,即法律事实也。不深参究法律事实,而欲解释法律,是犹航断港而斩之于海,势必不能。法律事实之内容,甚为复杂。此之最低减度,虽不外衣食住之充实活动,然人之为人,不但以体躯为要素,更须了解精神的幸福,以其为最高等动物。其心的活动,甚高远也。有社会现象之方面,无不可鞭辟入里者。故欲分解法律事实之内容,不可不从一切社会现象之中解决之。换言之,以今日制度之观念,及法律理论之基本,法律事实之范畴,为社会现象之实体。

研究社会现象之学问,固非法律学之本领。法律学者,从他之学问,而以讲究各般之社会现象为资料。更附结于人类的制裁,讲究人为之秩序者也。往古未开之时,社会现象,甚为简单。以此对象而为讲究、为资料,其制定之法律,亦甚简单。而至今日,则事物变迁,回非昔比。从单一而进于复杂,亦一定之理。盖人智发达,必使社会所出之事,而为精神的快乐。于斯时也,法律亦应其对象而于社会所出之事,不可不变化其态度。故研究法律,即从社会现象各种之方面,藉(借)社会学、生物学、论理学等之力,而深究法律事实之奥秘也。夫如是,则法律事实之广狭,与法律理论之深浅,为正比例者,亦可以恍然矣。

论理学有归纳演绎二法,法律学亦有经验学派纯理学派二者,与他之科学相同。盖经验学派，不要归纳的讲究，纯理学派，从自然法则及人之理性而为演绎的讲究。此二者全为矛盾之僻见也。

古代希腊之文明，虽多导河于纯理学派，然与法律有多大之关系。如司笃挨哲学，普通称为经验学派，然其哲理之终局，如所谓"Logos"者，正同释氏之真如，及不二法门之绝对境域，终非经验的智识所可企及。降及近世，如归纳论理之祖倍(培)根之研究方法，所谓其第三要译者，以十全归纳法未确实形式的概念，为其主所。如回笃所谓实学中之自然科学，以倍(培)根之归纳法可得满足。何则，应用的试验，不但在能判定是否，并在能搜集实在之材料也。虽然，其可属于精神科学，以至于法律学。不可不以人类之行动(心的活动之素因)造其根底。盖欲以数百万人类豫(预)为试验，非有牺牲之勇气，则归纳的理论，终不得尽其正当之讲究也。

近世撒回伊义之法律制定历史的论究，虽大助经验派之气焰，然其研究方法，于所谓法律事实沿革的理解外，不得以其效果，阿私于经验学派，纯理学派之理论，亦从历史派之证明，而可示以实迹者也。

自来康德、黑爱尔、希坦之辈，称纯理学派。虽为独断派所嘲笑，然如康德素论之理性，于认识论上，深能调和归纳演绎二者，为学者之倡。降至黑爱尔所谓辩证法，虽以人类之推理力为第一方式，而其第二方式，则俟客观的实在证明，辨明其论式也。笛卡尔之哲学根据，虽在于"我疑"，然其活动方式，实由"故我存在"之经验论理而出，但普遍不以笛卡尔归纳的学派为论定。单从法律学者之方面观之，如实利学派之倍他拇、阿夫司基者，实以现在之利害为主题(实在之法令)。虽其论据，恰未证明出于推理，是为人之所怪。而如霍布士、卢骚(梭)者，虽无历史上证明，推定事实，以制成自家之法律根据。然其推论之经路，则基于实在之经验者多。

余辈更得博搜论据，而下一最早之论断，曰：经验学派与纯理学派，皆为矛盾之僻见。盖经验者，为事实之观察，纯理者，对于事物主观的思考也。倘使陈列多品，仅归著于事实之记忆。即以为理论之构成,是无异海市蜃楼,一有不合,便致云消雾散矣。事实者,存在于客观的,经过五官,惹起人类之意识也。理论者,存在于主观的,综合几多之事物而分类之,领得系统的普遍性也。是故法律者,为实在之学问,为一般的支配之了解,为社会现象之理论,而可讲究之人类,为支配之客体,多费空想日常所经由之事物,为法律学之内容。此系统的智识,必然不可谓非纯理的。此研究之主题,于目前不可谓非吾人人类之活动事实。是以法律学之研究,其理论与事实不可分割,无论若何,亦不得偏重也。

法律者,非事实之分配列,乃对于事物而有附与价值之力,故于活世界为活动的支配,此法律之运用,亦不可不基于活手段之活用。

法律学者,法律事实之系统的理解也。虽然,法律事实,如网之系于一绳,如万缕之系而有其绪。不问如何情形,不得谓从一大原则内可以抽出者。盖社会之现象,即使不甚复杂,而深为讨究,则必有一大原则之存在。不过人智未极发达,于现今人类活动,不能以唯一之系统,而仅出于固陋狭小之法律。于是乎法律事实,更于其运用之事情,使酿出唯一之系统。

法律界之事情者何?以立法言,则如普通法之衡平法,谓之成文的,是对于原则政策的变则。以应用言,则如对于法律事实之构成,而酌量情实。盖事情者(Circumstance/Umstand),事物之素因,不但以条件为意味,更包含偶然之地位,及事后加添之事,为种种事物之状态也。但其意义易至于不明确,从理论的分界,附以学术定义,宁以周到为愈。虽然,苟立于法律活用之地位,则无论事情歧出,而于一事件既能明确认知其错杂的法律事实之各种关系,亦易使其明确。若徒论法律于纸上,虽可抛弃难于了解之事项,而对于法律事实之裁判,欲明其为如何事物,则非极此事情之一切关系,终难下妥当之决定。法律理论者,虽可明白直截而为系统的,然其以事物之普遍性下抽象者,不过人类之思考而已。法律事实者,不因无意味之原因而发生,不因单纯之动机而组成。一事实每为特殊的，若抽出同一性，其残余性即不揆一，其仅抽出同一性而可组成之法律理论。特包含特殊性而适用于法律事实，活用之难，亦固其所，而其特殊的周围之状态，即存在于法律事实中。所谓事情是也，事情既蟠（盘）踞于法律活用之各处，则日常之难问虽多，亦可供与于人类活动矣。

凡属于精神科学之学科，应无于法律学之程例外，而有其法则。若动力之法则有例外，直可破坏理工科之根底。若药物之效力有例外，不可不变更医疗之方式。至于社会学人类学生物学等诸学科，于从来之原则可自矛盾，而或发现于他之方则，则学者更可以原则抽出，于他例外不必珍重。独至法律学则不然，有明确与事实相反者，有视为推定者，有与原则矛盾者，不能不于例外各种之情形。重视此变则，故不但学者不怪之，且为政者、执法者，亦以为不备例外之法则，不足以应各种之情形。是即事情之问题，政策之问题，详言之，则抽出法律事实之普遍性，蟠于残余之处之各事态也，故事情问题，分割法律之半面，可谓非偶然也。

要而言之，法律者有正有权，有系统的理论，有特殊的事实，而可为理解者，则为法律理论，可为谅解者，则为法律事实。法律理论，从原则而立，法律事实，实包含事情，供与例外者也。若夫百般之事情，可被分解于系统的者，则须先法律理论十分整备，然后可置之事实，而期其终于存在也。

按法律之为用，当由两方面观察之。一则变事实为理论，英国之不文法，各国之判决例，其初不过民间之惯习，或裁判官之心证。及行之既久，学者采为论据之根本是也。一则变理论为事实，政治家之哲理，经济家之统计，其初不过费学者之笔墨而已。苟普及于一般心理，则视为当然。而秩然见之行事是也。当制定法律时代，不可不用第一主义，否则，来阻力，当改良法律时代，不可不用第二主义，否则社会凝滞而不进，有立法之责者，当三致意也。

——译者附识

论思想之趋向*

冈村司 著　徐家驹 译

人事的现象者,思想之发现也。思想与人事有因果之关系,先有思想,人事随之,故人事之历史,思想之历史也。观其社会,即可以知其思想。案(按)思想之趋向,即以卜社会之归趣。古今来世变之大者,为击破压制制度,而树立自由制度。四时之序,成功者退。今自由制度,又将为社会制度而让步矣。所谓人世之三大变迁者非欤?夫此等制度,于各思想上,皆有代表者。寻绎其代表者之思想,可以知其制度之根本。而学者之论说,往往以其伟大之势力,浸淫于世道人心。盖人必求其真理而实现之,真理非事实也,贯串事实之大条理耳。从事于求道思索之学者,揭其所信之真理而呼号之,人心皆为感动,由是而风动云集酿成世变。炎炎焉即猛火之燎原,不可向迩;焰焰乎若洪水之横流不可复遏矣。所谓政治上之变动者,莫不由于此道也,则思想与人事之相关,非浅鲜也。

自进化主义出现于世界,而五十年来之思想界,乃生一大震荡,几有骎骎日上之势。推原其始,不过为生物学上一原则之论据耳。自学者于人事科学中应用之,而全体几为其垄断。迄今欲明生物之起原(源),舍进化主义,其道末由。窃怪夫进化主义,以人与禽兽,同一种类,其立说之酣畅,措辞之激昂,几有声色俱厉之态。其在泰西,以人为神之作成,与他之动物异其类。此种观念,

---

* 原载《法政杂志(东京)》1906 年第 1 卷第 6 期。

印于人人脑中,欲破此迷信,诚不可不过甚其说。而东洋人士,亦舍其慧,而效其颦,殊可怪也。今试执人而语之曰:人类者,动物之一种也,当为人所习闻而不之异也。乃学者往往逞其一得之见,说明人与马之构造智能之相若,遂谓人马同祖,是又无敌而放矢矣。且此等说明,吾人对之亦未能默然。盖人类固为动物之一,而于动物中占最上之地位,其智能德性之发达,非他动物之可比,故其所开发也亦异。奖励之,奋勉之,以营高尚之生活,以成美善之事业,人之所以为人者在此,人之所以异于禽兽者,亦在此也。诚如进化主义,则人之去于禽兽者几希,人而为禽兽之行为,亦由于当然,而无足怪。呜呼!此何言也?是直欲引人类而堕落于禽兽界而后快也,岂非咄咄怪事哉!今吾人姑认进化主义之真理而说明之,于余心犹未慊然也。

至以进化主义,应用于人事诸科学,学者立说,言人人殊,而于道德说上,亦及影响,或为极乐主义,或为放任主义,或为兼爱主义,以及其他之某主义、某主义,不堪一一枚举,几令人无所适从。兹以极乐主义言之。夫极乐主义者,以人类之生活,适合于社会之境遇,即为黄金世界,亦即为极乐世界。盖人类唯一之福祉,为能受用最大无穷之快乐,由人类而成社会。人之生息于社会中,必有共同生存、共同受用之法则,为个人者,即不可以不服从。有此遗传及自然淘汰之法则,而社会者,即以之,而印刻于各个人之脑中,遂为有生所自来。夫今日之所谓道德观念,在于过去不完全之天性,与将来完全之天性之间。至他日天性之完成,则德性为有机的,附随于吾人之脑,无所用其思索,如鸢之戾天,鱼之跃渊,无在而不自得也。大凡有意识的行为,必豫(预)想其组织之若何为善,若何为不善。人类达发达之极度,则凡无意识的动作,动中窾却,欲左则左,欲右则右,其旋转犹如机械之人形也。见人之陷于水也,则趋赴之,不自知其测(恻)隐之心之何自来也;见金之遗于地也,则漠视之,有如尘之堕于地也。由是而嫉妒竞争之心,不存于中,疾病死亡之来,不萦于内,举宇宙可惊、可喜、可乐、可惧之事,无不夷然处之坦然安之,此极乐主义之真相也。若大放任主义者,则曰:人世若流水也,流行进化,行其所行之处而已,非人力所得而左右之,放任于自然可也。其甚者,即为无为主义,谓天地至大也,万物至众也,惟人存在其中当,其存在之初,无何等之目的也。人抱蜉蝣之生,而以一物处其间,善恶利害,又何足问乎?至兼爱主义,为反对利己主义而起。盖极端之利己主义,以一切道德上之动机,皆本于利己。为能利己,即杀身成仁,亦足自快。而兼爱主义者,则曰:人类者社会的动物也。人类既为社会的动物,故利他心即为其本性所自有,非由利己心分派出来。个人者以人类全体包藏于一身,故其言动思念,由于反射作用相感应。不观夫猿之防护其同类乎?当其防护小猿之时,恒致死力而不顾,彼岂不计较其利害而为之耶?其将冒杀身之危险,而其所赢得当有胜于此者耶?抑将以其壮烈之行为要誉于其同类耶?此无他、利他心出于其天性耳,而不然者则为燕矣。彼燕之迁巢也,委弃其子,任其饿死,彼岂无爱子之情乎?若一审其利害当不出此,然性情所赋,有欲已而不得已者在也。由是而知利他心与利已心,为各独立之天赋感情,两相存在于个人之至性中,社会进化,始相融合,遂成一种人类兼爱之感情。而此兼爱主义,遂与平等保护之社会主义,相提相携,同为现世界新思想之表率,将来为人类道德之唯一标准者,其在斯乎!其在斯乎!

进化主义之建设各方面,已如上述,其纷糾错杂之端,固不一而足,至其破坏之势力,亦极伟大。自此主义出现,凡关于人事从前之学问思想,皆失其根据。有以为人有天赋之良心,其判别善恶,犹如明镜之鉴物,无微不著者;有以为人也者,不可不服从绝对的理性命令者。要之此等学说,皆无稽之空想耳。欲排斥其他前哲之言,而以怀疑之眼窥测之,不足以系吾人之信仰也。夫进化主义者,人类思想之变迁,为无已时,因之而时相岐(歧)异,故以无一定不变之原则,为一定不变之原则,知必不然。若于变迁进化之中,串穿古今来一定之条理,即认为真理之存在,且从而求之斯可矣。独奈何彼之所谓真理者，尚未得为引力之法则耳。呜呼！旧学荒凉，新思寥落，我辈方旁皇（彷徨）于中夜暗黑之中，丁此时也，以微白之曙光，得见天之一方，其快乐为何如耶！

我之于法律学也，据守条文解释之城垒，对于此思想界之剧变，尚得严守中立。有以法律为技术，而任其运用者，其能安于此乎？更有以法律为科学，而求其原理者，吾知其必不安于此也。盖所谓条文者，法律的现象之反映，而法律的现象，与一般社会生活，共相变迁进化，故非就法律的现象，以探求其串穿之真理，决不能成就法律学也。自来关于法律之根本观念，每以法律者，为保障各人平等自由之具，故人必先正己。己正矣，而又不可不正人。法律者，正人之条件也。欲使人人各得其所，不得不以最小之制限，使享有最大之自由。其自由也，各人相平等，而法律所划定之权利，必使人人毋相侵犯，以保持社会之秩序，故社会之秩序整然。为个人者，于社会秩序中，无相抵触，即于其范围内，享有最大之自由，是以法律者乃为共存之条件。虽然，此等观念，其得为正确也乎？夫法律者，既认各人所有外物之权利相平等，且从而保护之矣。然取得外物物力，人人相殊，甲得什二，乙得百二，于此保护其所有权为相平等也。则富者得法律之保护，而财产愈得其巩固。贫者既无财产，亦何有法律之保护？则法律之保护，对于贫者不几为无用乎？是保障平等权利之法律，适以巩固不平等之状态也。又有论者，谓能力者即权利也。鲸之吞鱼，虎之噬兽，其能力，亦即为其权利。法律者，为拥护强者权利之具，而亦为强者苦虐弱者之爪牙，此非今日之状态乎？然以人类兼爱，即以人类共同福祉为真理者观之，则今日之法律，距真理不甚相远哉？夫法律之豫（预）期，在于后者，而其实际，则在于前。进化主义，与法律之为用，果何如也？是非为精思熟虑之一大问题也哉？

十九世纪中，有形科学之进步，非常迅速汽车、汽船之创作，爱克司（X）光线，无线电信之发明，种种发达，几有一日千里之势，而社会之面目，亦蔚然一新。此后相竞相进，当无已时，则其造诣，不知其伊于胡(湖)底,是真不可测者也。丁此时也,而无形学之法律学者,尚暗诵二千年前之罗马格言,不能脱其窠臼,何其所见之不广也!其殆拘泥于文字之中,徒构造玩弄其巧妙之论理以自得,而未及根本上之功夫乎?余辈从事于法律学者也,当先扫除其陋习,以改从前之状态,始由生物学、心理学上,穷究个人之性情,复由社会学上,探求其于社会生活之理法,更搜集古今东西,关于人类社会之法律的事实而讲究之,以发见(现)串穿其中之真理。所谓依天地之公道,破社会之陋习,以成法律制度,而于二十世纪中,与物质的进步,骈镳相驰,岂非讲经世实用之学者之志愿乎?

该篇为日本法学博士冈村司所著,载《京都法学会杂志》首卷。其言颇高深,录之以冀我法律学者之取法乎上也。

——译者附识

论法律之性质*

奥田义人 著　饮冰 译

一、法律观念

（一）关于法律观念之学说

卒（猝）然问曰：何谓法律？发问虽简，而作答殊难。故古今释法律观念者，言人人殊，学说如鲫矣。夫学说之变迁，即此学沿革发达之表征也。是以古代法律，有古代之观念，近世法律，有近世之观念，而近世观念中，学者亦各出其所信，而言之有故，持之成理。今通古今而胪其重要者如下。

1. 神意说

神意说者，谓法律或以直接或以间接受牖示于神天者也。直接云者，谓神天自制法而亲授诸人类。间接云者，谓虽非亲授而默相之也。谟罕默德（Muhamat）自称入定深山，天使加布里埃下降，授以法典，名曰可兰（Koran）。来喀瓦士（Lycurgus）自称从十二神之一名亚波罗者，受斯巴达法典，皆谓直接受牖示于神天者也。犹太之摩西（Moses）法典，印度之摩奴（Manu）法典，希腊之绵尼（Menes）法典，皆以同一之观念而发生者也。日本称天乃锡禹洪范九畴，亦其类也。此观念起于最古，而有国莫不皆然。盖由统治者

---

* 原载《新民丛报》1906 年第 4 卷第 12 期。译者按："此奥田博士《法学通论》中之一章也，以其可供治法学者之参考，故译之。"

欲一其民，察彼之缺于智力而强于迷信也，利用此为施治之政术，政术与迷信和合，而此观念益确立焉。其后时势迁移，根据渐弱，乃不得不稍更其说，谓吾之法悉循天心而立也。此间接论所由起也。虽然，古今法学钜（巨）子，其持此观念以释法律者，实不乏人，意之麦士德尔，法之佐波那尔，其著者也，唯欲立此观念之左（佐）证，则宜先确知神天之有无。藉曰有之，其性质何若。睿不及此，则武断而已。

2. 正义说

正义说者，或曰法律即正义也，或曰正义之一部分也。所说虽有出入，要之以正义为法律基础者近是。其在希腊，毕达哥士（Pittacus）曰：法律者，正义也；柏拉图曰：正义一称法律，实个人与国家两有机体所同具之智勇节三德和合而生之原理也；喀来士布（Chrysippus）曰：法律者，正不正之鹄也，大率以正义与法律视同一物。其在罗马，锡尔士（Celsus）曰：法律者，术之公且善者也。哥克（Coke）曰：法律不外正理，其说亦率同希腊。夫正义观念，能包孕法律观念，不俟论也。虽然，据此观念，遂能定法律之为何物乎？谓法律即正义，则反于正义之法律，不应存在。然谓反于正义之法律，则司败不得适用焉？恐非学理所能许也。又如关于手续之法律将由何道而以正义之观念说明之乎？限期上控，何故为正义？逾期不能上控，何故为反于正义？虽有辩者，恐难索解也。况所谓正义者，于何定之？伊谁定之，漠然亦安适从也。

3. 人性说

人性说者，谓以法律为完复人性之鹄也。德儒倭儿弗（Christian Wolff）曰：法律者，所以使人履行其义务以复其本性之一手段也，是其义也。虽然，一切法律，果皆可为完复人性之鹄乎？藉曰：可也。彼道德宗教，何一非完复人性之鹄？然则若何之鹄？命曰法律。若何之鹄？命曰道德，命曰宗教，其界说抑难言尔。

4. 道德说

道德说者，或曰法律即道德，或曰道德之一部分也。虎哥曰：

法律者,强人于正,而道德的行为之规则也。佐谟曰:法律者,以对外一定之权力,付与人群,而道德上之规则也,是其义也。夫道德与法律,其为人事之鹄一也。虽然,外形判焉,道德以心为主,由内正外;法律以行为主,由外正内。法律上规则,虽为道德上规则之一部,然仅据此未足以明法律之观念。信如此说,则必谓反于道德之法律皆非法律然后可,不宁惟(唯)是,如手续法,如宪法,如行政法,皆可谓之非法律。何也?此等诸法,其所含道德观念实鲜也。

5. 自然律说

自然律说者,谓法为自然律之一节也。法也者,非天作之,非人作之,实一种天然之现象也。宇宙万物,有伦有脊,既有伦脊,法自弥纶;日月星辰,循此以运行;春夏秋冬,率是以来往。岂其于人而独能外之?人也者,自然界之一物也。故法也者自然律之一部也。孟德斯鸠曰:法也者,以广义言之,实事物本性必至之符。天帝有法,万化有法,众生有法,人类亦有法,是其义也。此学说以近世科学之进步,殆益证其不诬。虽然,以之释法律,盖有所未尽。盖推其全体以言其一端,虽无剌谬,而此一端属于全体之某部分乎?国家法律属于自然律之某部分乎?苦难见也。

6. 秩序关系说

此说颇与前说近似,谓法也者,则也。则也者,事物因果相嬗而有一定之关系者也。英国物理学大家赫胥黎(Huxley)曰:法之本质曰秩序。所以示有一定之原因者,必有一定之结果也,是其义也。虽然,此亦推全体以言一端,而此一端属于全体之某部分,未能言之。

7. 自由规律说

自由规律说者,谓法律所以定各人自由行动之范围,一面为天赋自由立制限,一面为天赋自由施保障者也。康德曰:根据自由原理,而立条件焉,使个人之自由与他人自由相调和,谓之法律;莎威尼亦曰:设规则焉,示一无形之界线,而使各人之生存动作得正确之自由范围,谓之法律,是其义也。当自由论全盛时代,此说殆披靡学界。虽然,斯亦未可称笃论。盖此观念可适用诸法律之一部,而未可以概全部也,何也?法律中有保障人之自由者,亦有为保障一人之自由,而限制他人之自由者,亦有无论何人咸不得自由者。

8. 民约说

民约说者,谓国家由人民相约而成,法律由民意一致之结果而立。申言之,则法律者,民相约建国时所定之约章也。此说虽萌芽于古代,而大成之者为卢梭,其言虽辩,奈历史上无一根据,适成为空华幻想而已。国家法律,果成于人民之约法乎?历史上曾见有先民为兹约法者乎?法律以前更有约乎?祖父约法,何故以其自由意思,侵缚子孙之自由意思乎?此皆民约论败绩失据之点也。

9. 公意说

公意说者,谓法律所以发表当时人民全体之意思者也。莎威尼曰:法律非人力所能创作而发育于自然者也。人民于日用交际,积久而习成焉,因酿之以为法,故惯习法者,最良之法律也,何也?彼直接以发表人民之所信也。立法者之制定法律,不过取人民所信,加以形式云尔,实则人民公意间接而发现者也。此说与民约说略相似,其所异者,民约说谓初建国时相结契约,公意说谓当时人民全体意思。彼为一时的,而此为随时的;彼为有形的,而此为无形的也。然以此释法律,义亦未完。盖此说若信,则反于人民公意之法律,当不得复谓之法律,不宁惟(唯)是,所谓公意者,果由何道以形于外,抑太不分明也。

10. 命令说

命令说者,谓法律为主权者之命令。此观念导源于罗马法曹,而大成于英国之分析法学派。霍布士曰:法律者有权力之人命某部下,以某事当为某事不当为之言语也。其后边沁阿士丁皆祖述之。因曰:法律者,治者规定受治者之行为所颁命令也。此说大得学者之赞同,一时阿士丁之名,震全欧法学界。虽然,亦非笃论也。命令云者,优强者所行诸劣弱者也,劣弱者若不率则恶报随之,制裁是也。信如是也则:(1)宪法及行政法之一部,可谓之非法律。

何也？以其多属于规定国家自身之行为者也，于是德人边达英迁就其说，谓法律者，对于国家及人民所发之命令也，盖谓如是则宪法行政法，可纳入而无碍也。虽然，发令者国家也，自为发令者，自为受令者也。毋乃矛盾矣乎？(2)惯习法可谓之非法律。何也？彼非由命令而成立，由承认而成立也。(3)法律不得以权利为本位。何也？由命令而服从之关系生焉，由服从而义务之关系生焉，然则权利果何在也？(4)人民行为，有仅为法律所许，而非必为法律所命者，私法中数见不鲜焉，故直以命令释法律，无有是处。

11. 强行规则说

此说与前说相待，谓法律者藉(借)外界之制裁以强行之规则也，无强制力不得谓法律。德儒德玛莎士曰：法律与道德之别，在制裁之有无；其弟子康德陵曰：法律者，立一规则而以外界之苦痛惩彼侵轶者也；伊耶陵曰：强行者，非徒为实行法律之手段云尔，实法律之要素也，故无强行力之法律，谓之非法律。外此如英之边沁、阿士丁，德之黎布匿、康德，其以制裁为法律之要素也皆同。虽然，制裁之观念，言人人殊。此观念不明，则此说无著，又无制裁之法律，时非无之，若宪法及行政法之一部是也，故此说亦未完粹也。

12. 共同生活要件说

谓法律为人类共同生活要件之一部也。匈牙利之蒲庐士奇(Pulszkey)曰：法律者，国家所认为社会生存要件之规则也。英之坡洛(Pollock)曰：法律者，示人以人类共同生活之要件也，是其义也。夫法为利群而立，固无待言。然直以此为法，则反于共同生活要件者，当不可谓之法律。夫反于共同生活要件，固恶法也，然以其恶故而谓之非法，则乌可。

13. 行为说

行为说者，谓法律为行为之规则也。英儒荷尔郎曰：法律者，人类外界行为之规则，藉(借)政治的最高权力而强行之者也。法儒埃莎伯曰：法律者，人类外界之义务的规则也，是其义也。学者或难之，谓信如此说，则关于意思者，当谓之非法律。然法律固有制裁及于意思者。

(二)法律之实质的意义

综上所述,互有短长。而行为说,其最普及且最适于近世之法律思想者也。今采之以立定义曰:

法律者,国家所制定所承认之行为规则也。

更分析之如下:

(1)法律者,国家所制定所承认者也。

行为规则中,经国家制定承认者,谓之法律。制定与承认二者,法律之所由生也。其在成文法,则制定之;其在惯习法,则承认之。

(2)法律者,行为之规则也。

法律所以异于道德者,一以其专属于外界行为规则,一以其必待国家之制定承认也。难者或曰:以法律而示内部意思之规则者,未始或无,限以行为,毋乃不周。应之曰:古代法律,其干涉或及于内心,盖古者谓法为神天所牖示,为道德之一部。其不设内外之界,宜也。虽然,法律者,进化者也,故其观念,非必古今同揆,近世法律,惟规饬行为,不制限意思。章章明甚也,故生今日而以行为规则示法律之定义,决无大过。难者又曰:若宪法若行政法等,皆属于国家机关内部之组织,安得曰行为规则?应之曰:此等非直接之行为规则,固也,虽然,其目的将以使行为规则,运用自如,非于行为规则外,独立而为其用也。故此等规则,常与他规相须而不可离,其不失为行为规则明矣。

学者或附益以制裁之观念,谓法律者国家强制执行之行为规则也。虽然,法律非皆主制裁者,如宪法中国家自规定其行为者是也。又法律非皆用制裁者,干法行为,则制裁之;适法行为,则放任之也。故附益以制裁观念,徒隘法律之范围耳。

抑吾更有一言,法律者固国家所制定所承认也,然制定与承认,非必国家躬自为之也。凡规则之渊源于国权者,皆可以当法律。故国家以外之公法人所制定承认诸规则,皆为法律。又非必一国家独为之也，数国共同制定承认之规则，皆可以当法律，故国际法亦称法律。

二、法律与道德之区别

欲深明法律之性质，则其与道德之界线，最当三致意也。两者之所由起，其鹄皆以利群，故在昔先民，视同一物；即及今代，而以法律为道德之附庸者，尚比比也。自国家观念发达，然后两者之界线益明。盖今世之法律，舍国家无所丽也。今请语其区别。

（1）法律所支配者，人类交涉之外界行为，及与行为有关系之意思也。道德异是，支配意思，而严监动机焉。申言之，则法律者，外而制行，且缘制行而获制心；道德者，内而制心，且缘制心而获制行。

（2）法律者，国家之典要也，其成立必假援于权力。道德者，社会之大经也，其成立不假援于权力。

（3）法律以假权力而制诸外故，其遵守之也，缘关系而无所逃。道德以不假权力而制诸内故，其遵守之也，各反其良心而负责任。

由是观之，两者之差别，可以略识矣。至法律果与道德全异其范围乎？抑为道德之一部分乎？学者往往哓辨，然此殆不必辨也。法律之上规则，其大部分与道德上之规则相一致，无待言也。惟道德以意思为主，延及动机，法律以行为为主，不及动机，此其最异者也。何谓动机，如杀人，法律所禁也，报君父之仇，道德所许也，然终不能以报仇故而不以杀人论，则法律之性质然也，不宁惟（唯）是。虽有穷凶极恶之规则，苟经国家制定承认，则不得不谓之法律。故专就法律论法律，竟谓之与道德殊科可也。其内容与实质，虽或从同，若其形体，则彼自彼，此自此也。吾非谓可重法律而轻道德，盖二者相俟，然后举利群之实，苟缺其一，群终不可得而理也。

十九世纪之思潮与法学*

胡仁源 译

欲言十九世纪之思潮，则不可不先言其以前之思潮。而况十九世纪之思潮者，方面繁多，极为深远复杂，详而言之，盖有非一时所能尽者。今请先就其大体所在，最为重要者而论之。

今兹所论，乃十九世纪之思潮，与法学之关系是也。夫法学之与时代思潮，果有如何之关系者耶？盖法学者因其所支配之法律现象，常有发达变迁，而不能不发达变迁者，此至然之理也。当法学之材料，所谓法律现象自身者，向右而进，则法学亦追其迹而右之；向左而进，则法学亦追其迹而左之。法律现象日臻复杂，则法学亦不得不趋于复杂；法律现象日归单纯，则法学亦不得不趋于单纯者，又必然之势矣。虽然，自科学之方面而观，则法学者又有左右法律现象之力，而使之发达变迁者焉。当法学进步之时，则法律现象亦随之而进步，法学向右进行，则法律现象亦向右之方面而发达者，盖亦皎然无疑之事实也。法学之与法律现象，其关系既如此矣，而彼时代之思潮者，又常有左右学问之功，何则？所谓学问者，非仅由于其先之材料而发达者也。材料虽同，而其所以研究此材料之观念，有所不同，则相异之点由此而生。譬如有机于此，或量之以鲸尺，或量之以曲尺，或量之其他各种之尺，所得之数，必无一相等者。然机之真长，固未曾有所变也。神武天皇之时，人身之

---

* 原载《法政杂志(东京)》1906 年第 1 卷第 4 期。

长,殆远过于今时之人。此其故,据人类学上所研究,虽有种种之关系,而其最大之原因,则由于古时之尺度与今不同,故人身未曾有所异也。乃以尺度变迁之故,一若由长而之短者。然法律现象,盖亦如此。因研究之人所感不同,故所生之现象,不能不有种种之相异者焉。有一现象于此,名之为a,则现象自身,虽始终未尝稍有所变,然使在我者为b,则其间之关系不得不为ab;在我者为c,则其间之关系,不得不为ac;在我者为d,则其间之关系不得不为ad。率此以往,现象虽同,而其所生出之结果,必无一可以相同者。譬如童稚,见果子,则视为至美,亟思食之。使善饮者来此,则彼之所注意者,别有所在,其于果子,固茫乎若未之见也。夫果子之存在,始终无异,乃一则以为非常可欲,一则以为无足轻重,皆由于主体状态之如何而所感以分。故研究此主体之意志者,其于决定现象上,实为至极重要之事。今者于十九世纪中,现象自身之变化,姑置勿论。请先就判断此现象者,所谓主体意志之变化而一言之,次乃推及于此变化之结果。现象自身相因而变者,果为如何?其于本末先后之间,庶有当乎?且物质界之现象,虽在于我者,因志意之如何而有所异,然现象自身,固毫未尝变化也。至于法学则不然,意志变则学识变,学识变则现象自身亦不得不随之而变。即如国家二字之观念,因吾人意志次第变迁,而关于国家学问之性质亦变,于是国家自身,亦因此而日臻发达焉。是故吾人之目的,非仅欲知法律现象自身而已,知法律现象,更从而有以发达变迁之者,乃法学研究上最为必要之中心也。知国家学,知法律学,匪惟知之,且因此之故,使法律现象变迁发达,使国家变迁发达者,乃研究国家学者重大之职分也。由此以观,则时代思潮之研究,讵可不谓极要之事耶?

中世以还,有所谓盲从之时代者焉。当此之时,无论何事,一依于势力家之意见而决定之。凡在上之人及己所尊敬者,则其所言,不问合理与否,皆不可不服从。若必穷究其如何,是疑之也,其失礼莫甚焉。故学校之中亦然,凡教师之所讲述者,固不可不从而记忆之,然若问其何以如此,则亦失礼也。要之,无论何事皆不可不盲从者,中世之思想盖如是矣。使如此思想摧陷廓清,荡然无遗,凡事皆决之于心而判断其是非者,则近世以来之事而已。所谓盲从于人者,非人类之所当为。无论何事,皆不可不断之于心,诉之于智慧,问之于真理,使合于理也,则固善矣。如其不然,无论谁人所言,皆有决不可信者,此即近世以来之思潮也。自此以还,无论何事,常以道理为根据,无故而信之者,不可也;仅吾心以为如是,亦不可也。一事之来,必依于道理以判断之。其在日本,则维新后一变明治以前之思想,凡事皆诉之于论理。使论理而可通,则无论如何靡不可者,其情形殆相似也。盖今日之时代,乃与欧罗巴近世相当,故由中古以进于近古之间,亦隐然有其相同者焉。当此之时,其所言者,厥惟道理,道理之结果,而论理通焉,论理之结果,其所决定,则无所施而不可,故同一交际之中,及无论何事,皆常以论理为重。使论理而可通,则不拘如何,皆无所不可者,而基础之所在,更不待问。至于人类思想之中,有尚所谓基础者存于其间,尤未尝注意焉。近世之思想,大抵如此。风潮所趋,日增月盛,欧罗巴十七、十八世纪,无论何国,殆未有不为此思想所支配者。而全世界之人心,几尽沉浸于所谓纯粹论理的知识之中,物极则反,于是非常重要之人生焉,此即诸君所熟知之路索氏是也。夫路索之为人,盖尝唱为种种独断之说,而使天下蒙其隐响,骚然不静者凡数十年,故骤闻其名,一若其所言必甚敷(肤)浅而不足道者。其实则不然。自路索氏之主义而言之,虽未必尽合于论理,然其立论所据,固有不得不敬服者。吾以为自今以往,路索氏之研究,必有灿然复兴之一日,盖无可疑也。路索氏之意,以为人类者,非由于智慧而生,乃由于感情而生者也。故人之生世,依于心而不依于脑,所谓论理,所谓道理,攘之滔滔(淹淹),实则皆一无价值之言。何则?人类生存之本原,固在此而不在彼也。惟其然,故吾人人类,无论何事,皆不可不诉之于感情。论理善者,自实际言之,虽谓之毫无效用,殆不为过。其所主张者,大抵如此,此盖路索氏主义之根本也。今试就其所言,一一证之于论理,诚哉其有扞格而相不入者。然吾以为此盖由于论理之前提有所未足,而不可谓为其说之不当。何则?路索氏之所言,自感情之方面观之,固见为非常可贵者也。夫路索自身,其所言者,既以感情为主,而智慧次焉,则吾人研究路索氏之说,亦不可不依于自身之感情,以推究其所言之主义者,此自然之理矣。盖近世纪之初,所谓论理,所谓智慧者,滔滔(淹淹)汩汩,弥漫天下。自路索氏之说兴,而其风一变,于是十九世纪之新思潮起焉。路索之生,恰适此二者之过渡,所谓由智慧之时代而移入于感情之时代者,故虽谓之十九世纪开幕之伟人,殆不为过也。

十九世纪以还,路索氏之思潮风靡天下,谓人类之所以生,非仅智慧而已。试反求之,吾心常有物焉,为智慧所不能表示者,然吾人之生活,实须于此,则其为物,又非虚悬而无薄,盖人类生活之间,常为其根本者,乃感情而非智慧也。一般之趋势,大抵如此,而其发达最为深邃者,首推独逸(德意志)。

欲言独逸,则不可不先言康德之学说。盖智识之果为何物者,累世以来,经无数学问家之研究,而康德始集其大成,其言曰:“智识者,非仅就道理上可以沉思而得之者也,茍(苟)于内外之关系所生经验有所不合,则不可谓纯粹之智识。”此其事,彼盖尝于哲学上明白言之者矣。虽然,康德者,盖亦受路索之影响,故其下又曰:“夫纯粹之智识,固如此矣,然人类之所以生存者,又不仅由于纯粹之智识,盖常有一不可动之感情存于其间,而人类之思考活动之事,皆由此而生者也。”以此之故,康德乃决定人类实行上之道理。道理惟何?即所谓责任心者是已。盖责任心之为物,仅自理论上言之,诚有难以言语形容者。然人人心中,其无不有一责任心存于其间者,殆皎然无疑之事实。惟其有此,而人类生存、社会成立之事,自兹始焉。康德者,即以此观念改新道德学,法律学之基础者也。故路索之所论,仅偏于感情。而康德则不然,彼常注意于道德之果为何物,而于纯粹知识之外,尚有所谓最贵之感情者恺切言之。故知识真相,由斯以明,而感情之力,乃益蒸蒸日上。其在独逸,尤为极盛,即吾人所知所谓罗满机克之时代,盖自十九世纪之初而起者也。此时以前,无论何事,莫不曰知识知识。凡人之一举一动,皆决于心。观心中之时计,则明日如何,后日如何,若有可以屈指而计算者焉。故人世生活之方针,皆可以豫(预)定者,至此而幡然一变,以为是固无效也。人类之生,悉归之于感情,因走于感情极端之故,乃若中世之盲从,亦不为全然无理者焉。何则?所谓盲从者,即由自信其感情而生者也,即所谓以感情为主而不索之于智慧者也。故十九世纪以后,回思昔日,反觉当时之风有可尚者,而郑重研究之。且以此之故,凡于所以养人类之感情者,非常注意,而美术、宗教等被其影响,亦莫不带特异之性质焉。其在美术,则十七八世纪之顷,一时风尚,大抵皆非常轻妙之物,而种种人工所成复杂制品,亦极盛行。凡此者毁之,则谓其轻妙者即轻薄也,复杂者即纤细也,即卑俗也,亦无所不可者。至于此时,而其风一变,所好尚者,皆不务新奇,不事纤巧,而有鹰扬之概者也。非第外形之如此而已,取而观之,则其中盖隐然有可贵者焉,即精神之存在是也。虽在制作之物,亦必贵有感情寓于其中,魂魄在于其内,而不徒以外形美观、铸刻精巧相矜式者。当时之风尚,盖如是矣。其在教育亦然。以为人类者,不可不有高尚之感情,若仅教之以智慧,是贼之也。何则?智慧之过,必至诈伪以济其恶,虚言以饰其非,则非徒无益,而且有害。至于感情则不然,人若有高尚之感情,一举一动,必有卓然而不可及者,则自进于非常之人矣。其在宗教亦然,以为神也者,若必以道理证明其存在,是大误也,盖不可不问之于心焉。使问之于心而以为不可解者,虽不信之,固亦无所不可。然使果有正确之心,则沉思默考,终必恍然有所得者。其说如此,则于神之有无,盖有所不可不知,较之中世以前,专以盲从劝人者,固有间矣。而其最有味者,则罗马之说。所谓耶苏(稣)者,乃依神令降世,非由人类之仕业而生者也。故玛利亚实未尝以生理作用而生耶苏(稣),由于一种特别灵妙之神力而后耶苏(稣)生焉。

此其说自古以来在耶苏(稣)教之内部最为争点,或疑其必无是理,或断其实有此事,始终未尝定论焉。乃十九世纪以后,罗马法王始以耶苏(稣)之生非由于人类之仕业者,定为宗教上之教义。其在旧教,如不信此,则是与教义相背驰也。故十九世纪以降,宗教之势力,盖又有不可侮之象焉。幸而康德于十九世纪之初,确定此所谓知识之范围者,故自此以后之发达谬误所生,无论如何,断不至有如以前之甚。盖知识之范围及独断与知识之区别,既了然在于人心,而所谓感情者,亦遂不至趋于极端,放轶踰(逾)闲而不可救药。凡此者,康德盖实握其关键焉。其由此通过者,则虽有谬误,殆亦几希。故十九世之思想,至为复杂,而非常独断,如前世之所云云,反不数见焉者,端赖于此而已。

由此而所生之法律现象,盖亦有可言者焉。关于法律现象,虽有种种之不同,然十九世纪之初,在法学之研究方法,及法学之意味,其最为重要而不可忽者,则无论何事,皆由其全体而觉察之。换而言之,即此观察者,不当仅在于个人,而必注重于全体者是也。盖身体之为物,无论何时,常与感情有不可离之关系。譬如有一物于此,吾谓之为善,或谓之为恶,此其事必由于吾身之全体而推定之者也。又如有一物于此,天下之人皆谓之为善,或皆谓之恶,此其事必由于人类之全体而推定之者也。以此之故,其中盖含有智慧之判断焉,又含有其他种种之判断焉。天下之物,有见为善者,有见为恶者,有见为清洁者,有见为污秽者,此其事皆人类全体统一之智慧表见(现)于外,故与所谓全体之说,实有密切之关系也。而全体之观念,又与泛神论即所谓万有神论者,互相结合,其影响所被,而法学上从来研究之方法,乃为之一变焉。即如神之观念,自古以来,常以神之为物,离人而生,神之外,盖别有所谓人类者存也。而万有神论则不然,以为有生之类,皆依于神而生,未有能与神相离者,而神之为物,即存在于人物之中。故吾人虽欲拜神,无可拜也,拜吾心而已;虽欲媚神,无可媚也,媚吾心而已。所谓吾心者,即与神为一体,故参酌他人之意见,最为必要之事。何则?神也者，宇宙之间，莫不存在，非惟我之一身而已。故不可不共同一致焉。而所谓共同一致者，又非聚无数分离之物，强而合之者也，盖不可不全然一体焉。所谓我者，固神之所示现，而具有非常之能力者已。煞神之所示现者，又不惟一我。故自以我为神圣，始终崇拜之者，固为至当。然仅崇拜一我，则亦有所不可者。凡天下之物，皆不可崇拜之，互相尊敬，互相倚赖，而一切之事业，由此以生，此宇宙间之至理也，其在社会亦然。所贵乎人类之活动者，以其种种方面，复杂深邃，故能功分而业专也。然种种活动，断非一人所能有事，则不可不相倚相赖，而使之日趋于进步焉。此其间相互之现象者，现象自身，盖显然自有价值，而非可以凭人类之推理，肆独断之论，以决其为何物。何则？盖现象者，乃神力之所表示，无论何事，有不可不研究者存也。以此之故，而历史之类，遂占非常重要之位置。历史研究之事实，由十九世纪之初，启厥端绪者，正为此也。盖历史也者，即人类社会所生之事迹。此等事迹，自身实为神力之事业，而有不可不研究之价值者。以此之故，而历史之学，盛于一时。虽然，十九世纪之前半，风尚所趋，终不免有偏任感情之弊。一班(般)意见，多超越知识之范围，而常有感情所生之独断论，混于其中。即如法律现象之研究，亦多偏重感情，而藐视经验，其结果带不免有陷于独断之弊者焉。当此之时，历史之不可不研究者，渐为一般人心之所共信，全然肆一己之私见，任意思考者，固已有所不行。然自其外而观之，则康德之学说，殆缮节然。凡为其所节出者，十分粗大之谬误，诚不至有遗漏之忧，而其细于毛发者，随孔流出，盖不胜计，乃至显然触人耳目者，亦不免焉。虽然，十九世纪之初，盖已知知识之为物，非仅可以求之于材料而得之，若但就目前之材料反复不已，遂谓知识即由此而生者，无是理也。所谓学问者，亦不可仅就目前所有之材料检索考论，无论何时，皆如材木之堆积者然，而遂谓学问之即出于其中者，亦无此事也。同此现象，不可不反求之吾心，详细以研究之，又非第吾心而已。盖所谓神者，不仅在我之一身，乃遍天下之物而无所不在者，则又不可不互相咨询焉。如仅以一人之意而侈陈其学说，其人之学说诚可贵矣，然亦不可询之于在外之人，不可不征之第三者之意见，尤不可不反之于心而详思熟考其然否。而所谓思考之材料者，即取之于此历史上、实际上及其他现象自身者是也。以此之故，仅局局于品物之中，毫无所思考，而遂谓可以得学识者，此其说之不当。在十九世之前半，固已昭然明白，而十九世纪以前，仅玩弄品物以冀有所得者，乃至以为反复不已之间，而非常成功或亦由此出者，种种妄想至是始荡然无遗，而十九世后半之变迁由始起矣。

十九世纪之后半者，盖专务于取前半世纪之思想而分别以存之者也。于其纯粹无间者则保留之，于其芜而不精如独断论之类潜伏于其间者，则淘汰之，然反动之过或于其不可去者而亦去之焉，盖亦皎皎明白之事也。十九世纪后半之顷，一面仍主张前半世纪盛行之主义，而一面采用十七、十八世纪以前所谓知识者以补其阙。两者之思想合而一之，结果所生，于是自然科学之研究非常进步。而其中尤为发达者，则动植物学及生物学之研究是已。此其事详而言之，则无论何事皆仅跼(局)蹐于实验之材料，反复于论理之推演，以求得知识者，此十七、十八世纪以前之思想也。无论何事皆不可不沉思默考，而沉思默考之先则必使吾心平正通达，无所偏倚而后可，而又不可不问之他人，征其意见以共同研究之者，此十九世纪前半之主义也。兼斯二者，合一炉而冶之，以应用之于生物学之研究，而非常之结果生焉。英国之达尔文即生于此时者也。彼尝著有名之进化论，而又关于生物学上为空前绝后之大发明余波所及，而法学亦非常蒙其影响焉。当此时代，所谓泛神论之哲学者，实为生物学研究上必不可缺之基础，使无泛神论则此研究殆有不能成立者。盖十九世纪之前半固哲学发达之故，而生物学研究之根据即已完备，乃于其基础之上，更以十七、十八世纪时发达之论理而组织之。数十年间，逐渐进步，而生物学上之大发明由以出焉，此其事决非偶然者矣。而况重视历史之风，十九世纪之前半盖已如此，故其在生物学上，亦常注意于研究人类之历史及生物之历史者，盖亦当然之事也。此其结果如何？则生物学上之进化论及其他种种新发见（现）以后，及于十九世纪之后半，而法学亦非常受其影响。风尚所趋，所谓法学者，常以生物学上同一之方法而解说之，由是而国家有机体说及所谓法律之进化论者生焉。且此时以极端生物学研究之方法而研究法学者，骎骎日盛，如伯论知理者，即其中之一人也。夫以今日学问进步之后，回顾伯氏所论，主张所谓极端之有机论说者，盖未尝不觉其可哂。然就当日之情形言之，实有绝不然者，而彼生物学者，取自古以来所感受於（于）哲学法学之影响，扩充而光大之，乃有此极大之发见（现），而反使法学因之以发达者，亦决非无理之事矣。而其结果之最著者，其一则国际法之发达是也。元（原）来所谓国际法者，本行于欧洲诸国之间，近限于同奉耶教，而人种殆又相近者，是以土耳其欲加入其中，亘数世而从未许焉。及于十九世纪之中叶，土耳其遂加入同盟，而有国际法上之人格矣。风潮所渐，载骤骎骎。自时厥后，东洋人种，遂亦有可以加入之说，而日本人则尤以极优等之故为其所特认者。虽然，凡此者实皆一时思潮有以左右于其间，即所谓同为人类，同为神之一体者，了然在于人心。则此等观念，由生物学上所证明者，其有大造于时势，盖无疑也。而他之一面，则如今日山崎君之所言者，而谓研究人道，则动物如猿之类者，亦不可不研究者是也。盖十七、十八世纪以前，常谓天地之间，人为最贵，人之为物，全与他之动物相异者也。此等思想，在日本、中国虽有不尽然者，自古以来，亦尝以猿为人亲类。虽然，此实由于佛教之感化，盖释迦入涅槃时，惟非诸弟子，凡属子丑寅卯辰巳午未申酉，皆莫不远来顶礼，合掌悲泣，然耶教之类者，固未尝有此思想也。彼以为天下之物，皆所以供人之用者，故以人杀人，虽为大恶，然此外之物，则虽杀之，固亦无所不可者。所谓天地之性人为贵，而其他有生，则皆蚩蚩戢戢，既无感情，亦无知识。此等观念，迄于今日，欧罗巴人之间，尚多有言之者，而学者之中，主持此说者，亦往往有之。其在十七、十八世纪之顷，则一班思想，大抵如此。而十九世纪之初，盖犹为此思想所支配者焉。洎乎达尔文氏之进化论出，而其风一变，以为人类之先，与猿同祖，非惟猿而已，其他虫豸，溯其最初，亦莫不同一元祖之所生，皆由阿米巴而出者也。故就学理上而言之，则人之与猿，人之与犬，实有从兄弟之关系者焉。此说兴，而向来以为人类之生，独具非常不可思议之巧妙者，殆于此而尽失其据，不得不废然而反矣。由是其影响所及，于所谓物之观念者，非常注意，而以为猫之与人，亦同为自然动物。以此之故，而种种取缔规则以生，又关于此学问之研究，而设立一切之方法焉。而其与生物学之发达，两两相并，殆足媲美者，则社会学研究之进步是也。人类之生，本为自然动物之一，而此自然动物者，有生以还，即具一社交之天性，所谓社会学者，乃基于此点，而研究人类之社会者也。此研究者，遂渐进步，及于此时，而社会学之中，渐有所谓种种之主义者出焉。此等主义，至于后来，皆各成为社会学之一派，而自有其历史之系统者。然就其大体而论，可分为三：一曰社会之中，人民为重，而人民者，断不可以他人之力干涉之，必使其自由活动，而营种种之事业，如此者，殆可谓之社会自由之义。二曰所谓国家者，仅由于一二人自利之故而生者也。人类之生，本与他种动物同其性质，故亦不可不脱离权力者之支配而自由活动焉。虽然，此主义者既极力之张自由，而人与人之间又不可以彼此侵犯财产之类，又不可不互相平分，则其主义之根本，实不免于自相冲突也。其第三者，则近顷以来盛行一时，所谓国家社会主义者是已。此主义之中，详细分别尚有数种，然其大致则皆是认国家之成立存在，一面以国家之力而增进社会之发达，而一面利用社会使国家日趋于发达焉。所谓两者相俟，无国家则社会不能独存者，此主义之思想盖如是矣。故此社会主义者，实为今日经济学之基础。非惟经济学而已，广而言之，则今日之国法学，盖亦以此为基础焉。其在三种主义之中，殆最为正当而无可非议者矣。

社会学之主义，虽有以上所述种种之不同，然皆以使法学发达为事者也。故无论社会学之方面上，生物学之方面上，皆依此方针而使法学日臻发达焉。当此之时，法学研究人抵应用十九世纪最初之方法，而默(墨)守十七、十八世纪以前习惯，专务反复钻研，于论理者亦不乏其人。集合此等研究，而法学之为物乃益增大。凡物之大也，其发达必日进于完全，日趋于分歧者，盖自然之理也。譬如人之最初居于母腹，岁月渐进，体量日增，及其终也，乃有不得不分部之日焉。法学之与社会学、生物学全然相离，而自成为独立之科学者，亦犹此而已。无论所谓法学之根据果为如何者，盖与社会学息息相通，特以世运进步，日趋复杂，一人之力有限，兼骛并举，势必至两败而俱伤，乃不得不专务致力于法学，或且就法学中之一部而钻研之。然积重所趋，至于近日，遂又不免有偏于一方之弊，故又有唱为各种学问，本为从兄从弟，实有相互之关系者。即如顷者，山崎君之所言，殆其然矣。虽然，其在西洋，则各种学问，历史之上，皆互相连续者，迄于今日，虽已一一分离，而其根底之关系，实未尝绝也。譬如兄弟异宅而居，然其共同之亲，遗泽未远，且二三十年以前，同居之义，犹有存者，故直接间接之间，始终交通往还，殆犹昔日焉。而在日本则不然，因亟于改良社会之故，常不暇问根本之所在，仅取其成立之形式，移而植之，及于其后，虽渐渐分歧发达，然所分歧者，亦不过形式一面而止，其间同体之关系，终未尝明也。是故我邦今日之法学，以云发达，诚哉其发达矣，然实可谓一种特别奇妙之发达。何则？自其一面观之，思潮所支配，殆犹欧洲十七、十八世纪，一切研究专务求之于论理及道理之上，而他之一面，则于欧洲现今之风潮，所谓使法学分歧独立而研究之者，两者相结，而此非常奇妙之现象生焉。虽然，所谓实质之方有所欠缺者，因议者嚣然之故，遂渐渐至于注意。则自今以往，此反动之力者，殆不至使一切研究仅偏于实质之方，而必以实质相并之关系研究之者，盖必至之事矣。要之，如最初所言，法学也者，非仅由于现象而生者也，现象之外，尚有所以研究思考此现象者存，而后其间之关系 ab，即所谓学问者由兹出焉。同时，此学问者，实有使现象自身变化之能力，而所以研究之意志者，又有非常影响于法律现象及法学之上。故自今以后，世界思潮之趋势果将如何，及在我邦之变迁发达将何所向，而进行其推测而豫（预）知之者，盖为至极重要之事矣。

至于最终所不得不一言者，则二十世纪之思潮果为如何是已。盖自人类有始以来，千万年间，历史所载，举凡吾人思潮之元素，无遗无漏，悉再现于今日，故二十世纪之思潮者，实合一切之思潮而言之者也。虽以时势之不同，乃不能无所偏倚，或上或下，或左或右，或前或后，然谓一切之思想皆再现今日者，固无可疑，又非仅今日而已。试仅取十九世纪而观之，仅取十八世纪而观之，仅取十七世纪而观之，则全体之思想，无不同时而皆备。但今日或偏重于此，他日或又偏重于彼，其所以不同者，如是而已。自十九世纪之经过，所谓思想存在之程度，其对于人身者，大旨皆已了然所不可知之端，如其有之，则亦仅吾人所未尝自觉者，至于最为必要之部分，则固皆已心焉识之矣。故二十世纪中，尚有余地可以求得新根据与否，实为一最大之疑问。或曰无之，其说殆有当乎？亦未可知也。要之，今兹所言种种之思潮者，其根本果为如何？其第一之基础果为如何？就基础而论，其差误果为如何？又如自今已往，所以使之日增发达者，将如何而后可？所以使之互相调和者，将如何而后可？若此者，固二十世纪中思潮上最为重大之问题矣。就此等之事实详而言之者，其在法学上极为扼要，虽然，是固非区区一人所能有事也。如前所言，神之为物，不仅存在于一人之身，乃遍天下而无不存在者，故不可不共同以研究之焉。然则吾今日最后之一言无他，亦惟有以此共同研究之，希望为诸君告而已。

行为与目的之关系[*]

井上哲次郎 著　张宗儒 译

此题为道德上之关系，范围极广。道德云者，诸君在国中读圣贤书，知已熟闻之矣。然为之一言者，道德可分为二种：一精神，一形体。精神是永久不变者，形体则千变万化，不能一成不易。如国势然，受四方之影响，则国势不得不随之变动。故道德每因事实而为之变动，然形式虽变动，而古来之精神相合者，亦不可遗弃之也。

今言行为与目的之关系。何谓行为？行为者，有其目的而依其目的所为之事实也。倘行为无目的，是名动作，不名行为。例如举手伸足，随便使动，即为动作，以其无目的在也。如施财救人，即有救人之目的；事父母以孝，即有事亲之目的，是为行为。又如诸人同坐电车，手举触人，陈辞谢过，怨怒不及，以其无目的也。又如遗金于道，贫者拾之，在遗之者不得谓之为善，因其无济贫之目的也。又以法律言，即故杀与误杀之区别，故杀有杀人之目的，故罪重；误杀无杀人之目的，故罪轻。又介二者之间，如疯癫杀人亦无目的者也，故无罪。

行为

甲——————→乙

动机(观念)——————→目的(实际)

---

* 原载《法政杂志(东京)》1906 年第 1 卷第 5 期。

以目的与行为二者关系言之，如从甲起，依此线，自始至终，有一定线路。而从学术上语，念头为动机，机一动同时即有目的在，盖念头一动直至达其念头而止。如动一救人之念，直达其救人之事而止。譬如诸君念及家中父母，回国时须购土产以为孝敬，一动此念，始引此动机之作用。然此时仅一观念，至购置物件通呈父母时，始达实际，才可谓之行为也。我等之善不善，以行为而定。行为以目的而成，但世界上有可为目的之事，有可为目的之物，人之善恶，即在其事其物中选择而已。例如为进父母，选择佳果，或对怨仇，馈遗毒药，进父母以佳果是为善行为，赠仇人以毒药，是为恶行为。世界物品，有佳果，有毒药，全在本人自心之选择，此即在选择可为目的之物也。又就事言，如留学外国，学法律政治而归，谋将来整顿国是，转危为安，即是善行为。倘以不善杀人，而学刺剑，学制造毒药，以求归国，可遂杀人之目的，即是恶行为，此在选择可为目的之事也。水性下流，蒸气上腾，蒸气与水均自然界之物。自然界一切之物，均有一定之理，无可移动。人与自然界物，迥(迥)然不同，以其有意志也。意志与思字有别，意志要如何行，便如何行，故有意志力。欲为善立刻可以为善，欲为恶直捷可以为恶，全然自由，非如自然界物，向上只可向上，向下只可向下也。

人之何以为人，全在本人之意志，人之人格，全属本人之意志而定。欲为善者纯然得为善人，欲为恶者全然得为恶人，故人格不以人之富贵贫贱而为区别，而在选择意志为基础。观其选择意志，而人格可以定矣。倘人不善用其意志，凡百学问，皆可废弃，何也？盖无论何种学问，皆含有道德之性，而有道德关系也。例如法学则在治国，医学则在治人疾病，即工业建筑，亦在进国家以文明，而使人民获安宁之福。故凡百学问，皆不可离道德而言也。道德为人当行之路，如一平线，而我居中，上下两端，任己所之，上达则善，下达则恶，人异禽兽，在此几希。

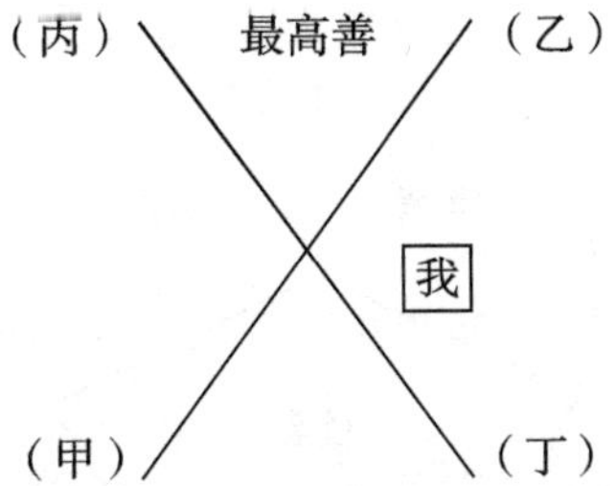

如所画之人位,有可为善可为恶之几,如思为善,则渐渐升高,其高也,即其理想之所构成。试思人之为人,是极有趣味而可变化者,一常人而可变化为一伟人,一好人而可变化成一歹人,故古人往往教(教)学者以变化气质。诚哉教育之道,在能变化人也。倘人一成不变,而教育专输人以少些智识,何用是教育乎?然向上极难,趋下极易,如欲杀人放火,顷刻可成,而欲敦品励行,进德修业,非有平日之积累不可。故为恶如下坡,为善如登山,然难易虽不同,而变化则全操诸己。在己有可以自决者,不知不觉,日积一日,必有一日得圆成之结果。如种果实然,下一良苗,一日而得发生一良实,人不下好种子,而望结好果实,岂可得耶?故人虽有二路,决无有两条路可走者。当行之路,惟一而已,即向上而行者是也。例如遇恶人于途,面斥其为恶人,彼必不受,因其本心亦思向上而行也。如是,则人之可行者,岂复有歧路可迷乎?又举一例,冰为冷的,火为热的,名其为冷,名其为热,彼无可辞,无二性故。人则不然,斥人以过,人必不受。群处于堂而讯之曰:孰愿为善?孰愿为恶?必皆曰愿为善人者。然而善不恒有,而恶人则比比也。岂非不知选择其意志,而迷当循之正路耶?

人之意志,由于脑筋,脑筋一动,皆可达其目的。虽在脑筋为理想,而可引起活动之力。而人之脑筋,可分为三部分:一知识,二意志,三感情是也。必须三者完全发达,然后能成一人。如仅有意志感情,而无知识,不知何者为善,何者为恶,是为盲行。仅有知识感情,而无意志,则愿力不足,所事不成,是为疲行。倘有意志知识而无感情,爱情既薄,伦理必亏,凡所行者,是为暴行。故必是三者具足,而后能成一道德之行为也。诸君或谓是三者与中国所言道德不同,而不知孔子所言知仁勇者,即是此三者也。天下之达道五,所以行之者三:曰知也,仁也,勇也。余之所言,不啻为知仁勇三字,下一注脚而已。

诸君到此来学法律,必自抱一将来救国之宗旨,而不知法律,只可治人之争端,必须人之本心治好,然后可以治国,岂可仅恃法律耶?盖一国之强弱,不专在法律,而在道德。倘国民之道德既高,虽有法律,无所用之。故善人决不愿与恶人处,如一良民,决不愿与窃盗相交际者。倘人人皆有一为善友善之心,善者与善者相聚成群,而各个人之道德,全国一致,亦即道(导)之以德,齐之以礼之谓矣。

人之脑筋,既有意志,为善为恶,任人自由。理想虽无形质,而于人关系最切。从学术上言,每人心中,皆须有一我在,但须此我,将来须成为如何高尚之我,理想中高尚之我,使成为实行之我。有此理想,即有此能力,依其当然之路而行之,即生人之本务也。当行之道,造端至极,即谓之最高善,故人须有日日进步,以求造极之心。然人向上而行,竿头日进,而精神上日见其快乐;倘向下而行,则快乐一时,终陷苦境,况肉体之快乐,恒不足以偿精神上之苦脑(恼)也。然人又非不为非行,除去一一不完全处,即能造乎完全之域也。必须将知识、意志、感情三者,圆满充实,然后可以造一最高之境。既达此境,则睟然盎然,超超乎直与神圣无异矣。虽世无其人,而吾人理想中不可不存此一境也。然理想因人而异,随学问经验,而日见其增进,日见其发达。理想又不可专主个人而言,如日本国民,即须合成一日本国民之理想,必须想日本文明,如何得与欧洲各国相并,然后不为各国所侮。又理想不可专主今日而言,必对将来,一国在万国中须想当成为一强国,一国民在万国中,必须想做一可为模范之国民。若仅有过去之理想,而无将来之理想,生居今世,而徒缅想唐虞,有何用耶?故古来之精神,虽不可遗弃,而将来之进步,尤不可不豫(预)期焉。推广其范围言之,人类必有人类之理想,理想有极强之势力。国民理想势力,即强于个人理想之势力,而人类理想之势力,又大于国民理想之势力。而此理想也,则必思普及于人类之共同,而后此善之为善莫,莫大于是矣。今日世界进步如此,而天下事尚有不能了然者,如宇宙之终始是已。故人又不可专恃智识,必须有一信仰,信仰与知识相并而行。今日学术,虽不可有迷信,然亦有不可少之信仰,有信仰而后有信念。如人谓生日于东,非有可决定者,不过今日观太阳自东边出,明日又然,后日亦然,以心中之推测,而有日生于东之信念。而人则不然,不必一日一日之积累,然后可以自信,直须直下承当,谓既为人类,即有可以造最高善之一境斯可已,于此复何疑乎?

今日所言之最高善,无疑与孔氏之言不合。大学首节,即曰:大学之道,在明明德,在新民,在止于至善。此至善者,即吾今日所言之最高之善也。虽谓今日所言,足供大学学说之参考,亦非过论耳。

法治国主义*

一木喜德郎 讲述　朱绍濂 译

法治国者,为德意志固有之语辞,而不得以外国语翻译之,此斯底因等之所说也。虽然,研究法治国一语之意思及状态,决非德意志固有之物,就其实质而言,先德意志而发达之国不鲜,史有明证,非可诬也。

抑欧洲诸国,采用法治国主义者,决非一朝一夕之事也,其所由来者渐矣,不过其经过之时期,比较的短少而已。虽在今日,亦尚有行前代之思想者,故叙此思想之变迁,匪特研究历史,饶有兴味,于实际适用上,其裨益亦非浅鲜。

欧洲中世以来,国家之目的,凡经三度变迁,此人所熟知者也。关于国家目的之思想既变迁,而行政主义亦随以变迁。在昔希腊、罗马时代,盛行国家万能国权无限之思想,入欧洲之中世纪,而此思想乃失其传。其时欧洲群以狭义解释国家之目的。国家之目的,专在保持治安。其对于外也,以兵力维持邦国之健全;其对于内也,以裁判所保护臣民之权利。此狭义的解释,其不认国家有圆满的绝对无限之统治权可知矣。然而国家非真绝无权利也,彼时之观念,一国家即君主之观念耳。其于主权视为有特别之权限,而不认绝对无限之统治权,向各方面而有总权力。其思想若此,试揆之于今日统治权之观念,则甚迂远而不足一顾,而不知近世以前,

---

* 原载《法政杂志(东京)》1906 年第 1 卷第 5 期。

固尝盛行于德意志等国者也。

所谓君主因特别之权限而有之权,即高权是也。夫近世国家之权力,虽非必基于特别之权限,而以狭义解高权,则一般国家依然使用之。除租税以外,凡依国家权力之作用而取得之收入,皆以高权为其根据也。以君主之权力,专根据于特别之权限也,故其国权因国而异,常无一定之范围。一国而特别权限可得表示者苟多,则其国权之范围从而广焉;一国而特别权限可表示者苟少,则其国权之范围从而狭焉。然至其后,一方依于政法学者之学说,而思想一大变革;一方基于实际上之状态,而国家之目的亦一大变革。盖自欧洲宗教改革以来,战争频仍,财力空匮,人民不胜其困敝,欲起而救济之,不可不藉(借)国家之力。于是国家之目的,益大扩充其范围,专以增进人民之幸福为其目的,是即基于实际上之状态也。加之十六世纪之顷,政法学者,盛唱(倡)道(导)一种之学说,于国家目的之变革上,亦与有力焉。由学者之说,则国家必以增进人民之幸福为目的,苟国家不以增进人民之幸福为目的,欲其权力活动,其道无繇(由)。夫以增进人民之幸福为目的矣,则凡为目的所必要者,虽如何之权力,亦得实行而无所阻碍。而国家关于各种之权力,无表示其所据之必要,唯亟亟焉增进人民之幸福,求以达其目的而已,是即依于政法学者之学说也。

首被此影响之法国,既由第一期之时代,进而入于第二期之警察国时代矣。英伦三岛,泱泱大风,亦因特别事情,一跃而入警察国时代。而其变迁之最迟者,则惟德意志诸国。夫德意志诸国,何以变迁最迟?以特别之事情故。不观德意志历史乎?始固俨然一帝国耳,其后国内若侯若伯,渐次扩张权力,驯至各自独立,遂成联邦国之形体。夫权力之为物也,合之则厚,分之则薄。德意志之权力,既分饷于诸侯伯矣,则帝国之权力之大减缩,亦势之所必至也。虽然,一千五百年以前,帝国尚统御各诸侯伯之国而行使其权力,以其权力,设帝国裁判所,以判决各国君主及各国人民之争议。此帝国裁判所之存立,实延迟德意志自第一期时代入第二期时代之一大原因也。试说明其理由。

如前所述第一期时代,君主之权力,由特别之权限而得之者也,故其范围,本有一定界线。彼德意志,亦基于此思想,其帝国裁判所,得审查君主有无踰(逾)越自己之权限者,又得审查君主有无侵犯他人之权利者。由第一之点,则适用前者所述政法学者之说,而裁判所对于此权限极狭隘。何则?既以警察之目的,为设定君主之权限之标准,则凡达此目的之必要行为,皆属于君主。如维持秩序、保卫安宁,出于概括的理由者,无不可证明其为权限内所当为者也,不独关于租税征收一事已也。故裁判所止能于此目的以外之滥用其权力与否而审查之,出于目的以外之事项,乃为君主权限之所不及。不然,则任君主自由,无(毋)庸裁判所出而干涉也。此第一之点,所以对于君主之权限,无加以格别之制裁也。由第二之点,则实为对于君主权限之重大之制裁,而此等对抗君主可得主张之私人权利,称之为既得权云。

抑以今日法律上之思想,而解既得权,则既得权者,不过一片解释上之原则,国家得以法而改废之。详言之,则对于立法者,不认有既得权,唯须立法上之主义,无妨害其既得权耳。反之,而当时德意志既得权之观念,不仅为法规解释上之原则,并不得以法而改废之,其视既得权,直为对于国家之权力之一制限也。详言之,则国家之权力,因私人之权利而被制限,犹之此私人之权利,因他私人之权利而被制限。加之国家对于私人权利,匪特不可不特别尊重之,且绝对的不许侵犯之,何则?以第一期之时代,国家之目的,专在保护私人之权利故,侵犯私人既得之权利,则是违反国家之目的也。虽然,国家之权力,因私人之既得权而被制限,亦惟平时为然。若夫非常之际,国家之利益,与私人之利益,相冲突而不相调和,则援私益让公益之原则,国家得夺取私人之权利,或制限之,所谓紧急权是也。顾今日之所谓紧急权者,国家依国法之所规定,于紧急时之必要上,得为法律以外之行为,而颁发紧急命令。若为公用而征收土地,非基于紧急权者也。第以当时之既得权,其制裁国家之权限者颇广，故关于制限之改废之者，舍紧急权之外，实无他道。而现今之学者，乃犹有取公用征收之事项，以紧急权之性质说明之者，此则终不免以当时紧急权之观念，滥解今日之法制，欲不谬误，难已。

德意志国家之权力，一方限于特别之范围，一方又受制于既得权。帝国裁判所，即用此两方针，以判决各国君主与其人民之争议，若认国家有踰（逾）越权限之处分时，得取消之。然而德意志帝国之权力，渐次衰微，因而生种种之例外，即对于各国君主与其人民之争议，帝国裁判所，亦竟无权限之可言，于是乎德意志亦进而入于第二期之警察国时代。

警察国之时代，国家之目的，在增进臣民之幸福，凡可以达其目的者，虽行无限之权力，无害也。于是乎君主之权力，一变而为绝对无限之权力，其结果虽繁琐之事，亦在君主命令范围之内。如裁判等之出于君主之亲裁，亦不乏其实例。虽然，举一般之事项，悉委于君主之一身，此必不能之事也，故更命官吏以分担其职务。既分担其职务，务必遵守严正之制限，违则对于君主，不能不任其责。然而官吏者，代表君主者也，官吏之职务，即君主之职务也，故君主对于臣民，得行使其无制限之权力，官吏对于臣民，亦得于其权限之中，行使其无制限之权力。顾此官吏时有制限君主之处，即裁判所之独立是也。盖行政事务，首尚敏活，而裁判事务反之，专以严正的解释法律，而据之以适用于事实，故其处理独任裁判所之自由，虽君主决不得而干涉之。斯时也，法律之性质，区别司法之区域，与行政之区域两者。其在司法区域内，则现行之法律，实人民身体财产之准则，裁判所亦宜本此意趣而裁判者也；其在行政区域内，则现行之法令，实行政官吏所当率由之标准，第对于君主，虽有遵守之责任，要不得以之羁束其对外之行动，从令行政官吏，有违背法令之事，为臣民者，以权利之被损害而求其救济不可得也。其在司法区域内，君主于设定法令外，关于各事件，无下判决之权；反之而于行政区域内，君主不仅设定法令而已，凡法令外之各事件,亦得自为处分。其在司法区域内,关于官吏事务施行之训令,不仅为司法官职务上之准绳,人民因其手续,而有请求裁判之权;反之而于行政区域内,凡此等训令,只羁束行政官吏,其直接于臣民者,不见有何等之效果也。要之当日之所谓法者,唯存在于司法之区域,而不存在于行政之区域也。若强欲说明当日之臣民,对于国家有若何之权利,则第关于国库之观念,可得而言之耳。

认国家权力为绝对无限之警察国时代,其关于财产上之关系,国家亦不得不由私法上之所规定者而支配之,于此关系,名国家为国库。虽然,当日国库之观念,与今之所谓国库,全异其性质。今之所谓国库,决不认为独立之法人。认为独立之法人者,乃有人格的国家也。有人格的国家,因其活动之方面,而有公法上之人格焉,而有私法上之人格焉。若当日国库之观念,则全然认为独立之法人,由其命令又禁令而活动之时,即为国家的公法上之人格;不由其命令又禁令而活动之时,即为国库的私法上之人格。故以私法上之人格而行动者,其国库须受私法支配,又须服司法裁判。其于牵联(连)命令禁令之作用而惹起财产上之关系也,则命令禁令之活动,视为出于国家之权力,而财产上之关系,视为依于国库之资格。其于公用征收也,则收取之命令,属于国家的公法上之作用,而赔偿之事项,属于国库的私法上之举动。其赋课租税,虽为国家之强制力,其拂戾(付还)过纳金,则为国库之私权也。其任命官吏,虽为国家大权之作用,其支拂(付)俸给,则为国库私法之行为也。之思想、之状态,尚有残存于今日者也。要之第二期警察国时代,认国家有无限之权力,行政区域之内,绝无法规之存。唯仅因于裁判所之独立及国库之学说,人民匪特私法上之关系,即公法上之关系,于或程度得请求国家之救济而已。由是观之,于第二期之时代所采之主义,陷于极端的干涉主义。吾不敢谓国家权力之发达,全赖此干涉主义,为波之推而澜之助也;亦不敢谓国家权力之发达,竟与此干涉主义,无丝毫之影响也。夫干涉主义,诚未尝无补于国家权力之发达。顾国家之权力,日以发达,而人民自主独立之气象，乃至剥削阻(沮)丧，不为之少留余地，高尚国民，卜侪奴隶，其结果国力衰颓，无以存立于列强并峙之世界，此非极端的干涉主义之祸而谁之祸哉？现普鲁士戴明君弗勒得力大王，且感于国家一败涂地之实基于是也，于是乎大注意于养成人民自主独立之气象，以挽回此衰运。观其方策，首设自治制度，并渐复第一期时代之学说，主张国家之目的，专在保护人民之权利而增进其幸福。此极端的反动，以不能行之于实际也。乃采中庸主义，国家以保护人民权利为目的，认私人之生存独立，至增进人民之幸福之方策。虽专依赖私人自己之任意，而其不及之点，国家进而补之，要非极端的干涉而已。

如以上所述，国家之目的，既认人民生存独立之自由，同时国家之行为，亦不得为绝对无限之活动，是亦固其所也。其在英国，思想之程度异于德，故变迁之岁月亦早于德，凡保障臣民权利之制度，均已渐次完备。其在法国，当第二期之警察国时代，与德有同一之状态，行政权力非常强大，而裁判所权力亦非常强大。裁判所匪特对于事件，得以适用其法，虽君主所发之命令，苟不登录于裁判所之簿记，无法律之效力，裁判所亦无适用之之义务也。甚至裁判所恃其权力之强大，而妄拒多数之命令之登录，其结果裁判所与行政机关之间之冲突常不绝。然而行政机关，为执行机关而掌握命令之执行者也，故行政机关于实际常制胜，裁判所不免于压倒之厄，是亦促法国革命之一原因也。

由以上所述法国之沿革而推之，于革命之后，必与裁判所以行政上之监督权，此当然之结果也。盖如此，则行政机关之权力，可以少减，而裁判所之权力，可以少伸也。此当然之结果，不可谓之非正当。然而理想上之结果，可以推定者也；事实上之结果，不可以推定者也。

德意志采用法治国主义，今日一般之所公认也。所谓法治国者何耶？斯忒尔(スタ－ル)氏之说尽之矣。氏之言曰：国家者，由法治国而发达者也。国权之轨道并其界限，及臣民之自由之范围，不可不以法而精密定之,又不可不以所定之法而巩固保障之,此实法治国之观念也。法治国者,其国家虽无行政之主义之目的,亦非仅仅以维持活用其法为意味也,况于专保护私人之利益之意味乎?总之,国家之目的,必有实行之方法,法治国云,亦唯指示国家实行其目的之方法云尔。然则法治国之观念,止为政治上希望,决非法律上固有之原则可知矣。由是而实行法治国主义之程度,亦不能不随其国而异,有广者,有狭者,有完全者,有欠缺者,皆为数所难免者也。然而世之人,恒有以政治上希望,而与现在之事实相混同者,故其陷于意外之误谬者不鲜。如关于法规之观念之学说,最其适例而可证者也。夫法规而如一般之所述,均当有适用于将来难定之事件之观念。顾近世多数之学者,大唱反对之说,主张法规非必尽适于将来难定之事件,其大要则谓关于现在所行法规之范围外,而发生之或事件,以国权之作用而处分之。此处分行为,本非法规也。顾以今日所公认之法治国,其国家之权力,必不可不基于法规而行动。申言之,则国家对于臣民,命之为某事,禁之为某事,其权力之行动,皆基于法规。法治国之本领如是,是故于非现行法规所存在之处,而或为某事件之处分,亦不可不以法规视之。不然,谓之反于法治国主义。呜呼!是说也,岂非误以政治上之希望,而与法律上之现状混同者哉?

国家之权力,绝对无限之权力也。国家制定法律,限于不自羁束,其行动纯任自由,非据于法规而始得行动者。法规也者,专示国家行动之准绳而已。今也国家制限自己权力,虽有种种方法,而欲豫(预)设一可通于多数事件之规定,将来于其规定之下,处分同一种类之事件,必应适用其一般之规定。一般之规定渐渐具备,从而国家之行动,亦渐渐循于一定之轨道。反之而一般法规不具备之时,国家之行动,绝对的自由,使之屈从于一定规律之下不可得也。故实行法治国主义第一要件,在完备其各项行政之法规,以为将来可据之准绳,不然,决难期人民之权利及其自由之安固。且其法规宜一般的,若设多数之例外,或关于各事件,采用各自处分之方针，则行政之独立及其公平，遂无可望矣。苟完备此一般的法规乎，举凡行政裁判及其他机关之设施，亦从而整顿之。呜呼！此行政改革之良好方法也，有国家者，可以览焉。

文明时代之道德*

户水宽人 著　朱绍濂 译

文明时代之道德与野蛮时代之道德有以异乎？无以异乎？吾则以为二者之判别显如黑白之不能相混。文明时代之道德之特质云者，乃于文明时代对于人间一般之道德即人道(Humanity)及对于公和团体之道德甚进步而又不可不进步者也。关于兹所述者，首不可不解释何谓文明之问题。虽然此问题在议论进行中，其解释颇不鲜，吾今且不下定义，第就智识之增进与道德之变迁言之。

学者之论文明也，或曰宜重智识、或曰宜重道德，吾则以为两方之言皆偏而不正者也。

姑揭两方之言而评论于其后，如巴克尔重在智识者，如克脱重在道德者。

巴克尔于其所著英国文明史内举其大要，曰世界之日趋于文明者，非人民道德上进步之谓，乃人民智识上进步之谓也。论道德之点昔人于今人无少差异，其所差异意者，昔人朴讷而今人狡狯乎。比较今人之道德与昔人之道德，今人或劣于昔人，亦未可知。而谓今人优于昔人，得乎，均是今人也。野蛮人之道德非必劣于文明人之道德，即文明人之道德非必胜于野蛮人之道德。比较今人之智识与昔人之智识，虽谓今人之智识数倍于昔人可也，均是今人也。文明人之智识远在野蛮人之上，然则所谓文明者，智识进步之

---

* 原载《法政杂志(东京)》1906 年第 1 卷第 6 期。

谓,而非道德进步之谓也。

由此观之,巴克尔之论文明,固重在智识而不重在道德也。

反之而克脱者,其论文明也,极重道德。尝著一书,题曰社会之进化,於(于)一千八百九十五年公诸世。然则克脱所著之书,颇新於(于)巴克尔所著之书,此书始行,评判甚高。

此书与巴克尔书适成反比例,谓社会之进化非智识进步之谓,而道德进步之谓也。其大要则曰,文明人之社会与野蛮人之社会比较,彼文明人者,非必智力之点胜于野蛮人,乃道德之组织胜于野蛮人也。社会之进化与智力之发达,谓不能不相为左右者,非也。智力从不发达而社会日趋于文明者盖有之矣。

昔者希腊人民与他人民相竞争而处于劣等地位者也,被驱逐、被淘汰者也,然其智识绝非劣于今人,并且优于今人。世之研究学术者,无论若何方面,莫不赏赞昔时希腊人智识之优秀。此非赏赞苏格拉底、亚里士多德、柏拉图等仅仅数名之学者,实赏赞希腊一般之人民也。试思智识甚优如希腊人而不能与他人民竞争,则智识虽优,可以知其不足恃矣。

是故今人之智力优于昔人云者,谬论也。由人类学者之言,则虽检查极古之人之头颅,以今人之头颅相比较,决不见其劣也。

比较克脱之论与巴克尔之论,克脱者重在道德者也,巴克尔者重在智识者也。

以余观之,二子之论者皆偏僻也。中世之进步即所谓文明者兼有智识之进步及道德之进步两方,欲专由智识之进步而致文明不可得也,欲专由道德之进步而致文明亦不可得也。而近世人之文明,亦含有知(智)识之进步及道德之进步两方之意味也。

克脱不深察近世智识之进步,是一大谬也。科学者非于近世显有增进乎,而其应用非于近世益加发达乎。采极浅近之例而说明之,则近世人乘风船而翱翔空中,疑鹰疑鹗,此古人之所梦想不到者也。近世人乘汽车而一瞬百步,如风如电,此古人之所梦想不到者也。近世人乘轮舟而海洋渺茫,若康若庄,此古人之所梦想不到者也。夫苏格拉底、柏拉图、亚里士多德等之为人杰,诚哉人杰矣,然而近世之人非尝知是等人杰所未知者乎?昔时之希腊人于智识之点固大进步矣,然而近世之人其为科学之研究非远胜于希腊人乎?而谓近世之文明于智识无与焉不尤谬之甚欤?

人类与猿猴同祖,此达尔文之所唱也。果如其说,则人类与猿猴必有始相分别之时代可知矣。当此时代人类也、猿猴也,其相去必不甚远也,人类智识程度之低不待言而可喻。自是厥后,智识逐渐进步征诸历史无可疑者。克脱既以达尔文之进化论为应用于社会而题曰社会之进化论矣。复谓人类之智识,一若无毫末之发达者,又社会之进化,一若与智识之发达无毫末之关系者,非僻论而何?

且尝发见(现)最古之人骨于死人之穴矣,此最古之人骨距今大率一万年以前者也。由耶稣之经典,则世界乃造于六千年以前。果造于六千年以前,此被发现之人骨殆创造世界足迹及于欧洲之人之骨也,未可知也。虽然,创造世界,其事甚古。世界本若云烟,继乃渐次进化,其事甚古。进化复进化,人类始据之以居住生息,其事亦甚古。

耶稣教徒曰人者在六千年以前住于世上者也。中国人曰天皇氏有兄弟十二人,各一万八千岁;地皇氏有兄弟十二人,各一万八千岁;人皇氏有兄弟九人,分为九州长,凡一百五十世,合四万五千六百年,其后有巢氏、燧人氏出,又其后伏羲、黄帝等出。果如其说,则世界之成也,较之耶稣教徒之所言甚古也,较之印度人之所言更古也。试述近顷科学上研究之结果,则又异于是。世界尝有结冰时代,自北方直向赤道靡不结冰,地球之北半球久矣埋于结冰之下。结冰时代之大者前后有二,合前后计之共十六万年,其间非无稍暖之日,然既以此十六万年谓之结冰时期,始于二十四万年以前,终于八万年以前,人类乎何时始诞生于世上乎?虽属疑问,要可追溯,无论如何晚出,必在结冰时期开始以前,即二十四万年以前也。

人类之生始于热带地方。虽然,其移住欧罗巴,亦当在二十四万年以前。彼古冢所发见(现)之人骨,盖与哥洛曼克同种者,此种多属于新石器时代。虽最古者,亦皆属于古石器时代之终。

然则此人骨之当在一万年以前明矣。一万年以前,虽不可谓不古,然由人类之历史言之,则又较新者也。其人之头颅果为优等而不劣于今人之头颅,亦安足为今日之头颅,视昔时未尝进步之证据乎?且头颅之形状虽为优等而不劣于今人之头颅,其存于头颅中若脑也者,果优而非劣乎?否乎?况存于头颅中若脑也者,从令优而非劣亦又安得断定有此头颅及脑之人物全与今人同一智识乎?夫使有此头颅及脑者而生于今日,智识自不短浅,若彼固栖息于一万年以前者也,谓其大有智识吾不信也。人心触于外物、触于周围之事变,因触生感、因感生知,于是智识进焉,生而未见石器之人类而曰大有智识得乎?

以上评克脱之说,以下评巴克尔之说。

巴克尔之论文明专重智识而道德为轻,其重智识当矣,其轻道德非也。道德亦与智识共世之进步而进步者也。道德之谓何?道德之进步之谓何?盖谓对于人类一般之道德,即人道及对于公私团体之道德渐次进行而不已也。吾今一方驳击巴克尔之议论,一方即说明文明时代之道德。

前此所评克脱者,不过以之为后此所欲论者之前置而已。不如是,恐不足以说明文明之性质。至前置之合宜与否,虽不敢知而入于本论,则前置固为必要者也。

人类之始显于世上也,各集合为小团体而决不能集合为大团体,加之智识尚未发达,其必战种种之事物,经种种之困难,决无可疑。例如人类与蛇蝎及猛兽战是已,今日之人见小蛇犹恶之果,原因于此事与否非吾所知,而昔人之与蛇战,则显然之事实也。又在昔时,猛兽之多决无可疑,人与是等猛兽战亦决无可疑,于一方与蛇及猛兽战,又于一方与他之部落战,亦显然之事实也。夫在今日文明国间,平和其常态而战争其变例,在昔之人类间,适与此反对。

一部落出于不意袭他之部落,又出于不意为他之部落所袭,司空见惯,视为固然。此盖自有书纪以来,即在堂堂大国亦属数见不鲜,况在书纪以前之部落乎?不过出于不意之事毕竟较少已耳,至其部落与部落之战争,殆无日不有之事实也。故战争其常态而平和无(毋)宁变例而已。是以在野蛮时代人之所最贵者勇,而人之性质杀伐也。

研究动物学者,辄曰人猿同祖,赤子之始生与猿之子之始生,其相似者,如足指之动是已。

又观察野蛮人民之风俗者,辄曰文明人必有一度现野蛮之状态,文明人之童子略带野蛮之风气,如尚勇是已。

文明人之童子,其尚勇也,甚于成年。野蛮人民亦然,其尚勇也,甚于文明人。此何故也耶?试言其弊,则野蛮人者,往往陷于杀伐,不独对于虫类鸟兽,即对于人类亦好杀,此人所皆知也。申言之,则凡野蛮人民对于人间一般之道德,即所谓人道者,甚不发达也。

又野蛮人民,不为大团体而为小团体,其小团体有长,对于其长之忠义非不发达,然其对于团体全部之道德观念,反较幼稚。反之而文明人者,其人道日益发达,其对于团体之道德亦日益发达。

先就人道而述之,以欧罗巴中古时代之状态与近世之状态相比较,则近世人道之大进步,历史上有明征也。

三十年战争,乃旧教派与新教派最激烈之战争也。其暴戾残虐之举动,实非笔墨所能罄。旧教派之大将中最骁勇者,为瓦烈士丹。而新教派之大将中最热心者,为瑞典王格斯他亚多尔府。瓦烈士丹虽诚骁勇,其残虐无以异于他诸将。格斯他亚多尔府则惟手格罗丢平战条规一编,而绝不为残虐之举动。夫新教派(岂)尽仁者,格斯他亚多尔府殆时代不相应之仁者乎?及其殂也,虽瑞典军,亦为残虐之举动矣。

一千六百二十五年格罗丢著成平战条规一书,此书于三十年战争之进行中,未能见重于世,及其战争之将终,乃稍稍知名。虽然，国际法之原则，尚不能如今日之采用，降而至于七年战争之顷，大变残虐举动。此为当日国际法学者法铁尔注目之所在也。

又无必要而与人以痛苦之武器，渐渐见弃于人。英国之力查一世，用反于惯习之武器，至受人之非难，其后关于选武器一事，必选不滥予人以痛苦而奏效者。前日于荷兰万国平和会议，关于此事，不知经多少协议，协议既定，然后宣言。其所宣言，日本亦尝为之公布(明治三十三年十一月二十二日官报)。保护因战而病及伤者之条约，即一千八百六十四年之赤十字条约是也。[1]

〔1〕 余下缺损。——编者注

法律目的论*

张一鹏 译述

法律之目的，为国家目的之一部，而国家之目的，又为人生目的之一部。欲论法律之目的，当先论人生之目的，次论国家之目的，此理论上必然之顺序也。何为人生之目的，则应之曰，所以全人之本性者是矣，即吾人内体上精神上诸官能，其作用务使适度而已。盖人有耳目口鼻四肢五脏，此肉体上之诸官能也。又有智情意，此精神上之诸官能也。既有官能，生作用，然使作用过其度，不独反乎人之本性，且从而戕贼之。试思人有目故能视，有口故能食。然则视也食也，所谓全其本性也。乃视过其度则目疾生；食过其度则胃病来，是不能全其本性所致。心性亦然，人有智能，故有是非；有感情，故有喜怒；有意志，故有云为。是非也，喜怒也，意志也，亦全其本性之道也，然其作用，或过，或不及，则为狂易痴愚之人矣。

由此揽之，则人生之目的，在全其本性。此理易晓，古今东西，不容变易，山人类始生，以至人类亡灭，永久而存。所谓人事之公理者，此类是也，然目的虽同，而达其目的之方法，则因时因地，而有巧拙久暂之不同。盖在愚昧之人，任私意而妄作；贤智之人，依理性而慎行。此二者非必全合乎人性，亦非必全背乎人性。惟无意识者，多自陷于错失，故人生之目的，先天的也，而达之之方法，

---

* 原载《北洋法政学报》1907 年第 29 期。

则后天的也。是则先天的无能为,而后天的,依人类经验,以求改良进步,正人类所应讲求矣。

人为万事之本位,人之所营作,悉以保全人性为最终之目的。史卣氏曰:一切之人事,出于人而归于人,盖人类经营万航(般)之事业,以满足人之需用为其目的。斯宾塞氏曰:研究一个人,而社会凡百之现象无不知,盖社会诸现象,不过个人本性发表于外界之影像,故社会凡百之现象,悉留注于个人本性中。善哉二子之言,试将宗教、道德、政治、法律、学艺、实业等,一一检点之,诚无不归着于人之本性。惟其目的,有直接、间接之别而已。姑言其一二,则为业农工商者,以供衣食住为目的,学问者,以启发智窦为目的,宗教与人以安心立命之地,医术驱人之疾病,道德导人为善事。今夫眼镜师之制造眼镜也,将以补足人之视力也,靴师之制靴也,将以安护人之足跖也,理发师之整理头发也,落场师之洗濯污垢也,莫不以人之一官一肢一毛一发一肌肤为其目的,而因其营业,遂其生活。由是可知人事者,悉全人性之一部以为其目的,譬犹绝代之佳人,四面八方,围绕之者多于蚁聚,而彼佳人,伫立中途,为万目之中心,故人类为极尊贵之物,而亦极厄转之物也。人类建设国家,造作法律,不外人生目的之一端。宗教道德及其他制度,有特殊之目的,国家及法律,亦有特殊之目的,请依次述之。

何谓国家之目的?则应之曰:使各人全其本性者是矣,或谓国家之目的,在正义与幸福。正义者保持国家秩序之谓,幸福者增进人民利益之谓,二者言异而意同。抑国家之目的,在乎使各人全其本性云者,亦由人生之目的当然流出者也。何则人之生存,于世若如鲁宾孙之绝居孤岛也,则饿食渴饮钓水食鲜,恣其意之所向,毫无所顾虑,斯亦可耳。然而人必成群而后生活,合群之最大者,莫如国家,夫人既不得不与其同类相接,则仅全自己之本性,未可云足不必全他人之本性必矣,使人人诉于腕力,相迫害相戕贼,俱伤而共毙也,则人之类灭久矣,故人形成国家,于一定之秩序内,保全其本性者,必至之势也。国家之目的,虽与人生目的相同,而达其目的之手段,是正视乎人类经验如何。古来国家之盛衰兴亡,莫不准此。

何谓法律之目的?则应之曰:划定各人之权利是矣。群言之,则法法之目的者,划定人人之权利义务,正其畛域,无使侵犯,以达国家之目的,以达人生之目的而已。凡社会制度,悉以全人性之一部为其目的,盖由种种之点以观察人,而法律则由法律之点以观察人。夫法律,国家之纲纪,人事之仪则,其根本原理万世不易。一日无法律,则世界为百魔跳梁之黑暗室,弱肉强食之修罗场,可不重哉!

要之人生之目的,在全其本性;国家之目的,在人生目的之一部,使各人全其本性;而法律之目的,又在国家目的之一部,划定各人之权利。

论教育与犯罪之关系*

小河滋次郎 著　张一鹏 译

余从事监狱事业,而于教育之事,未有如何之经验。然就历年之所从事,直接可为此事业之基本者,为刑法及刑罚之主义及目的,就研究待遇犯罪人之理法是也。于间接则于待遇之上,犯罪与社会的诸般之事相与之间,有密相联络之关系。从犯罪之起因,为波及与增加者,仅就所谓刑罚以防遏犯罪。虽能减少,而效力甚微,且反有增殖助长之逆效。然防遏犯罪,与所以保全社会人民福祉安宁之道,刑罚之外,尚有由于,他之诸般社会事业之协力,始能贯彻其目的,至可得,而确信者非教育事业,尤与犯罪之消长,有密接之关系乎。如统计学者恩儿而氏谓以教育防止犯罪有胜刑罚之效果所可断言。余辈所从事于监狱事业,决不能轻视教育,与教育家所任者。对于犯罪与狱制,其研究而寻绎之者,实不可不尽其责任之义务也。

吾人人类于其自然性情,有欲逞我欲达私利之趋向,曾见于德国教育新闻亥而模开氏就对于幼年犯罪者刑罚之效果当中论说,引用教育大家爱乃米耶斯之言曰:

试放生儿于森林,以熊罴豺狼,假定为彼之保母(姆),则儿亦将匍匐其四肢,而不知两足为直立,其叫呼亦当如熊罴豺狼之咆哮矣。人始于人之生育而成其人格,精神由于精神教养,而得见其完

* 原载《北洋法政学报》1907 年第 26 期。

全之发达也。

自然之性情,而使放任其所趋,则天下善恶邪正之所以别者,既茫然不知,而所以如何应就善正避邪恶之理由,亦不能晓以此理。私利与我欲之性情,驱其趋势,至使其有悖于人道,背社会法律秩序之行为,所不免矣。对于人性自然之性情,即乳儿未离襁褓之时,已抱好恶撰择之欲望,有不满己意者,以怒或叫,或以动作,表欲抗抵之意思时,将欲于此巧施其制限矫正者,是岂非以教育为第一着手之任务乎?从其生育,次第施以教养,其始则使知孰可为者,孰不可为者,进而渐开发其心智,于此与以善恶邪正之理解力。一面施以德育,一面又加以智育。家庭与学校,内外相兼,交尽其力,终于未来造成健全有用之良民。是岂非教育本来之目的乎?果然则教育之目的,若能普及洽成,则彼之悖于人道违反社会之法律秩序,而逞私利我欲之行为,即所谓犯罪者,纵令不至绝迹,亦可大减少其数,为理之所当然者也。且夫从事实上观之,可见成犯罪人而使拘禁于监狱之多数,皆幼时缺家庭及学校之教养所致,就日本之实况,于此可见十中八九,殆皆所谓未沐完全教育之惠者矣。

日本监狱统计之调查,尚有不甚完全之憾,又一方所谓新式之普通教育法。实施之日,为时尚浅,因此以实数关于犯罪人之教育程度如何,尚不能为证明,而亦监狱当局者所确认,则予前言之非过,当可无疑也。普国称为一般教育之能普及者,然调查其监狱,据最近之犯罪统计表,入监者中,受完全之教育者仅百分之九人,而受普通之教育者百分之十七人,有不完全之教育者百分之四十一人,全无教育者百分之三十三人,为适当之折算。而以教育家之观察言之,则所谓有不完全之教育者,与全未受教育者视之,可作一例观也。则其实犯罪者于总数之上,百分之七十四为全然未受教育之恩惠者可断言也。教育普及之普国,尚且如斯,则日本于犯罪者之内,占无教育之多数,于事实上可确然不疑。又同时教育与犯罪为如何至大之关系,亦可得而知也。

社会之广,人众之多,生于此自然性情之发达。长其放纵,不能沐心智教育之惠者何限。多少之父母，即不知善教其儿之道，或不欲于此施以教育之道，甚且反以诱致其儿于邪径为务，或欲教育其儿，且知所以教育之道。以生活之关系，许彼施此，以不足之时与力。致不及施以教育，坐视其儿放纵而含涕不止者，亦复不鲜。其结果即滔滔驱几千万之自然儿，尽如爱来米亚当斯之所谓森林深处，由熊罴豺狼之保姆而生育之矣。儿童无一般善恶邪正之理解力，至为禽兽同样之游民，一转而蠹毒及于社会国家，不免至使趋注于罪恶种族之涡中矣。古罗奈曰："犯罪之毒，犹之病虫传染，有一人之游民，即生十人之游民，有十人则生百人。而百人之波及，则几千万人亦不可知也。"可知社会犯罪之日以增殖弥蔓(漫)之非偶然矣。

世之所谓犯罪人者，决非突生于一朝一夕。由于多数犯罪人之内，或因贫苦之愤怨迷误，或情欲之发动，不能抑制；或进行之上不得自止而然，是等为犯罪学上所谓属于偶发的特别种类者。而真正之犯罪人，自异其性质。所谓真正之犯罪人者，乃对于偶发的特种者，称习惯的犯罪者也，窃盗诈骗强盗等之多数属此，阴险荒暴，犯罪若其天性，又如其职业。二六时中，惟逞己之私利我欲。汲汲然于私利之为无道德，于我欲之前无法律。国权之大，而彼则轻于尘芥之微，况于渺然个个之人权乎？吾人于名誉生命身体及财产之全安，为若辈之所蹂躏，监狱拘禁囚徒之最多数，即此危险之犯罪种族，即所谓充真正之犯罪人之事实也。试以最多数之在监囚，即具真正之犯罪人资格者，考察其既往之来历，非生无两亲之鞠育而贫困者，即放逸无赖之游民，或虐遇于继父母之手，或被驱逐于邻佑叱咤之下。生于混浊腐败之家庭，少长即入于市井放浪之群，或为乞食，或化掏摸，加之所到，备受恶汉凶徒之欢迎。而巧诱惑以自然之兽欲夫，内有家庭整淑之爱养，外有学校严正之教育者，动辄尚不免为市井无赖儿之诱惑，况无家庭学校之爱养教育者乎？欲开发其别善恶邪正之心智，抵抗外物如饴之诱惑之能力，其可得欤？乞食者变而为掏摸、为放火、为窃盗，终至成为被系禁于监狱之身,而幼年犯罪者,其被系禁于监狱,执行刑罚之结果,反以彼之严刑峻法为易与?而不易有惩创之感,将益助长其狡智奸才,涵养一层罪恶能力之倾向,故其刑期满而出监狱,不仅至再犯罪已也。屡次犯罪,进益加厉,终至成为强盗杀人之大逆恶,且其犯罪之易,如驾轻就熟,而顽冥不灵之性,则惩亦不悔,诲亦不悛,罪恶之间,成长发达,终若先天的与惯习的,为社会上最危险的本然之犯罪者矣。如是等犯罪人之经历,大概如斯,岂非教育家所当研究者乎?

据唯物论者之说,犯罪关于神经系统。一种之疾病,或先天的,及遗传的。从人身组织之变调,而生不可抗力之显象也。虽其言或有几分之真理存在其间,然从最多之事实所示于吾人者观之,犯罪人之多数,如前段所记述。取所经历,大概于幼年时代,不能沐家庭及学校教育之惠,而早既成育放纵于无赖腐败混浊之境遇。其受有秩序之教育者,与所谓习惯的犯罪者比较,不可不谓其极居于少数,故对于彼多数之犯罪者,其幼时即初发犯罪之嫩芽与将发时,家庭或学校教育,能于此收养而陶冶之,则可放遏社会犯罪之多数于未发,盖理所最易睹者也。

为教养幼儿之任务者,第一在其两亲,固不必论,次亲族市町村及国家,亦不可不负担其责(债)务。然天下之大,不少无父无母之人,或虽有父母,而其生计之忙,终不遑施教育于子女者,亦非无其人也。或于道德上及形体上全然不适教育其儿之事情,由下层社会几千万之幼童,比比皆然。第一不能蒙两亲教育之惠泽者是也,然即以此将托于其亲族缘故之下,究非可行之事。故国家及公共团体,为其本然之职务,而祈一般之安宁富强,必要尽教育未来有用良民之责任,是故孤儿院、感化院、平民学校等之建设不可无也。于欧美文明各国,此种设施,所在皆是,或赖公众慈善之力,或基于国家法令之规定,官民一致,盛于捐金,使日臻于完全。而热心经营之者,即世所称之教育家者也。顾视日本今日之状况,漂浪无归可怜之贫儿,都□成群。陷于罪恶不良无赖之少年,傲然组队伍而出没于市井热闹之地。然至今日辇毂之下，称世界之大都，周围四里，人口一百七十万之东京市街，尚未闻有一完全的感化院、孤儿院、贫民学校之设备。社会缺乏宗教的慈善之同情心，积势所成，今骤于此不能如何之事。然国家不果尽其所当然之任务，晏然如观对岸之火，不热心以先之，而教育界之有司，殆毫不于此经营措书，此予辈之所最为疑讶而慷慨悲欢所不能措者也。

法律学小史*

户水宽人 著　杨德邻 译

希腊大儒柏拉图氏有四大德义说，曰智、曰勇、曰节、曰正义，四者根于人之品性，而社会之组织以是为基。荀子亦云，礼义者，治之始也。君子者，礼义之始也。天地生君子，君子理天地。综览二子之所言，殆所谓礼治主义者欤？夫社会进化，或以为礼治先而法治后，或以为宗教道德先而法理后，或以为法律先而国家后，是三者原不可辨。第问法律之主权之本源，果操之在上乎？抑握之在下乎？学者盖难言之。据历史家之所论定，则由社会契约一变而为民主主义，再变而为国家主权主义。国家主权时代，成文法多而习惯法少，自君主、宰臣、百官、有司下至台仆之微，罔不以法范其身者，法不私于上不私于下而公之于国家之主权，是以上不陵(凌)而下不背，猗欤，法治国之隆哉。方今学者喜称法人卢梭说，谓国民因其所欲，可以随时变更法度，而不得有所制限，是世界方进于国家主权主义而吾犹摭拾民主主义之唾沫也，谬哉。户水宽人氏《法律学小史》，于欧洲诸国法系粗举其大纲，其言非尽纯而无疵者。吾于断章取义中得二说焉，一曰英国民族富于自治能力，然则吾民之朝夕呻吟于专制政体之下，深以不得一观"宪政"为憾者，其自治能力果能充分否？二曰日本与欧米(美)异其国体，故不可倾听于自由民权说，然则巍然称为东洋文明之祖邦。夙以先

* 原载《法政学交通社杂志》1907 年第 2、3 期。

王之制度文物，开化日本者，其果能倾听于自由民权否？呜呼，可以思矣。

——译者按

一、绪　言

法律、道德、宗教，三者殊轨，固不待言。然在太古，此三者间非俨然画畛分域者。虽人智渐进之时代犹且有然，试征之往例，如古代印度之Manu[1]及古代波斯之 Zend-Avesta[2]于右三者之间，固未尝尽然区别。Manu 之法律者，果于何时制定乎？学者议论纷如，莫衷一是，有以为西历纪元前八百年顷始制定者，有以为纪元前五百年顷始制定者，总之非一时所制定，而为逐渐所制定，此固可臆度者耳。

Zend-Avesta 制定之年代，学者迄无定论，虽然稽奥古经典，有不容疑者，据佛人Darmesteter[3]之说，则 Avesta 者，法律之义，而 Zend 者，其注释也。然学者亦往往反对此说，以为上古有神人 Avesta 者，尝以Zarathustra[4]传之人间云。Zarathustra 者，盖 Zend 语，即古代波斯之语，而于近世之波斯语则称之为 Zardusht，于希腊语则称之为 Zoroaster 神人云者。

真耶否耶，荒远难稽，盖无以证之。虽然 Zarathustra 之宗教，今尚存于波斯之一小部分，粗略计之，在Kerman[5]之信徒有一千七百名，在Yezd[6]近域者，盖七千名焉。Zarathustra 者，又存在于

---

[1] 当今通译为“摩奴”。——编者注

[2] 即《阿维斯塔》经解合刊。——编者注

[3] 达梅斯特泰(James Darmesteter，1849—1894)，法国著名古波斯语研究专家。——编者注

[4] 现通译为“查拉图斯特拉”，又称“琐罗亚斯德”(Zoroaster)，伊朗宗教改革家、先知。——编者注

[5] 克尔曼，伊朗东南部城市。——编者注

[6] 亚兹德，亚兹德省的首府，伊朗中部城市。——编者注

印度之Bombay[1],并塞而居,始尝殖其族于波斯,见逼于回回教徒,遂转徙而来印度,栖息于 Bombay 近旁者,其苗裔也。

前记 Manu 之法律及 Zend-Avesta 者,于法律、道德、宗教之间未设区域,是所谓太古之遗风者欤。

且夫法律非自始即为成文者。鸿荒初辟,结绳而治,于时法律亦即胚胎。人者,社交之动物,自初组织社会,互相扶助以圆幸福而欲保社会之秩序,匪法律曷恃?纵令法律之发达,逊于近低,而其可为法律之基础之惯习,固权与于兹。

可为法律之基础惯习,肇于太古,而其与宗教之区别,未甚画然,称为神授,良有以也。何则?法律既存在于惯习以上,而能知其惯习之所存者,不可必得,盖惯习之存在与惯习之智识相平行而不可互相离者也。

此惯习之智识,法律学之渊源也,法律学之卵也。惯习者,法律之卵,而其智识法律学之卵也。

然则概括的法律学云者,至少亦须有包含数万年以来存在于一般人类间惯习之智识而后可。虽然,今略述法律学之历史,当以茫漠太古之惯习,措诸度外专就欧米诸国之法律,述其学术之历史。而法律之范围,殊为广漠,兹欲置重于民法、宪法、国际法而其他姑从阙(缺)焉。

二、民　　法

欧米之法律学,自罗马导其源。罗马建国在西历纪元前七百五十三年,而先于日本神武天皇时,当中国春秋鲁隐公时代。

罗马土地始占领之部落三,Ramnes[2]、Tities[3]、Luceres[4]

---

〔1〕 孟买,印度城市。——编者注

〔2〕 指阿尔斑人的部落。——编者注

〔3〕 指沙宾人的部落。——编者注

〔4〕 指异邦人的部落。——编者注

二部是也。虽然其民族则固非单纯而极复难者，据佛（法国）人Fustel de Coulanges[1]氏言，则罗马人中有罗典人者，有希腊人者，有自Troie[2]来者，有Sabins[3]人与Etrusques[4]人者。而其第一代之王为罗典人，第二代为 Sabin 人，第五代为希腊人，第六代为 Etrusque 人云。

概括言之，则先来罗马者为贵族，后至而得入居于市府内者为平民。罗马之法律惟贵族知之，平民无与闻者，而贵族平民之争由此起。

矢激则簇折，波澈则防鳟，民气激则房藩维抉。自是罗马之国步陷于风云惨黯之悲境，自是而罗马平民之要求立法，乃赴汤蹈火、断脰刳腹而勿顾，而其人民之程度亦如逐电追风，有日进百里之势，乃以西历纪元前四百五十年，基于平民之要求制定十二表之法律，书之铜板，揭示于裁判所。

亚里士多德曰，国家当维持人民服从法律之精神而加意于小事，盖以各部分为小，是以全体为小也，其祸立见（现），不可不慎。夫民法所规定，皆小事也，而国家必致谨于此，盖民为邦本，必其权利义务界划厘然而后邦本始固。

自第一表至第三表关于诉讼手续，第四表与第五表关于亲族法，第六表及第七表关于财产法，第八表关于非行，第九表关于刑法等，第十表关于宗教上之仪式，而第十一表与第十二表为后来修补第一表至第十之规则，揭载其所制定之规则。

十二表之法律者，至为幼稚且极单简，久而散逸，世人莫得窥其全豹。至十七世纪时，佛人 Jacobus Gothofredus[5]氏搜辑原文，

---

〔1〕 现通译为“库朗热”。——编者注

〔2〕 现通译为“特洛伊”。——编者注

〔3〕 现通译为“萨宾人”。——编者注

〔4〕 现通译为“伊特鲁里亚人”。——编者注

〔5〕 现译为“雅各布·哥特弗雷德”，法国法学家。——编者注

企复其旧,苦心惨憺研究之结果,公布于世。近世之人得资之以供讨论,其在今日,既译以近世语矣。

制定十二表法律之后,百有余年,有 Appius Claudius Caecus[1] 氏者作关于诉讼手续之书,未及刊行而死。至纪元前三百零四年,同氏之书记 Cneius Flavius[2] 节约之,以公诸世,称为 Jus Flavianum[3],于是世人始知有诉讼手续云。

纪元前二百八十年顷,Consul[4] 尝召集 Tiberius Coruncanius[5] 之书生而教以法律。同一百九十八年,Consul 曾著 Sextus Aelius Paetus Catus[6] 之书,称为 Jus Aclianum[7]。虽然时代尚古,研究法律学者百不一二,法律学之盛,自 Cicero[8] 始。Cicero 者,生于纪元前一百零六年,罗马第一流之演说家且文学家也,而亦长于政治学与法律学,其法律则师 Quintus Mucius Scaevola[9]。Scaevola 家者,以三大法律家皆出其门而有名。当时罗马尚未设法律学校,Cicero 氏则就其师之家而学之。

自由德义为立国之本,即为修学之本。自由德义者,无倚赖心之谓也。罗马古代无法律学校,而三大法律家杰出一时,朝廷方设立政法学校,而法律名家未有闻者,可以媿(愧)矣。

降及罗马始皇帝时,有 Antistius Labeo[10] 与 Ateius Capito[11]

---

[1] 现译为"阿皮乌斯·克劳迪乌斯·凯库斯",罗马政治家。——编者注

[2] 现译为"格涅乌斯·弗莱维乌斯",罗马法学家。——编者注

[3] 《弗莱维纳姆法论》。——编者注

[4] 罗马执政官。——编者注

[5] 现译为"提贝留斯·克伦卡尼乌斯",罗马官员。——编者注

[6] 现译为"塞克斯图斯·埃利乌斯·帕埃图斯·卡图斯",罗马法学家,曾任执政官。——编者注

[7] 《艾利亚努姆法》。——编者注

[8] 现通译为"西塞罗"。——编者注

[9] 现译为"昆图斯·穆修斯·斯卡沃拉",罗马法学家。——编者注

[10] 现译为"安提斯蒂乌斯·拉贝奥"。——编者注

[11] 现译为"阿特乌斯·卡皮托"。——编者注

之两人者,互张门户,不相上下。Labeo之门弟(第)有 Proculus 派[1],称 Capito 之学派为 Sabinus 派[2],两派之争互于一百六七十年自有此争,而法律学为之进步。总计第二世纪、第三世纪百余年间,法律学大家踵出,举其最魁杰者,曰 Gaius[3]、曰 Papinianus[4]、曰 Ulpianus[5]、曰 Paulus[6]、曰 Modestinus[7],凡五人,而尤以 Papinianus 为空前绝后之法律学者。

Gaius 氏之《法学阶梯》,名著也。罗马灭亡后,兵乱相续,而是书亦与铜驼荆棘,共悲沦没。一千八百一十六年拿破仑一世时,独逸(德意志)历史家Niebuhr[8]氏于伊太利(意大利)发见(现)之,洵 Gaius 之功臣哉。

初 Niebuhr 在伊太利观书于图书馆中,偶然见兽皮纸一巨帙,上录宗教家言,其文字下隐约露别行文字,盖兽皮纸价昂而质厚,夙文不用者,可再削再书以为常。Niebuhr 氏所见之宗教书,初非宗教书也,盖削除夙文而新书之者,当宗教势炽时,以法律书为无用,尽削其书而书圣经。《法学阶梯》适罗此厄,明珠沈(沉)渊、精光烛天,乃一泄其奇彩于 Niebuhr 氏。

氏始发见(现)《法学阶梯》时,读之良苦,宗教文字虽然尽削去,而法律之文字复磨灭不可辨亥豕。然独逸硕学,前后数辈,或渍之水、或传之药,墨迹淡者浓之、隐者显之,积非常之劳,终乃获读其全部,最后有Studemund[9]氏者,录其原文,摹刻之,乃以一千

[1] 现译为"普洛克鲁斯派"。——编者注
[2] 现译为"萨宾派"。——编者注
[3] 现通译为"盖尤斯"。——编者注
[4] 现通译为"帕比尼安"。——编者注
[5] 现通译为"乌尔比安"。——编者注
[6] 现通译为"保罗"。——编者注
[7] 现通译为"莫迪斯蒂努斯"。——编者注
[8] 现通译为"尼布尔",德国历史学家。——编者注
[9] 现译为"施图德蒙德"。——编者注

八百七十四年《法学阶梯》一书,得贡献于世界。

人有恒言曰,近世法律肇于罗马法。然而,罗马法律学之最进步者 Gaius、Papinianus 等之时代也,即第二世纪及第三世纪间,无虑百余年顷耳。

罗马之政体,由王政而变为共和政,再变为帝国。纪元前二十七年,分为东西罗马。东帝国之皇帝Justinian〔1〕者,人杰也。其先代Justin〔2〕者,亦权奇多智略,由农夫入军伍,躯干伟岸,勇武冠三军,以此跻将官,终乃登皇帝位。Justinian 即其甥也,然不知其所自出,或曰古耳古之Üsküb〔3〕人,实Slav〔4〕种云。Justinian 屡用兵,扩张领土,又征用当时之法律家,使编纂法典,至五百三十四年书始成,是当日本安闲天皇时。

Justinian 法典,篇帙宏富,非近世独逸佛兰西及日本之比,总分为三部。

(1)Institutiones(《法学阶梯》)四卷;

(2)Digesta seu Pandectae(《学说汇纂》)五十卷;

(3)Codex(《法令类典》)十二卷。

Institutiones 者,做《法学阶梯》而制定之者也;Digesta 者,征集多数学者之议论而汇成之;Codex 者,网罗前皇及 Justinian 自身之敕令,以著为典范。

法典编纂之后,颁发单行法尚众,称之为 Novellae Constitutiones(《新法令》)焉。

Justinian 法典以治人民,同时用为学校之教科书。以法典兼教科书,此与今日之法典大异其旨。

〔1〕 现译为"优士丁尼"或"查士丁尼"。——编者注

〔2〕 现译为"查士丁"。——编者注

〔3〕 于斯屈布,马其顿城市,斯科普里的旧称。——编者注

〔4〕 斯拉夫。——编者注

当是时,罗马有法律学校三,一在Phoenicia[1]之Berytus[2],一在伊太利之罗马,一在东帝国之首府。自政府以至庶僚,骎骎以法治国矣。

西帝国灭亡后,伊太利虽一时没于蛮族,Justinian 帝征服之,以其法典颁行于伊。是后东帝国有别制法典之事,虽然,其于欧罗巴西部,影响盖寡。Justinian 之法典者,匪惟行于伊太利,并能网罗法律名家之议论、历代帝王之敕令,为法律思想之宝库。以故,独逸佛兰西(法兰西)、伊太利诸国,奉为法律之渊源。虽英国法律,被其影响者亦不鲜。近世谓法律出自罗马者,实基于此。

文学可以兴国乎?西罗马胡以亡?文学可以亡国乎?中世伊太利胡以自兴?古有国家者,法律以为道具,文学以为舆,政治以为毂,群彦为骐骥,负之而驰,踸会踔运,文明缉熙,不观于十二世纪之初伊太利之古文学复兴欤?Irnerius 氏[3]者,在Bologna[4]地建立法律学校,与其徒共研究法典。其门弟子中最有名者Bulgarus[5]、Martinus[6]、Jacobus[7]、Hugo[8]凡四人,世所称四博士者是也。

Bologna 之法律学者,对于罗马前王 Justinian 之法典,加以注释,壮其特色,世称之为 Glossatoren 即注释家之意云。前四人者亦为注释家,其后又有Azo[9]、Placentinus[10]、Accursius[11]诸学者,

---

〔1〕 腓尼基。——编者注

〔2〕 贝鲁图斯,今贝鲁特。——编者注

〔3〕 现译为“伊尔内留斯”或“伊纳留斯”。——编者注

〔4〕 博洛尼亚。——编者注

〔5〕 现译为“布尔加鲁斯”。——编者注

〔6〕 现译为“马丁”。——编者注

〔7〕 现译为“雅各布”。——编者注

〔8〕 现译为“胡果”。——编者注

〔9〕 现译为“阿佐”。——编者注

〔10〕 现译为“普拉岑迪努斯”。——编者注

〔11〕 现译为“阿库修斯”。——编者注

亦从事注释，而Accursius氏集其成，佛人 Dionysius Gothofredus[1]刊行之，今尚存于世。

后期注释家嗣出，而Bartolus[2]及Baldus[3]等属之。罗马前王法典，经后期注释家之手，传播于四方。欧洲大陆西部之法律，大抵采用罗马法之原理矣。

继后期注释家而勃兴者，为佛国之学派。十六世纪时，Cujacius[4]、Donellus[5]、Dionysius Gothofredus 实主之，其子 Jacobus Gothofredus 等，声誉冠当世。十七世纪时，有名之学者 Grotius[6]、Vinnius[7]、Voet[8]、Noodt[9]辈出，而和兰学派起。

十六、十七世纪之交，独逸非无耆儒硕彦。虽然，于法律学界执牛耳者，自十八世纪始，历史派启其曙光。Savigny[10]氏，其泰斗也，一人唱，万夫和，异派并起，诸方学者，从风而靡，如 Gierke[11]氏，则为研究独逸固有法律之学者，如Kant[12]及Hegel[13]等，则以哲学家而谈法理，其说深远，通幽入元。自十九世纪末跨于二十世纪，法律学之比较研究大隆盛，方今Berlin[14]大学教授

---

〔1〕 现译为“狄奥尼修斯·哥特弗雷德”。——编者注

〔2〕 现译为“巴特鲁斯”。——编者注

〔3〕 现译为“巴尔杜斯”。——编者注

〔4〕 现译为“居亚斯”。——编者注

〔5〕 现译为“多内鲁斯”，这是“多诺”（Doneau）的拉丁人名拼写。原文拼写如此。——编者注

〔6〕 现译为“格劳秀斯”。——编者注

〔7〕 现译为“维纽斯”。——编者注

〔8〕 现译为“富特”。——编者注

〔9〕 现译为“诺特”。——编者注

〔10〕 现译为“萨维尼”。——编者注

〔11〕 现译为“基尔克”。——编者注

〔12〕 现译为“康德”。——编者注

〔13〕 现译为“黑格尔”。——编者注

〔14〕 柏林。——编者注

Kohler[1]等,盖尝从事于此。关于比较法学之杂志,若独逸、若佛、若英学者各手一编,流行之遍与其他各杂志等。距今四十年前,Henry Maine 氏为英国比较法学之巨子,虽然,若在今日与 Berlin 大学教授 Kohler 并列者,则瞠乎后矣。

方今社会学者,基于社会学之原理而论法律。关于亲族法、相续法为特多云。

甄惯习、摘条例、定权利义务之范围、立万法之基础者,其民法法典一大事业乎。普鲁士 Friedrich Ⅱ氏[2],尝编纂Landrecht[3],是为普鲁士民法法典之始。其草案自一千七百八十四年至一千七百八十八年公于世,以一千七百九十四年二月五日定为法典,一千七百九十四年六月一日实施之,而 Friedrich Ⅱ氏殂于一千七百八十六年,在法典实施之前。此法典者,采用旧来普国之惯习,并学者之理论,虽然,其大体则基于罗马法律。佛国之奈保崙者,亦于十九世纪之始编纂法典。独逸 Landrecht 法典与佛国民法,其大体亦无所异,而现今比利时之民法,瑞士联邦一部分中所行之 Luxembourg 民法,又与佛、独二国同。

佛国民法法典颁出后,未几,奥地利民法亦出,体裁与佛国法典异。一千八百六十五年,伊太利之民法,则异于奥而同于佛。独逸联邦中,曩亦有编纂民法者。一千八百七十年,普佛战争之结果,更创定通行独逸全邦之民法法典,书成于一千八百九十六年,实施于一千九百年一月一日,独逸全国民法法典施行后,普鲁士之 Landrecht 及Baden[4]之 Landrecht 等,乃归于废灭。

独逸新民法尚在草案中,而日本之新民法,专效之以从事于编纂。其施行也,日本先而独逸后,讵不奇欤?

---

〔1〕 现译为"柯勒"。——编者注

〔2〕 现译为"弗里德里希二世",即腓特烈大帝。——编者注

〔3〕 邦法。——编者注

〔4〕 巴登。——编者注

昔英国之 Hobbes氏[1]、独逸之 Hermann Conring 氏[2]、佛国之 d'Aguesseau 氏[3],此三人者皆主张以民法编成法典。欧洲大陆方今无不有民法法典者,独英吉利尚沿用习惯法如故,时之未至,理或然欤。[4]

三、宪　　法

宪法与政治常相牵引者也,若欲言宪法,势不可不兼及政治。

今日存于欧美之立宪制度者,实存于Teutonic[5]民族间自由之精神。Teutonic 民族几得失利害,与他方团体有关系者,长老必集其子弟议之,以为常。其在英国国会之发达,基于中古欧洲大陆及英国学者志士之议论,而关于宪法及其他国内公法之学说,至十九世纪时,骎骎乎呈进步之状。

虽然,欲述宪法公法之事,不可不溯及于希腊、罗马及伊太利之自由市府等。

自希腊有Athens[6]、Sparta[7]等之市府,开化最夙,而 Athens 文学之进步尤有堪惊讶者,其民主政治更足供学者研究云。

罗马政体自王政一变为共和,再变为帝政。帝政之时,万机握于一人,平民望之,若天神然。在王政及共和政时,Comitia Curiata[8]、Comitia[9]及 Centuriata Comitia[10]等,于或程度内常握

---

〔1〕 现译为"霍布斯"。——编者注

〔2〕 现译为"赫尔曼·康令"。——编者注

〔3〕 现译为"德阿盖索"。——编者注

〔4〕 是书东京市肆已有译本,杨君知之而故复译之稿出,心目俱爽,盖法理文理存乎其人,不可强也,志此以告海内之读汉译日本书者。——昭常附识

〔5〕 现译为"条顿"。——编者注

〔6〕 雅典。——编者注

〔7〕 斯巴达。——编者注

〔8〕 现译为"库里亚大会"。——编者注

〔9〕 现译为"民众大会"。——编者注

〔10〕 现译为"百人团大会"。——编者注

立法权，惟其权力之消长，因时代而异耳。Comitia Curiata 者，贵族所组成之集会，此会早衰，而 Comitia Curiata 代之。是时有合贵族与平民而成为罗马人民会者，即 Populus 之集会是也。而 Comitia Tributa[1]者为平民，即 Plebs；Senatus 者，即元老院。自帝政时代以后，常干与(预)立法之权，凡国家机务，必待其议决而始行之。

中古伊太利自由市府勃起。虽然，贵族跋扈，紊乱风纪，盖无足称自来社会发达之顺序。首部落时代，其次市府发达，其次国民发达，希腊最早即达于市府时代，故希腊之历史，市府之历史也。罗马亦最早即达于市府时代，其市府渐渐膨胀而终为一大帝国，更分为东西帝国，终底于灭亡。伊太利市府发达之程度，远不逮希腊，终为此方民族所压迫，陷于衰运，不得与希腊罗马市府比。Teutonic 民族者，始由部落时代，中经市府时代，一跃而跻于国民时代。霜镡齿胡奴，铁马嘶秋风，乃蹀(喋)血于所谓伊太利自由市府者。

最早入于市府时代之希腊其政治家，以人民之舆论为后援，罗马亦然。故于罗马于希腊，唤起舆论之演说之技术大发达。于 Athens 则生 Demosthenes[2]之大演说家，于罗马亦生 Cicero 及 Sulpicius[3]之大演说家。然以市府制度发达未能充分，在伊太利自由市府执政之贵族辄以人民之舆论措诸度外。故是等市府有演说家之技术者，亦阒然无闻而暗杀之事屡作，民气无所泄，上下寻仇，内难未夷，寇来其逋，谁生厉阶，灾及遗黎，宁独伊太利哉？

Teutonic 民族者，富于自由之精神且笃于自治之能力，故各地皆有集会，以干与(预)其地方政治。昔时存在于瑞典其他Scandinavians[4]民族所住之地域，皆有议会，称之为 thing。又Franks[5]民族入于佛

---

〔1〕 现译为“特里布大会”。——编者注

〔2〕 现译为“德摩斯梯尼”。——编者注

〔3〕 现译为“苏尔皮基乌斯”。——编者注

〔4〕 现译为“斯堪的纳维亚”。——编者注

〔5〕 现译为“法兰克”。——编者注

国,建设王政,亦开国会,其国会惟贵族及高僧出席而已。然一千三百零二年,自各市府选出市民之代表者,于 Notre-Dame[1]时,有使贵族与市民共议政之事,是即一回之 états généraux[2]之集会是也。此集会者非必要之时不常召集,至于一千七百八十九年再召集之尔来佛国,经数次变更效体以至于今日。

概言之,则欧洲大陆国会尝一时中绝,而在英国则自昔时至今日,引续有国会,人民享有立宪政体之利益,未有如英国之盛者。Anglo-Saxon[3]时,英国国会称之为 Witenagemot[4]。其后 William the Conqueror[5]王征服英国改其组织,称之为 Concilium Regni[6],又称为 Aula Regis[7]及 Curia Regis[8]云。

始英国国会惟贵族出席,至于一千二百六十四年平民亦与焉,但平民中仅限于少数之代议士而止,贵族与众议之区分始于何时,学者盖难言之,据英国宪法大家Hallam[9]之言,则自一千二百八十二年始。

英国之宪法渐次发达,国会亦渐次发达,享有宪法与国会之利益者,固英人独有之幸福哉。

试再举中古以降,欧洲大陆及英国学者及志士所唱之议论,一观其思想之变迁乎。自宗教改革后Calvin[10]宗之学者热心民权,而社会契约说渐渐流行于欧洲矣。其说以为人类之始生皆自由平

---

[1] 圣母院。——编者注
[2] 现译为“三级会议”。——编者注
[3] 现译为“盎格鲁-撒克逊”。——编者注
[4] 现译为“咨议院”。——编者注
[5] 现译为“征服者威廉”。——编者注
[6] 现译为“大评议会”。——编者注
[7] 现译为“王室法院”。——编者注
[8] 现译为“大咨议会”。——编者注
[9] 现译为“哈勒姆”。——编者注
[10] 现译为“加尔文”。——编者注

等，上下无别，是即自然之状态也，然人民相约立君主以治国，而后社会之秩序可保，Calvin 宗之所主张，大旨如此。

社会契约之说肪于希腊，当时若政治家、哲学家、诡辩家皆用是为鼓吹，中古以降，民权家振其狂澜，他之宗教家演其支流，例之如英之Hooker[1]、和兰之 Grotius 皆主张契约说者也。

当是时，社会契约说既如风起潮涌腾播于学界，而自由民权论交浸淫耳目、沦肌浃髓，大抵以帝王之权力，由人民所委托，人民之有参政权，为出于天赋也者。独英国学者霍布斯一方主张社会契约，一方辩护专制政府，氏之说以为人之初生力与智与德三者，立于对等之地位，因生同等之权利，以同等之人类，樱(膺)同等之权利，其势必出于争。喜则嚅呪为噱，怒则�啧相抟，原始人类之状态，与凡物奚异。继续此状态，则群欲笼他人之利益以私诸自我，同归劣败，而莫之或恤不利，孰甚于此？乃作为原始契约以组织政府而委之以专权者，所以谋便利达目的故，故曰专制政体者最良之政体也云云，而一般学者不取之。

社会契约说中最有名者，瑞士之Rousseau[2]是也。佛国革命伟大之潮流，实导源于此，其后独逸二三学者，虽赞同社会契约说，而其实际于政治上之影响，盖无足称。

曰自然状态、曰社会契约，是皆假想已耳，自理论上言之颇为幼稚，至于今日无取此陈腐学说者矣。而论自然状态与社会契约者多本于自然学说，不啻公法学者主之，即私法学者，似于政治毫无关系，而亦主之。虽然，昔日幼稚之学说安可复用于今日哉？何则？自然状态为社会契约说、自由民权说。中古时代以后，为抵抗僧侣王侯跋扈跳梁之具，欧洲西部革命之惨剧，大抵为此学说之傀儡者也。

英国一千六百四十九年之革命同一千六百八十八年之革命，

[1] 现译为“胡克”。——编者注
[2] 现译为“卢梭”。——编者注

一为Milton[1]之辩护，一为Locke[2]所鼓舞。亚米利加合众国之独立，关系于Locke及Rousseau之学说者，夫岂妙哉。

英人往往扬Locke而抑Rousseau氏，谓米国(美国)之独立与Rousseau学说全无关系。殊不然一千七百七十六年六月十二日米国所布之条文，其第一条即基于氏之学说者，且米国之宣言与佛国之宣言皆受氏著述之影响者也。其他佛国革命之际所定宪法，盖亦氏之所说，岂惟宪法而已，奈保仑之制定民法亦然。

夫一千七百八十九年之佛国大革命者，一方蒙米国独立之影响，一方蒙Rousseau学说之激刺，而其后一千八百四十八年，佛国逐其王而握共和政府之政权者，非一千七百八十九年大革命之余波哉。而一千八百四十八年之佛国革命者，在欧洲助他国革命之动机，故于奥地利，则皇帝被其人民所迫，不得已而开国会。于普鲁士则政府党与民党之斗争，亦殊激烈。而Friedrich Wilhelm Ⅳ[3]为发布新宪法，乃以一千八百四十八年五月特开会议。

然则就中古时代以来之学说，与奥普之关系而论之，则是等议会者虽非直接受右之学说之影响，而亦间接受其影响者也。

以上希腊、罗马、伊太利自由市府之政体，存于Teutonic民族间之集会，英国议会之发达与中古以来之学说，近世立宪政体之关系述其大旨如此。

由是观之，则今之欧米之国会，其本源虽发于民族自由之精神而除英国国会之外，比较的实用至迟者也。

至十九世纪关于国内公法，理论大为进步，而于独逸为最。独逸之所以欢迎国家主义者，其国情使之然也，独逸帝国为联邦组织而巩固其结合，是以鼓吹国家主义亦一策也。

日本与欧米诸国异其国体，故不可倾听于欧米之自由民权说，

---

〔1〕 现译为“弥尔顿”。——编者注

〔2〕 现译为“洛克”。——编者注

〔3〕 现译为“弗里德里希·威廉四世”。——编者注

虽然如独逸人之国家主义，其学理亦既陈腐矣。

露国（俄罗斯）于十三世纪之始至十五世纪之中叶，呻吟于蒙古国人暴政之下，然卒能破蒙古国之兵，脱其羁绊，至一千五百四十七年时，一跃而为帝国，以同五十开国会。

先是露国有议会二，一为贵族之集会，一为高僧之集会，一千五百五十年国会成立时劣等贵族并武官市民之代议士，亦继续出席矣。

昔时露国之国会，开于一千六百九十八年彼得大帝时，自是以后至于今日，未尝召集。呜呼！阴房鬼火，议坛则空锁重扉，魑魅逼人，白书而伏尸道左，睚眦寻仇，暗杀四起，较之中古伊大利自由市府之惨状，抑尤酷焉。众怨沸腾之下，虽以专制政府之威，其术亦有时穷，乃以一千九百六年顺露西亚全国国民之希望更开国会。

以中国历史言之，尧舜时无国会，然国有大事往往询四岳及十二牧降，及周时则有所谓国会者于外朝开之，普通人民亦得出席。凡朝有燕朝、治朝、外朝三者，门有路门、应门、雉门、库门、皋门五者。燕朝在路门之内，治朝在路门之外，外朝在库门之外、皋门之内。王与宗人图私事在燕朝，视政在治朝，询大事于众庶在外朝。《周礼·秋官·小司寇》曰：小司寇之职，掌外朝之政，以致万民而询焉，一询国危，二询国迁，三询立君。然则周之盛时，普通人民亦有出席之国会，其议场则外朝是也，其后君主专制以至今日。而方今中国全国中，南清一部[1]往往有希望开国会者。

---

〔1〕 作者指清政府在当时中国南部的统治区域。——编者注

国际公法*

力嗣特 著　周泽春 译

一、国际公法之意义

公法一书，在著明国家权限。凡公法所属之国，各守其权利义务，俾行使国权之时，而有一定之范围也。

溯公法之定名，在罗马时，曰 Jus gentium[1]，但罗马时议作为待异民之法，抑或为一般人民共用之法，与夫近时公法有关于国家交际显分诣旨焉。迨其后法兰西名曰 Droit international[2]，诠其义，则与国际私法之意旨相浑。又曰 Droit international public[3]，释其义，则为万国公法，乃为国外别立门户之法，与国际法学之旨为国与国交际所关之法，亦复相连。此中之定义，有可分明剖析者，盖国际公法之所以有异于国际私法者。以公法非以人民为法律之主体观，实以国家为法律主体观也。且国际公法之所以不同于万国公法者，公法乃国与国间所关系之法，非万国划一所遵守之法也。哲儒康德所用法学中之名词，其义谓为国际公法，可谓稍得其名称焉。

---

* 原载《法政介闻》1908 年第 1 期。

〔1〕 当今通译为“万民法”。——编者注

〔2〕 当今通译为“国际法”。——编者注

〔3〕 当今通译为“国际公法”。——编者注

二、国际公法之历史

(一)第一时期:至一千六百四十八年

粤稽历史,其始源无所谓公法。实当时欧洲诸国林立,其权力均相等差,复因文教利益上之共同,以为密接交际,由是而胎胚近时之国际公法。

然而国际公法,其开始有非易易者。一则为有特别精神思想之民所不肯言,一则为卓越文化之民所不屑言者。如抱统一世界之思想,乃欲以主权驾驭他国,即使其待所征服之臣民,如古时罗马之行为,以惠政笼络之,恐其不背于公法之宗旨者盖鲜。以及抱推广耶教之主意,无论其宗教伦理之观念,可否为群生立一准则,第观寺院与帝王争权之时代,鲜不为公法生一大阻力者。故溯公法萌芽之期于中古,有令人得意外之趣焉。每值混一世界之雄长,斗困燕息之余,方冀各国安立,得为和平之交际。乃未几而所谓势力平均之国,复有抱统一之政策,而被为震荡焉。

溯公法之原始,乃自中古之期,经欧中地广权重、信崇耶教诸邦(德西法英奥瑞),有以肇其端倪也。迨美洲新世界发现而后,诸国遂不觉有公共利益之感触,而自为连(联)合。及至土耳主权欧渐(一千四百五十三年),欧洲各国莫有能相容之势。而团体益借以固结。而要之欧洲诸国,虽仅此不完全之平等,不知几经积年血战之力也。

公法学发生之时代。自罗马法学派坡士特格落萨托(Postglosadores),已于公法问题,始为研究。赞其继者,则为缮缉教律诸家,以从事于论辩。迨其后通商东方诸国,而现出各种惯用诸法。及一千三百年之末纪,而地中海之管领,亦定分权。此海上公法全书,公共认用之所由来也。至十六世纪意大利之著述诸家,复纂《战律》三卷。费托鸟(Vettonia)、俾礼(Belli)、根体理(Gentilis)为后世战法之原始。复有西班牙之神学家——刷内嗣(Suarez)而详为解释焉。

然而可谓公法之鼻祖,以为各国交际之连(联)合者,实赖和兰不朽之虎哥·葛罗纠氏(Hugo Grotius)于一千六百四十五年作《海上自由论》,加以值三十年大战之风潮,复著《世界和平论》三卷。此为后世公法学之基础。但葛氏之著作,原以制定法与自然法判为两途,谓自然法者,乃一时一地相沿不易之法,且为人生伊始,神圣所畀授之法也。

第一时期之末,于公法有发生力者,则莫如危士特之大会议。尔时和议告成,几合全欧诸国之代表。自此而崇奉耶教之国,均列为平等,无教属国界之等差。凡此权利平等之国,有逞威武以屈人国者,则局外之一国,或数国,得据理以干涉之。由是而荷兰瑞士,全欧共认为自立之邦,德意志则颇分为三十六小国,奥地利之国势,亦非复若前此之雄威。而欧中之国势稍为开拓者,惟瑞典与法兰西二邦。自兹伊始,欧洲始互定简放公使之例焉。

按一千六百四十八年以前,乃欧洲寺院专制时代。罗马教皇,统于一尊,乃欲借寺院之权以统一世界。迨其后各国反抗,遂以成三十年宗教之大战争。尔时全欧疲于奔命,为东亚所不数觏。经路德诸大儒出,爰订新教以杜其衅隙。于是有危士特之和议,此为寺院专制帝王专制授受时代。故危士特之和议,乃全欧洲政治之一大关键,而亦开公法之一大生面也。

(二)第二时期　自一千六百四十八年至一千八百一十四年

危士特和议而后,欧中各国,势均力敌,无所悬殊。至十八世纪而战争衅起,国于欧土者,遂有大小强弱之别。国际公法膨胀之力,亦渐及欧洲之西鄙焉。

法王路易十四,挟侵掠之政策,而持马协肥尔主义。故于一千六百七十年之交,其气焰之盛,国家势力,已达极点。及十八世纪而威权所在,渐归消灭。英吉利值一千六百五十一年,行克林威日(Gromwell)独运之权,复以其兵力,一战而挫荷兰之国威,再战而胜法兰西西班牙。及一千七百六十三年巴黎之和议,觉前此之久于海上竞争。至是而全领其驶运之权。至十八世纪之中叶,而东印度之国，亦得施其主权矣。且其殖民政策，于一千七百八十八年而行于澳斯大利之间矣。一千七百零九年，葡他凹(Poltawa)之战，瑞典之雄风，亦就湮殁。而俄罗斯自一千七百二十一年力退德(Nytädter)之和议告成，亦入其国于欧洲强盛之列。及一千七百七十四年苦出克(Kutuhuck)、开拿驰(Kainarshe)之和议，俄人遂要多瑙(Donau)、摩日岛(Moldau)与洼那驰(Walachei)诸河之保护权，俾土耳其便为傀儡于耶教权力之国之下(但此政策至克门岛一役之后始见诸实行)。自此而俄之舟舰，遂不禁游弋于土耳其诸河海之间矣。普鲁士为新有权力之邦，然非徒宵旰勤劳。有战胜之武功，而且于政治教育，立定基以为后来非常之发越。故一千七百四十八年亚衡之盟(Aachen)，而普国之内容政权，已得定其位置。再者一千七百八十三年，肥逊(Versailles)之盟，北美之十三州，始离其母国英吉利而成独立之邦。旋将欧洲国际公法之原则，认定而服从之。复取公法之一部分，以为国内法律之组织。

然而犹足为公法规则，增莫大之进步者，则复有海内战争，所定中立国之条约。自英吉利与其属地美洲战争之际，俄女后卡他里那于一千七百八十年二月二十八日所发之布告。例文如下：

(1)凡交战国之通商口岸，与其内地河海，中立国之舟舰驶行，勿得阻碍。

(2)凡属交战国权下之人民，所寄于中立船之货物，除战时需用品外，均准其自由运载。

(3)凡关于战时需用品之条件，其于一千七百六十六年英俄交涉条约中所已订明者，嗣后交战之国，可沿为认用。约中所指如军械、子药(磺硝亦在内)、士卒所用器物，为临战时直接所需者，斯谓战时需用品。

(4)凡战时封港，以绝敌人之交通，必其于口岸接近之处。权力准备，且于口岸停泊军舰以为防御，俾欲通过之人，显而易见其祸之相连。

(5)此中判决及诉讼之原则，执捕获权者，当适其法以为遵行。

此例文之成立，始于有海上权至八国，如俄、丹、瑞典、荷、普、奥、葡、西希尼，其故盖为中立国防交战国经掠之举。至一千七百八十三年，修睦于肥逊，而从约皆散。及一千八百年俄、瑞、丹复修前盟，而亦未能遂行。

然后乎此而为公法郑重之端，则有普鲁士于美国所结条约（一千七百八十五年十月十日），如海战之际，禁止他国掳掠舟舰，与私属之物，勿得损失之类。

国际公法之学说，继葛罗纠氏而后起者，遂分两门户而对峙焉。主公法为制定法者，则有楚鹤（Zouch）；主公法为自然法者，则有捕焚多尔福（Pufendorf）。他如克斯匡·雾日福（Christian Wolff），复析公法为二元素，谓有属于制定法者，亦有属于自然法者。其门人发退日（Vattel）著公法一书，得受其影响，为后世公法家宗。及迁沿既久，而公法以制定之体，与夫见诸实行之端，遂获胜于自然法之学说。其最近之主张是说者，则有如摩塞（Moser）与马藤斯（Martens）。

（三）第三时期：自一千八百一十四年至一千八百五十六年

自法兰西民权革命军起，拿破仑抱侵掠之政策，穷兵黩武，寻雠（仇）邻封。于是有封闭大陆之政（Kontinentalsperre）。国际公法，亦因此为退化之时代。此为交通障碍之一大原因也。幸至一千八百一十四年巴黎维也纳之公会，与夫巴黎之重会，而此统一之政策，遂渐归终了。自兹以往，而欧洲政治之位置，显有攸分焉。荷兰定为王国，瑞士永守中立，德意志联合之法制，亦于一千八百一十五年而初定其始基。英之商务，由新定之海战法而亦有所限制。然而国际公法，犹未能稍滞其进步者，其故可申。

（1）各国遵守公例，按其位置而简派公使；

（2）开放黑奴，无论何国，不准运卖；

（3）各国公认，凡公海所属，各国有交通自由之权。

自一千八百一十五年，俄普奥三国共结神圣之同盟。未几而全欧之大小诸邦，亦抱此宗旨而互为联合。迨其后与俄普奥重申此会盟者，复有英吉利与法兰西。斯时也，泱泱人国，权势俱齐，遂以成欧洲之五霸(fünf Pentarchie)。尔时五国君主，申盟缔好，以互相维持。而欧中小国遂不得不宗执一以为是，降心以相从。且义务所在，不徒五霸之威权，宜共保护于弗坠，即一国有内变之作，亦当协力以为平服之。尔时全欧事宜，经五霸会议者凡四，如亚衡(Aachen，一千八百一十八年)、脱落畔(Trapan，一千八百二十年)、乃巴哈(Leibach，一千八百二十一年)、威落纳(Verona，一千八百二十二年)。

稽希腊之古时代，立有裁判总院(Areopag)。至此时五霸握全欧之大权。倘若司总裁判法于欧土，凡有沸腾不安之举，可代为平服之，或中为剖判之。至其有犯违秩序者，亦可兴问罪之师，以为正名之举。故意大利之拿披日、与萨底灵二城不靖，奥地利兴师入其境。既而法兰西出师于西班牙，大都挟五霸之威权，以保护他国之王纲于弗坠。然历年未久，而此会之团结以解。然此会所以解散之故，盖以一千八百二十二年，英复以克林任外部大权之所致也(按克林抱平权主义其宗旨与五霸不合原注未详)。再者西葡所领中央及南美之属地，反抗西葡。尔时五霸未能从中平服，而英人遂与中央及南美立通商条约，出而收渔人之利。且英相克林主助战希腊，离土以自立。俄人亦乘间而攻土。至一千八百二十九年，始成俄土之和议。自此俄之主权，遂及于多瑙河之各口岸。而希腊亦因一千八百三十年英伦之会议，得认定为独立之邦。同此会议之时，各国亦公允比利时与荷兰分立。及一千八百三十一年，各国定约认比利时为王国，且保其永远中立。

至一千八百三十四年之交，欧洲各国干戈扰攘，而所谓大势力之国，因为变更其位置。德意志联邦解散而后，至一千八百三十三年，普鲁士创德意志税务之联合，以要联邦之亲密，为将来普鲁士立管领全德之基础。一千八百三十年，法兰西与非洲一战，而收亚利支(Aligier)于主权之下，英人之势力亦渐推广于印度。一千八百四十二年(道光二十二年后类推不俱载)，中英鸦片之战，英割中国香港,继而开中国五口岸,以为欧人通商之始。其属地之开拓,亦浸渍于后印度,而为东方之藩篱。再者土人美迷亚力以屡立武功,忌欧洲强国之一致,遂欲破坏其团结。及一千八百四十年,美迷亚力,虽有法兰西之辅助,而卒因英俄普奥之联盟所惧,遂出小亚细亚而仅袭埃及之主权,以属于土耳其统治之下。至一千八百四十八年,虽欧中之革命蜂起,然大都政治上之问题,于诸大国之权力,毫无关系也。迨旬年之后,而时内斯威与和食太英起而反抗丹马,于是有一千八百五十二年伦敦之会议。尔时五大国而外,复有瑞典,同保全丹马之主权。但更立新主,以弥缝时和二公爵国之衅隙。及次年俄人复出一要索,谓凡在土之耶教人民,均归俄人保护。然各国未允,以致有黑海滨客门岛之役。是役也,至一千八百五十六年巴黎之三次会议,始告停止。

(四)第四时期:自一千八百五十六年至一千八百七十八年

时代变迁,交际娴习,国际公法,益以增其生动之力。如巴黎之会议,英法以土耳其权势渐广。意其必有可为之日,乃企土于欧洲文明之列。俄自一千八百二十九年所领多瑙河之口岸,至是行开放主意,与黑海同归于公领,以及在土之耶教人民,各国得有公共保护之权。多瑙河畔之二侯邦,于一千八百五十九年,与罗马尼暂为连(联)合,认为半主权国,属于土耳其主权之下。复设专委员,以办理多瑙河交涉事宜。他如与公法最有直接关系者,则有一千八百五十六年四月之海权布告。此乃有海权之英法二国所首倡,而普、奥、俄、土、撒第尼与英之诸属国,赞其继。所定条例如下:

(1)凡前此捕掠舟舰之举,当一律免除;

(2)凡舟舰标中立国旗章,有保护敌人货物之权,但战时需用品,不在保护之列;

(3)凡交战国之船,载有中立国货物,除战时需用品外,不得受敌人之禁锢;

(4)凡战时封港,必具有实体,与真正之行为。如确备有战攻之权力,可达其阻船入口之目的。

以上条例,虽联约之国,多有却退,而海战之际,仍多遵守。日本于一千八百八十七年,已声明入此联会。

自巴黎和议告成,欧中大国,既无虞俄人之南下,遂转而肆其东封。未及十年,而亚洲诸国,渐为欧西之权势所服。东印度之革命军起,英人代为平服后,英政府遂代印度而施行政之权。及一千八百五十八年,中英成天津条约,而欧人遂得通商行教于中国内地,并定中国与欧洲永有国际交涉。日本则前此已入公法团体,法兰西之势力,亦渐及于后印度,一千八百六十二年占美空口岸(Mekong)。俄人自一千六百六十二年与中国立约而后,而中国东北利权,尽为所侵,旋入其势于印度,而期洼(Khiva)、布喀纳(Bukhara)均入俄人之范围矣。

然欧洲诸国非徒因东亚之交涉,遂自为安守之邦,则犹有数端为欧中要纪。如一千八百一十五年,英人所据之约礼岛(Yonisch Insel)。至一千八百六十三年以和平让于希腊,一千八百六十一年,意王以征战之力,除卫内底与罗马属法外,而横亙半岛,尽归意之版图。至一千八百六十四年,维也纳之和议,而老波可时内斯威与和食太英离丹马而为普奥之属邦。及一千八百六十六年,而北德意志联邦,亦因战争而立其基础,然法普战祸因此而稍息。故一千八百六十七年伦敦会议,以决卢生堡之问题。觉前此拿坡仑之欲占领者,经五大国与意和诸国,共保为中立之邦。而卢生堡自普国开放以后,亦守中立义务,而毁弃其境内炮台。

但和平未久,而普法战争又起,遂以成德意志之统一。及德兵入法,而意大利知法不能兼顾属地,乃班师而入罗马。

虽然欧洲数百年来,几无岁不干戈,无人不甲胄。生灵水火,天心厌乱。至是而公法愈得其进步。一千八百六十四年立根福之红十字会,一千八百六十八年俄京会议禁战时用爆裂药,而世界战争之痛苦,于以稍轻。至一千八百六十四年,创立测地学会。翌年而电报机学会,亦以告成。迨其后各国复立社会行政条约,其目的所在，亦大都使交通之灵便，国际公法之发越也。至于英法二国所订通商条约，则便于欧洲各国关税自由，为执政者倡其先导也。

(五)第五时期：自一千八百八十七年至一千九百年

一千八百七十八年柏林之会议，其注意有二要端。一则干涉俄土桑斯退芳之条约，以轻土之赔偿。继则于东方问题，而定规则，录其要于左。

布日家灵(Bulgarien)俄人主议扩张其版图至严格之海滨。后遵公议，国境较隘，但有自主之权。作为土属入贡之侯邦，至其国人所立之侯主，必经各大国之赞成，与土国之承认，及寨垒废弃，亦无新建之权。

东罗马尼(Ostrumelien)为自主之一省，乃土耳其属下一总督。然简放时，必经各大国之赞成。

克他岛(Kreta)则于一千八百六十八年所订条约，定为遵守(仍属土也)。

希腊(Griechenland)之国境，当由土耳其之领地以扩充之(一千八百八十一年希腊得退撒林与哀鄙六之一小部分)。

奥地利与匈牙利(Österreich-Ungarn)得施其管理权与行政法于波锡林，与黑茨哥与拿之地。

蒙退内哥(Montenegro)久有自立之性，其成立亦甚固定。此时乃公认为自立之邦，亦占领安体凹力之海口，与其沿界口岸。但不能施行其国权，与停泊战舰。其以前所有之寨垒，均为废弃。至海上权与巡警权，均属奥地利，并准奥地利与匈牙利有海上交通自由权。

赛耳宾与罗马尼(Serbin und Rumänien)前此乃属土之半主权国，至是公认为自立之邦。但土之国债当受其相当之一部分，而分任之。至于各门宗教，当列为平等，而有传授之自由。他如领事裁判权，准将来决定其问题。

然条约中所订明者，尚有多瑙河之交通法，并限制俄人在小亚细亚之权。他如辄客逊(Tscherkessen)、苦登(Kurden)二国。土耳其官为亚尔美尼(Armenier)等所对待之法(按:辄、苦二国系回教(伊斯兰教),亚系耶教,故有不和处),再者土国当准人传教自由。欧洲大国之于土耳其,亦有保护耶教之权。以上所记,大致于东方问题定其讨论,以保欧洲和平之局。然此中猜忌之心,不徒起于诸大权之国,即客他半岛所居诸国民,亦莫不先他国而有诸般之错乱,加以客他之民骚动,遂起希土二国之战争。希土所依赖之主国不同,其中亦足损诸大国联结之谊。故无论德、奥、匈三国,已出欧人团结之范围否也。而要之一千八百九十七年之和议,土耳其尚得保其完全,而希腊则失其财政权于欧人。越二年而克他则列为半主权国,位于土权之下,且于一千八百九十七年,德以与俄奥之同盟,土耳其之亲睦,遂同立一法制,将巴日坎之民,与夫非拿耶赐诸岛所居之马泽多里民族之生机,已严为限制之焉。(按柏林会议,而俾士麦之政策可见一斑,或予小国以自立,或为之划明其权限,则势而力薄,即已成之大国亦不能增继其权力,然于德意志,则创为联合国家,复结国家之联合,此德意志之所以执欧洲牛耳,而酋长诸邦欤。)

国与国外面连(联)合之互生,乃自一千八百七十八年后。德相俾士马克有以发其主动力也。一千七百七十九年,德奥共结同盟。意大利以土力斯被法取后,自以权力不胜,遂于一千八百八十一年参入德奥而为三国之同盟。越三年而德与俄复结密约,而俄法之同盟亦成于一千八百九十一年,至今犹互为遵守。

欧洲和平之局,亦由各大权力之国,咸注意于他洲利益有以致之也。如非洲之肥壤沃野,尽为欧洲各国分犄角之功。法人于一千八百八十一年为土力斯之上国,而法之主权,遂固定于非洲之北鄙,乃未几而马打家斯加亦渐入法人势力之下(一千八百九十六年为法殖民地)。英吉利勿辨公理而据埃,复因一千八百九十年之约,攘德之属地残凄霸为己有。意大利抚红海岸马萨纳(Masana)为根据之地,而复觅亚卑西灵(Abessinien)以广其附属。德意志于一千八百八十四年,亦关心殖民政策,而列入保护属地之上国。比利时之主权,及于非洲之中心点,而英葡立约,亦复欲染指于孔哥。及一千八百八十五年柏林之会议,遂认孔哥为自立国,以杜英吉利之野心,旋为孔哥属部,立通商自由之结合,并定一法规,为入非洲封鄙而狡焉思启者,有所限制。英吉利所获属地,南北诸邦,几跨非洲之半。然中亚非利加,尚籍(借)他人之版图,固急欲翦除他国之权于非洲中土,以便其属地一贯之联络。

盖利益所在,势所必趋。欧中诸国势力尚未遍及者,尚有亚洲耳。故不能不转为注意,以各餍其欲。俄人自一千八百八十四年得美尔弗后,于是日益进其势力于阿富汗波斯之界鄙,印度之必耳麻,越一年而为英属。及一千八百八十三年法人以同庆入属,复辟后印度为伊殖民地之所,旋又得安南与坎坡家于其莅属之下。然而与欧洲势力并进,复出此英蔚之对敌。日本自一千八百九十四年后,非徒认为全入公法之团体,而且跻其位置于世界雄国。及一千八百九十八年,美与西班牙之大战,而美洲遂以其权力而托世界国家之羁绊(始有亚美利加者,亚美利加人之亚美利加之愤语)。迨其后菲律宾为所合并而后,遂益以启欧洲东亚之竞争。

然而欧洲各国,其所以有永久和平之象者,非可骤至也。其中密切关系,不知几经多方组织,遂得达此目的。实则欧中无数之结合,足为公法特别要重者不少也。自一千八百七十四年合世界诸国为一致,而帝国邮政会议以成。由是而他各种之团结相继而起。如特许,意匠之保护权,及万国行政所定条约,防杜霍乱瘟疫、传染等症,以及一千八百九十年白吕色禁畜黑奴之规则,此要重之较著者也。但于各国交通政治,尚无定局。前此之自由通商,继而创与关税,至十九世纪关税虽稍为减等,而卒成二十世纪初之绝重征取焉。

于是由公法学之内容求之,而确得其为制定法之体质焉,诚以公法之制用,国与国靡不渐推而渐广。而且征其观念与原则,亦莫不有一定之规制。沿及晚近,而所有执私法上之程式以为辩论者,幸有以却其反抗之议,况为制定法显其生存特性者,不知有若许之组织编章,以及公法中新呈之事纪,皆有确凿可证者乎。

虽然,值十九世纪之末,战争之祸各国互起,偏能于近百年初之历史,为国际公法留一新时代焉。试观海牙之万国保和会,其效用所在,不便为文明战争企其进步,且直为世界设一裁判公堂,俾国家衅起纷争。其中可剖呈至正之公理:倘凡权力之国,均固为认定。其所出行为,不在辟土地,而在广连络。抑或各国竞争,咸不出乎交通之公理。安见公法裁判,不更绍出非常之作用,俾文明诸国,更固结其和平之团体哉?

一千八百九十八年八月俄皇之布告广颁,为世界立和平基础,未期年而海牙之保和会以成。来会者共二十有七国。如下:

德意志、奥地利、比利时、中国、丹马、西班牙、美利坚、美西哥、法兰西、英吉利、希腊、意大利、日本、卢森堡、蒙特内阁(黑山国)、荷兰、波斯、葡萄牙、罗马尼、俄罗斯、赛尔宾、暹罗、瑞典、挪威、瑞士、土耳其、布日家灵。(按旧岁二次会议来会者,已增至四十五国,可见公法澎涨(膨胀)之力日益宏大,而世界诸国愈不能自外于人群,而独立于范围之外。)

其余未与斯会诸国,多因俄皇布告未至之故,亦间有因他国之嫌疑,未及枚举。他如罗马教主,无与公法之位置(按以公法之三要素,主权、土地、人民不全故也)。故亦未致发起之例文。稽俄皇所致各国之缘起,所拟议之件约分三旨:一拟请各国缓与军务,此开首问题,多资反对,业作废议。其次则请为战律立定原则,与末条请审定裁判法之应用,均于一千八百九十九年,次第定议。节目如下:

1. 约法三条

(1)关于保持世界和平之局;

(2)关于陆战法律之应用;

(3)关于根福会议海战法之规定。

2. 布告三条

(1)凡子弹炸药,自气球中下置,或由类于气球之物中下置,有关例禁;

(2)凡枪炮击出之药,乃炫迷精神及致人疾病之用,有关例禁;

(3)凡子弹中体而易为澎涨(膨胀)发散者,以及子弹之外容,质虽坚凝,而有缺陷及留多孔穴者,有关例禁。

以上约法与布告,除中国与土耳其而外,其余临会诸国,均已承诺。然约法之二条,瑞典、挪威亦未承认。(去岁海牙会议中国亦已承认)

此外有一决议,为世界人民所均为快愉者,如欲为物质与风俗上臻美备,而进人道于昌明,则莫如现今之世,裁致军费之举,确见施行。此所为恺切希冀者也。

3. 待议六条

(1)愿嗣此速开一特别会议,专为检查根福所定之约章;

(2)下次公会,愿将中立国之权限,详为剖晰(析);

(3)此次会议问题,如某国新发明海战军械、及枪炮径口之新式,务宣告各国,俾能仿效,以归一律,望下次会议续为研究;

(4)各国务能同意限制水陆军之能力、与用费,此次会中建议,望各为留心考求;

(5)此次提议,凡海战之际,所有私属财物,不得损失。嗣后公会之期,冀为妥定;

(6)此次提议,凡口岸附近之城市村庄,准否水师施其攻击。此问题亦冀下次工会议决。

以上第一条希愿,已经在会各国公认。以下五条,各国之意虽相同,然认可者仅居少数。

再者以上弭兵之议,谓务实行裁减军备。此俄皇之意,几付之幻想。其余各件,均已深为研究。如战法规定,已订入公断条例之类。

以上当参看海牙和解公断条约,内分四章:一保持和局、二和解调处、三派员查察、四公断。共六十条。

(六)第六时期:自一千九百年以迄于今

海牙公会之举,意美法良。然无一统治之权,所以难固持此世界之和平耳。盖二十世纪以来，乃战争祸起之时代也。况围攻旅顺，烽火连云，日俄大战，未久方艾也耶。

自来国势不均之战争，莫如一千九百年英吉利与布伦民族之举，以故雄长全球之英国，师至而获捷。及一千九百零二年之和议，英吉利不徒建外府于谈斯瓦之地，且得于南非洲之内而固定其主权。

自一千八百九十八年租界之约兴：胶州属德，旅顺大连属俄，而欧洲势力诸国，遂有无限耀武之场于远东。嗣后中国有拳匪之乱，至兴各国联军，北京陷围。及一千九百零一年，始得结和议之局。

一千九百年十月，中英立长江条约。后准此约与各国通行，各国以中国主开关主义，遂认中国为完全之邦。然未几而俄人经营满洲，以为其施行权力之所。英日惧俄之势力昌于东亚，乃于一千九百零二年，联盟以维持远东之和平，并保全中韩两国之主权土地。然俄法为旧同盟之邦，至此而复申其团结，以为东亚之经营。至一千九百零四年，遂起日俄之战事，以争先东亚主人之位置。

然而立国于中亚之波斯，夫非欧洲诸国，所久欲染指者乎？及一千九百零二年，英俄承认其为自立之邦。而波斯南境，终为英政府势力所及。德意志亦于是年小亚细亚之允准，自可为创修铁路。踰(逾)巴达而至波斯境内之果日弗，英吉利亦遂所欲，自卡常直达俾路之境，设一电线而揽其交通之权焉。

为将来国家位置有莫大关系者，则莫如一千九百零四年英法之条约。盖英法久为不和之邦，然两国之外交家，具明达才略。几泯其战争于无形。俾英法前此之间隙，一转而为诚心之接纳。英吉利前此权力所及之埃及，至此法兰西承认其有合法之行为，而法人亦偿其要求，得施行政权于麦落科。

且英法二国之举动，有益国际者，复于一千九百零三年共立裁判条约。追其后利益所关，各国亦效仿而立是约。且为海牙保和会之机关，愈增其效力。然此实前此俾士麦之世界政治主义，以严辣手段，奠德国于苞桑之固。此时西欧诸国，因得有以远绍其行为耳。

近数百年来，其所以成欧洲现今之势力，据五洲之上游，扼其吭而拊其臂者，非公法之作用有以致之哉。然各国之所以驯然雉服，甘居被动之地。凡国际秩序，莫之或紊，以入其范围为自得，又岂非公法之收吸力有以使之哉。然溯厥公法由来，乃欧洲往来交际之惯例。战时之条约，蔚然成编，推而为商务属地之沿用。迨其后因革损益，渐臻完善，而用法益推而愈广。洎乎势力所及，而他国几有莫敢不遵之隐。此公法效用，奄有今日，宏大之规模耳。故居今之世，搜罗泰西公法之源流，而回溯中国古昔之位置，鲜不令人生无限之感触。而悼中国前此之失措者，何哉？自逐鹿阪泉之战，有苗之格，遂以开上古战和之纪。继而涂山之会、昧爽之盟、衣裳兵车之合，说合纵以摈孤立，议连横而固团体，而各国之交际自此愈繁。迨其后封建郡县之制分，内地虽统于一尊，而吐蕃、突厥、大宛、西羌、鲜卑、龟兹、契丹、西夏、金人、乜人，历代四方之交涉，史不绝书。使当日征服之功效，往来之行为，勒为成书，以为亚洲一定之原则，安知其澎涨（膨胀）之力，不继由突厥（谓即土耳其谐声也故从之）而蔓延于欧土。俾风气所及，靡然成风，则五洲之势力，亚洲之势力也。亚洲之势力，亦即中国之势力也。何至有此时遵效他人之不暇哉？虽然，东隅已逝，桑榆非晚。绝长补短，以为后图。因人之法以制人，未始非自强之道也。是在有志诸公，同为研究，以济实用。彼各国公法学家，以半开化目中国。海牙公会，以三等居中国者，将来未必无变置之一日也。是所敢望。

法学哲理与世界法学史*

可烈亚(Kohler) 著　马德润 译

一、法学哲理与自然法
(Rechtsphilosophie und Naturrecht)

法学哲理者,生人哲理中之一分枝也。谓为哲理云者,盖于世界内与世界中之营求,而设法以求其生人之位置,与人世之文明者也。譬之特别生人文明之显相,而皆须有其哲学最高位置,以探索其六合所有之意义,则法学哲理,亦当作如是观。且法学哲理更当目为一文明仔肩之人,而文明常赖之以为进步。倘使世界人类不致更变为洪蒙,则法学哲理之问题,即不得不认其永为一进化不息之导线也。

然法学哲理之本义尤非如为一循环,而非哲理者所云。谓法学哲理特有其自然法,其的正权利之探讨者,犹则象于星辰,而疑其象之有定则耳。盖世人之所最谬识者,即莫如以一切文明,以及文明之显相,常等于不变,而一如天然之法律者。然则是举人世与人世之进化,而仅依于兽畜与蠕动者之法律而已。然岂知此种法律,亦常逐渐改变,而间有新气力之参人,亦不尽常如其旧观。若此者,则合一世之生民天性而磅礴交煽,人视之一若不变者,而实则亦同此改变也。特人以天然法律其存在常同等者,盖亦以天然

* 原载《法政介闻》1908 年第 2 期。"可烈亚"(Kohler)现通译为"柯勒"。

之现象，本未尝能有其频频变化故耳。

夫既存一常久不变之观念，即为迷谬之原因，何耶？盖彼惟能执夫所已创造之前因，则以为凡人之所已作成者，即已足为其定规，而亦常为一圆满之同形存在。若仅即此前因论之，是殆以天堂净土界之情态而例之于斯人也。故曩日之神学家，因之而惟以一善良之心性以囊括一切，则惟以天帝所树艺之法律以为信仰，极甚者不过由罪孽失之而已。若使人去其神学之观念，则其思想之牢不可破，向以为常久不变之法律者，必顿全失其实踏之板地，而实际者乃从而孕生也。何者？盖其以生民之生，惟能等于单一文明之现象，如此者，则是众生仅能适于某一规则，只有此规则足以计其短长，其文明之要需。若常可以无新规则之创造，而文明之进步，为生人原素之所不可无者，亦等之于无足重轻之具故也。其迷谬若此，是盖无异于崇信世界语言者，举其万而又万之方言，而惟藉（借）巴比伦之庙碑以为诂释者焉。

盖以上所指之自然法，其原则多在旧教之观念中，即罗马各法学家之所参引，亦多有辅持其说者。以法律而出之于经语，凡天性之关于兽畜元素者，几无不服而习之焉。迨至十六世纪，则自然法更传播而为一家言。至十七世纪，格鲁鹜斯（Grotius）更持其楷模，而风靡于各国。其他尤有一派最著脑质，在自然法中更为欢呼者，如霍伯斯（Hobbes）、卜劳多夫（Pufendorf）、赖蒲理剌（Leibniz），托玛修思（Thomasius）诸人是也。最后之承其流者，尚推凹尔夫（Wolff），然彼之所见者，亦几极浅薄之皮毛矣。夫此自然法之在曩日，虽主持者之重轻不一，殆已无异于民事诉讼法，哗然而欲奉之以为科条焉。然质而论之，当仅为历史家之荒漠立点，其于阅世阅人之权利生活，实在未能窥见其万一也。

二、法学哲理与法学准题
（Rechtsphilosophie und Rechtspostulate）

自然法破坏家之巨擘，当推撒非根利与黑格尔，而黑氏之进化思想,适常与同等不变者为反比例,而以永久改良与永久进化为万事万物之固有自然法。盖以为每物皆有其长存无极之纯全至理,而惟以战争以为进取者也。最要者,其比较法学格致之效果,尤足为法学之无垠进化,实为昔日之所意想不到者也。彼示以法学之设施,属于吾辈所有者,直等于哂笑而排斥之焉。引而避之,且无异于希腊班特语言之陈式焉。要之,吾人于法学之未发现者,鲜不以为可笑之迷误,日往来于非歷(历)史与非人类学之见地,若更无可以远求之者。是亦犹夫日往来于红种之语言者然,每指其无谐合之参互体也,而究之其为语言也,亦必自有其无限之精粹与极严之格局存焉。称此以往,人苟于万殊之法理,而考见其实证,求其所以,不得不更有探索者。吾知法学之现象,即不能谓其为长此可以终古者焉。又人之玩味者,或则以举世法学之进化,当不外于一致之法学原理;抑或以为法律政策之一定成文,无论为若何进化时代,亦无难称其为同等之作用。且说者计其法权之价值时,谓法权必须取其相同者以为援用,则是法律之定准,皆不得舍其同等之位望,以为堂皇。其取旧而舍新如此,是何异于习知理可马之伦理学说(Der Nikomachische Ethik)乎?

要之,凡以此言法学者,终不外于模板规式而已。其所以期许之者,惟就其所有文明之时代,克引之为实行。而其所以划分文明之时代者,亦仅辨之曰:某也有声望,某也无声望;某也有过失,某也无过失;某也相同,某也有相异之价值焉耳。其普通定例所抱之思想,滔滔者皆是也。是以法学之进化,惟依其文明时代之程度,与每一文明之阶级所愿望者,以为抉择。凡其所已得者,即认之为法律,而后即其一时文明法理之所指者,复别其为平等价值、平等权利、差异价值与差异应有权利焉。故每一文明时代之思想,皆能于人群阶级不齐之中,而别其位置,别其能力,以纳之于国家生活之中,譬之兴都印度族之高等与下等门第也,贵族之在东方与西方国民也。推之其文明之所及,则宗教官属,当应有特别处议,常占有一定之额外位职。或其文明时代,严分本国与外国之民,甚至于外国之人,而致毫无权利者。亦有文明时代中,而能令个人之对于家族,家族之对于个人而定其责问之例,有无辜而得以议罪者。诸如此类,多不足为得正法理之瞻仰也,明矣。盖吾等今日所奉成文之法律,亦犹是也。邻国之对于吾等,如有战争之原因时,则吾等即应有权利酋虏其君主,射杀其兵丁,而用以达吾等军兴偿愿之目的也。综其全者论之,其原理所在,每一号称为文明规则者,终不外尊己而抑人,贱彼而贵我。卒之其所称为文明规则者,适足以自成其为独有之文明规则,远而求之,未见其有能胜者也。

又有一视点,而足为普通义意之借口者,即所谓从事于神圣与位望者之视点是也。然切法而按之,实亦仅为一模印之板本焉。第就所谓神圣者论之,凡其所铸造之文明成功,诚为吾等之所不能解,适足以滋其迷信之谬误而已。盖此当某一文明之时代中,莫不以其为须臾而不可离,而有造无量福之功德。其他若吾辈之营生营商,而有能力知识之民,无不当俯伏于其下。即一切美术之创造家,而当极推为自由生人者,转以为不值半文而贱视之也。敢即其成例而大声疾呼曰:凡彼之所操作者,当第据其一时文明时代之议价,因其增植力之行为,得而为法律权利者也。若此者,则皆惟能作一对待之想,而可以两言括之:一曰法律在某一文明时代中,其所注之物,系为若何若何;二曰一切文明时代中之法律,稽诸法理,合焉与否。凡所有者,皆不能不有其改变。

且自然法而尤足以克服之者,不见夫亚里斯天德伦理学之原则乎?其能力之超轶一切者,迨至今日,已无复更有通行之义意也已。

三、法学之等于文明现象
(Recht als Kulturerscheinung)

设使相以上情态而扫除其自然法时,则人之于法学也,自不能不出于形外,而惟等于绘画之质料元素,惟偶一成之,即不能他行描写者也。此绝大迷谬自然法之战争家,每多踏其故辙焉。何则?

盖彼惟固执于成文颁定法律,并即其思量实行法律者而亦禁之也。且至为法学家者,其权力之聚讼,所谓法律进化者,终不外议其实际法律规条价值而已。质而言之,则是其不仅欲拘于自然法,且并其法学哲理与法律政策而亦灭绝无余也。盖所行如是,特其未能理会法学哲理与法律政策故耳。使知其法学果为一永远改良与永远进化之具,不得常为其偶一呈现者,其所依行内部之险象,如有含于民人灵魂根蒂之中者,自不能不沿而有文明进化之潮流。夫人民之欲达其目的时,舍其同胞中之先知先觉者,而何以乎?但自此立点言之,则法学应有之价值,可预定已。且其计价之种类情态,尤视其人民之文明与文明要需而付应之也。脱使其文明与文明要需,苟有待于吾辈之思想者,则法学即不能不在一定时代间,而竭力以求足其渴愿也。

盖实际派之所执以为是者,惟以裁判官与法律家,其尊大圆满,皆当紧切于所定之法律,以为行动,而不知法学之所止者,尤有其他之问题。彼必思其法律义意之何以须有进化,既知其法学歷(历)史之往辙,尤当增继其法学之将来者也。而况立法上之问题,相逼而至者,则实际家亦不能不自为破坏乎?如使法理之无分于彼此,则是法权之施用,更无须立法之讨论,而惟取其差别之可以意测者,同掷之于签筒中,一而二,二而一,抽取之可也。故实际派之欲去其法学哲理者,是殆即其所崇法律之肖像也。

故法律之建造,常依乎文明之基础原则,而其每一文明之元质,雅努斯[1]既产其既往之文明者,复辅之而亦铺张其将来文明之地步也。在某一定时代之中,既达其至理之精粹,时而文明之进步继之,复蝉蜕而更为新文明,即转以自相破坏焉。

---

〔1〕 原文将罗马守护神雅努斯(Janus)译为“鸭绿斯”或“鸦绿司”。——编者注

孟德斯鸠《波士书》函*

孟德斯鸠 著　马德润 译

按孟德斯鸠所集波士书一册，盖云孟氏有波斯少年数友人，当时寓居法兰西，彼此互相通函，凡尔时法国政治之专制，法权之狂悖，生计之败坏，社会风俗之糜滥，已几成洪水之情状。而早伏以后之大革命者，各函中言之最详，故孟氏托之，以隐射时政。孟氏《法意》一书，久已为海内之所习，闻而此书道及者尚鲜，故择其中有切于法政者，略译数函于此，以公同好。[1]

一、第七十三函　乌斯拍克致伊钵在斯米拉时书

法君盖一老人也(1)其主治之久，在吾辈历史中各君主，几无可与之相絜者。故彼亦特别善于解悟，而造作一切对彼之威服，凡其室家、其宫中、其国家，盖无不欲以此精神而管束之焉。人常闻其言，曰：凡世界之一切政府形式，当以土耳其与吾等之苏丹为彼之所最倾爱。是故其极高之思想，当莫过于东方国家之美术耳。

吾已习知其人之性质矣，而其中之自相矛盾，发现之处，有不能已于言者。譬之彼有一某宰相焉，(2)而年初十八岁；彼又有一理家仆妇焉，(3)而寿竟已八十焉。彼嗜好彼之宗教有人从而严谏者，伊即无不深恶之。虽市井嚣然，彼未尝稍为介意，惟自晨至暮

---

* 原载《法政介闻》1908 年第 2 期。

〔1〕 人名与地名皆系波斯名。

而求索其世界之道。彼者为何如主耳？盖彼儿最喜战功，然其军队之统帅者则又偏不好良将，其意盖以为彼若用良将时，恐敌军亦将仿彼为之也。彼所处特别位置，有能如彼者，吾信其绝无人焉。然其金帛山积虽倾绝一世，而其穷苦之状，转若一私汉而不能图存者然。(4)其足以娱彼者，惟有人为之服役，而输入赎刑之金时，当为彼之所褒奖。然其所入者则尤多自由出纳能力，故其所奖赐者，亦无分于战士与其无功之宠幸人。盖其左右之人，非其解衣者之服役，即席间所坐，为侵夺某城池战胜之人，盖其初未尝自信，则其代表国权之尊大，惟持赎罪之金，而不能复敷用。又其奖人之时，从未计其荣幸者之过用，而反逾于有功之人，要惟由彼之任意选择而已。且曾有某人焉，追逐敌人两迈当而被伤残者，仅获琐微之养老金，其他有在其中而非奔四迈当者，反授以最善之总督某缺。

又彼尝特别好兴土木，以壮饰其宫园。(5)计其一宫园之内，已大于公民所集较大之城市。不但此也，其护卫亲兵之强，亦与一切君主之保其王位者相等。他如自奉方法之多，财政取携之便，亦合无数君主所需，方能当之。

巴黎一千七百一十三年某月日顿上

(1)指鲁意王十四言，时行年七十五岁。(2)指侯爵巴拍齐言，为鲁意王最著战将，没年三十三岁。(3)指妇人迈特龙言。(4)鲁意死时，其所购器具未偿清者，乃变卖其金银之物，偿其所负。(5)福禄特尔所叙菲洒野皇宫。

二、第六十八函　理卡致乌斯拍克书

顷者余与某法学士同席，其人即以前屡次邀余赴伊者也。饭后互相畅谈时，余谓伊曰，某翁阁下，阁下之职位毋亦苦其难乎？伊对曰，其难当不至如足下之所虑也，吾之所以为此者，亦不过藉(借)遣岁月耳。余讶问之曰，是奚能如此易易也耶？阁下得勿为他人事而常绞其脑质乎？岂阁下之不多事事，而以其间毫无利益存乎？

伊对曰，然此事业吾等诚无所谓利益，其有也而亦若无之焉，此吾所以谓吾等职位之不难，而非如足下之所代虑者然，由是吾放言问之，彼亦自由答之。予曰：某翁阁下，阁下之书房，吾犹未曾一目睹也。伊曰：然，但吾所占据者，实毫无书籍在也，盖以吾入官之时，其中需用金钱，于是乃将吾书库尽行出卖。彼书肆人之购买吾书时，特诧而退还者，仅为吾所手著之本，至今尚存耳。但吾虽失去此业，究竟不足矜惜，则以吾等裁判官之所取给者，本无需此虚声学术为也。余曰：果尔，则吾等奚用造此种种法律科条书籍为乎？伊曰：凡所判断者，实皆以悬揣而出于普通法则之外也。余复难之曰：某翁足下，果如足下所云，皆出于寻常规则之外，则其影响安保其不尽出于己意乎？若此者，则抟抟寰球之一切国民，又何须有其法律乎？既未能明体，又何能致用乎？此诚吾之所不解也。伊曰：足下抑常知法院中事乎？其官吏之辩论者，实与所见不同也，盖吾等有活书在焉，即辩护士等是也。伊等皆代吾等已办就，此即为吾辈之所诵习也。予复难之曰：然则君等既专赖伊等，拒不畏为伊等所欺罔乎？伊曰：即使有之，亦无所妨，不过悉心查之耳。予曰：如使其人果有机锋，挑战法权，能防御之固妙，否则以不学无术，毫无备豫（预）之人，欲与机牙如铁之人争锋，吾未见其得也。

巴黎一千七百一十四年某月日顿上

国家之性质*

美浓部达吉 著　邵义 译

国家之性质如何，可由两种方法以观察之。一以社会现象为研究国家之目的物，一以国家在法律上之观念为研究之目的物。即前者以国家为社会学的研究，后者为法学的研究也。惟欲为后者之研究，不可不以前者为基础，但其观察方法，二者则全异。

一、由社会现象研究国家之性质

国家由多数人类集合而成之一团体。国家之为一团体，在今日无论何人，久无异议。惟欲论国家之性质，不可不先明团体共通之性质。

团体者，人类社会的结合也。夫人类以为社会的生活为其天性。人或孤立，即不能生存，必与他之多数人类为共同生活，而其生存始得完全。多数人类欲集合而为共同生活，以其全体组织为一体，此一体即团体也。

（一）团体为单一体

团体虽由多数之人类集合而成，然非仅为机械的集合。盖多数人类，必有一定之组织相结合而为单一体。譬如人类虽由多类之细胞集合而成，非细胞之集合即为人，另有一全体为独立之单一

---

* 原载《法政杂志（上海）》1911 年第 1 卷第 2 期，译自美浓部达吉《日本国法学》。

体而存在也。团体之为单一体亦然，其分子之多数人类，皆离而独立，另有一单一体之存在。为分子之个人，虽有新陈代谢，而于团体之存在无甚影响也。

(二)团体必有单一之目的

团体之所以为独立之单一体者，即在其目的之单一。凡团体内之多数人类，如悉能尽力于共同之目的，则于其生活上之需要必能格外完全。故目的之共同为各种团体存在之第一根据。此其所以为单一体也。若目的不共同，即无团体，不过为杂乱人类之机械的集合而已。例如，众客之乘坐于轮车中，表面虽集合于一所，而各人心中各有一自己之目的，无共同之目的，即不得谓之团体。苟欲组织团体，必先有一定之共同目的为其前提，或为营利，或为宗教，或为教育，或为安宁，或为人生一切之需要，其目的愈广，则组织之团体愈为强固。国家之目的最广，其于人类生活之全般无所不及，固国家在团体中，其组织可称为最强固而永久者也。

(三)团体有活动力依其机关而为活动

团体既有一定之目的，欲达其目的即不可不有活动。故团体必为活动力之主体，团体之活动力，可依其机关而为活动。团体之机关，亦应其职分而为团体之行动。于是，团体始得有活动力而存在。亦为人之依四肢五官等之各种机关而为活动。定团体机关之构成及其职分，为维持全体之秩序，谓之团体组织。凡团体必不可无一定之组织，故团体亦可称组织体。

(四)团体与团体员有命令服从之关系

团体之活动力于一方对外部为达团体之目的而发动。又一方于团体之内部向团体员而发动。团体员于团体之目的范围内，应服从团体之意思。在此范围内团体与团体员之关系，即为命令服从之关系。如团体员不服从其命令，各自为独立之行动，则团体全不能成立。团体对团体员有命令之权力，而团体员负服从之义务，此为团体共通之要件。

要之多数人类之结合有一定之共同目的，为活动力之主体得依其机关而为活动,对于团体员有命令之权力,此数者皆为团体共通之性质。若国家而仅谓为团体,犹未足以明国家之性质。团体之种类甚多,最简单者为家族团体,其他如公司组合、宗教、学会、政党、军队之类,无不一然。欲知国家之性质,不可不知国家与其他团体之区别。国家与其他团体之区别,有二特征:一国家为领土团体;二国家为有固有统治权之团体。

领土团体者,谓定住于一定之地域内结合团体为基础。此为领土团体之特色,其结合非仅为人之结合而止,乃定着于一定之地域而为结合。谓国家为领土团体者,以国家不仅为国民之结合体,乃定着于领土之国民结合体。故近世之国家思想,以领土为国家成立要素不可缺之一。若领土失虽国民尚存而已无国家。领土扩张则国家扩张,领土减削则国家亦因此减小也。

国家为有统治权之团体,凡团体于团体之目的范围内有指挥命令团体员之权力。在一般之团体,虽得行此权力,惟依团体员自己服从之意思而行之,故必团体员先有服从之意思为前提。若反乎此意思,即无可以强制之权力。惟国家为有统治权之团体,不仅得为命令且得反乎服从者之意思而有强制其服从命令之权力。在一般团体之权力,于服从者之意思为界限,国家团体之权力则反是,可依一方面之意思,无限束缚团体员之意思,且得为强制之束缚。具此权力,始可见国家与他之一切团体有特异之处。国家之活动固非尽为统治,然统治权实为国家最主要之性质,无统治权即不得想象其为国家。统治权薄弱则国家之基础危险,统治权全不能行则早已不成其为国家矣。

国家之统治权为国家所固有者。惟国家始得自己固有统治权,其他团体所有之统治权皆由国家所赋与,惟于国家授权之下,始得有之。而国家之统治权,非由他人所授与,乃为自己固有原始之力。故国家为自己有固有统治权之惟一之团体。据以上所论,可就社会的性质而下一国家之定义。

国家者,基础于一定之地域,由多数人类而成为自己有固有统治之团体也。

由此观之,国家之成立,必具下之三要素。一为多数之人类。组织国家人类之全体,谓之国民。二为土地。国民之结合,至成立为国家时,其国民必占有地球表面之一部而定着于其上,无定着于一定之土地者非国家,易言之,国家之人的要素即国民,物的要素即土地。称国家构成要素之一之土地,谓之领土。三为统治权,虽为定着于一定地域内之多数人类集合,而非服从于惟一统治权之下者,仍非国家。故以国民领土统治权为国家成立之三要素也。

虽然,关于国家之性质,尚有其他学说,兹举其二三重要者以为参考。

1. 国民即国家说

关于国家之性质,普通见解之一,即以国家构成之分子直视之为国家。国家构成之分子,其有形可见者,曰土地,曰国民,曰统治者。就此三种构成分子中,而以土地与国家视为同一者,以领有土地为取得权力之原因,在封建时代国家之观念如是,然其学说并未发展。至取国家构成分子即视为国家者,要以国民及统治者二说为最著。国民国家说即其一也。此种学说属于古代思想之一,以国家由人类集合而成,组织之国民即国家。此思想在古代毫不足异,至近世纪于诸国政治组织上受其绝大之影响,即主权在民之思想。以国民为国家权力一切之根源,亦根据于以国民与国家为同一视也。

虽然,此思想之谬误在不知国家为统一的全部。国家以其本身为统一的全部之一团体,由多数分子结合而成统一的全部。与仅为分子相集合之物体不同,国家虽由人类集合而成,然不得指人类即国家,国家为人类之组织体,依一定之组织而结合为统一的全部。人类不绝,虽新陈代谢,百年之后不复见百年以前之人,惟国家仍为前之同一体而继续存在。

2. 君主即国家说

此学说本于实际上能行统治之权力者直视为国家,为主权在君之思想所根据，故其说亦颇为有力。但其误谬之处，仍不出以国家构成之要素即视为国家，不知国家为团体。君主与国民同为国家之分子，包在国家以内，君主非独立于国家之外而统治国家者，国民亦非立于国家之外而被君主之统治者，乃以其全体统一的全部为国家。君主之统治国民，不外为国家之一机关代行国家之权力。若以实在君主之个人为国家，则君主崩后，国家即不可不消灭矣。

3. 国家为统治之状态说

此说以国家为被治者之国民依治者而被统治之状态之谓也。骤观之似无可非难，然其误处仍不能说明国家为统一的性质。国家非治者与被治者相对立之状态，乃治者与被治者相融合而浑为一体。故以国家为统治之状态即不能表明此一体之性质，似以国家分裂为无数独立之统治关系。何则，既非以被治者之国民为统一之一体，又非以国民之全部为一体而被统治，几为国民之各个人而被统治。如是则统治之关系，存于治者与被治者各个人之间，谓为国家统治关系或统治状态，实则国家不外由此等无数之关系相集合而已。故骤观之似与事实相合，实则全与国家事实的性质相反也。

4. 国家有机体说

以国家为有机体其说甚古。其主张极端者，直以国家视为与动植物属于同一种类，为自然的有机体之一种。此极端说之思想，在今日已无人主张。近时之学说，所谓国家有机体者，以国家非为人类之机械的集合，而以其全部为单一体，得表明其全部之生存与其分子各个体之生存有互相密切之关系，在今日亦为有势力之学说。但其所基之理想，虽甚正当，惟以有机体之观念不仅欲下一精密之定义固甚困难，即谓国家为有机体之思想亦不出谓国家为团体思想之外。故国家有机体说，非不正当，然终不及国家团体说之完全。凡有机体说所未能明者，而团体说则无不可以了然矣。

二、以国家在法律上之观念研究国家之性质

国家在法律上之观念,即由法律上观察国家,为国家在法律上之现象也。国家虽自为法之制定者,又被支配于自制之法以下,依法而为活动。即国家非立于法之外,而自为一法律现象也。国家既为法律上之现象,故不可无法律上之观念。

(一)国家客体说

此说之意见,以国家为权利之目的物。虽其中尚可区别为数种形态,或以统治者自身为国家权力之主体者,或以统治者为国权之主体而统治国家,故国家为其目的物。

据此意见为君主国所通行。昔时以君主对国家之关系,看作私法上之所有权,君主可以其领有之国为世袭财产,故以国家为君主所有权之目的物。于欧洲中世纪封建时代之国家思想,皆以此为基础。学者称此时代之国家为家产国,即有其国为君主世袭家产之意思,至近世而此种国家已绝无矣。惟近世之所谓国家客体说者,君主与国家之关系非视为私法上之所有权,其关系纯为公法的关系。君主之权力,非为其一身上利益之私权,认为全团体利益之统治权。但其以君主与国家之关系,仍视为权利主体与目的物之关系,故以君主为国权之主体,而国为其目的物。此与旧时家产国之理想无异。

代表此说者,为德意志联邦巴尔伦国之国法学者萨德尔,认国家之抽象的观念,避实在之土地及人民以求国家之本质,而于一方以统治者之权力,专属于统治者君主之一身。统治者与国家有主体客体之关系,其说谓与民法上之物为所有权之目的相似,称为所有物,故以服从统治权之土地及人民称为国家。由此观之,国家为目的物,统治者为权力之主体,且谓以服从统治权之土地及人民为国家,则统治者与国家主体与目的物始可分离。普国(普鲁士)学者博伦哈克之学说亦与此相似,其说谓在君主国以君主为统治权之主体,为权力之根源,国家之各种权力悉由君主而出。以国家与

君主为同一观念,即与萨德尔认君主为统治权之主体,土地及人民为其目的物之意义相同。惟萨德尔以其目的物之土地及人民为国家,博伦哈克以为主体之君主即国家,其名称稍异,而其所基之理想则同也。

萨德尔等对于国家之观念如此,然其后经多数学者之辨论,其学说之不能完全,更为显著,兹就其缺点而批评之。

第一,与国家为统一的团体之性质不能相容。若谓统治者之自身为统治之主体,而土地人民为其目的物,则将构成国家之要素未免使其分离在国家以外而与国家相对峙。如萨德尔所主张,以土地人民为国家;如博伦哈克所主张,以统治者自身为国家,两者终无甚差异。若从前者,则以君主在国家以外而统治国家;若从后者,则以土地及人民在国家以外而被统治于国家,与国家为团体之性质终不相合。不宁为是,若仅以人民为统治权之客体之解释,即不能认人民之全部为一体而被统治。国民被统治云者,乃以国民之全部被统治,非以国民之各个人而被统治。在隶于同一君主之下被统治时,未能看出其为一体之理由。若在二以上之国家,偶然同戴一人为君主,非依然为二以上之国家耶?如以君主为统治权之主体,土地人民为目的物之解释,不啻以国家分裂为主体与目的物二部分不可,即就客体论之,亦失其统一的性质矣。

第二,与国家为永续之性质不能相容。若以君主为统治权之主体,设统治权之主体消灭,则国家亦随之消灭。国家既随君主之崩逝而消灭,则新君主即位,不能不认为创立之新国家。此说之不合固无俟言,即主张此说之学者,亦不认有此结果。其欲避此结果,亦不外以君主为实在之个人,非统治权之主体,统治权之主体在无形之君位,是为永久不死之制度,不因人之存亡更替而受影响也。虽然,此亦拟制说之最甚者,学者欲排斥法学上之一切拟制而自己反又陷于拟制之最甚者。渠等以国家为团体为统治权之主体之说为拟制而不足取,专就事实上之现象,因实际之统治权由君主而出,故认君主为主体之说为正当。实则全非根据于事实上之现象,不过假设一无形君位之理想而已。

第三,以土地人民为统治之权之目的物,其解释亦属未当。统治权为命令权,惟对于人而行使,对物则无命令。故领土非统治权之目的物,人民亦非权利之客体。以人民非奴隶,常为权利之主体,人民之服从统治权仅为义务之主体而止,非如物为所有权之目的物之意义,故不得为统治权之目的物也。

由此观之,国家客体说之不能说明国家为永续统一的团体之性质,于理论上决不能维持也。

(二)统治关系说

此说以国家为治者与被治者之间之统治关系,与国家客体说其形虽异,其根本之观念则同。何则?此说亦不外以治者自身为国权之主体,被治者为其客体,所异者惟以治者与被治者同为国家构成分子之一,故别无国家之一物,就其被统治之关系而即视为国家存在。

于国家内之国民,分治者与被治者。治者行统治之权力,而被治者服从之,此为一定之事实。故以被治者统治于治者之关系解释国家亦颇能得国家之真相。虽然,此纯为抽象的思想而不能求诸实验。凡欲说明法律现象,必为实验法学派所主张。国家为统治之关系,于国家为单一体之性质,难以说明其根据。凡法律关系,权利主体与权利客体依权利之内容而成。此等要素如有一种变更,则其法律关系已非昔时之同一关系。故若解释国家为统治之关系,其结果必至统治之主体变更而国家亦因之变更;统治之客体为多数之人类,而国家亦随之而为多数。是统治关系之内容有变更时,国家亦不可不因此更新矣。不知国家通前后而为同一之国家,任被治者之国民为如何之多数,仍以其全部为一体;不因统治者之更迭与统治方法之更改而为变换。如依统治关系说,则全不能说明此性质。加之国家以活动力为主体,今日之国家思想,以条约为国家与国家之条约,战争为国家与国家之战争,无所疑义。若以国家为统治关系,将何以说明此国家之活动力?且仅有关系,亦不能为结条约、开战争之主体也。

（三）国家人格说

国家有为永续且统一的团体之性质，惟以国家自为一人格者为统治权之主体。依此解释，始能说明国家之性质，且又为今日最通行之正当学说也。

人格者，权利能力之谓，即得为权利义务主体之能力也。国家为人格者，即国家有权利能力之谓，非自然之人类，乃为法律上之人格者。

法人之本质如何，议论颇多。昔时之学说，一般以法律上有人格者，惟限于自然人之人类，而人类以外之有人格者，惟依法而看作如此耳，此即通常所谓拟制说也。其说以权利者不外有意思之力，无意思之力者，不能有权利能力。然意思之力，惟人类有之，非人类即不能有思虑活动，故得为权利主体者惟人类耳。虽然，法者无意思而有意思者也，得假想其为权利主体，法人即依法之假想拟制而与以权利主体之力者也。但依此解释甚不满意，已早为学者所否认。若以权利为意思之力，而意思之力又非自然之人类不能有之为前提以为正当，则论理上当然之结果，必致非自然之人类全不能为权利主体。易言之，不可不谓法人全然非人格者，乃依法之拟制而为权利主体，本无意思，依拟制而看作为有意思也。

此拟制说根本上之误谬，在以法律上之观念与实在之事物相混同。人格云者，纯然为法律上之观念，惟存在于法律上，非存在之自然事实。就此点观之，自然人与法人之间无所差异。若以法人一语为法律上之人格者解之，则自然人亦法人。虽自然之人类，亦非自然有人格者。人类之生存思想活动，为自然之事实，但人格云者，乃与他人之人类有关系时，得为权利义务主体之能力，仍不外有法律而始能认定。故实在者人，而不实在者人格。人格者，依法律被认定之结果而始存在，其实在者不过为其基础之一事耳。

认由多数人类而成之团体为一人格者，其理亦无以异。多数人类相集合而为其同生活，以其全体组织为一体，此为人类生活现象之自然事实。此等团体,离人类各个人之生存而为全体独立之生存,亦自然之事实。基此自然之事实,如认各个之人类为法律上之人格者,与认此等团体为人格者,其理相同。以人类为人格者非出于拟制,而以团体为人格者亦非出于拟制。自然之人类为实在,而团体亦实在,由何处而见为实在,即其基础之现象。基此实在之现象,而为法律上人格之观念也。

虽然,凡具人格者,必得主张自己之利益,故不可不有意思之力,无意思则无权利即无人格。以团体为人格者,又必以团体有意之力为前提,谓团体为有意思。初闻之以为异,稍观社会之实际者,即不足异。苟为团体,必认有一定之目的,此即可认为团体有意思之力。若无意思之力,即无由遂行其目的。故有目的必不可无意思,故无论其被认为法律上之人格者与否,即不认为法律上人格之团体,苟有团体存在,总必有遂行其目的之意思。例如,政党发表政纲,为政党之意思;学会发表学会意见,为学会之意思。由心理上言,凡意思为人类之意思,团体之意思亦不可不由人类而出。若于社会生活之实际,为全团体目的之意思活动,其所出之意思非个人之意思,亦不看作全团体之意思,必个人非为自己之意思而发表而为全体之意思而发表者。此个人即为全团体之机关。

由此观之,个人有意思之力,团体亦有意思之力。个人有独立之生存,团体亦有独立之生存。既以个人为人格者,亦得以团体为人格者,何得谓为法之拟制。惟个人与团体稍异者,据近世法学观念,凡个人不待被法认定而始有人格,自其出生之始,当然有法律上之人格。若团体、非团体存在即当然有法律上之人格,必被法认定其有人格,始得为人格者。例如,组合学会政党各团体,本无人格,必依法而被认为有人格。因团体仅一事实,非法律上之人格者,其意思机关亦惟事实上之意思机关而止,非法律上之机关。法人与自然人之名称,惟此意义最为正当。

国家亦法人也,但国家与他之法人异,具特别之性质。他种法人,依国家法律被认为有人格,始称为法人。惟国家当国家成立之时已当然具有法律上之人格者。

非难国家人格说之学者,往往不认此区别,谓法人必依法而始认定,若以国家为法人,于国家以前,不可不先认有法为前提。虽然,有谓法依国家而被作成者,故在国家以前不得有法。但国家与法之关系,非先国家成立而后有法。国家与法有相互不可分离之关系。苟国家成立时法亦必同时存在,无法之国家,于思想上决不能成立。故至少非有总辖国家统治权之最高中央机关定后,国家全不能成立。由是可知法非依国家而作成,实为国家成立之要素。既有国家,同时即必有法。国家依其成立而当然为法律上之人格者,亦何足异也?

谓国家为法人,亦仅能说明国家为权利能力主体之意思,非表明其权利能力有如何之范围而止。欧洲基于罗马法之影响,法人之观念先发达于财产权之区域。所谓法人者,其思想仅就财产权有权利能力之谓,因之将国家亦仅视为财产权之主体,为有法律上人格之时代也。惟法人之权利能力,依法人之目的而定,非自初即有一律之界限。于法律上认为目的之范围内,即有相当之权利能力。若其目的在法律上认为广大者,则其权利能力之范围亦因此而广。国家之目的,素无制限而无所不包,决非仅为财产上之关系而止,故国家之权利能力,亦不仅限于财产权之区域而已也。

国家之权利能力,既广大无限,此即国家与他之人格区别之特色。以国家有统治权也,令臣民强制服从其命令之力。命臣民者,乃国家自身为治者,为国家之机关,发表国家之意思。臣民纳租税,乃纳于国家;军人为战斗之行为,亦为国家而从事战斗也。

以国家为法律上之人格者,虽其说起源甚古,至近时已为一般法学者所认定,殆可为法学上之定说。此实为十九世纪以后德意志国法学者所阐发,依此解释,关于国家之法律现象,毫无矛盾,且得证明其真理焉。

(1)可知国家为永久继续的团体,非依治者之更迭与被治者之新陈代谢而中断其继续者。

(2)国家为不可分之统一的一体。

(3)国家为有活动者。

此三种根本之性质,非依此解释不能说明。要之由法律上观察国家,国家者基础于一定之地域为法人而自己有固有之统治权者也。

法文解释法*

冈村司 著　苣苓 译

法文解释法者，解释法律之条文，而讲求其意义之法也。故其主眼在乎以条文为基础、解剖其文字、寻绎其理由以确定其意义，兹先举法文解释法之种类，次述其利害如下。

一、法文解释法之种类

（一）学理的研究法及应用的研究法

学理的研究法者，多由学理之点以究成法，应用的研究法者，多从应用之点以究成法，二者皆为研究成法所不可缺者也。学理的研究法者，学者之所有事，应用的研究法者，实际家之所由。一尚学说纯理，一重事例便宜；一依演绎法，自原则而论及于特例，一依归纳法，自特例而推本于原则；一为规则的、秩序的，一为无规则、无秩序；一易骛于高远，一多陷于卑近，此两者之差异也。然学理与应用亦决非背道而驰者，亦有相需为用之妙。应用得据学理而正其误谬，学理之偏僻，亦得以应用而矫其弊。欧洲大陆法律学之研究多从学理，英美则恒取应用的研究法。欧洲大陆之法学者多从纲目的讲求学说而不甚用意于应用，英美学者多从实际的玩味裁判例，而不甚用意于学理。故英美学者恒致其锐敏之用或不

---

* 原载《法政杂志（上海）》1911 年第 1 卷第 6 期。

通晓学理,大陆学者恒深邃于学理,而往往迂远不适于实际,故此二者必当并用而不可偏废也。日本法律学之现状,专主学理的研究法,至应用的研究法几无从事者,法律学校之科目中,虽存拟律讨论诸名称而实行者少,即有一二实行,而此诸学理的研究法尚百不及一。如此在法律学术中欲得有裨实用之士,不诚难乎?故学子毕业之后,一当实务大抵茫然不知所出,遇小问题则颠倒失措,甚且噤口而莫能致辞,是皆偏于学理,忽于应用之所致也。夫法律者经世实用之学,远于实际,决非有用之学,凡我法律学校所当兼取两法而致力之,则庶乎其不偏倚矣。[1]

(二)逐条解释法及理论解释法

逐条解释法者,依法文之顺序,讲求其意义之谓,是为研究成法所不可缺之事,然但据此方法,尚不能尽其用。盖逐条解释法,虽能明法文之意义,而每条解释至其全部大体之结构,精神之所在,与其各部之关系,恒茫然不知所自绎。且一部法律之中,有琐细条文不必详说者,而亦困其日力以求之,此其弊也。法律制定果能字字谨严,语无游衍,其编次章节又能井然有序,一一合于推理之法则,逐条解释法亦足以收其效。然制作之业,成于人类之知能,决不可望其如是之无缺无衍也。法律条文,大抵有错杂晦涩之弊,逐条解释不免重复繁冗而失其大体之精神矣。

至于理论解释法则大异于是,不从法文之序缀合之,排置之,依理论的之顺序而究其意义者也。关于重要之原则,则为缜密周匝之研究,细则枝叶不事深求,故依此方法能详明法律大体之精神、结构、并其各部之关系,且免重复冗漫之弊。所谓理论的之顺序者,大抵就一题目,先明其定义,次辨其性质、种类、条件发生、效力消灭等。有一题目而别设数多之项目者,有一题目但即一二项

---

[1] 著者之为此言在前十年,当时日本法律诸校多偏于学理,近则各校中多设实修科目,又有拟裁判之演习,略足以矫前弊。吾国(中国)法政诸校,一时急于养成应用人材(才),尤不可不于此加之意也。——译者按

而讲究之者，此其所以能明成法之意义而为之注释，而其论理之结构、精深微妙，尤足以穷极法文之蕴，纤悉不遗也，如是则理论解释法，固远胜于逐条解释法矣。然究不能尽脱成法之臼窠，但能尽成法之意义，而详其本末而已。至于法律上之题目，有不能规规于成法之规定，当从沿革的、比较的论究之，且当以纯理的、经济的之眼孔断定其利弊得失者。逐条解释法固不足以明之，即理论解释法，亦不克有此高视远瞩之能。盖非法文解释法之所能尽，必也法理研究法，方足以举其效乎。吾人亦非敢谓法文解释法为无用，法文解释法固为讲求法律学者所不可缺之方法，特不能谓但依法文解释法，为能毕法律学之能事耳。

法文解释法之种类尚多，然自法律学研究法之点视察，则但有以上两类，余则姑俟其后再述。今日之所谓法律学，全为法文解释法，其从事于法理研究法，尚寥寥若晨星也。法文解释法中，尤以学理的研究法为盛，日本法律学校之讲义，多取理论解释法，而学者著书则反多从逐条解释者。

二、法文解释法之利害

今日文明国之趋向，成文法律益臻完备。法文解释法为讲求法律学之所不可缺，不待言矣。盖适用法律以求达其目的，必当先明其意义，欲明其意义不能不赖乎解释之力。在法律自身之性质上，必得解释而始明也。无论如何完全之法律，断不能对于社会所有之事项，而一一为之规定，其所规定，但就普通一般之事项，概括而示之准而已。法律之文字盖抽象的设为可以包括多数场合之规定，非举个个特定之事件而规定之也。故一件事之发生，其事件果与法律中某条文适合与否，其条文果预见此事件而包括之与否，不能不有待乎诠索者。是皆属于解释之作用，即令完全无缺之法律，尚有待乎解释，况当今法律不备不悉之点正多哉，此解释法之不可以已也。古昔立法者有严禁法律之解释者，谓徒以理没法律明白之意义，反妨其正当之适用，若罗马帝乔斯志尼、若普鲁士王弗勒得力之禁令，皆其明著者，然皆不能达其目的，注释之书反续续出也。拿破仑帝之制定民法也，自以为平正明白，无所用解释，未几亦有注释之书，帝为之废卷叹息曰：朕之法典坠矣！是亦足见法律性质之不能无解释，故欲正当适用法律之意义，以收其效果，其有赖乎法文解释法者，谓为利益，毋宁谓为必要也。然余辈姑以此为其利益之最大者，而首揭之其利一。

法律所以应社会之需而制作者，法律与社会固当相伴而进步。然法律既经制定，则又以不轻变更为利，尊旧闻而轻新造，人之常情，法律苟得永年间之存续，古色苍然，以博神圣之遗音，每足以系民之敬畏而易得其服从。若其屡经更易，则有招民之轻侮而无以钳束之者，此不变之利也。社会进步无日或息，法律静止而社会活动，静止则胶，活动则常变迁而无所底。法律社会又两不相应，此势之所必至者，及其相距之未远也，贤哲之士，鉴其既往、察其时势，适应社会之状况，而更革其旧制，有权衡焉，斯可矣。若乃悬隔太甚，而犹墨守旧物，使一成而不可变，驯至法律之设，用无所用，惟沮遏社会之进化，其极至于社会沈(沉)滞萎缩而不可振，反动之亟，反以酿成社会之剧变，一时破却旧物，残害民生，为祸更烈，则又不变之害也。若能利用法文解释法，则足以避此弊害矣。无他，执法者当解释法律而适用之时，不拘牵于旧物，巧为比附援引以适应于社会之需耳。往昔罗马之世，法律之改正极其困难，而社会之进步则甚剧，彼此之间，毫无扞格抵牾之忧者，实由此道。今日英国于模糊惯习法之下，能使法律与社会相协，而极其运用自在之妙者，亦赖有此耳。

故法文解释法本不属于正当之作用，毋宁称为变态之作用。然不得谓之非利益也，其利二。

法文解释法之所长，在乎就法律之文字，枝分节解、或纵或横，以穷究其意义，使纤毫无所遗。然法文解释法之能事，则又不止乎此，若能兼用法理研究法出乎法文之上，判断其正邪利害，指摘其不备不悉之点，以促其改善进步，为法律之贡献，则为更大之业，其利三。

法文解释法,为法律学研究之必要,且有种种之利,既如上述矣。然苟误用之,则弊害丛生。利害相因事物之通性,譬诸米谷,生人相需以为命,过食之亦足以酿疾患,去其弊而收其利,修斯学者所当深加注意者也,兹更论列其弊害如下。

法文解释法既缘法文以致力,则有崇拜其成文之倾向,既崇拜法文矣,则法律之发达恒因此而止息。盖以法文为神圣不可磨灭,不敢赞一字,遂不能出乎法文之上判其是非、明其利害,且指摘其不备不悉之点,而改善进步无由催促,其甚者至曲解辩护,强掩蔽其缺点,以妨害其改正之路。近此民法以法兰西拿破仑法典为本,而在法国则民法编纂以前,尚有德马扑茨耶等诸大家,开其先河。民法编纂以后,反无闻焉。是亦足见其进步之有所沮滞,如此又安望法律之有所进哉?其弊一。

今日之学者多善于解释他人制作之法律,而不能自制作,此法律之木偶耳,运转之器械耳。俗吏末僚,服劳以听指挥者,或优为之,决不足称为通达法律之士与国家有用之材(才)也。一国之法学者,果相率而陷于此谫(简)陋之域,则诚邦家之忧,是亦崇拜法文之余殃也,其弊二。

崇拜法文之外,世人更有崇拜立法者其人之风。夫彼立法者,岂有神明之资,出乎人类智能之上者,有偏颇焉,有过误焉,有私意焉,固无以异乎庸众,其所制作之法律,亦岂一无谬误哉?况今之所谓立法者之人,大抵中流以下,取媚流俗,以跻此职位,遂用其职权,以执制作之业者。高明博雅之君子,且望望然去之,而立法者之群,殆为无耻无职之渊薮。有经世之学者,固当汲汲然攻其非行,以矫其谬,奈何反从而崇拜之神明之,使得逞其横暴而遂其非哉。既崇拜其人,遂曲探其意,以为法律之解释,而法律终为此偏颇过误私意之盾矣。况复立法者之意,有时不可寻绎。国会讨论几经修正然后始从而确定公布之。果以何人之意思,为立法者之意思,无从知也。甚且制定法律之际,甲论乙驳纷纭无所定著,议者倦矣，乃互相退让而制成一无意义之法文，以荼毒国民。解释法文者，又安用此冥途摸索为哉？故立法者之意思非法律，解释法律者但就其表现之文字，谨严直截，断定其意义焉可矣，不必问及立法者之意思也。崇拜立法者，是又法文解释之害也，其弊三。

法文解释法基础于法律之条文，自生拘牵文字之习，往往翻弄文字，流为纤巧艰深之论理，无裨实用。盖文字每难于明确，一条文中恒有数见解者，如是如是为第一主义，又如是如是为第二主义，甚且五六焉、七八焉。当初立法者之草此条文也，又何尝包含如此数多之主义哉。一文数解，于是乃有称为法学上之主义者，所谓法学上之主义者，以精巧之论理从解释上发明一新主义是也。发明此新主义固为法学者得意之解释，其论说之中亦时有切于实用之处，然主义之争，究属文字之空谈，注解书中往往有此流弊。今但举其一例而示之，法兰西民法中留置权之为物权，抑为债权，法律未有所明定。其主张物权说者，又认留置权者于其留置物之代金上无优先权，且于留置物上无追求权，谓为不能赋与以纯然物权之性质。其主张债权说者，则亦谓留置权者不能以其权利对抗留置物所有者，及留置物取得者不可与普通之债权视为一律。依此两说，实际上归著于同一之论结，其所争议特文字上之见解相异耳。既即文字生出种种之论说，则其汎（泛）漫繁冗自不可免。故一部民法注释书卷帙之浩瀚，殆过群经，而书中所说类多衍文，是又法文解释法之害也，其弊四。

法文解释法以法律之条文为惟一无上之基础，故法文之意义一经确定，遂以之为前提而演绎其结果，其议论为形式的，从无溯法理之本源，而是非法律之实质者，是最为余辈之所不能慊者也。彼形式主义之徒株守现行法之成文，不推究其精神理由，惟形式之是，拘畏避实质之论。有论及实质者，则曰此事实论耳，此立法论耳，曾无与于法律欲一概排去之。论宪法者则以国家之目的为非法理论之所得限定，且谓以法律为必要之社会事项，不得预言国家之目的而论列之。但法律为达国家之目的，于宪法范围内，无论何事，得自由规定之。此外则当让之立法政策，无关于法理论者也，而其所谓法理论者，则又但指此现行法解释论而言，此其所以为形式主义也。夫解释论与立法论固不可以混淆，然必谓于解释论中不能兼及立法论，则诚不知其所据何理。余辈盖信此二者有密切之关系，共为法律论之一部也。试举一例以明之。今有欲为禁奢侈之法律案者，其禁奢侈也，果副于国家之目的与否？于法律论中论究之有何妨者。若在形式主义之徒，则必此法律案为立法者之所采用，既成法律之时，始从而说明其为禁奢侈之法律而已。未成法律之间，则噤不敢语。呜呼！法律论果若此跼(局)蹐(舛)天地于现行法规定之外，不得一辞及之耶？若遇法律未有规定之事项，不能不从理论上决定者，彼遂以无可决定为谢耶？惟法律之有所不备不悉，法律论之所以存也。若但就其有规定者而引据之，曰如是如是，法律之所定也，则法律论之存，又胡为者？故关于国家之目的，当先论其一般之原理，次述宪法所认之原则，因检案其原则之适合乎一般原理与否，是者是、非者非，使之皦若日星而后可。此正法学者之本领也，彼等恒不推究法律之精神，往往倡为妄说。论统治权，则曰统治权绝对无限者也。论法律命令，则曰法律命令咸为统治者之意思表发，两者无所轩轾者也。然试问统治权既绝对无限，何以统治者之制作宪法，必划定其统治权之行动。法律命令既无所轩轾，何以两者之间显有区别。叩其理由，不能举也。如此之类，更仆难数，其议论所以陷于迂怪固陋而不自知，是皆株守法律之条文，而昧于其精神之过也。拘于形式以立论，但曰法律者法律也，如是而已。不必更加一语，如此无用之论，不如其已矣。而所谓形式论者，大率类是。故于学问上无主义无本领，依据法文而不究其理，不论其得失，惟承奉立法者 任意制作之法律而崇拜之以局促于其下，自以为得计。遇改革则从而倾覆之，惟旧闻之是溺，惟旧习之是守，是与寻常一庸俗吏何择焉？尚得称为法学者耶？法文解释法极端之弊，乃有此结果，而亦解释法文者浅薄无识，欲盖弥彰之有以致之，其弊五。

要之法文解释法之作用,但确定法律之意义而正当适用之,以达其目的而止,则为必要且有益。若乃滥用之,造为繁缛无用之说,以沮法律之进步,消磨学者之精神,则其害甚大,修法律者不可以不深戒也。彼形式主义之徒,徒以法文解释法为讲求法律学惟一之方法,蔑视他之讲究法,从而排斥之者,余辈不能不力攻其妄也。余辈以为讲求法律学者,法文解释法与法理研究法,二者不可不并用。其在法文解释法中,又当兼用学理的研究法与应用的研究法。而日本近来法律学之状态,独有法文解释法中之学理的研究,是则但居法律学四分之一者也。

民法与刑法之关系*

施罗德(Schröder) 述　毕厚 译

法者,以维持社会秩序为目的而人为之规则也。凡规定个人相互间及个人全体间之关系,而对于搅乱社会秩序之非社会的原素,则思抑压之者,法之目的也。何谓法为人为之规则?盖谓基于人类之理性,由人类意思所作成之规则也,惟其为人为之规则。故法之作用,其范围有限,对于非社会的原素,其作用常不能出左二者之外。第一,在对于社会利益过去被侵害之事实,使之回复原状或补偿之。夫法本以规定个人相互之关系,赖其力以保护被侵害者、强制加害者。侵害之行为既杜,斯被害者之利益可期补偿矣。第二,在预防将来有搅乱社会平和事实之发生。夫驱除因过去事实所生之结果,固为法之一作用,然更有重要之作用,则预防将来之侵害行为,保障现在社会之平和是也。民法与刑法,固因欲全以上二方面之职分而成为法之二部类也,然以民法仅属第一作用者亦非。盖民法之对于将来,其以预防侵害行为之权利付与个人者,其例不鲜。刑法大部属于第二作用,使全体者自以其全体之力以抑压不法行为者。在他之一般人,有例足警,无尤可效,此其特色也。

然则民刑二法,于人类职分发展上不可缺之平和,其维持之目

---

* 原载《法政杂志(上海)》1911 年第 1 卷第 7 期。本文转译自日本《法学志林》第 9 卷第 6 号,日译者为鸠山秀夫。

的固同，而其达此之手段则显有差异，故二法之关系，复杂殊甚，试分为三段述之。

(1)民刑二法，其基点事实的生活关系惟一，盖法之目的，在保护人类之利益。而二法既同具此目的，故其有共同之基础，亦自然之数也。

(2)民法之法规，有影响于刑法者。凡已发达之民法系统，恒与人类固有之发展力相因应，于个人相互间及个人全体间，常发生种种之新法律关系，而此法律关系，对于刑法不得不更求有力之保护。

(3)刑法积极的有影响于民法者。刑法之对于民法，其地位非常居于消极的及变动的，盖有刑法先发达而影响及于民法法理者矣。德国继承罗马法以后，其先编纂刑法法典而促民法法理发达之事，法制史上盖彰彰可据也。

以下更逐次述之。

凡法不问其属何部类，以人及利益为中心，周围回转，中心常惟一不动，故关于人并人与自然之关系，民刑二法，其意义不可不归于一。往时刑法学者与民法学者，不求学理实际，常因其观念之异，故虽以同一之根本，而映于其眼之对象，全为别物。其在今日，抱有此谬见者似已绝迹，然至以二法共同之基础，使应用于诸般之法理，则其进步尚迟，以下就二三之例说之。

人者何？此法学上不可不研究者也。夫法当其定规定事实及事实关系之意义时，其意义自体，原非法之究极之目的。盖法之目的，在就实际存在之事实而规定其法律关系，而关于事实关系之意义，以社会日常生活所有之意义为根据，此当然之理也。此意义虽因时与地，不免稍有差异，然此固非法之所当问。譬之自然之法则，于吾人发明法则之先，其自然事实固已存在，法之规定事实关系亦然，当法之未创定前，其事实关系如故也。故就人之意义而言，民刑二法，不可不一致也，现行法于此不别设规定宜矣。

就人之始期，议论百出，莫衷一是。然余得由法之目的以断定刑民二法之靡所异同。夫法以保护对于独立行为之独立行为为目的，其首先成为问题者，独立生活之主体是也。据日常生活上之经验，凡人由母体分离，始得独立，故未由母体分离以前，则所谓人者莫由存在，故无所谓人之开始，此法律上之解释，所以异于医学上之研究也。据德意志帝国大审院之判例(《大审院刑事判例集》第二十六卷第一百七十八页)。凡于分娩行为中有创伤可成为婴儿之行为者，以伤害身体罪论。夫分娩行为中，尚无独立之生活，则自非独立之人，此吾人日常生活一致之观念也，故此判决之不当，自无待论。德国刑法第二百一十七条中援用出产行为中杀害(Tötung)之词句，以出产行为之开始为人之始期，前判例似亦根据于此，然杀害词句，在堕胎时亦可引用，故于其以人为对象之论据，尤有未足，盖堕胎时不能以胎儿看作为人明矣(近时尚有采此说者，例如Luca[1])。

年龄之计算，规定于民法第一百八十七条第二项，此规定不过表白法律以外吾人日常之观念，大审院于刑法亦采此计算法，诚为得宜。但其理由，与余所属颇有差异，夫观于大审院不以民法之规定适用于刑法，则知二法共同基础之理论，至欲见之事实，为期尚远也。人之责任年龄，须根于事实上之发达，凡人至能认识自己之行为且略知其结果，始得享有所为能力，若无行为能力，则无责任。夫精神之发达，伴于身体，故就无责任之年龄，定一最高之限度，固无不可，但虽未达此限度以前，其精神状态事实上往往有异常发达者则一任裁判官之认定可也。现行法于责任年龄之最高限度，不使固定，诚不为无见，然又设最低限度，不免互相矛盾。利斯脱佛郎古等皆以此最低限度之规定为当然。自余观之，殊为奇异，盖责任年龄，在民刑二法为共通基础之事实也，其意义及范围，只可求之于日常生活之经验，非法之所能擅定。夫其意义范围，既同求之于日常生活之经验，则民刑二法，自无相异之理，乃独许刑法擅定

〔1〕 现译为“卢卡”。——编者注

之,不亦大可怪乎?或以民法亦定有责任能力之最低限度足以驳击余说。夫论者之非难,在契约违犯,固为正当(民法第二百七十六条),而在因法益侵害不法行为上之责任则不然(民法第八百二十九条)。今试比较刑法上之责任,其属于后者明甚,乃刑法与民法,互异其规定,不亦谬乎。大审院以刑法第五十五条单为定可加刑罚之年龄,在十二岁以下之幼者,其所罚条件未具备固也,然其责任能力之有无,应与民法均付裁判官之认定。盖责任能力之有无,当对于幼者之行为定第三者之责任时,其关系甚大故也。

因果连络关系,此最应攻究之一重要问题也。夫法以规定人之行为,而人之行为,往往惹起物界之变动。故人之行为,在法律规定之对象中,占最重要之位置,然则行为于何时足以惹起物界之事实乎?换言之,则何时行为与物界之事实间有因果之连络乎?关乎此问题,民法学者与刑法学者所见互异。大审院民事部则从Birkmeyer[1]之见解,刑事部则据Buri[2]、Liszt[3]之学说,其于因果关系各有差异。关于因果关系之本质,果以何说为当,兹不具论,一言以蔽之,以介于两极端说之间者为正解,而余之主张,则在以区别民法上之因果关系与刑法上之因果关系为不当。盖因果关系,属于人与物之自然的关系,非法律所可创定,其意义出于吾人日常之观念。故刑法与民法,原无异同,法律上之所谓原因结果,至无谓也。叶丢满氏于民法上之因果连络与刑法之连络,固已明认。然犹谓刑法上因果连络之意义,较民法上所谓因果连络其范围为广(叶氏《民法教科书》第一卷第一百二十九页),此误其根本观念之说也。惟民刑二法,其目的虽一,而其达此之径途,则不无差异。故各法以为可加其法力之对象,定于如何之范围内?应有物界之变动乎?固属甚自由,例如缺效未遂犯是然。因此遽谓因

〔1〕 现译为“比克迈耶”。——编者注

〔2〕 现译为“布里”。——编者注

〔3〕 现译为“李斯特”。——编者注

果连络之意义及范围有二者误也。

因果连(联)络之中断,亦民刑二法共通之问题也。利斯脱氏于刑法上认因果连(联)络之中断,而于民法上则否认之(利斯脱氏《不法行为上之债务论》第七十五页)。此问题不惟学理上有趣,实际上亦极重要,例如因不法行为使他人得欺罔第三者之机会者,有损害赔偿之责否?一由本问题之解释而决也。

主张刑法上因果连(联)络中断之学者,以关于加担犯之规定为其论据,民法上亦非全然排此观念。观民法第二百二十八条第二项之条文可知曰:"行为者于危险有应归责于自己之事由时,有损害赔偿之责。"行为者谓欲排除因他人之物所生之危险者也。

凡基于自己过失之时,因危险介入紧急状态,尚规定有赔偿之责,若果如利斯脱所言民法否认因果连(联)络中断之原则,则本条之规定,其要何在?进而言之,观本条规定之必要,则其认因果连(联)络中断之法理为原则,不烦言而决矣。

关于故意过失之问题,民刑二法,其意义惟均,Richard Schmidt[1]氏已阐发无遗,兹不赘述(德国《法曹新志》第五卷第一百四十七页)。

与人之出生同开始之关系(亲族关系),二法当归一致,更无待繁言。民法施行法第三十三条反此原则,不当极矣。

就民刑二法共同之基础,其当论述之处尚多,兹不详尽。惟就帝国大审院之一判例略加批评而已。婚姻解消后,有误以姻族之关系尚存续者,大审院以为此非民法之错误,乃刑法之错误,照刑法第五十九条定为阻止故意。然如前所述,民刑法于亲族关系自无相异之理,且此等事实关系,实应从日常生活上吾人所有之见解而决定之者也,故以此为刑法之错误,未免过于武断。然余惟不服大审院判决之论理,至其结果,未尝不当。吾之此言,与 Frank

〔1〕 现译为"理查德·施密特"。——编者注

Olshausen[1]等之通说,不免冲突,更请简单述余之所见,余所谓民刑二法共同基础之事实。盖谓关于法律上当然之错误,应与刑法之错误并论,在立法上较为妥当也。

民法之规定,于如何之范围内影响于刑法,此极有趣味之问题,又诸种难问之所伏也。夫民法固在就人类相互间所发生种种复杂之关系,期与以必要之保护,然其力不能应社会之需要,故不得不更求有力之保护于刑法。刑法者,本以维持社会外部的平和,为其固有之目的,然其附随的效用,更有足为民法法益之保护者。说者谓二法有密接之关系者盖以此也。第刑法上之法益与民法上之法益,虽互相错综,而刑法之作用,非常为辅助之性质,尚有出于固有目的之固有作用,在出于固有目的之时,虽偶有与民法保护同一之利益者,然刑法之解释毫不受民法之影响,反之仅为辅助的作用之时,民法之规定,常动摇刑法上之解释。盖在后者,民法上之不法行为,即构成犯罪行为。若因民法改正,不以为不法行为,则刑法即失处罚之理由也。若在前者,犯人之行为,本为背德非伦,为维持社会之安宁,不得不出于摈斥,而当处罚之也。私人之利益,常被隐蔽,故其意义之变更,与行为之处罚条件,毫无关系,惟须其行为之本质不变而已。余得本以上之标准,将与民法有关系之刑法条规,区分为二,定其关系之性质及效果,以下就各个之问题说明之。

夫契约者,乃民法上最重要之一制度也,刑法上有时亦成为问题。德国现行法,关于契约之保护,其借刑法之力者极稀。契约违犯之行为,可科刑罚与否?在法理上为一大问题。余由经济上及文明进步上论之,则以积极说为当。然现行刑法亦非无以契约之保护为目的者,在联邦法,有雇佣契约违犯之犯罪。在帝国法,有通奸罪。若婚姻外之私通,虽与奸通有同一之外形,不为构成犯罪之要素。盖奸通必犯人基于自由意思而违反负担之义务,此即犯

[1] 现译为"弗兰克·奥尔斯豪森"。——编者注

罪构成之理由也，而契约之存否？由民法法规之解释而异，故关于通奸罪之成立，民法法规之解释及改正，有重大之影响。例如因欠缺形式无效之婚姻，自登记于登记簿经过十年后，始成为正当婚姻，其未经过十年前，夫与他妇人通，至十年期间经过后，若其妻探知之，而请求离婚，则婚姻解消后，得向夫提起通奸罪乎？夫奸通罪之成立，须其行为之当时，有婚姻契约之存在，而契约之存否？则从民法之规定而决。民法上此契约虽非自初有效，然因附于期间满了之溯及力，其效可及于当初。故此时夫之行为，及为具备处罚条件，在刑事政策上论之，此解释亦当。盖欲使犯人不妄想契约之无效，又若误信为无效时，则采用刑法第五十九条错误之规定，以图犯罪范围之减缩也。

与契约相并而为民法上一大制度者，所有权是也。有侵害者，又为刑法之所处罚，民法所有权意义之变动，对于刑法，有如何之效果乎？则因刑法处罚之理由而异，兹不赘述。试即窃盗罪与横领罪论之，以夺取行为为犯罪事实之中心乎？将以侵害他人之所有权为构成犯罪之要素乎？若如前说，是以夺取行为为不法而处罚之，则“他人之所有物”一语，殊属无谓。不可不云“非属于自己”，由此点观之，可知刑法处罚之理由，亦为保护民法之法益，故刑法上所有权之意义，一由民法之解释而定。例如夺取密猎者所射倒之野兽，此行为虽为所持之侵害，而非所有权之侵害，故不构成盗罪，又共犯者中之一人，夺取数人共同窃取之财物，亦非盗罪（《大刑判》第十一卷第四百三十八页）。德国大审院，与普国裁判所之见解不同，以刑法上所有权之意义，当照犯罪当时行为地之民法决定，故时或有照外国法决之者。例如合名会社之社员，横领其所管财产之时，其财产全部成立横领罪乎？当视其财产之所有权，在民法上属于何人而定。若从德国法，则合名会社虽非法人，然民事部之判例，认独立之所有权，使与各社员之所有权分离，故此时当问犯人以横领罪（德国《法曹新闻》第九卷第八百一十七页）。又物品买入被委托之问屋营业者，非委托者之直接代理人，故在买入物品之交付完了前,其所有权属问屋营业者,若委托者夺取之时,即构成窃盗罪(《大刑判》第三十四卷第一百八十一页)。

刑法第二百八十九条质权以下,保护所有权以外之物权,此时刑法之作用,与对于所有权同仅为辅助的而已,故此等权利之意义,当从民法之规定。关于此问题,大审院有一不当之判例,即赁借人据与赁贷人所结之契约,将赁贷人所定为质权目的物之物件持去时,大审院以赁借人为犯刑法第二百八十九条之罪是也,其判决之理由,在谓刑法上留置权意义与民法上留置权之意义不必一致。赁借人之行为,实为侵害刑法第二百八十九条所谓留置权云云,在大审院固援所持与占有意义不同之判例,然其误实甚。盖所持乃人与物间自然之关系,其意义非法律所可创定。民法虽偶于占有付以特殊之意义,而于刑法之解释,不及何等之影响。反之留置权乃法律上制度,其意义当依法律而定,而民法上无占有,斯无所谓留置权,故此时以为留置权之侵害者,非也。

以上所述,为民法之规定直接影响于刑法之解释者,以下再就无直接之影响者述之。财产乃民法法规之所保护,而刑法对于财产,亦认诸种之犯罪。然则财产之意义,当然依民法而定乎,换言之,则刑法此时亦仅为民法法益保护之辅助的作用而止乎。试就诈欺取财罪、背信罪及关于赃物罪言之。夫曰欺罔,曰背信之管理,曰不正品之横领,此等行为,靡不为人所摈斥,其行为自体之应受责罚明甚。若谓以保护民法为目的,则民法于此不可不先保护之,然民法上赔偿之制度,对于一般财产,不得行其保护,且民法无直接保护财产之规定,然则不几穷其用乎?故于此时,以刑法占独立之地步有独立之效用为宜。例如有以欺罔人而反乎公之秩序或善良风俗为目的而缔结契约者,虽对手承认此契约为之给付,而照民法第八百一十七条则应禁其求此给付。若谓刑法之诈欺取财,亦以民法上所谓财产损害之存在为要件,则诈欺取财,亦不成立。大审院实抱此误解,其徒使狡猾之徒得逞其奸计,决非刑事政策上所宜出也。反之如余所言,刑法于诈欺取财有独立之地步,则关于财产之意义,无须拘泥于民法惟问犯罪行为之前后,被害者之财产状态有变动与否,即足以决犯罪之有无,然则此时得成立诈欺取财罪明矣。

关于背信罪,大审院之判例,与余之所见略同。照刑法第二百六十六条,背信罪以有授权行为为要件,其须民法上之授权行为与否,虽尚属疑问,然刑法关于背信罪,在保存固有之利益,故余得据此否认之。而大审院仅于无权者之处分表同意时,虽民法上无代理权之授与,亦适用本条,良非无所见也。

关于赃物罪,亦无须民法所谓财产上之损害惟故买者有不正利益之行为,斯得处罚之。

民法刑法相互关系中最重要之问题,即民法上之不法与刑法上之不法关系是也。民法于第二百二十八条和第九百零四条作为紧急行为之要件而规定之。刑法则规定于不论罪,径庭实甚,故民法施行后,学者于此问题研究甚力。佛郎古氏一派之多数并大审院之判例,其见解如下,曰:民法上之不法行为与刑法上之不法行为,均有责不法之行为也。法律不问依如何之法规,若认为有一定行为之权利时,关于其权利之行使,裁判官不得以之为非法。

此见解一见似当,然据此解释,则刑法第五十四条对于身体或生命以危险为紧急状态成立之要件者,全成具文而与民法之施行同时,刑法所明定之条件,将尽失其效力矣。夫谓民法上之适法行为,在刑法上亦常适法,此余之所难首肯者也。余以为此时刑法对于民法法益,位置既异,其解决正自不同耳。

抑凡一切犯罪,不可不具不法之要件,此一般学者所公认也,而余则欲以义务违犯之观念,代不法之观念。凡违犯不作为之义务而作为者为作为犯,违犯作为之义务而不作为者为不作为犯,毫无疑义之存。然曰不法,曰义务违犯,原非根本观念之异,惟改用义务违犯观念,其便于说明者更多也。

法律有预防的作用,故于个人之权利及社会全部之利益,常使一般人对之负不可侵犯之义务。若背此义务而为作为时,则对于规定此义务之法律,乃为违反义务之不法行为。若无此义务之规定,则不法行为不能成立。在紧急状态之时,法律因利益之冲突与其他之理由,未规定不作为之义务,故无构成犯罪之事,而果违犯义务与否,以照规定此义务之各法律决定为原则,故为紧急状态与否,民刑二法似亦得分别决定。然民刑二法特有密接之关系,殊虽如此简单解决。盖刑法有民法上为违犯义务,而刑法上亦为违犯义务者,亦有不问民法上违犯义务与否,自有独特之理由认不作为之义务者。前者民法上不作为之义务消灭,则刑法上不作为义务亦消灭。后者则不然,虽当紧急状态时,而因作为之种类,其解决常不一致。

试举实例以证明余说,有在人家之近旁,因他人之家畜,将侵害其所有物而射杀之者。第一,对于动物,正当防卫权之成否,不生问题(《大刑判》第三十四卷第二百九十五页)。第二,虽有物品毁弃罪成否之问题,然余以消极的解释之,刑法第三百零三条之毁弃罪,乃保护民法法益之辅助的规定也。此行为为民法第二百二十八条所谓紧急行为,非民法上之义务违犯,故刑法上亦为无罪。第三,刑法第三百六十七条第八号,在人家近旁发炮者成违警罪,余于此取积极的解释,盖公安维持之利益,不问民法上权利之存否,有必须保护者在也。

民法第二百二十六条,虽为权利之行使,然仅以有侵害他人利益之目的者规定为违犯义务。然则民法上权利之行使,在刑法上有成为违反义务者,不亦毫无足怪乎。

关于此问题,大审院之判例,为误谬思想所支配,此余之所深悲也。例如因恐野兽有危害于自己之财产,将其屠杀之,大审院以此乃民法上之所谓紧急行为,定为无罪,其悖谬不当亦甚矣。

更有一言者,民法上所谓占有意义与刑法上所持意义之关系是已。单简言之,刑法所谓所持,乃事实关系;民法所谓占有,特殊之法律制度也,故其间毫无交涉。刑法以所持之关系为事实关系者,观窃盗罪与横领罪之差异在事实支配力之有无自明。大审院亦从此见解，例如关于遗产之占有，相续人虽未取得其事实支配力，亦属于相续人，然有盗此之所为，亦非窃盗行为，盖无事实的支配关系故也。

民刑二法第三关系，即刑法之法理及影响于民法之解释是也。今仅举一例简单言之，以明此影响之不可忽视而已。

权利者以强迫行其请求时，为民法第一百二十三条所谓不法之强迫否？换言之，因强迫而履行义务者，得取消其行为否？学说莫衷一是。哥查古氏曰：取消之要件，须强迫行为者，无何等之权利，若权利所在，则其行使方法之违法，非所问也（《民法教科书》第一卷第六十五节）。而叶丢满氏则反是，如曰："汝速还我借物，不然则将杀汝。"此以暴力胁迫之时，继令其为权利者，其为不法无异也（《国民民法教科书》第一卷第七十二节注二十二）。

余欲取民法第三百九十三条之规定（凡对于因故意不法行为之债权不许相杀）比照之，由刑法上不法行为之存否以解决本问题。强迫构成刑法上之犯罪时，例如在构成胁迫罪之时，其为不法行为，固无容疑，而因强迫之结果有给付之履行，被强迫者后取消其法律行为请求给付之返还时，照第三百九十三条，则强迫者不得援从来之债权主张相杀。反之强迫非构成不法行为之时，则强迫虽非正当权利，而对于因取消以请求给付之返还者，得以从来之债权相杀，故知取消者非以其为权利行使之方法而许之也。要之就强迫之意思表示，其强迫行为，限于有权利者因故意之不法行为时（实际上应处罚者），则得取消之，此正当之解释也。以上所述，本属未定之稿，惟欲就民刑二法重要之关系，略明其故，俾资学者参考之一端而已。法学大家萨彼尼氏有言曰：探究其矛盾冲突，更使统一于高深之理论，此科学进步惟一之方法也。余草此文，窃付斯义。

国家与法之关系*

野村淳治 著　毕厚 译

关于国家与法之关系，从来有正相反对之二学说。其一以国家系法之所创造，其一以法系国家之所创造，其说互相抵触。而从来之国家学者及法律学者，有以前说为其立论之前提者，有以后说为其说明之根据者。故涉于国家学及法律学之国法学者，其根本之学说，亦分为二。一则以法本位说为基本，而欲因此以确定国家之观念，一则以国家本位说为论据，而欲因此以决定法之特征，此国法学上之根本议论。自昔至今，所以常彷徨辗转于二说之间，而莫衷一是也。然据余之所见，试以法之观念为根据，而以论定国家之为何物。例如，主张国家之为权力主体系法之拟制者，则强以自然发生之国家，牵入于形式狭隘之法律中。其弊也，在不知国家于法律规则之范围外，尚有自由活动之余地。又试以国家之观念为基础，而以推论法之为何物。例如断定法为国家之命令者，则不认习惯法及国际法为具有法之性质。其弊也，在不知法于国家权力之外，尚能维持独立之特性。由此观之，则以国家为法所制作，及以法为国家所制作之学说，其自身均不免缺点，不待烦言而明矣。

以法之观念为根据，而欲因此导出国家之观念者，其学说实萌芽于荷兰之格罗丢，而完成于德国之康德。其后洛克及惠尔加等，遂援以说明国家学之原理焉。其根源则发于社会契约说及自然法

* 原载《东方杂志》1911 年第 8 期。

学说。据此学说，则人类于原始时代，只知营孤立独居之生活，无所谓国家及与此类似之团体。栖息山野之间，其自然状态，与禽兽相去不远。然人类长离散而不成社会，则其捍御外侮之力极弱。设有水火盗贼之灾，猛兽毒蛇之害，即不足以防之。于人类日常之生活上，危险殊甚，及渐经几月，乃知对于外界之障碍，必有共同之防御。于是由个人生活，进为团体生活。盖人类之始，从天赋自然之法则，个人相互而结社会契约，或为服从之约束，遂因此而促国家及与此类似团体之发生。自原始时代而有然云。倡此学说者，以国家及与此类似团体发生以前，已有天赋自然之法则，因神意之傅自然之力而存于人类之间。因此前提，遂谓国家及与此类似之团体，实不过自然法上所认一种契约之结果，至后世而始发生者也。依此学说，则国家及与此类似之团体，不外法之创设物。是故遵奉此学说者，认国家及与此类似之团体，仅存立于法律所认许之范围内，而以设定法规且维持之，为其唯一之任务也。

国家因法之结果而始设立，其学说之根据，大略如上所述。然此学说之根据，决不能认为巩固。夫谓人类于原始时代营孤立独居之生活，与谓孤立独居之个人，其后相互集合而结社会契约者，历史上毫无证据。盖人类无论何地何时，必群居而成团体，其以一人绝对的营孤立独居之生活者，迄今未尝一观。故如所想象的原人，所谓绝对的营孤立独居之生活，无论对于何人不生关系之人，一朝共结契约，遽有国家及与此类似团体之发生云云。历史上之不能证明，诚理之当然也。又从他方面论之，如谓国家及与此类似之团体不存，当个人孤立独居时代，既有所谓一种自然法之法律者，与谓从来国家及与此类似之团体未发生，个人纯有自由不羁之状态，遽结契约以制限自己之意思。因以发生国家及与此类似之团体者，此亦吾人今日之常识所不能了解者也。夫法之本质，果存于意力乎，抑存于理性乎，暂措不问。而法于人与人之间，限定其意思之限界与行为之范围，则今日学者间殆无异论。盖法之为物，因多数人相集合而成社会，于有相互交通事实之时，始得发生，决非发生于营孤独生活之想象的原人之间。若个人孤立独居,则相互接触之机会不起,于个人相互间定意思限界之法规,自无发生之理。然则所谓当社会未成形,其时想象的原人已有法之说,固余辈所不能采也。论者动谓原始时代仅有绝对的自由不羁之个人,个人之上,更无制限个人之团体。其后个人因契约以互制限其自由,遂于人己之间,设定意思之限界,因此而制出制限自己之团体。然据余所见,假定原始时代个人有绝对的自由不羁之状态,而谓绝对的自由不羁之个人,更能制限自己之意思,论理上实不免矛盾。如论者所言,在原始时代,绝对的有自由不羁之个人,同时又自加制限,而受他人之拘束,则自始既无绝对的自由不羁之状态,转而明矣。反之假定原始时代,个人具有绝对的自由不羁之状态,则其意思之力,性质上决非可得而制限。是故对于绝对的自由不羁之个人,加以种种制限,实不适于论理之言也。而谓因此制限之结果,遽至发生国家及与此类似之团体,不待辩而可知其说之误矣。

此外以国家系法所制作者,谓国家仅存立于法之范围内,国家之目的,在实行此法而已,是固非正当之见解。夫今日国家之行为,其脱离法之关系者诚鲜,又无法规则国家一日不能维持其存立。故国家目的中,其置重于设定法规且维持之,固无容疑。然国家之目的,不必仅在法之设定及维持,如或镇压内乱,抵御外寇,而维持国家自身及其臣民之存立,或以法为手段,而保护臣民之生命财产,增进臣民之利益幸福,皆属国家之目的。此今日一般国家学者所承认也。现今北美合众国德意志联邦及瑞士联邦之宪法,皆以国家目的揭示于其布告文或正条之中,除法之设定及维持外,列举国家之独立维持人民之幸福增进等种事项。观于此则国家之目的不仅在法之设定及维持,昭然若著矣。由此言之,则以法律本位说为根据,谓国家之任务限于法之实行者,其识见诚不免狭隘也。

法先发生,然后因法之力而制出国家。采此学说者,大抵视国家由于法之拟制,仅存立于法律所认许之范围内。遽拟制论者之见解,则国家及其他团体,非如个人之现存于实际。故不能如个人当然有法律上权利主体之资格,其得为法律上之权利主体者,不过由法律拟制之结果而已。其为说也,谓法有万能之力,即实际不存在之物,法独能以存在者视之,因此法律万能之力。故国家及与此类似之团体,无论实际上存在与否,亦皆视同存在者,而以为有权利义务之法律上人格者也。然国家之为物,若果如拟制论者所主张不外法律所假定之想象物,则吾人服从国家之命令,实不过服从法律所假定之想象物。吾人为国家发奋,而牺牲生命财产,实不过对于法律所假定之想象物。抱迷信而牺牲生命财产,此等曲解,与吾人之感情及确信,明相背戾,断非能苟同也。即此一点,拟制说之不足采,已无待言矣。又据拟制说则法律上权利之主体者,人是也,法人是也,而国家者法律上权利之主体也。故国家为法律上之人,为法人,由法之力而制出者也。由论理之形式观之,此三段论法,虽未必全无一是,而吾人稍加严确之研究,其说之根据立破。今试问拟制论者国家果何物乎,彼必曰国家者法律上之人也,法人也,由法律而始认其存立者也,又试问拟制论者法律上之人及法人果何物乎?彼必曰法律上之人及法人者,权利之主体也。更进曰:然则权利之主体果何物乎?诘问至此,彼必复归于前说,必曰权利之主体者,法律上之人也,由法律而始认其存立者也。彼拟制论者,不认国家与个人同有独立之生命独立之意思而现存于实际也。故国家本体之为何,不能略加说明,唯谓为法所假设之想象物而已。要之拟制论者,仅欲借权利之主体及人与法人之二语,循环流转,而以定国家之性质。故国家之果具何性质,吾人毫不能窥其端倪。由此言之,则国家为法之拟制之人格者云云,亦无价值之学说也。

以法律之观念为基础,而欲因此说明国家之观念者,其学说之多缺点,已如上所述。故国法学上以国家之观念为基础,而欲因此说明法律之观念者,其说渐与,所谓法为国家所制出之学说是也。此学说倡于哈尔拉,而今日撒甸尔,塞尔巴,徐来儿等所主张者也。此等学者,或以法由国家之命令而始制造,或以法因国家制限自己意思之力而始发生。而其以法之发生前事实上已有绝对无限权力之国家为前提,法不过因此绝对无限权力者之发意而制造,则无不同,其属此学派之学者。据法为国家命令之说,而论定法惟生于所谓特殊团体之国家,其他团体,则绝无法之发生也。

据法由国家而制出之学说,则人类社会,会经过无法律时代。其时虽有所谓权力团体之国家,而无防制权力滥用之法律及法律思想,个人互凭腕力,虽掠夺之事,不绝于时。而于个人相互之行为间,无法规以规律之,拘束之,人类社会生活之上,无平和,无秩序,其惨憺不可名状。盖数十百年于兹矣,国家欲除此弊害,故制限其意思而定自己循由之规则,或以命令之形式公布一般人民所应遵守之法则,于是人类社会,始有法律之发生。国家与人民之间,及人民相互之间,遂生法律的关系云。若如此等学者所想象,人类社会,会有全无法律之时代,使此前提不谬,则其时对于国家权力之滥用,毫无法律上之制限。国家权力绝对无限云云之结论,及国家欲祛此全无法律时代之弊害,至后世而始制造法律云云之说明,皆可信为真理。他如法惟发生于特殊团体之国家,不发生于国家以外之团体云云,亦未可厚非矣。然人类社会,果会经过全无法律之时代,此根本之大前提,果真确否,殊不能无疑也。据余所闻知,谓仅有国家及与此类似之团体组织,而于个人相互间关于物件之占有或所有,无日常遵奉之习惯的规则。及君主会长或人民总会行使权力时,而无可为规矩准绳之法律的规则云云,实历史上所未经见之时代也。盖自有生以来,于区别自己物件与他人物件之思想,靡不夙具,有越此限界而害及他人者,则认为犯法,不免受社会上之制裁。又当君主会长或人民总会行使权力时,靡不有自然之制限,使不至流于残酷骄横之习。有侵此制限而滥用权力者,则认为不法,不免招人民之反抗,凡此实统东西亘古今而皆同者也。故苟有国家及与此类似之团体存立,则个人相互之间,及团体与个人之间,必有多少惯习的法则及法律的思想,认为意思之限制者,证之历史,昭然若揭。由此言之,一派学者谓原始时代全无法律及法律思想，其时各个人弱肉强食，互以战斗为事，国家独行使绝对无限之权力。此等论断，不过哲学上一种之空论，于实际之事实，毫无根据也。此余等对于法之成立前，国家独行使绝对无限权力之根本大前提，所以不能表赞同之意耳。

以国家之观念为基础，而欲因此说明法之观念之学者，或以法之发生前，必有行使绝对无限权力之国家，而主张国家之命令即为法，然其前提之误，已如上所述。今即假定国家于某时代有绝对无限之权力，毫不受法之制限，其前提不误，且国家命令即法之论结，亦略无瑕疵。而以如此之定义，终不能说明法律发生之历史，盖法者如萨味南所云，其发达一与言语同。夫语言之为物，非从来数十百年间，在无言语文字之沉默状态，因一人独断命令，使发特定之声音，用特定之记号，国民间遂突有言语文字之发生也。惟法亦然，非从来数十百年间在全无法律之争斗状态，因一人独断命令，使于特定之时，为一定之行为或不行为，国民间遂突有法之发生也。盖人类初生，其发音声，用记号，表自己之思想，计人已意思之疏通，根诸天性，因此天性，于必要特定之时，渐成发声音用记号之习惯，于是而所谓言语文字者，遂自然发生于国民之间矣。惟法亦然，人类自昔时代，既抱有自然的正义心，当其营共同生活，咸知慎厥行为，不敢累及他人，而能互相调和。因此自然的正义之思想，于日常行为之间，渐成规律抑制之习惯，于是而所谓法者，遂自发生于国民之间矣。此为沿革上言语因惯用而渐次发生与法因惯习法之形而渐次发生之大概情形也。又据历史上之事实，民法及宪法，其规定之大部，初本非特定之立法者，以命令之形式对于国民发布者，乃因国民一般之确信与惯习的服从，发生于自然之间，渐至于固结不解也。由此言之，谓法一由国家之独断的命令俄然发于一朝者。盖暗于法律发生历史之言也，抑知国家在具命令形式有成文法以前，习惯法规，已自然发生于国民之间耶。夫今日之法，多出于国家，且国家以命令之形式发布，事实上已不可争。然因此而以为法之本质，一存于国家命令之中，采用法即国家命令之定义,则如国际法不具国家命令之性质者,将可谓为非法矣。又如宪法行政法,于国家与臣民之间设定意思之限界者,对于国家自身,亦可谓全失拘束之效力矣。从此学说,则法不外国家之命令,然命令之性质,惟对于受之者有拘束力,对于命令者自身则无。故宪法行政法,对于受命令之臣民,固有拘束力,对于命令者自身之国家,斯无拘束力矣。故其结果,宪法及行政法,惟自人民一方观之,则为法规,自国家一方观之,则全非法规。然则谓宪法及行政法,为不完全之法规,或全无法规之性质可耳。故采法即国家命令之学说,则吾人实际所奉为法规者,亦不能谓为完全之法规,其碍于实际事理之说明,盖如此也。此亦吾人对于法即国家命令之学说,不能采用之一理由也。

以上为以法由国家命令而成立之学说。此外尚有一学说,即以法由国家意思制限之结果而发生者是也。此学说亦以法系国家之创造,又于法之发生前,以国家有绝对无限之权力为前提,皆与前说同。而其说之多缺点,亦与前说罔异。倡此学说者,谓国家本有绝对无限之权力,毫不受法之拘束,个人立于国家之下,等于奴隶,绝对服从。其服从义务,并非由法而受有际限之保障,惟国家因实际之便宜,不欲为苛酷之处置,故制为规则。限其权力,以保护人民之主旨,认意思之自由,同时复于国家臣民之间,设定意思之限界,是即国家创造法规以拘束自身及臣民之故也。然以余所见,此说亦不免有误。夫绝对无限之权力云者,其性质有一无二,若既认绝对无限权力之存立,则不得不否认与此对抗之意力。盖一方认绝对无限权力之存立,他方复认与此对抗之力,实论理上之矛盾也。故使于一定之时代,国家有绝对无限之权力,毫不受他人意力之制限,则其时之个人,立于绝对无限服从者之地位,无对抗国家之意力,无待论矣。当是时也,必国家万能,等于神圣,个人意力颓废,与木石无择焉。然法者立于意思主体相互之间,以定意思之限界者也,有二意思主体相对立,为定其相互间意思之限界,而法始生。故法之所由成立,以有二意思之主体相对立为要件,否则法无发生之余地也。故惟国家一方为绝对无限之意思主体,而臣民一方为绝对之意思无能力者,国家及臣民之间,实际上无二意思主体对立,则国家与臣民间意思之限界,自无发生之理,而法遂莫由得而成立矣。公法更然,要之即令国家于一定时代,有绝对无限之权力,而绝对无限之权力云者,性质不可得而制限,而谓法因此不得想象之制限而成,有是理乎。由斯以谈,谓法由国家意思之制限而创造者,此亦不能采用之学说也。

此外有倡法由国家之命令而发生之学说者,谓法惟发生于国家,而非发生于他团体之现象也,此亦不免为一种之偏见。盖法非必惟发生于所谓特殊团体之国家,其他团体,亦莫不发生之,如城镇乡及其他公共团体,如国际法团体,如耶稣教会内部。盖无不有法之发生,加之诸种之惯习法规,悉发生于国家内之种种团体,尤其明证也。夫就今日之实际而言,国家在诸团体中权力最强,国家以外之团体,若其所发生之法规,有反国家意思,则不能维持其效力。此等法规,由国家明示或默示承认,而始生效力,固无容疑。然即此遽断定其悉由国家作成,则未免武断也。盖国家于国家以外团体所发生之法规而与以承认,与国家自立法规,原判为两途,无待深论也。若不其然,而采法惟发生于国家不发生于他团体之说,则不归结于地方团体国际法团体,及耶稣教会内部所发生之法规,毫无法之性质,必曲解此等法规,结局亦等于国家之法而有效力,二者必居一于是。然此二解释,皆不免背戾一般人民之思想,藐视社会实际之事情,乌乎(呜呼)可也。夫墨守法之本质为国家之命令者,以法惟发生于国家之定义,为惟一之真理,凡不合此定义者,则断定为非法。例如国际法,今日一般人所认为法者,而据此定义则不然。故国际间所起种种之事,不能以法律的说明,不宁唯是,自陷于偏颇之定义,不知其非。社会之事事物物,凡不能以其定义说明者,则举谓在法律上毫无关系,亦所不辞,然据余辈之所见则异是。一言以蔽之,如上所举种种牵强驰背之说明,实因其所取定义上根本前提之误,此欲以国家观念为基础而导出法律观念之学说,所以不能采用也。

今日文明人种之间,个人之上,有巩固之国家组织,其团体占有一定之土地,而组织概由宪法确定,权力则极强大,不受他团体之掣肘。此团体在诸种人类团体中,占最优之地位。反之,在未开人类,个人之上,虽有血族团及部落之单纯团体,然未必定着于一定之土地。组织不必由成交之法规确定,其势力多衰微不振,此团体在人类社会全体之中,全不足重。夫以今日文明人种所属之国家,与未开人民所属之血族团体及部落相对照,其间真不啻霄壤之别。故人多以国家之组织为近代而始发生之社会的现象,而于未开人种之间,则不认有国家之组织,谓未开人种所属之血族团体及部落,实未具有国家之特征也。又今日文明人种,其各人之间,有法律规则以定意思之限界,或为惯习法,或为成文法,殆无不达完全发达之域,而具有一种不可侵犯之检束力。故今日法律上之规则,与道德上或宗教上之规则,区别甚明。毫无混淆之虞。且文明诸国,审判应对于违反法律规则者,均加以适切之制裁,苟有欲蹂躏法规或妨害法规之实施者,则赖以防遏之。是以法律上之规则,与道德上或宗教上之规则异,于一般人民间遵奉最严,毫无疑义之存。反之在未开人种,各人之间,虽有规则以定意思之限界,而破碎灭裂,不如今日吾人所期之完全发达,且对于违反规则者,其强制制裁不能适切实行。是以规律各人行为之法则,动与道德上或宗教上之规则相混,其适从与否,结果无甚差异,是不啻许各人以自由适从也。夫以今日文明国之法律规则与未开人种间所行之行准则相比较,其间甚有优劣之差异,故人多以法律为至近代而始发生之社会的现象,而于未开人种之间,则不认有所谓法律规则者存,谓即令未开人种间有规律各人行为之规则,而其未具吾人所认类似于法律之特征,则无疑也。

然据余所见,因未开人民之间,未有与今日国家相同之团体组织,而遽谓其与国家相类似之团体及国家的团体,全然不存,未免误也。夫国家之特征,一在其自身有意思,因其意力而行其所欲行,且从而强制之,一在有权力,当行使权力之时,毫不受他人之指挥监督。而具备此特征之团体,无论在如何未开人民之间,亦必有之。盖个人之上,有家,有血族团体,有地方团体,个人为此等团体之一员,而立于其权力之下。团体则制限各个人之意思,维持相互间之秩序,此等家及血族团体与地方团体之数。当因时代而有不同,有时个人之上,仅有惟一之团体,有时个人之上,数多之团体并立。大抵幼稚时代,个人之上,惟有一团体存立,一切社会事业,悉归其独占经营,及稍进步,遂有诸种之团体发生,对于社会种种事业,彼此协同分担之,此一般之大势也。然无论人类团体之数,因时代而所生多少之别如何,既为人类,则至少必有一最强权力之团体存立,且其团体之权力,立于他人意思之上,得以命令强制,有毫不受他人指挥监督之势,此可断言者也。盖数多之个人及数多之团体相并立,使无权力以抑制其意思,维持其秩序,则各个人及各团体,必互陷于战国之状态,终不能达人类共同生活之目的矣。是以无论如何,未开人民之间,其实际之事实,于家及血族团体与地方团体等之形,至少必有一最强权力之团体存在。而此团体立于各个人及各团体之上而行命令强制,毫不由个人及团体之意力,受指挥监督,此实与吾人今日所认之国家,全同其特征,从令此等团体尚未定著于一定之土地,与今日完全发达之国家,不无稍异。然其行命令强制,且不立于他人指挥监督之下,其具此特征,既与今日之完全国家同,则谓此种团体为类似于国家之团体或国家的团体,无不可也,然则谓未开人民间,全无类似于国家之团体,不过一种之偏见也。又今日文明诸国,因裁判所之权力,强制施行惯习法或成文法,未开人民之间,实际上无此完全之法律规则,固无容疑,然以此遽谓未开人民之间,除普通风俗习惯或道德宗教之规则外,别无法律的规则以束缚人民外界之行为,未免过论。前不云乎,无论如何未开人民之间,其君主会长及人民总会,苟无理由,而滥伤害个人之身体生命,或掠夺其财产,则未有以为当者,必有自然之制限,以禁止权力之滥用。故无论如何未开人民之间,于个人相互之关系,苟有滥将他人之占有物或所有物,毁坏或掠夺之者,则亦未以为当者,必于个人相互之间,区别人己之物件,有习惯上之法则,不许紊乱此区别焉。观乎此等事实,则未开人民之间,除普通风俗习惯或宗教道德之规则外,于团体与个人间及个人相互之间,尚有奉为行为之准则者,已足证明而有除也。而此等未开人民间所奉为行为之准则,与今日文明国家以权力施行之法律规则,同为于人格者间定意思之限界。故此等行为准则,与今日文明国之法律规则,实同具有法之特征。纵令未开人民间所行之行为准则,未必如今日文明诸国所行之法律规则完全发达,对于违反其准则之制裁,或有不明确之缺点,然未开人民间之行为准则,实际与吾人日常所目击之法律规则,既具有同一之特质,则谓为类似于法律之规则或法律的规则,无不可也。然则谓未开人民之间,全无类似于法律之规则或法律的规则者,非正当之见解也。

以法之观念为基础,而欲因此以说明国家之观念者,其言曰:原始时代,既有完全之自然法,与吾人今日所目击之法律等,各个人营孤立独居之生活,皆受此自然法之支配。虽有规律其日常行为之事实,然其时个人之上,无家,无血族团体,无地方团体及其他国家的团体。其后个人相互缔结自然法上之契约,个人始相合而成家成血族团体,更进而成地方团体及国家云。为此说者,主张法本位说为真理。则人类之间,当未有家未有夫妇关系及血族团体之时代,不可不证明独有个人及法二者,不假人力而已自然发生之事实。反之以国家观念为根据而欲因此以说明法之观念者,其言曰:原始时代既有完全之权力团体,与吾人今日实际所认为国家者等,然其时个人之上,虽具有家与血族团体及地方团体等之形,而其团体之内部,无言语,无经济思想,无风俗习惯,无宗教道德,故亦无法律及法律思想。其后家及血族团体或地方团体等,成完全权力团体,与国家同。因对于其下之个人发命令,于是此等团体内部,始有言语经济思想风俗习惯宗教道德之发生。而法律及法律思想,亦同时发生矣。故主张以国家本位说为正当者,则于言语经济风俗习惯道德宗教及法律思想未发生之时代，不可不证明人类之间，独有吾人所认为与国家相等之完全权力团体，由人力以外，自然发生，而实际存于个人之上也。

夫如法本位论者之前提，于无夫妇关系无家及血族团体与地方团体之时代，实际上独有个人及法二者由人力以外发生存立。又如国家本位论者所主张，人类之间，未发生言语风俗习惯经济宗教道德及法律等社会的现象时代，独有吾人所认为与国家相等之完全权力团体。其为事实与否，此全属天地创造时代之杳渺事项，非今日学问上所可解决之问题也。欲决此疑问，不可不求正确之事实，以为立论之根据。惟关于历史以前之事，今日无记录可征，无证据可凭。故天地创造时代，人类实际之生活状态如何，终非今天学问上所能说明者也。然则对于此学问上之根本的疑问，国家学者及法律学者，滥逞揣摩臆测，或断言于家及血族团体等发生之前，独有个人及法律二者存立，或论定于法律宗教道德经济言语等诸种社会的现象之发生前，独有家及血族团体或地方团体之权力团体存立。而以之为根本的前提，演绎的说明，国法学上种种之论理，是徒逸出国家学及法律学范围之外，侈腾臆说，而非学问上可采之议论也。

如余所见，研究天地创造时代之杳渺事项，尽力阐明，在自然科学上或不无趣味。然国家学者，于自然科学上数千年久未解决之问题，无(毋)庸强为代庖，为种种想象的说明。又自然科学上永远未决之问题，在未能明确解决之时，国家学上及法律学上问题之研究，亦无(毋)庸有待。是故国家学者及法律学者，苟能置历史以前之杳渺事项于度外，而以今日一般所认为历史上正确事实为根据，以说明关于国家学及法律学之理论。则其自身之学术上，自鲜误谬，而固有学问上之职分，亦得完成，不亦善乎。近代历史派学者，于解决国家及法律二者孰先发生之问题，以历史上之事实为根据。自余辈观之，实研究方法之最得正鹄者也。

征之历史上事实，于家及血族团体与地方团体等团体组织全未发生之时,所谓个人孤立独居而生活于自然法之下者,其事茫无可考。又人类之间,于言语风俗习惯经济道德宗教及法律等社会的现象尚未发生之时,所谓独有家及血族团体与地方团体之组织者,亦属无据。而据历史上,既有个人与法律规则,同时必有家及血族团体与地方团体其他国家的团体,又若有家及血族团体与地方团体其他国家的团体,同时亦必有法律与其他诸种社会的现象,盖历史上国家思想与法律思想,常不异时发生,而同时发生且同时存立者也。夫观于今日之实际,国家之组织,与法律制度同时并立,则原始时代之国家的团体与法律的规则,其同时发生且同时并立,亦可证明矣。

在原始时代,未有如今日完全之国家组织及法律制度,固无待言。然国家及法律,其时既已萌芽,盖国家的团体者,因人类所具团体组成之天性,当然发生者也。而法律的规则者,自人类有生以后,基于其所有之正义心,自然发生者也。原人类自然之天性,恒欲同进幸福,协图生存。因此天性,故自然而组成团体生活之形,而家及血族团体或地方团体其他国家的团体,遂由此发生矣。又人类天赋之性理,当营共同生活之时,以互慎行为而不累他人,互计调和而维持秩序为期,因此理性。故际交通往来之时,成有规律抑制之惯习。而法律的规则,遂由此发生矣。夫团体组成之天性及天赋正义之思想,既与人类俱生,且附着于人类而并存矣。故基于此二原因,类似国家之团体及类似法律之规则,于原始时代人类之间,亦同时发生且同时存在,无可疑也。而此原始时代类似国家不完全之团体,渐次发达进步,成今日吾人所实见之完全国家组织。原始时代类似法律不完全之规则,渐次发达进步,成今日吾人所实见之完全法律制度。此今日国家与法二者,所以常同时对立,若不可须臾离者也。返而观之,团体作成之天性,与自然的正义之思想,二者非异时发生;而国家的团体与法律的规则二者,在原始时代,亦非异时发生;且今日吾人所实见为完全之国家组织与法律制度二者,亦非异时发生。益彰彰然明矣。

法本位论者，以原始时代既有今日之完全法律制度为前提，而不认同时有国家及与此类似团体之存在。反之国家本位论者，则豫(预)想在原始时代既有今日吾人所认为完全之国家，而不认同时有法律及与法律类似规则之存在。然国家与法律二者，必互相对立，互相调和，始能达于同一之区域。有若车之两轮，必互相并立，互相联属，始能回转于同一之轨道。法律本位论者及国家本位论者，有昧于此。以为法律及国家二者，虽缺其一，尚能孤立进行，其自身得达完全发达之域。是何异信车之一轮，尚能跛行轨道而不颠，不亦误乎。夫法本位论者及国家本位论者，误信国家及法律二者在其一尚未萌芽之时代，其一已达完全发达之域，故以其中之已发达完全者，有制造尚未萌芽者之力为论定，主张法律与国家二者之中，其一方全由他方造成，盖亦非偶然也。

然察其实际，法律思想与国家思想，如车之两轮，无论何时何地，必同时并存，已如前所述。故有完全之法律制度，同时必有完全之国家组织，有幼稚不完全之法律的规则，同时必有幼稚不完全之国家的团体。若一方有完全之法律制度，他方无相当之国家的团体，或一方有完全之国家组织，他方无适合之法律的规则。此等权衡失当，偏枯不全之现象，实余辈之所未观。夫实际之事实，其明著无疑若此。而法本位论者，尚假定有法律而无国家之时代，国家本位论者，尚曲解有国家而无法律之时代。据此前提，或谓法律制出国家，或谓国家制出法律，是实因辩护己说之谬。故不惜枉历史上之事实，而为此牵强附会之怪说也。

今日吾人日常所见为完全之法律及国家，在原始时代，并未之存。原始时代，不过仅有不完全之法律的规则及不完全之团体组织，为今日法律制度及国家组织之萌芽而已，此夫人所知也。而此幼稚不完全之法律的规则及国家的团体，自太古至今，其间不知经几许消长变迁，渐次发达进步，始有今日完全法律制度及国家组织之成形。据历史上之事实，造成今日完全之国家者，必非法律，造成今日完全之法律及法律思想者，必非国家。其造成今日国家组织之根源,实萌芽于原始时代之幼稚团体组织,而其产出此幼稚团体组织之原动力,则由附着于人类团体作成之天性也。又发生今日法律制度之端绪,实肇始于原始时代法律类似之规则及法律思想,而其产出此幼稚法律的规则之原动力,则由附着于人类之自然的正义心。凡欲于自己与他人之间,互慎其行为,互不相侵者,是即天赋之理性也。盖法律与国家二者,譬之二大水源,并行而为二大河流,谓法律为国家之源泉国家为法律之支流,或谓法律为国家之支流国家为法律之源泉,皆不过一偏之论。然则法律与国家二者,互相对立,互相关联,固无容疑矣。而其中非一为发生之原因,一为发生之结果,亦不可不察也。

国家思想与法律思想二者,虽同时发生,同时并立,然此两者之发达消长,必非终始有平均之比例。故某种国民之间,国家思想发达,某种国民之间,法律思想发达,亦当然之事也。在国家思想发达之国民,则国家万能之主义,一般盛行。而于国家之滥用权力,毫无制限之实力,国家及统治者之意思,不问其内容如何,皆得成为法。视法之为物,不过国家因束缚人民之自由,任意制作之器具耳。反之在法律思想发达之国民,则法律万能之思想,深印脑中,以法律为人类社会中之最有势力者。谓国家之为物,由法之拟制始克维持其存立,不过执行法规为法供驱使之机械耳。是以一方之国民,以法不过国家及统治者之制造物,一方之国民,以国家不外法之制造物,互相背驰,其失惟均。据吾人学术上之见解,国家组织及法律制度,为独立之社会的现象,各有别种之原因。于人类之间,同时发生存立,其间有密接不可离之关系,固无待言,而非有原因结果之关系者也。

国家与法同时相并存在,故有互相影响之事,亦属当然。国家欲法律思想之完全发达,使各人行为成就规律,是以于法律思想,维持之,保护之,助成之,而不遗余力。例如当成文法之成立,国家以自己之命令发布于一般人民,又际成文法及惯习法之实施,国家以权力迫其实行。有违法者,则课以刑罚及其他之裁判,皆所以期法律思想之发达也。法律欲国家之适法存立,使一般人民,承认其不可侵犯,以维持国家现在之组织,不至漫为革命及篡夺所破坏。例如宪法及刑法,以其严肃之规定,公证国家现在组织之适法,使一般人民负服从之义务,不许稍有反抗。同时宪法许人民践法规所定一定之手续,适法以改正国家现在之组织,而禁其由革命及篡夺滥行破坏,皆所以期国家组织之安固也。是以法律受国家权力之保护,因严确其实施,始得完全发达,具一种不可侵之尊严。国家受法律之保障,因法律上公认其存立之适法,始得为法律上有正当权威之权力团体,维持其永续的地位。国家组织,至是始无为革命及篡夺所颠覆之虞焉。夫国家及国家的团体不存,则法律不能发达存续,法律及法律的规则不存,则国家不能维持其存立。国家与法律二者,缺其一而能孤立独存者,未之有也。两者真不啻车之两轮,相俟始能见其用,若各别分离,则遂失其效力矣。然此必非国家为制成法律思想之原因,或法律为制成国家思想之原因也。

如上所述,国家因维持法律之发达,尽力助长,骤观之,似国家制成法律思想而维持其发达者也。法律因维持国家之组织,尽力保障,骤观之又似法律制成国家而维持其存立指挥其行动者也。故一方有国家制造法律之学说,他方有法律制造国家之学说,其实国家与法律之间,惟有密接不可离之关系,互相影响之事实。因其如此,遽谓法律为国家之制造品,或国家为法律之制造品,其论理上之互为矛盾,已详于前矣。故此二学说,终不能采用也。要之国家与法同时并立,不过有互相影响之关系。二者之中,非一为本宗,一为支派,可断言也。换言之,即两者之间,惟有同时并行关系,并无本宗支派之关系也。

国家与法律二者,同时发生,同时并立,而各为独立之现象,非一为制出他之原因,一为他所制出之结果。此从来学者间所屡主张,并非新奇之学说,然不幸此学说未为一般人民所普知。故一般人民,今日尚措重于国家制法及法制国家之二学说,而于国家与法之间,主张无主从本末关系之第三说,未免度外视之。观今日一般社会之状况，其一方则坚持国家本位说，谓法为国家之命令，而国家之命令，不问内容如何，概可称之为法。他方则传播极端之法本位说，谓国家为法律拟制之假想物。故国家之最高机关组织及国家之政体，皆得由法律规定之新设或变更而异。前者认法可由国家之独断命令任意新设或更废，惟置重国家思想，而轻视法之思想。以法为从国家之驱使，奉国家之命令，适等于为国家服杂役之奴隶。若夫法不屈于国家之胁迫或压制，于国家使行权力之下，尚能毅然维持其独立，且有不可侮之威严，则非所措意也。后者认国家为近于公司之物，不过因法之拟制而发生。惟置重法之思想，而轻视国家思想，以国家立于法律规则之下，不过为其宣布实行之器械。至于国家于一定之时，立于法律之范围外，有与法律对峙不相让之自主意思，则置若罔闻也。要之国家本位论者，独知国家之当尊，而昧于法之宜重，法本位论者，独知法之宜重，而关于国家之当尊，皆有失于极端之缺点。而一般人民，关于国家与法之关系，今日尚不能离极端说之范围，或以法律思想隶属于国家思想之下，或以国家思想隶属于法律思想之下，以为二者不可不出于其一。而第三之折衷（中）说，于国家与法之间，不认主从本末之关系，欲使两者于社会上占对等之地位，同为一般人所尊重者。虽其说稳健合理，有可采之价值，彼辈反梦想不存，此吾人所深为遗憾者也。若他日一般人民之思想，渐生变动，知国家本位说及法本位说之中间，尚有真理之存在。国家与法二者，同为独立之现象，互相辅助，互相调和，始克各完其用，成其美。不滥尊重国家之思想以抑压法律思想，不滥尊重法律思想，以摧伤国家思想，则其影响于社会之实际者，盖非浅显也。

法律与经济之关系*

仁保龟松 著　毕厚 译

一、绪　　言

就法律与经济之关系，有局部的精密之研究，或一般的概括之考察者。始于近时德国之华古那及斯丹密列、彼尔索赫诸氏，自氏等各以其著书发表其所研究考察之结果。而法律及经济学者，或立法与行政之实际家，关于法律与经济关系之理论，及对于经济之法制，逐渐有注意者矣。盖从来之法学者，恒轻视法律与经济之关系而置之不论。惟亚廉斯、列德尔、斯达尔、耶邻古等，稍于经济论及法理而已。而经济学者及社会学者(例如马参、薛弗列、古尼师、华古那、戈翁、腓立波维几诸氏)，反于此问题悉心研究。今试考其由来，泰西之法律论，自希腊以来，大体为正义本位之抽象的演绎的推理方法所支配。法律之影响，不及于吾人之物质的生活。吾人之物质的生活，其势力亦不及于法律，其视经济如无事，征之法理学史而自明也。甚至如自然法派之论者，以实行正义之原则(绝对的法律)为国家最高之任务，或倡其所谓法治国论，而于国家之作用与经济之关系及法律与经济之关系，则度外视之，几排斥于法律论之范围外。及亚丹斯密一派，于经济上标榜自由主义，力排国家之干涉，而轻视法律与经济关系之风潮益甚。而彼瓦夫一派之

* 原载《法政杂志(上海)》1912 年第 1 卷第 10 期。

自然法论者，以增进民福为目的，鼓吹警察的干涉主义，且其时普国、奥国及俄国之政治上，亦采用此主义。是于国家之作用与经济之关系，更进而于法律与经济之关系，固应有学理的研究。惟此等论者，其根底为自然法派之抽象的正义之观念所支配，且因其经济学上之智识不备，故于此问题，遂未能论及也。

然其后，理想主义至赫格尔氏达于抽象的推理之极点，反动之势力大增，物质主义渐为一般哲学者所倡导。当是时，边沁一派之实利论者新树一帜，以锐利之论锋，投合于厌倦苦乐之人心，于学理上及实际上顿开生面。于是法律论并立法论，始有注意于吾人物质的生活之倾向。自社会主义论者，主张劳动之保护，要求财产之均分，知个人经济上之位置，非籍（借）法律之力，终不易于支配。而立法作用与经济之关系，及法律与经济之关系，遂益为学者所措重矣，故谓社会主义为法律—经济相关论之先导者可也。至社会学者及经济学者所以先法学者而研究此问题之故，则在从来之法律学不注意于物质的生活，惟固守其消极的主义。社会主义，欲于经济上之改革，活用法律之力而发挥其积极的方针。此就本问题研究所得之结果，所以不得不归功于社会学者及经济学者也。然此等学者之所论，亦自陷于专门之智识，而缺公平之判断。且因法律上之智识不足，立论自不免偏乖，故欲论述本问题而无遗憾，必法律、经济之两学识兼备而后可。予固非其器，遂奥之研究，待之后日。兹惟自法律之方面观察，俾于物质的生活关系，全法律之功用，明不可不先究法律与经济之关系，及法学者、社会学者、经济学者，不可不协力研究本问题而已。略将立法上经济思想之发展，及关于法律与经济关系之学说，绍介其大要如下，并略申鄙见。

二、立法上经济思想之发展

歷（历）观古今东西之法制史，关于军事刑事之律令，早已就发达之途，而以殖产兴业为目的之法制，迄今尚未就绪，然则保护公私经济之制度，其发达之迟，固为昭著之事实，而在法律发达之初期，经济思想其影响于立法上者甚微，更无容疑矣。故如罗马法，虽保护权利之精神，赫赫如红日之中天，而经济思想，则渺渺若晨光之希微。例如经济的立法之主旨，在计懋迁上之便宜，此亦罗马法之所认。然罗马法确保所有权之神圣，固守既得权之不可侵。假令为善意之占有者，对于所有者之物权的诉权，无抗辩之权，又当定损害赔偿之责时，以加害者过失之有无为标准，不顾被害者损害之如何，则罗马之立法上，其经济思想之缺乏可知矣。其后，宗教的及自然法的法律论相继勃起，盛势之下，其立法上以立法之作用妨(防)止经济思想之发展，征之当时轻视物质蔑弃实利之宗教本旨，及主张抽象的正义原则自然法派之论旨，殆无所疑。故在罗马及英国，其政治上之爆发，社会上之激变，或以宪法规定财产之保全与租税之负担。其出于经济上之理由者固不鲜，然此不过为确保生存方法，出于自卫之必要，非在期国民经济的状态之改良，故不得遽谓为经济思想之发展也。

然至十九世纪中叶，因物质主义并实利主义之影响，及社会主义之激刺，乃以经济的眼光，评论现行法之缺点。经济思想渐于立法上占势力。迨至近时，世界列强间武装的平和之战争益烈，个人相互间之生存竞争愈剧，国民及个人因虚荣心奢侈心利欲心之竞胜，益感财力增进之必要。且因人智进步、欲望日增，于社会生活之上设备，渐期完全，亦属当然之事。于是讲求各种之方法以充此等欲望之要求，自立法作用进步知藉(借)法律之力，最足以收实效而增便利，而经济思想在立法上愈占重要之位置。吾人当制定关于物质的生活之法律，必直接或间接熟计经济上之利害得失，且单基于经济上之理由而制定或改废之法律，亦日增其数。例如属于商法范围之诸制度，如关于劳动或农工之保护，其他关于交通、运输、通货、租税等所新制定之各种法令，大抵本乎经济上之理由。更以近时所编纂之民法与罗马法及其他旧法对照，则立法上经济思想之进步，尤为了然。例如今日之民法上，为贯彻保护懋迁之主旨，善意之占有者对于所有者之物权的诉权，得主张自己之权利；

或当定损害赔偿之责任时，不拘加害者过失之有无，而以去被害者之损害为主眼；或于所有权之行使，定种种之制限；或禁止以损害他人为目的之权利行使；或以对于劳力之供给，与相当之报偿为法律上之通则；或许以劳力为组合之出资；或因计事物之改良，务使法律关系无不确定之状态；或于物权附以相当之期限。此等革新的立法主义，实不外经济思想发达之结果。其他如德国民法之编纂，斟酌懋迁当事者社会的并经济的之强弱关系，及以防制经济上危险之行为为重要之立法方针，凡此皆立法上经济思想发展之明征也。

三、关于本问题学说之大要

瓦夫一派论者，于国家万能主义之下，期警察国之实现。于法律与经济之关系，虽未加学理的说明，然就本问题以推此等论者之意，其对于经济，亦必认国权之万能而归结于以经济隶属法律，殆无容疑。反之，崇拜马参及英格尔二氏之学说，而主张物质主义或社会主义者，以法律不过经济界之反射，立法作用惟记录经济界之意思而已，则以法律为全然隶属于经济。而近时斯丹密列氏标榜社会的生活之一元主义，以为惟经济非法律之指定的势力，一切之社会的生活关系，因其不可分的共同作用而发生法律。其说虽反马参一派之学说，尚以法律隶属经济及一切之社会的生活关系，而此等社会的生活关系，不得因法律而左右之固矣。然此等见解，皆为失于极端不适事实之偏见，殆无(毋)庸深辩。故自华古那氏后，近时学者论及法律与经济之关系，于双方之间，唱交互关系说，而攻击马参一派之学说甚力，多谓法律有支配经济之势。甚至于耶尔多曼氏，指摘马参氏见解之矛盾，谓若法律隶属于经济，社会事业无须假立法之力，则马参氏之阶级政策(以救护贫民为目的)将何以谓？尤为痛论。综以上诸说，关系法律与经济之关系，可大别为三派：(1)法律本位主义；(2)经济本位主义；(3)交互关系主义是也。

夫法律与经济，有交互关系，其或为他动的作用，或为受动的作用，互以指定的势力及于他方，征之立法上并经济上之事实，略无可疑。试观无论如何绝对的权力不得全然排斥经济上之势力，始终以空想而立破坏经济之法制，又无论如何发达之经济界不能断然峻拒立法作用之干涉，漫主放任，此其明征也。况今日因经济界之进步，屡有新法之制定，此等新法又反促经济界之改良。且据学理按实际特以开发经济界为目的之新法，著著奏效，其所以扶植一国之经济者，试一考近时之立法史而可知也(例如商法上种种之新制度)。故予于法律于经济之关系素主交互关系说，惟更欲以学理的进求本说之根据，则不得不论定法律及经济之本义。关于此问题学者之见解各异，兹不备述。要而言之，法律于共同生活之关系为行为权力之准则，经济指关于货物之生产分配及消费三者行动之全体，则多数学者所承认也。然则诸般行为权力的准则之法律，其得支配因货物之行动而成形之经济，固为当然。今日迫于国富增进之必要，国家依法律以他动的开发经济理论上实无足怪。故以法律单因经济上之事实成于受动的之学说，实因采薩(萨)味南历史派关于法律发生之见解，而应用于法律与经济之关系上，不过一种之偏见也。夫法律为行为之准则，以维持共同生活之秩序为本来之目的，故对于因经济上原则所发现之事实，与其滥行干涉紊乱秩序而悖立法之本旨，无(毋)宁采实际生活上之事实，以为立法之材料。此立法上之作用，所以殆止于认此事实而已。然与时为变之经济，他动的创定法律，或使改废之，亦属事理之常然。则法律及经济之意义，由学理考察，交互关系说，亦可谓完美云。

抑更有言者，法律与经济之间，其交互关系，果如何而发现乎？据予之所见，此关系可分开发的、保持的及变更的三者言之。如因新法之制定而发生经济上之新事实，或因经济之进步而促进新法之制定，是为开发的或创设的关系；次如制定合于经济上现状之法律，或维持适于法律之经济状态，是为保持的或认定的关系；更如依法律以改变经济上之现状，或因经济上之变动而从现行法之废改,是为变更的或改废的关系。而对于经济之立法当准经济发达之程度,于三关系之中选定其所依从。日本近时之法律,对于经济多有干涉的开发之关系,然经济之发达存于自身,方今经济界之进步,日异月盛,法律立于非干涉的认定之关系,则经济之自由发展庶可期矣。

按吾国生计现状,杌陧不安、资本涸渴、生产式微、国民破产、危在旦夕,而谈实业者,大抵学识能力不足以副之,故往往失败鲜成。今日救济之策,首在举法治国之实,使国民生活关系安于法律状态;次则广兴实业、教育,养成其知识能力,并发达国民之企业心复次则设备企业,此必需之机关,用种种方法以随时奖掖之。庶生计有苏兴之望,国民无破产之虞矣。本文论法律与经济之关系,而归结于日本宜为非干涉的认定关系,此在日本经济界稍形进步之国则然。若吾国(中国)现情,实宜取干涉的开发关系,故略附数语于此。

——译者附识

上古巴比伦法典*

陈裕菁 译

载此法典之碑,前十年始由法人于苏撒掘出。历考各书,卡谬拉比御宇之时,当在西历纪元前二千三百年顷,约当吾国高辛陶唐二氏之际。此法典即出卡谬拉比之手,盖世界法典之最古者矣。

距今约十年前,法人摩根(M. de Morgan)领开掘队若干人,于苏撒(Susa)掘得一碑,(一千九百零一年十二月至一千九百零二年正月间事),上刊巴比伦卡谬拉比(Khammurabi)帝之法典。碑裂自黑石,高八英尺。队中有夏而者,于东方古学,素有研求,以此碑真影及其译文,刊登 Mémoires de la Délégation en Perse[1]。未几,德人温可赉(Dr. H. Winckler)译其全文,载诸《古东方杂志》(Der Alte Orient,一千九百零二年份第四卷)。次年,英人约翰司(Rev. C. H. W. Johns)更译其法典二百数十款,题曰《世界最古法典》,刊于苏京爱丁堡(Edinburgh)。

碑面有卡谬拉比帝敬受法典于大神夏马须(Shamash)之图。夏马须者,巴比伦之日神,又正神也。图中,夏马须高拥宝座,卡谬拉比帝侍立其前,有敬肃之容。碑文言,此法典乃卡谬拉比帝受自夏马须者。伦敦《泰晤士报》(一千九百零三年四月号)曾著文论之,谓夏马须疑即倍而(Bel)。中有曰,倍而者,古之尊神,居世界

---

* 原载《法政杂志(上海)》1912 年第 2 卷第 1 期。

〔1〕 即《波斯使团回忆录》。——编者注

山巅之中，为世人制法律，研考其时，当远在摩西西奈十诫之前云。图下有文十六列，为行一千一百一十四。碑阴更有文二十八列，为行二千五百一十。其中五列，已磨灭不复能识，当系伊奈米突（Elamite）王胜巴比伦后，移碑苏撒，命人磨去，以备纪其功烈者。

碑文字体为行写式，整美可赏，中有七百行，述卡谬拉比帝若何抚爱子民，因何建立此碑。有敢犯者，帝所勿容。中有云：帝寅畏天命，阿奴（Anu）、倍而二神，用是命帝为天下制法则，为民生除凶顽，俾强无凌弱，众无暴寡，为大抵放光明，为黔首谋幸福（中略）。余卡谬拉比，世之智王，民之保障，创建公正之律，垂法大地，以企郅治之隆。大神倍而，授我黎元。正神马德（Marduk），简任我国（巴比伦）事。尔民犹羊，余实尔牧。余不避艰险，佑尔亿兆，胸臆之所怀抱，惟在处斯民于妊席之上。沙马马（Zamama）、伊须脱（Ishtar）锡（赐）余坚甲，伊哀（Ea）畀余神明，马德赉余锐勇，余赖以剿减上下之雠（仇），威服九渊之敌，用能利国惠民，降福黔首。余卡谬拉比，实致平之牧，以公直之杖，临驭元元。苏墨（Sumer）、挨开（Accad）之众，余实取之，置吾安平之荫下，用余神智保翼之。孤婴嫠妇，余实拔其首，俾出处于吾阿奴倍而之城（巴比伦），是以强无凌弱，众不暴寡。伊沙齐拉庙者，与天地同久长，余于此宣陈正道，解决纷难，用刊吾像录吾言于石，昭垂永久，犹吾常临（中略）。余凭夏马须之诏令，存公道于神州，马德之谕敕，保法典于万祀，吾名吾法，将于斯庙永垂焉。尔兆民或受侵凌，其来吾像前，一读斯典，则知直道不亡。尔怀能慰，必将曰："卡谬拉比，其吾民知父也乎。"

以下为法典本文，碑中各款，举载斯篇，惟间有总数款，大意简即言之者。其无关宏旨者，或从删略，以省篇幅。

一、杂　　律

第一款，控发人罪，嫁祸其人，不能证实其罪状者，处死。

第二款，控发人罪，无实状可证者，可入被告于河流，以验真伪。使入水即沉，斯其罪非枉，告者得取其居宅为己有。假入水无伤，是告者诬控，宜处死，被告实屈，应得告者之居宅。

第三款，仇控之案，如有讼其见证，无确据以证其说，而案关生死者，处讼者死。

第四款，以杂银私贿证人者，罚金。

第五款，法官既判决讼案，载诸档册，其后如反前断，应传赴法堂审讯，令出前案罚金（法官前判罚人之金）十二倍之多，当众黜职，不得再任法官。

第六款，私窃神祠或宫邸器物者死。容纳赃物者，科以同罪。

第七款，从他人之子或他人之奴处，购蓄（或受）金银器具奴婢牛羊马及各项物事，无证人约据可凭者，以窃贼论，处死刑。

第八款，私窃牛羊马猪或舟艇者，亦得偿还免罪，所窃如属神祠、宫邸所有，应四倍偿还之，如属贵族，十倍偿还之，其力薄不逮者，处死。

第九款，失主访得所失于他人处，如其人声明曰，“余购此物于贸易人，有证人亲见为凭”，失主若曰，“余亦有证人，认此物为余有”，购者须率同卖者及证人赴公堂与失主及彼造听候审判，法官于两造之言，须从慎揆度。如两造证人，能于大神前切实作证，是卖者作贼无疑，宜处死刑，失物归之原主，购者还其值。

第十款，若购者赴堂未与卖者证人同至，而失主则携有证人，是购者作贼，宜即处死，以物归失主。

第十一款，若失主未携见证，是棍徒诬控无疑，法当死。

第十二款，若卖者已死，买者得向其家索五倍讼事之值。

第十三款，若急切难觅证人，法官可与限六月，届期无证，是其人棍徒也，宜罚以讼值。

第十四款，盗窃他人未成年之子者，处死。

二、逃　奴

第十五款，宫邸及贵家奴婢，敢引诱出行者，处死。

第十六款，宫邸及贵家奴婢，逃行外出，有敢藏匿不首者，处死。

第十七款，擒获逃行奴婢，送致其主者，其主应以银二狭开而(shekel)为赏。

第十八款，擒获之奴，不以主名相告，应送致宫邸，详细研讯，交送其主。

第十九款，擒获逃奴，不即交其主，延留己室者，察出处死。

第二十款，所获之奴，如复由己室逃去，如能对奴主向大神立誓，其罪免究。

三、盗　　劫

第二十一款，穴洞于人家宅上者，宜于洞前处死，瘗尸其所。

第二十二款，盗劫就擒者，处死。

第二十三款，盗未就擒，被劫者若能于大神前索偿，其地市尹，应全偿所失。

第二十四款，盗劫毙事主者，市尹应以银一米那(mina)恤其家属。

第二十五款，民居失慎，如有人趋往救熄，因而擅取物件者，应掷身火场。

四、租赁、农事

官吏田产，特有专条论之，大抵服官者，由国家指给田亩，归其执掌，不得改属他人。转售别户，亦不得让给妻女，或作抵债之用，有事他出，可托付妻子经理，若三年不归，或不事理董，则收没其地。至王家官吏，则别有特权，买田售地，惟其所欲，不加限制也。

第四十二款，佃户受田耕种，漫不经心，不事栽植，应责令纳谷田主如邻田产出之多，以罚其放弃本务。

第四十三款，如受田后，田土不垦，应纳谷田主，如邻田产出之多，且须耙锄其田，疏土播种，交还其主。

第四十四款，赁借未耕之田，言明于三年内垦出，若期界未垦，应责令锄土艺谷，交还其主，且须每田十干（GAN）出谷十格（GUR）。

第四十五款，租田与人耕种，取其所产，设遇天灾，殃及稼穑，其损失由耕种人独担，与田主无涉。

第四十六款，设未取所产，而租出其田之半，或三股之一者，产出之谷，应与耕种人照契约分派。

第四十七款，设耕种人不幸于第一年作古（？）（凡作者皆原书存疑之处，下仿此），他人代种其田，田主不得责其庖代，收租时，得照原约取谷。

第四十八款，欠债人之田，如荒歉无收，其年得不纳谷于债主。

第四十九款，向商贾借银，以谷（或芝麻）田作抵，由商觅佃代耕，收税时，田主得取其所产，而纳谷若干于商，为本利及耕种人食粮之用。

第五十款，若作抵之田，已由田主耕种，所产之谷，田主得自取之，而以本利返之于商。

第五十一款，若田主无力返银，亦得纳借银所值芝麻于商，其利息应照王定税则。

第五十二款，如耕种人未事栽种，应按原约办理。

五、漕　渠

第五十三款，田夫于堤坝漫不经心，致渠水穿堤，汜滥田亩，应责令赔偿所损之谷。

第五十四款，如无力赔偿，则售其什产，及其本身，以值分给被溢各田户。

第五十五款，田夫开漕灌田，误致水殃邻田，应纳出邻田所产谷量。

第五十六款，引水入田，殃及其邻，应每地十干，纳谷十格于其邻，农人皆自有小渠，以定时引总渠之水入内，灌田后，须再筑土坝，以塞水路，偶有忽略，每殃及邻田。牧人未经允许擅纵畜群入田者，应勒令纳谷若干于田主。

未经允许，擅伐树木者，(一棵)罚银半米那。(此条原书未注明何款，无从标数，后有类此者仿此)

第六十五款至第一百款，其间所载，与英国博物院所藏另一缮(善)本，间有相复之处，兹姑略之，中有论屋租一款，录如下：

租户已预交全年之租，期限未届，屋主如谢客不租，须纳还应退租银。

六、贸易、欠款

第一百零九款以上，择要录之如下：

如经理人所往之处，无机缘可寻，或遇不幸之事，应缴还本金。

经理人中途被劫，能于大神前立誓自明者，免究。

经理人收到货物后，须开列清册呈报，交出银两，亦得向索收单，无此收单者，不得挟嫌索银。

巴比伦售酒人，多属妇女，阅下款可知。

第一百零九款，叛党集会酒商馆内，该妇(酒商)敢不捕送宫邸者，处死。

第一百一十款，誓愿妇不于朝中清修，私开酒馆，或入馆饮酒者，处焚刑。

第一百一十三款至第一百一十九款，论欠债事，其略如下：

欠债不归，应监禁追究，或鬻妻子为奴(为期三年)，以偿欠项。

卡谬拉比时狱中情况，有某犯致主人书可考，其书略谓监中百无所有，乞主人迅赐衣食，俾得保残喘，免为羊犬所噬云。

欠债人在狱善终，讼事即宜完结。但有下款情形，又当别论。

第一百一十六款，欠债人在狱见虐，因而之毙。死者之主，得向出借商人理论。如死者为自主人(自主人即非奴隶之意，下仿此)，应杀商子以偿。若死者为奴，该商应罚银一米那三分之一，其前予该奴诸物，一概不得取回。

第一百一十七款,欠债人典妻鬻子,以清欠项,或质妻子为奴者,买者或工长,有指令工作之权,惟三年后,应一概释归。

第一百一十八款,欠债人如出奴婢作抵,商人得自由鬻之,无得异言。

第一百一十九款,如作抵之婢,业已育有子女(与欠债人苟合生者),欠债人可缴还所欠,索还该婢。

第一百二十款至第一百二十六款,论贮谷他人(或他物)他人之处,应立约据使受者担负责任。

第一百二十款,贮谷他人之屋,如谷仓有意外之事或屋主启仓窃取,狡赖谷量多寡,贮谷人如能当神前指明实贮若干,屋主应如数交出,不得减少。

七、家事、离婚、产业

第一百二十七款,无故以手指指誓原妇或他人之妻者,应执付法堂火烙其额。

第一百二十八款,娶妇无婚书者,不得以该妇为妻。

夫为囚俘,其家生计不艰,妻如改过,处溺刑。若养生无策,改过不究。如前夫复回,应再返故居,其改过后所生子女,应留于后夫,不得夺去。若前夫在逃,离弃故城,虽有复返之日,亦不许破镜重圆也。

离婚之律,颇与近日诸回教(伊斯兰教)国相同。

娶妇不育,其夫得休令大归,惟所有妆奁,应由妇携归母家。如已育有子女,其夫仍欲休致之者,妆奁之外,应给以抚育子女之费,其子长成,亦应奉养之。妇如再醮,他人不得阻止。若因过失见休,大归之时,不得有丝毫携取。

第一百四十一款,为人妻者,蓄他去之心,家事百不过问,藐忽其夫,致琴瑟不协,应提妇法堂审讯。其夫若曰,余决休之,则妇应大归,夫家之物,不得有丝毫携取。其夫若无休弃之意,则妇应为奴夫家,夫得别娶。

妻愿与其夫离婚者，如能实指其夫之失，得取妆奁大归。若失不在夫而在妇，处妇溺刑。

第一百四十八款，妻有缠绵之疾，其夫亦可别娶。惟有疾之，妻应仍居夫家，不得捐弃，且须养其终生。

第一百四十九款，妻（上款有疾者）若不愿再留，其夫应给还妆奁，任其自去。

第一百五十款，夫授田园居屋产业于其妇，载诸亲笔手券。夫死后，子女不得有所争。将来妇可传其产于所爱子女，惟不得给与母家兄弟。

产业之律，第一百六十二款至第一百八十四款，论之最详。

第一百六十二款，育有子女之妻，死后，其妆奁应归子女。妻父不得争执。

第一百六十三款，如未育子女，其妆奁应归妻父，其夫不得争执。

第一百六十四款，若妆奁中，妻父有未交出者，夫得扣除之，以所余交之妻父。

第一百六十五款，父授田园居室于最贤之子，胜以亲笔手券。父死，诸子析居，不得与之争产，室中什物，亦应与之均分。

第一百六十六款，父为诸子授室，惟幼子尚未完姻，父死，诸子析居，幼子于应得外，诸兄须给以婚费，为之授室。

第一百六十七款，元配育有子女，继室亦有子嗣者，夫没，诸子不得因同母异母之故，析分为二，惟得分生母妆奁，父产得公分之。

第一百六十八款，父不认其子，谓法官曰，吾决弃吾子。法官应审察其事，如子无应弃之过，其父亦不得遽捐父子之亲。

第一百六十九款，子果大逆不孝，一犯再犯，其父得弃之勿认。

第一百七十款，妻仆皆生有子女（当系主与女仆苟合生者），其人生时，谓仆子曰：若曹吾子也，宜与吾妻之子排行。其人死后，妻仆之子，皆得均分遗产。惟妻生之子，得任意择取。

第一百七十一款，如其人生时，未认仆子为子，死后仆子不得分其遗产，妻子亦不得役使此仆及其子女，其妻（诸子之母）于应得妆奁外，其夫若有赠遗，均归享有。诸子不得与闻，死后则归诸子。

第一百七十二款，若夫无赠遗，则妻于应得妆奁外，亦得与诸子均分夫产。若诸子逼其他适，法官应查究其事。如曲在诸子，妇应仍居夫家，如不愿再留，可取其妆奁，别适他夫，惟前夫所赠，不得携去。

第一百七十三款，再醮后生有子女，死后，其妆奁由前后夫之子均分。

第一百七十四款，如再醮后未生子女，其妆奁应归前夫之子。

第一百七十五款，自主之妇，适宫邸或贵家之奴为妻，奴主不得役使该妇所生子女。

第一百七十六款，自主之妇，适宫邸或贵人之奴为妻，成礼之日，携妆奁入夫家，此后其家有所蓄积，夫死后，应分所蓄为二：其一，妇为子女取之；其一，奴主取之，其妆奁归妇独有。

该妇如无妆奁，夫死后，凡其家所有，无论属夫属妇，均由奴主与妇均分。

第一百七十七款，孀妇子女尚幼，不咨询法官，而思改适者，不准。改适之后，法官应清查其前夫家产，交该妇及后夫经理（妇及后夫须亲立约据），且须抚其子女成人。所有一切，不得擅售，有敢购者，追物不返值。

第一百七十八款，誓愿之妇，其父畀以妆奁，立有券据，惟据上未言。妇死，得以此遗其所爱。父没，妇兄弟得取其田园，惟须按值给以谷、油、羊毛等物，更须餍饫其心。反是，该妇得以田园畀所爱农夫，此夫需担保卫该妇之责，该妇于其妇所畀，得终其主享有之，惟不得以之售银，亦不得分畀他人，死后，遗产归其兄弟。

第一百七十九款，其父授妆奁时，如于据上书明，该妇得以此任畀所爱。父卒后，妇可任给此产于所爱，诸兄弟不得争执。

第一百八十款，父未给奁于女，没后，其女得与诸子均分其产，终其生享有之。身后，其产归于诸兄弟。

第一百八十一款,父于大神前,以女为誓愿妇。父没,女得与诸子分产,终其生享有之。女死,产归兄弟。

第一百八十二款,女为马德庙女修士,其父未给妆奁。父没,女得与诸子分产,惟不得自行管理。死后,其产可任传所爱。

第一百八十三款,妾出之女,其父畀以妆奁,立有券据,遣嫁他姓。父没,此女不得分其遗产。

第一百八十四款,如未给妆奁,且未遣嫁。父没,祝兄弟应给以妆奁,遣嫁他姓。

八、螟　蛉　子

第一百八十五款,养螟蛉子者,抚育成人后,此子不得归宗。

第一百八十六款,以人子为子,而开罪于其父母者,应返子于其生父。

第一百八十七款,奴及誓愿妇之子,不得返宗。

第一百八十八款,技师育螟蛉子,教以艺术,他人无得异言。

第一百八十九款,若未教以艺术,应使返宗。

第一百九十款,育人子为子,成人后,若不以与己子排行,应使返宗。

第一百九十一款,以人子为子,抚育成人后,其人如别营家室,生有子女,而思与螟蛉子绝者,在法不许。必欲其去,则应给以什物,如每子应得者三分之一,其田园居屋等可以勿给。

第一百九十二款,以奴子或誓愿妇之子为子,抚子成人后,此子如谓养父养母曰:汝曹非吾亲也,应割其舌。

第一百九十三款,奴子或誓愿妇子为螟蛉子者,如认其身所从出,因而怨其养父养母,逃就其生父者,应抉其目。

第一百九十四款,以己子养于乳母,子若夭逝,该妇未得儿父母允许,遽乳他子,应割乳。

九、报　　偿

第一百九十五款,殴父者断手。

第一百九十六款,盲自主人之目者,盲其目。

第一百九十七款,断自主人之肢者,断其肢。

第一百九十八款,盲贵人之目或断其肢者,罚银一米那。

第一百九十九款,盲自主人之奴之目或断其肢者,罚奴价之半。

第二百款,敲落同等人之齿者,敲落其齿。

第二百零一款,敲落已释奴役之人齿者,罚银一米那三分之一。

第二百零二款,伤损人之精力,而其人级位,高出己上者,当众笞皮鞭六十。

第二百零三款,伤损同等人之精力者,罚银一米那。

第二百零四款,伤损已失奴役人之精力者,割耳。

第二百零五款,奴伤自主人之精力者,割耳。

第二百零六款,斗殴伤人,能发誓明非故击者,应为延医调治。

第二百零七款,若其人伤重毙命,应再发誓自明,死者如为自主人,罚银半米那。

第二百零八款,死者如为已释奴役人,罚银一米那三分之一。

第二百零九款,殴击自主妇人,因而流产者,偿银十狭开而。

第二百一十款,若该妇因伤毙命,毙殴者之女以偿。

第二百一十一款,殴击已释奴役妇人,因而流产者,偿银五狭开而。

第二百一十二款,该妇若因伤毙命,罚银半米那。

第二百一十三款,殴击他人女仆,因而流产者,偿银二狭开而。

第二百一十四款,若女仆因伤毙命,罚银一米那三分之一。

十、医士、兽医

第二百一十五款，医士为人针愈重伤，或下针瘤上，治愈其目者，应得酬银十狭开而。

第二百一十六款，有疾者如为已释奴役人，应得偿酬银五狭开而。

第二百一十七款，如有疾者为奴，奴主应酬银二狭开而。

第二百一十八款，医士针毙自主人或针盲其目者，断手。

第二百一十九款，针毙已释奴役人之奴者，应以他奴为偿。

第二百二十款，针盲奴目，偿奴价之半。

第二百二十一款，治愈他人已断之肢或疗其病体者，病人应酬银五狭开而。

第二百二十二款，若病人为已释奴役人，酬银三狭开而。

第二百二十三款，若病人为奴，奴主应酬银二狭开而。

第二百二十四款，牛马医治愈牛（或驴）伤者，牛主（或驴主）应酬银一狭开而六分之一。

第二百二十五款，若治毙其牛（或驴）应偿牛主（或驴主）以畜偿四分之一。

十一、烙　　奴

第二百二十六款，剃匠未经奴主允许，擅于奴身烙印者，断手。

第二百二十七款，诱剃匠烙印奴身者，处死。瘗尸其家，剃匠如能立誓，明非有意，即为无罪。

十二、建　筑　人

第二百二十八款，建筑人为人造屋，落成后，每屋一沙（SAR）受工银二狭开而。

第二百二十九款，造屋不坚，倒塌毙屋主者，处死。

第二百三十款，压毙屋主之子者，杀建筑之子以偿。

第二百三十一款，压毙屋主之奴者，建筑人应以他奴为偿。

第二百三十二款，若压损什物，建筑人应为一一修补，其倒塌之屋，亦应以己银重造。

第二百三十三款，为人造物，未筑固地基，致墙壁倒塌，应出己银修筑。

十三、船　　舶

第二百三十四款，为人塞严(?)六十格之船，应得工银二狭开而。

第二百三十五款，舟子为人塞严船罅，其工未固，一年之内，船已有伤，应以己银修固他船，偿还船主。

第二百三十六款，舟子赁人之船，漫不经心，致搁浅受伤，应以他船为偿。

第二百三十七款，赁船雇舟子，载运米谷、羊毛、油、椶(棕)实等物者，若舟子驾驶不慎，舟行搁浅，损及船中所有，舟子应偿补其船及船中一切。

第二百三十八款，行驶搁浅，设法引船出险者，偿船价之半。

第二百三十九款，佣舟子者，每年给谷六格。

第二百四十款，货舟撞渡船搁浅，渡船之主，如能于申明前陈□所损，货舟应偿补其船及所损之物。

十四、赁畜、租田、工资

第二百四十一款，役牛苛虐者，罚银一米那三分之一。

第二百四十二款，赁牛一年，出谷四格。

第二百四十三款，赁牛运物，(?)出谷三格。

第二百四十四款，租牛(或驴)如于田园间为狮所毙，其损失有畜主独担，与赁者无涉。

第二百四十五款，虐待租牛致毙者，以他牛为偿。

第二百四十六款，断租牛之腿，或割其项者，以他牛为偿。

第二百四十七款,抉出租牛之目者,偿牛值之半。

第二百四十八款,断租牛角尾,或伤其鼻窍者,偿牛值四分之一。

第二百四十九款,所赁之牛,设为神灵击毙,赁者如能誓言何神,则属无罪。

第二百五十款,怒牛触人致毙者,可置不问。

第二百五十一款,触人之牛,若不挫钝其角,闭使勿出,设触毙自主人,罚银半米那。

第二百五十二款,设触毙者为奴,罚银一米那三分之一。

第二百五十三款,佣工耕种,予以谷种(?)耕牛,使治其田。该工如私窃谷种等物,察出断手。

第二百五十四款,既取谷种后,(?)如以己事役牛,致牛疲困,应按照所取谷种之量偿出。

第二百五十五款,佣工转赁主人之牛于人,以取赁资,或盗窃田中之谷者,应讼之法堂,每田百干,罚谷六十格。

第二百五十六款,若其族人不查其根由,应罚处田中,与群牛伍。(?)(此款意殊隐晦,姑存之俟考)

第二百五十七款,佣工刈获,每年给谷八格。

第二百五十八款,佣工驭牛,(?)每年给谷六格。

第二百五十九款,窃他人田中水轮(Gis-Apin)者,偿银五狭开而。

第二百六十款,窃水器耒耜者,偿银三狭开而。

第二百六十一款,佣工牧其牛羊,每年给谷八格。

第二百六十二款,如有人、牛或羊……(此处碑文磨灭)

第二百六十三款,如致牛羊丧亡,应照数偿出。

第二百六十四款,牧人领有牛羊,工资已给,各事皆订在合同,后如有偷减牛羊,私扣出息之事,应按照合同偿出。

第二百六十五款,牧人领牛羊后,设法朦(蒙)蔽,更易其值,或私售渔利,应讼之法堂,令偿所窃牛羊十倍之多。

第二百六十八款，神灵火降于羊群，或羊毙于狮，牧人如能当神自明，则所损有主人独担。

第二百六十七款，如牧人自不经心，致有损失，应如数补偿。

第二百六十八款，赁牛打禾，出谷二十开(KA)为赁费。

第二百六十九款，赁驴打禾，出谷十开为赁费。

第二百七十款，赁幼畜打禾，出谷一开为赁费。

第二百七十一款，赁牛、车、驭人者，每日出谷一百八十开为赁费。

第二百七十二款，如仅赁一车，每日出谷四十开为赁费。

第二百七十三款，佣人工作，正月至五月间，每日给银六西(SHE)，六月至年终，每日给银五西。

第二百七十四款，手艺人每日工资如下：……银五西；砖匠(?)五西；缝人五西；石匠(?)……西；……西；……西；木工四西。……四西；……西；泥水匠……西。(从……者，皆碑文残缺处)

第二百七十五款，渡舟(?)赁费，每日三西。

第二百七十六款，货舟赁费，每日二西半。

第二百七十七款，雇六十格之船者，赁费一狭开而六分之一。

十五、买　　奴

第二百七十八款，购奴婢者，如一月之内，奴有班卢之疾，可返奴于原卖人，取还其值。

第二百七十九款，购奴人如有责问，卖奴人不得置之不理。

第二百八十款，购他人之奴于异乡，及返故乡，奴主悉知家世，而奴又本土之人者，应释奴自由，不取其值。(俟考)

第二百八十二款，奴谓主曰，若非吾主也，应执付法堂，由其主截去其耳。

第二百九十款，如来自异国，买者若能于神前陈明付出之款，奴主应如数交出，取归该奴。(俟考)

非自由法说*

上杉慎吉 著　天顽 译

近时德法两国法学界所发生之自由法说,予尝论其思想之误。最近日本,亦有附和此新主义者,其传布之倾向可惊也。裁判所因世间有不通世情即不知法律之谰言,屡依此主义而下判决。学者之议论,尚未大布于世,故吾欲一论自由法说之非。

自由法说先起于法兰西。法兰西之拿破仑法典制定于百年以前,早不适用于今日之实际。夫人而知之矣,裁判所以之适用于实际之事情,其苦心惨憺不言可知。于是有自由法说出,法之解释可以不顾法典之文字,但求适合实际。自由解释而定判决,此亦不得已之所为其情有可谅者也。故叙爱尼之说一出风靡一时大势所趋,浸染及于德国法学界。夫德国一千八百九十六年所编纂之帝国民法法典,所称为完全无缺之法典者也。至是亦以为法典虽如何完美,究不能将切合于变化无穷之实际社会之法规。豫(预)为规定,且日进月步。民法法典之编纂距今亦二十年矣,与法兰西之适用百年前之法典,相差无几。此说一出,对于此完全无缺之民法法典,遂亦有不满之意。哥奈乌斯富拉比斯等之言曰:“法典者,可有可无者也,裁判可以不拘。”此言遍传,自由法说遂以盛行。夫社会对于国家之不满意,为今日西洋各国之大潮流。就德国言之,“社会民主党”气势猖獗,党员之多布满全国。而即因对于法律有

---

* 原载《法政杂志》1913年第2卷第10期。

不满意,此自由法之所以成滔滔之势也。

以上述原因之中,法典之不合实际,故不得不求一出路。其事诚然,唱自由法说者,其情亦诚可谅。虽然唱此说者,其亦知于理未合,而忘法之本质乎?夫欲将从来之定律、风俗、习惯、历史、传说、道德、法律等悉弃而不愿逞我本能。随我自由,乃一时煽动人心之破坏思想,藉(借)社会而对抗国家破坏国家之主义。在西洋诸国又为一时之流行病,难御之风潮。此等思想主义之谬误,应当极力排斥。今不详说,唯我欲问附和此自由法说之徒,其亦知此说之为破坏思想否乎?

自由法说之理论如何?据主张此说之人,则谓法不能一一适合社会各种之事情。若仅适用法而下判定,难保不误,是盖不知解释法之人之主观的意见为唯一正当之解释也,故其所根据之思想以为法也者,为社会而存在者也。法为手段非目的,法若对于其所欲规律之事实,生有不正、不理、不利、不便之结果。而依法文之所示或依论理之方法,可以解为法者,非真法也。合于正理利便者,乃为真法。故解释法之人,须考察何者为正理利便。(或曰较量利益或曰判定价值)其正理利便者,乃得为法。又出其似是而非之说以为之论证曰:凡现象有自然现象与人文现象之别,而二种现象之所异。则自然现象有普遍之性质、有同一之原因,必发生同一之结果。反之在人文现象,则有个别性。仅发生一次,有同一之原因,未必生同一之结果。故所研究之自然学与人文学,自不能无异。自然学者,依因果律而发见(现)一般之法则者也。人文学者,就个个之现象而判定其所有之价值者也。法学为人文学,不必知一般之空法则。随时随地,判定价值。而决定其何者为法云云。此等论据前提皆正而结论皆误,因论理之中间命题误也。自然学与人文学差异之说固正,而法学为人文学,故须就个个现象判定价值之说,则昧于法及法学之本质矣。(兹所谓法学,非法制史,非法律哲学,乃指成法解释学。)

曰判定价值,曰较量利益,以何为标准乎?则法之规定是也。

若然,则离法之规定而依各人主观之制断,即所谓自由法说也。既知判定价值之标准为法之规定,即可知自由法说之非。夫人文现象,由各个之时际而不同。例如盗物一事,其原因动机目的方法境遇结果等。约言之即价值,随时随地而各异者也。如论者之说则对于此为正不正之判定,亦不得不随时随地而有异。盗物者不能一律谓之为不正也,就各个时际之正不正,因以判断其法不法。如此则裁判所之判决,乃能一一适合于实际。昔大冈忠相之治盗也,对于同一之盗,而或则严惩,或则轻罚,或且不问,或且赏之,因以博名判官之誉。推自由法说之意,亦欲臻于此境。拿破仑法典可无需也,一切法典均可无需也。就各个时际,视其原因动机目的手段境遇结果等而判定其为正不正,如此方可适合实际,得下完美无缺之裁判。呜呼!此即自由法说之根本误点。夫就各个时际而判断其为正与不正,果以何者为标准乎?岂所谓正不正法不法者,将定之先天的乎?裁判官所下之判决,一依其人之自由裁量。则对于同一事件,有时而重惩之,有时而轻罚之,有时或且不问,有时或且赏之。十人判之而十异,一人判之而前后或异。幸有中正无过如大冈忠相其人为裁判官,则尚相宜。然人之性质,严酷者有之,宽大者有之,袒私姑息者亦有之。以如此不同性质之人,而令其随时随事。自由裁量而下判决,其结果反与实际不能切合。可断言也,然则不得不求一中正无过一定不易之标准。此标准虽非可认之于自然,而必有作成之方。或由自然发达,或为人民所确信,或为主权者所制定。要之法也者,即定此标准者也。法为一般之规则,对于同一类似之事件豫(预)定一律之标准。随时随地而起之事件,悉可从之以为准。即谓同一类似事件之标准为法,亦无不可。法为定其一般的标准,而判决乃为正当。人民知所适从,秩序于以维持。依此标准而下判定之得中正与否?在乎法所规定之标准得宜与否?然不以法,则此标准不能定,此标准即法也。有此标准之法,则凡包含于法所豫(预)定之同一类似事件,悉可依此标准而决之。此标准虽由误定,或历时久而不合用。苟其法非改变,亦不得不从之。不然,即为无法无标准,此恶法之所以亦名为法也。夫法原来备此必要有此目的否?若由前述人文现象之性质言之,似乎无理。但人文现象者,各有别异之价值者也。而以之排列为一种类,对于多数同种之现象视为同一价值,而一律支配之者为法。法之本领即将各有别异价值而一律定之者也,故法而为一般的且简单。斯为良法,若稍精密则稍次矣。至若最精密者,对于一一异价值之时际。各有一法规,则即无法矣。既有法,则必多数时际可以包括于其下。其结果法愈良,则愈简单而为一般的。与各个现实之时际,距离亦愈远。虽自由法说之谓为不合事实,不切社会之实际。然因此而不欲法,又虽有法而等于无。一由裁判官之自由判定,是则忘法之本来之使命者也。故有人将法学以与数学论理相比较,若云二加二得四为伪。则法律以杀人为恶,亦可谓之为伪也。

总之自由法说者,要求无法之说也。推其要求无法之论理,乃否认主权之说也。藉(借)社会以推倒国家,对于国家制度之使人一律为规则的活动,怀其不平。而欲使归于理想上实力竞争之社会,是社会本位主义也,反于自然之主义也,破坏国家之主义也。予切望有识之士,勿炫新奇而轻率雷同附和此自由法说也。

政治与道德*

巴威尔逊 著　后藤新平 日译　王倬 汉译

道德云者,果能在政治上有效力与否;政治家果能从道德之指挥,使其政治的运动悉循绳尺而得正鹄与否,此属于应用哲学至难之问题。肯定说与否定说固互相屹峙也。

吾人今先举否定说言之。此说曾于近代政治论之首,以锐利之词锋,唱(倡)导于马加威利之君主论中,谓君主与权力者,惟在依自己之意思及自然之法则,谋保存或增进其权势的位置而已。苟足达此目的,即为政治上所必需者,至于用道德为关于政治行动之判断(间亦因政策上之见地),则可全然置之度外,譬如弈然。通常虽目的为虚伪残暴,而在政治上要不外一种攫取政权及维持之之手段。故此等手段,不过在政治上以巧拙得失受技术的评判耳。其君主论之第十五节云:“他人务纷扰于想象的国家,余则欲着眼于事态之实际。”又曰:“苟在欲主持权力之君主,则无所谓善良之二字,但须各应事变而有能活用之之术而已。盖当局者苟拘泥善良二字,则使处于多数不善良者之间,必不能不遭蹉跌也。”其第十八节又云:“故君主但须注意于胜利及维持权利,使其手段常可被光荣而受赏赞,盖愚民每惑于伪饰及结果,世间固唯以愚民为最有力故也。”

君主不可不同时为狐复为狮,换言之,即在临机而行所必行之

---

* 原载《法政杂志(上海)》1913 年第3 卷第1 期。

暴行,当取象乎狮,而知所止为陷阱之所,又当取法于狐。故云:“但知为狮,非了然于事理者,贤明之君主,虽确守诚信,而其结局至自招损害时,或其应守诚信之理由已消灭时,则不独不能确守且亦无可确守矣。如人类果尽善良者,则此等规例,固不可谓不善,然他人既不以诚实对汝,汝亦无对于彼等确守诚实之必要也。”

吾人对于上述,以人性之悲观的判断与国家论上专制的功利主义为之联想,则诵脱马斯·黑布士[1]之言而有所感觉。其语云:“人类全然为为己的生物,相互间之冲突惟可藉强制及恐吓而阻止之。此即国家之任务也。”勗(勖)实呵惠尔之思想亦与此出一辙,云:“国家者,全与道德无涉。国家仅有防止其臣民不法侵害之唯一之任务。国家须依其威力刑罚及对于刑罚之恐怖而行事。”马加威利复说破之云:“以人类之恐怖心较爱情心,则其畏迫害为尤甚,盖爱情虽依义务之连锁而维持,但吾人因关于自己之利害,恒不免为之破坏;反之,则恐怖乃对于刑罚不能去身之感念,常继续在心者也。”

对内的政权之维持,既如上述。则对外谋贯彻其权力,当以加倍之势适用之。其说曰,在国家间惟有权力关系,不有法律关系。国家间所行之法则,不过如各个人自然之状态。“各个人有实力,即甚有权利。各个人于自己能行之事,有绝对的权利。”此实包含于国家概念之中,国家之权力乃立于法律之最高单位,而非自立于法律之下者。若法律及判决得以法律的权力临于国家,则国家已丧失独立之资格。盖此等实体不为某法律团体之关节,止为对峙的简单之天然生物,在彼等间惟存天然状态(强权),即专制之战争状态而已。战争以种种之方法行之,或用大炮及装甲舰,或用外交及诡谋。战争虽暂时潜伏,然决不消灭,即云媾和,亦不过以交战形状隐藏深处耳,其为武装侦探贿赂战争之外交的准备,固无片刻停止。媾和者,惟于其始以至再用武器,更新战争而满足有利条件

[1] 今通译“托马斯·霍布斯”。——编者注

(足偿战争危险及牺牲之条件)之时间遵守之,可谓为双方之计划。然则战争之法,固尽其所有之手段以害敌而务灭亡之也。以此在国家间既不存法律的关系,亦不存道德的关系。政治家当决定国是之际,应以己国之利益为标准,至其手段,则但须问其效力如何而已,要之在政治固无道德效力之可言也。

如上之学说,不无与此相当之事实。马加威利之君主论实具备写生妙技,彼之主人公楷侪勒·仆尔加[1],实在十五世纪之意大利作政治家模范而无遗憾者。盖从来努力求政治权势者,凡道德性质之观念皆不可不绝对排斥,不问国家内外,凡在政治上无论用如何手段,苟足达其目的,无不可为。此实如哈谟勒脱戏曲中,以冷骂双关之语而介绍自己之戏曲者然。谓:"彼等仅谐谑而已,毒杀亦不过在谐谑,远望之固亦毫不能认为失德者。"故此亦不可目为失德也,中世的道德之迷信,至被鄂铁克蛮风唾弃之后,已久不认有败德之事。可布蒲尔卡特[2]于所著《意大利文艺复兴时代之文明》述当时政治生活之情状,极为微妙。又其近著之《希腊文明史》第一卷中,于古代希腊之市府国家政治生活之情景,亦以同一精密确实之笔法描写之,即虽在市府相互间之战争,与市府内各党派间之战争(在国民集会及在裁判所之权力争夺),皆全置道德于度外,被权利之假面,或则并此而无之。其诈伪、假证、暴行、杀害,不惟为亚仁、司派尔他、西拉可斯等随处所用政治上同一之手段。而罗马人之侵掠,至断绝希腊人独立的政治命脉止,且益猖獗。如上之政治手段,终亦毫不改良。罗马不过为巩固其大规模及目的的意识,略去其可嫌恶之稚态耳。

以上为否认说之大致。此否认说在现代人耳中,亦如俾士麦克以前之时代然,不闻诧为奇异,在当时虽据法律及道德之标准以判断政治问题之思潮颇觉流行,而于现代公众间,亦有行下述之意

---

〔1〕 今通译"切萨雷·波奇亚"(Cesare Borgia)。——编者注

〔2〕 今通译"雅各布·布克哈特"。——编者注

见者。曰,政治问题者,实力问题也,苟有实力者,即有从于其意而解决之之权利。此与柏拉图属诡辩家诿过之古来原则,所云“权利者为强者之利益”实相照应者也。

以上之说明,果足为对于本问题最后之解决否乎?在普通之感想,于此决不能心安理得,宁使政治家及其行动服于道德的评判为是。且为政策标的之善恶,不在其手段之有效无效,当进而识别其善恶之当否。余辈亦谓此等感想颇得标准。盖否认政治行动之道德的关系与否认对于个人之道德的效力属于同一诡辩故也。吾试先向外交政策之范围明证之,若道德及法律显然在该范围有效力,则对于国内政策,自不难明证矣。

余辈先宜开陈国家之形式的本性,盖国家及或被组织于国家之国民,为具有理性及意志据目的而行动之统一的实体也。吾人称此实体为人格的。故国家亦为人格而不可否认。果尔,则国家当然不能不就其本性及行动服从与人格相同之评判。此柏拉图于所著《勒普勃立克》[1]为曼衍之考案,即对于对一切政治否认道德效力之主张,所谓本来不正当,经强者认为正当即为正当者,而唱(倡)导其说谓国家恰如吾人自身,因而虽对于国家,亦应备具其与个人相同之通常本性内应有之性格,且不可不备具之云。

个人所得为之道德的纲目,为智慧、勇敢、克己及节制,而反对者,为愚顽、怯懦及贪婪。故如市府或国民社会之集合团体,亦具此象,而立贤愚与正邪之标的,且尽其正当手段以贯彻此等能力或反对其反对者,皆可就国家而认知之。其勇敢及应反对之怯懦与意思薄弱、熟虑及应反对之轻佻浮薄之欲望皆同。此等种种之可能的统一,即所以构成诚实的人物与构成诚实的组织之市府也。由此观之,可知国家本质所具之正义及诚实的国家之组织,本与随意之权力无关也。

吾人既就事理演述如上,而认国家为具有道德性质之人格的

---

〔1〕 即柏拉图《理想国》。——编者注

实体。故国家相互间之行动,不能仅视为物理的势力,以为关于权力之竞争,宁据道德的标准以测量之。虽于此等情形,不能自为正义及不正义之说明,而志望行动果能正当,自可在形式上以同一价值而互相尊重之。因而自己之志望及行动亦将据普通规范而为整理,以求得侪列于有节制之同种属体之系统中。

或有于此为抗论者,曰,奈国家缺此重要之资格何,所谓国家者,为绝对的利己主义之实体,若使之服从于普通规则,或以他人对其行动为顾虑而受羁束,则实背于国家之本性。爱同胞及正义,虽在个人间之生活有然,对于国家则终不免为架空之论。阿特尔夫拉生于其法律哲学演绎上述之思想云:“对于国家本无所谓道德,国家本无正当与不正当及道德的与不道德的之行动,但随其本性为行动,即顺其必然而无所选择以行之是也。且国家者,以贤明之利己心而追寻自己之利益者也,若有司由其法律或道德所假定的利益,约为信守,如有危殆及于国家生存之条件,即不可谓为不正义不道德之行动。故法律状态,惟存于国家内部而已,主权的国家,不能对于外国负法律的责任也。”

吾人先假定认许前论所谓“国家者纯乎为利己的,毫非服从于强制的法律秩序之实体”。然果由此推断,对于国家,全不适用法律及道德乎?抑对于纯然利己的本体,全无道德之效乎?而吾人则宁信为有效,上述诸项如智慧熟虑等,虽对于国家实亦保持其意义。且吾人所谓此种“在我的德性”者,虽对于周围社会,虽对于与国家不可避之交通,皆有保有之意义者也。吾人与其以个人为痴愚而供吾一时感兴之玩弄,毋宁为贤明勇敢有思虑之人所围绕。且即纯乎为利己的本体之间,亦岂不能有何等法律之存在乎?余试以私法如整理市场之交通,略与此为同一假定。曰,各当事者及各契约者,专注意于自己之利益,且于为保护自己之利益故,亦利用法律。果然,则虽以此为假定,尚可谓于国际法及国际道德等有不能行者乎?

今请稍详论法律问题,以次归宿于道德问题,以证明彼绝对的利己主义假定说之不足采。

或曰,在国家间不能存有何等之法律关系。法律乃立于各个人之上而制定者,应于必要,依于强制而保其威严,故必以存有强制的意思为断。然此等立于各国家以上之法律,终属不可能,若强使服从,是无异废灭主权及国家之本性。以此观之,则必以"强制力果为法律之重要目标否乎"为问题。于强制力缺乏时,将决不能称为法律乎?于此事情,将不过与一切之自然力及野兽,存有同一之纯然的实力关系乎?循国民及各时代普通用语之惯例,实显背如上之见解。盖据普通用语之惯例,则苟于列国存在之限度,使用国家间之权利义务、权利争议及裁判之言辞,其独受不法攻击之国家,必极言其不法及暴行不已。在受攻击者本身,亦立于同一地位而必就自己之态度,寻出何等之权利名义,以自解释。故如路易十四世,虽为一极无忌惮而暴力背信违约之人物,然于国家间,亦不敢用仅有权力关系而无法律关系之教义。虽如何武断者,亦无论何事,必援法律为口实。此果何为耶?亦为维持其体面,减轻其行动之丑状,阻止局外者之援助而出此耳。虽然,反于此则国家间之关系,虽在全世界为法律的关系,要不外以所受感觉之如何为之证据也。

更于国家间见有与个人间相同,如缔结通商条约、邮政条约等之事实。此条约创设相互之权利及义务,恰与个人或会社间之契约无异。该条约虽以与契约同一之规则性约为遵守,或非尽无例外者,于起纷议之时,必与诉讼同式,依于法规,就法义讨论之。纵令其讨论不见平和之解决而终至于战争,交战者间之关系,或常不遵守,而原则上则已被双方承认之法规所围绕。无论何事,类皆如是。惟以此法律之范围,非现有法院之存在故,果可否认为法律关系乎?余则以为于限定法律之概念,不准据于事实而专以自己之偶成的见解及旨趣为断,则可断言者。因之对于此等断言,不存有论理的强制与法律的强制,在观念或言词,附以自己所欲之意义,本为各人之自由也。世人虽无论何人,主张不能以普通用语之惯例及事实,于法律概念强下调和之定义,谓"余欲解为以法律之制定,专属立法者,而裁判官之判决标准在条文",亦为其人之随意也。然吾人欲以事实及普通用语之惯例而言调和。曰,吾人于所谓狭义法律之强制可能法之外,有广义之法律,即缺少制定及强制力等目标之法律。则列国间之国际法,即属此种法律。虽然,不惟国家间有此,在国内亦有之,即在次之一点。盖国内之总揽最高权者,不论其为君主、为代议会、为国民集会,亦有履行法律上之义务不受依于判决及强制之要挟。而此广义之法律,以前述之见解,让一步而言,则此不完全之法律与由曩时属于国家制定之法律,实相对峙而为自然法。虽非有制定法,不得依据正当之理法为准。此吾人可体验而得者。如曰,依事物本性之自然法为最优先之法律,一切实在法要不外在各时代以次表现之正当的实验耳。

由是观之,自然法与个人间相同而存在于列国间者殊不少。而使自然法过渡为制定法亦非无方法。惟此不依于立法,惟以国际条约之自由协约定之。以此国际法,为有根柢(底)在法律团员之自由意志者,而其结局,皆由法律之拘束力生法律上之根据也。

无论如上之法律颇缺对于恶意之强制力,而即此不完全之性质,实有重要之性质。国家相互间之关系,普通虽为法律的双方所承认,一朝于物质的或思想的各紧要利害问题生纷争之际,则代法律而为裁决,必以暴力为解决,于此至生特殊关系之结果。盖以此之故,不论何时,在国家相互间,遂起不安之念,终至现战备及不可终息之猜疑心矣。

虽然,更进一步考之。吾人在国家间,既承认不完全法律关系之存在,即可谓同时已宣告有当使之益加完全之要求。此实表示永久平和之思想者,换言之,即不以暴力决纷争之权利及利益,而以法律的仲裁裁判的或条约的为解决法,庶几列国关系因之成立也。想此等结论必由否认列国之法律关系之前说而起。如以战争认为国际间寻常且永久不可缺之机能者,即当以列国关系系纯然之实力关系为论点。虽然,反于此而全肯定法律关系者,则以战争当认为异常且绝灭之事故。康德氏所谓政治家不可不以助成现世界完全之法律状态自任者,此也。

余则于此有所附言,以本件仅为理想,决难据为一定之机制,以今日解决明日之问题。盖永久平和之实现,果可于现状之下期之否?抑可期于其次之一世纪,或待之于千年之后世否?或竟不留痕迹而云消雾散否?此则无论何人不能为肯定的或否定的答辩。盖人类不能保有未来永久之生命故也。余则主张在列国间之承认法律为当然,以法律的解决纷争各问题,其完全的法律状态之理想为自发者。果尔,则战争乃不外对于法律为暴力侵击,此即如康德氏所主张,有理性者之意欲,或不能允可之原因也。因此,虽在战争亦可发见利益之方面,即战争之教育的、发挥势力的、锻炼意思的、累进本质的各方面是也。凡为害恶而不具利益之方面,本未之有也。无害恶之世界,吾人视之,不可为最良之世界。盖如此世界,无从发挥吾人所天赋之重要势力故也。虽然,合理的意志之要务,不在创造或保持其害恶,而在扑灭之(害恶者,去之而仍存在者也)。由此观之,则当为合理的意志之忧虑者,不在战争之继续(此则为斡旋暴力及情热者故也),宁谓为战争力最终之标的,在废止暴力解决而保持永久平和也。

国际法学者间,有以此点为主眼而分峙为二派者,即永久平和论者及永久战争论者是也。第一派,据法律为相争问题之解决,要求特设公署且为弹劾战争之有力者。第二派,以战争为在各民族间行其训育的淘汰所必须之机能,至赞为人类之一种教育且全然排斥永久平和。其说曰,永久平和,不惟不可能之事,且非优美之理想。福禄惠德甫之国际法提要中,于此可以刘铿之说明。参考两派之论旨,刘铿本属第二派。余则是认国际法之法曹及国际的法律关系,以相争的权利及利益之法律的解决为应视为当然公准之结论。惟必如何而可得避止战争,则不能解。余于世人现今互相冲突之大利害,谓得以仲裁裁判所或裁判所之力而理解之;并谓战争战备,苟视为吾人所必要者,固无怪世人赞扬其美点。然余终不解世人何故必具此理想（据康德氏言想在德觉世界有与此有相当之对象），全排斥永久平和。战争者，因不能据平和之道而达其目的之手段，不过最后之手段耳。果然，则政治家可谓为得次之规律者。政治家承认国际的法律关系之存在而尊重之，即为其道德上之责务。与此同时，在其反面观之，政治家对于此法律关系之事实上有不完全，即有不可不度外视之之责任。政治家熟筹可终始战争之事，且于国家万一有故，不可不尽力预备有益的（军事的及外交的）交战条件。以此故对于政治家，必不能以不德义加之非难，宁以过度之信任、过甚之爱平和，共诘责政治家为足。政治家应于必要，凡对于国家外部之权利及尊严，不惟不可无以干戈为防卫之准备（对于国家荣誉及利益之不正攻击而为防卫之战争为其义务也）。更当进而于无其他手段可用之际为限，不可不对于反对国以自国之生存的利益，用暴力（因于时宜而至反于形式的法律止）解决之。此为打破不动定式之一种紧急权也。在世界分割未终局之间，固以自然或威力贯彻自己之分配为必要，而虽既得之位置已固定，衰亡的国民实有不可不让步于兴隆的国民之法则。此为生存者对于濒死者之永久的权利也。然因同一之理由，而平时国际间之外交关系，亦生不能以率直的信任而相接之结果。苟于国际间确有须开战之不完全的法律状态，则国际间即不能成立完全之信用关系，即决不得存有完全之正直及真实。此则政治家虽无关系于其意志之形势，亦不可不熟筹者也。以此政治家应于此等形势而为行动，或使存续其对于自己本旨之误解，或助其误解之成立，或视为不成功时，则否认自己所欲；或取自由行动于下级机关，或与之以冲动，于事后有不成功之情形时则命中止之；或为诿罪，于不足加道德上之非难而以此为理由，恰如用诈计破敌，为战术上之要诀。然此亦无非为暂时政略所不可缺者，倘以军略的诈术，仍不能加道德上之非难于敌军者，则以政治家不采率直行动之故，不便致诘，而以隐蔽假装深藏于己，无论何人，亦不能了解。但此在现世界（亦非一切世界中之最良者）之外交家，已觉不适。因其有事物自然之适度，诈术及奸伪，今已超过技术上所需之程度，即有所谓道德的性格云云也。而若此者，因不能妨其中心之诚实，故不易为他人所动摇。盖无论何人，虽与羞耻及踌躇断绝关系时，而使敌我者陷于误解妄想之术中，终难掩其中心惭愧之念。徵之俾士麦克之言，谓维廉老帝决非为长于隐蔽及假装之术者，且遇事不能免羞赧之态。此实可敬爱之一大盛德云，而俾士麦克之天赋性能，亦非较此为卓越。彼能修炼其所需之手腕且练达之耳，惟彼终不失其天赋之正直也。

以上系论述国家间之法律关系。然此外尚不仅在国家间，即民族相互间亦存有特别深远之种种关系。即民族者，与个人同，不必为绝对的利己主义之本体。虽然相互间怀有憎恶及轻蔑之念，亦并有和同叹美感谢之情。民族者于自己特别之利益以外，并认有一种高尚而为人类宝贵之物者。欧洲各国之人民，皆有同为一道德世界团员之想象，即如各个人为国民之一员者然；亦以其扩大之集合体、民族圈为文明社会并进为统一的人类社会一员之思想，加于精神的道德的生活者也。历史上于各国民之交互作用，颇示有此等关系，以明人类社会统一的生活之发达。欧洲列国国民则于精神的生活，构成统一的民族圈，而依种种生存内容之共同、宗教、道德、法律及国家组织、哲理、科学、文字、艺术等之共通，以为结合。各国民协力而共同占有人类生活上之资料，各依他民族制作之分配而至于丰足。复加以因基督教祈祝来世天国之信仰，于是生活统一，遂益以总括的至于完全。人类之使命，实通过国民的分裂而归着于共同一致。所谓共同一致者，非灭却其开化特性之谓，乃使遂其特种之发达，起有益之交互作用之谓。吾人得指此等为信仰所产出之历史的进化归宿，而冠之以地上天国之名者，即信仰基督教者一牧人一群畜之思想也。

吾人于此，进更一步以断之。如上之观念，浸润于欧洲各国民感想中者殊不少，故列国政策，不无受其感化。盖各民族虽未至全然具基督教之胞与观念，而反面言之，其去敌视外视之最初绝对的利己主义已远。彼等虽时亦以憎恶而至战争，而其倾覆他国及不与维助之心，固已生相互间之意思疏通与尊敬。在彼等古代之战争，尚带有在同一民族间互相剪灭之性质，不外为竞争利益之暴力解决。如希腊人之交战法，凡破坏市府及领域，杀害其有防御力者，而奴隶卖买其无防御力者之交战法。今此开明国，已全不能行。故吾人之交战法，专在击破其战斗力，原则上凡平和之人民及财产皆无关涉，负伤者及捕虏亦无不受敌人之待遇。而所以有此等变迁之动机，则确非出于计划或贤明之利己心，要在人道之感想，博爱的利己主义之发达。故对于古代最开化民族所无忌惮而用之交战法，因其大反吾人道德的本性，全世界已认为卑劣可耻残虐之事而被摈斥也。

然如上之变迁，以言平时之政治的交际，则今尚未能免于诈伪。惟如古代或意大利之文艺复兴时代，及十七世纪或十八世纪之王政时代，所随处可遇之虚伪、背信、贿买、离间等，已早不行。堂堂之政治家中，其敢弄此等卑劣手段者，殆无一人。而具此进步，亦非出于"灵巧之利己心"之顾虑，乃因道德上当然及适合的事业观念之变迁而然。

要之在欧洲之民族世界，视各国权势的利益心不为最高之利益，而实以维善为宝（不问所谓理性与人道世界、天国等名称之如何）之成见，一以贯之。而此等人类社会利害共同之感想，至有以政策之目的及手段而设制限者，即政策之目的不可扑灭他民族而以世界帝国自命，谋为单独之统治也。政策之手段，不可使民族间之憎恶及猜疑趋于极端也。故虽在战争或外交，其选择手段之方法，要以使窥知有平和意思为度（此究出于互相尊重其威严及利益）。无论他民族及国家凡具备生存能力者，此皆为必须之条件。即有缺如，而在濒死者及无力谋发达者，其不得不从退避之原则，亦人类社会所共要求之最上利益也。

以上为历史哲学者解释民族之感想，而概括之以观察过去之经历及将来之结果者。虽然，于此有应注意之一点。

盖政治家政策所致力之标的,不专在自国民所能明辨之利益,而在为人类社会中最高尚而可宝贵者。虽此非不为重要,而能明认之,则实具超越之眼光也。在自国政策切近而必须之标的,尚得以种种确证辨识之,若越此范围,则往往飘渺(缥缈)无际,不能设一定之标的,或于其第一要点,竟不能着以几分之确实性。至此则空想的愿望代现实之标的,且欲见诸实行之计划,忽酿生纷乱与猜疑。试回想一千七百八十九年空想游说之革命时代,民族同胞说与为其结果之民族战争则思过半矣。又如神圣同盟及其保守的利害共同思想一切之现行法制,其中对于各王朝正统(最卑劣与最有害者亦并行于此)之共同武力的拥护说,普国之政策,固久招嘲笑于世人,且为奥俄二国之利益,其颠末不能不追想也。

永久平和思想亦当与此同辙。政治家依于解兵条约及类似于此之事,惟非直接为其努力之目的,因迫于形势而然。然苟存有深刻之猜疑心,则此等协约反有投薪于火之虑。反之而政治家如关于系争问题,有仲裁裁判的解决,而因列国民素养之深,得暗中助长此平和思想,则一方面之成功,并有可收他方面一大成功之希望,而吾人但向平和方针以进行,固毫无疑义也。虽十九世纪曾起惨痛之绝大战役并扩张军备,然欧洲民族圈内之平和状态,亦因此为进步之阶。普通兵役义务之实行、国家之生活、关于决定和战人民之参预(与)、列国之国民风化,此外交通上可惊之发达、国际法显著之进步(如实内布条约为一千八百五十六年巴黎会议以来国际的海上法之发达,仅其一例。虽海牙之仲裁裁判所,亦不能无较著于国际关系之反动作用)等,皆不无使战争有困难之事情。虽然,直接以此为标的之国际条约之缔结,则时期尚早。民族之掎挓尚过甚,利害之冲突尚过大也。至关于此点,则轻卒之试验,非有危险之事,普通在政治家,先行第一步而试第二步,即无不幸。此亦俾士麦克所遗于吾人大教训之一也。

在余而无误解,则本篇之大纲与俾士麦克自身所记述于遗著"思想及备忘录"之政策,必若符合。以余所见,俾士麦克政策之大纲,有如下之二点。

1. 据自国明瞭的利益,而示明确且实际之标的

故如弗勒得力希威廉四世之政策,其德化的妄断的正统派的空想的人道的,皆须尽力排斥之。威廉王者,有为俾士麦克教师之抱负,且实际固然。盖威廉王曾向俾士麦克示以某某政策始终不可行之者也。此即排斥一千八百四十八年理想的国民政策,断然反对大德意志政策,而采用普国的小德意志政策是也。此确非以排斥奥国建设小德意志帝国为吾人政策最终标的之旨趣,唯不外以此接近之。且第一步不可不先于第二步,最后则关于成功而加以贤明的节制也。即苟为现在所必须且将终行其目的时,则真正之政治家,必不眩惑于自负或威信荣誉虚势,致逾其必要之程度也。

2. 必要手段之断然实行且坚定

战争当然为政策之一种手段。此虽无论在其他手段已尽时行之,不外为贯彻国家生存利益之非常手段。而苟视为必须,则至达到目的止,即至于得适合于国家利益且能永续平和止,不可不极力行之。凡不适当之宽纵、非必要之强服或伤害,皆非所谓政策也。外交亦为政策之一手段,盖外交决不可放过敌手之弱点且不可宽纵之,而当利用其欲望、痴呆、轻信、自负。对于敌手,无所用其正直与诚实,各防护自己之利益,而使敌手成为孤立,且立之于不法之位置,听其为误解或使之陷于误解等。盖双方皆出于同一态度,不难逆睹也。惟外交限有适合之事情则以正直为竞技,不妨偶出于真实。但外交非如卑陋之诈伪人所为,大政治家,于大体固甚真实,唯隐蔽其政策之必要的标准耳,且以此极力行之,固不挟丝毫之疑虑也。虽然,彼又非矜小智而务小利者,亦不为过分之行动以加损害于他人者。

俾士麦克以以上之原则,终能在欧洲政策上占无比之位置,无亲友与仇敌之区别,终至博前人所未有之信任,即此故也。全世界皆熟知彼由自国之利益得其正确政策之唯一归宿,彼所着眼为现

实的利害，非空想的计划。因而此间皆得揣彼之政策，与为准备。然彼对于自己及自己之行动，使服道德上见地之评判，亦毫无所踌躇。在彼之真面目，则必要之目的，即在宇内列国民间，有德国国民之强国的位置。虽由人类社会全体之见地，亦须证其必要，于现状之下，除以必要之手段行其目的外，固无何等之野心。依政策与私的道德之见地如何，而异其处理事件之法，显然之实例。则于俾士麦克之阅历上见之，即击破奥国兵力之后，俾士麦克与威廉王之间，生极游戏的争论之一幕是也。威廉王对于各交战国，欲应其罪责之程度，课之以媾和条件，即欲从奥国、巴威理、索逊、杭咨爱尔，使割让相应之部分。反之而俾士麦克，则要求一面并合北德意志小邦，一面则保全此外之诸邦。威廉王依私的道德而思维之，据其感想则所主者，在不能纵逸大责任者之奥国，而以严酷处分杭洛倍尔、黑生、捺沙岛王朝等之小责任者，系反于自然之公平故也。俾士麦克则从政策之原则而思维之，以为正及不正，非王朝之罪过及责罚问题，决然要求保全奥国及巴威理，全废威尔芬及黑生，以为此实关于普国的德意志国政策上之利益。

盖政策者，不可为感情之事物所动。其由王朝的、党派政策的、道德的，又同种族的见地所出之同情及异情，不可以为政治的行动之标准。譬之今日，吾人对于大土耳其人，虽同情微弱，而其势力之削减或破坏，如反于吾人之利益，则于该国，不得不以吾人之想象的对于敌国之想象的且为有力同盟者之限度而为之标准也。无论民族间之感情及本能，在国家相互之政治的关系，不无意义，为吾人所不可忘。然保其间隔，本为政治上自重心之命令，卓越政治家，于此等“不可量质”固有以最明瞭而表示之道。俾士麦克亦可于此点证明其具稀有之秒技者。

余辈于篇终，当略论及于内政，因内政之政策与道德之关系，益加密接故也。

国家之目的（亚里士多德亦为此说），在国民生活之完成而发达至于丰富之开明的生活与具完全意义之人类生活，惟独国家可得为之。而国家不能以精神的道德的生活之极致为自己行动之直接标的，则自始然也。宗教、道德、哲理、科学、艺术、韵文，则极为内心的自由事项，不能专以根据法律及强制之国家之手段直接制造之者也。国家者，惟在设备此等兴起之表面的条件而止。第一着在确保对于外部之安全及对于内部之平和。法律及法律行政，则庶几内部平和。各个人虽不全去利益的竞争，亦于其手段之使用加以限制。暴力及诈伪，必加禁止，而其结果，则竞争者阻害他人之力，即所以增进自己之力。在列国人民间为增进自己贯彻之力，则政治的军事的行动之外，不可不重一切之文化及福利行政。惟此行政仅以增进表明的开化及发达个人之实力为标的。而教育行政，则特为最后之目的而努力者。依保护劳动者之立法，而得其形式之最新行政分科，亦不可不由以上之见地观察之。即所以预防各个人生活力之暴乱的掠夺是也。

夫然，则国家者努力于道德的目的，为在一个人及国家间存有道德的连锁耳。忠实、爱情、畏敬、国民的尊大、献身等，则各个人对于其国民所怀抱之普通感情。而苟于国家为人民之必要的生活形式，则人民在法律上及道德上之义务，固有服从勤劳及忠实之责，不拘直接于国家所努力之程度如何。虽通国民全体以行之，而有最重之责任者，则政治家也。

政治家之任务，在就如何之事情，以如何之手段而实行国家之目的。即实行国民之道德的、人格的活泼行动之极度也。最良之政治家（据亚里士多德之说），非有最高理想者之谓（描写国家的理想固甚易之事），为依现在之状势，而措置最为得机宜之谓。譬之最良之靴匠，就现有之柔革，以制为最良之靴是也。以此之故，政治家本来之德性，为现实观与努力向上心。然政策宜追求道德之目的，手段又须为道德所许可，则实为至当。求善果而为恶事，即与恶因恶果、善因善果之道德世界之秩序相反。若以具体的备此形式，各个人之意见及利益果能一致，则事态固甚简单。然事实则相反，意见及志望，固千差万别，此则于内政上亦起战争，竟至成为党派间之剧斗。至于战争,则其性质上必至用种种手段,凡游说、诱惑、贿赂无效之时,即用诈伪、胁迫、暴力。而口实乃为必要,以辩护其漠视法律及道德之制限,为其活动之凭藉(借)。终至目的蜕化为手段,此则党派政策之金科玉律也。

本问题当加如何之判断乎?党派斗争上之暴力及虚伪,果可容许否乎?如可容许亦必其善良且必要,而出于不可由自然之理以纯正手段达其目的,不待言也。

主义上之解决,则实容易,即其原则,无认暴力及不正暴力之余地。在法律秩序之制定者及保护者之国家,宜专以法律支配,并不可不以威力为之辅助。然形式上法律亦等于腐朽,仅同虚设,但供暴君牙爪之用耳。此则国民之生活,所以受保护而骎骎进步者,乃继之以束缚且破毁。所谓"国民之兴隆为最高之法律"云者,古来之原则,竟至不行。法律在于保全国民,而国民则不在于维持法律,且虽有种种之法制秩序,结局未有不依威力而经设置。然则现在之法律,有维持永久而排斥益为优等法律之要求权者。其理由如何?

占优势之党派,常有断言,凡国家的猛断及种种革命,即反抗形式的法律,而援引国家原则及国民生存之权利、适宜生存之权利者。历史亦似证明其妥当,即新兴之不法,积年数皆与旧法同视是也。此实为历史的生活之天则。威力虽致力于保护法律,然威力有此任务亦限于法律对于威力而求不破坏自己为限。此一切之事物,往往有反对其生来所具保存欲望之例也。以此而法律不可不节制对其威力之要求。法律为避破裂,不可不适应于新兴之威力关系。如法律而迷顽固执其外观,则不免倏然破裂,此可谓自取之咎。以片纸之过去意思,固不能拘束现时之意志与新兴之势力于永久也。此则于法律概念之夸张,终使法律全与现实界隔离而并使背驰之者也。

在他方面,又有夸张威力者。其说曰,威力者优先于法律。则对于该说,不得不为"形式的法律如有破坏,实为绝对的重大之罪恶"之言。革命不问由其上而起与由其下而起，常可谓为关于一国民生死之危机。法律自觉心之可恐的动摇即胚胎于此，终酿成永续之内乱。因之国民可至消尽其势力，历史明训，炳如观火。曰，有巩固之法律的感觉与对于现行法律有严格畏敬之国民，实最有坚固的生存力之国民也。对于法律为畏敬而节制其畏力即为政治的意思强弱之最大试金石。罗马人即具有此等性格者。罗马人之畏敬法律及习惯，在固守旧来之法律形式。在私法上，则加新意义于旧模范，在国法上，则以旧有之名称形式掩新规之事实。而谨慎之态度，则务炫夸之而近于迷信。虽然，彼以纯正之真理而不绝为新造其国家及法律之辩证者之希腊人，与此则有异，因罗马人必至甚明瞭而为自觉者也。其以此等之继续性及加以弹力性为健全的调和者，在今世实显见于英国人之国家法及法律，实足发挥其优胜之势力。

由此观之，则解决法当如下述乎。即当然维持现行法，而现行法之任务即制限强者之专恣也。虽然，与此同时以的确的现实观，辨识事情及需要之变化，须以坚实之手段，贯彻其因应之方。而遇非常情事（但专限于非常事情）于真穷迫时，虽违反现行法律，固可循"Salus populi suprema les"（国民之康宁是最高法）之大则而行是也。

于此可见决非可以机械地掣其活用及活动之肘。而在主观的判断与个人的决心，固存有几许之余地，其能临机猝断，适中于正当且必然之狭隘的线路中，且不为各方面异议所迷，断然独立独行者，此即大政治家之天才也。惟如上之解决，无论不适合于顽固的法律形式主义者之意，且在政治上之行动，余亦以为不能如家族亲友间然。据私生活上道德的交际例规而规整之，则此亦不适合于顽固的道德形式主义者之意。苟立于战斗场中者，不能为殷勤、恳笃、亲密、真实、率直等，世人固可得要求战斗。虽然，苟战斗而一旦表现，则人之性情，其不可与公共生活分离者，即不能放弃战斗之天则。而苟有战斗，则除有完全信任之关系外，直率及真实皆不可能之事。故在政治生活上之战斗,常行竞技及营商之例,即各务伸张其势力,各利用敌手之弱点而极力掩护自己之弱点,各汲汲自求其同盟者深究其人物之价值。此等方法,其敌手亦一例效颦,皆为不可免之事态。如基督与法里沙伊主义及祭司主义之战斗,亦不注目于其本质之比较的正当之点,往往暴露其纵恣之短。为之敌者,亦恒超越此书一之直线,故不免变其性质而为不可许容者,遂至必要之战斗手段变而为无价值之诡谋及可耻之奸诈以终。虽然,该直线非得依顽固之图形定之,于各特定之事情,每得依道德的机略而发见之。即对于一人,虽尚有可能的或可许容的之事,对于他人,即不免有不可许容的行动。惟普通之原则,此之言动,虽不须隐蔽现在之分裂,而于此之恶意亦不可使之甚深,宁可谓有以一致及信任而恢复之之旨趣。此虽不能始终率直,而政治上不可如投毒于井之所为也。

凡此皆为掌握权势者通用之原则,在弱者之诡诈及虚伪,固有应宥恕者,以此为其唯一之武器故也。反之而掌握权势,即可不生真实之义务,凡颓败公生活之道德者,如国权自身,或为其总揽者之政府所行之虚诈,维持其伪造舆论之机关报纸,开视书信,养成间谍,煽动谋反及暗杀,将以次发见之。终且以此为理由而运压迫之手段,用反间之先着等。此皆对于国内政敌所使用之手段。苟以代表法律、保护法律为志之政府,则因维持法律而保持且增进国民之道德的生活力以行国家生活最终目的之任务,皆非所当为也。

余叙述俾士麦克政略之大纲,而以关于外交政策之观念移之,然至俾士麦克之内政政策,则殊有异者。彼之内政政策,颇效外交政策之颦,为纯然实力问题,带有外交政策之手段以为解决之之危险倾向。在篡夺者之政府,虽必采此等态度(如拿破仑以暴力篡夺之统治权,以暴力维持之,且不得不敌视其对手),若有根柢(底)于法律,而基础巩固之君主政体,则全异其境遇。盖在政治上之争斗,其政敌亦为庶几邦之康宁者,且其方略之安当者虽不少,而如豫(预)定方法之一,则亦非可常行者。夫争斗决不能无情热,而情热惟能观察事物之半面，至国权自身，则决不可使为情热之奴隶。俾士麦克之政策，其必不泥守此分界线，固毫无所疑。惟彼与人民于最初大政争之际，所谓大冲突时代，曾击破对手，尽所有之手段而压迫行政及司法且使役之，其极终至酿生内乱。本件为彼当时处穷境，以外交政策上之顾虑而受要请之结果，非不能辩解也。虽然，彼于其后当国家对外形势不必视此等手段为重要之时代，则利用彼不稍宽假之绝大权威而强要立法，供彼当时与敌手为战斗之用，以次于征服加特力教僧徒为目的之法案，使社会民主党服从于警察权之随意执行，以为约束社会党之法焉。

在备忘录中，有关于一千八百四十八年可注意之记事。俾士麦克于乌郎额儿在十一月进军柏林之前，以实行撤退民兵之事，颇有遗憾。其说曰，余认此为政治上之失策，若至为小战，则柏林固可不降服而以武力夺还之。果尔，则其始政府之政治的位置，当全然有异云。此等改良政府之政治位置，使起一小市街战之架空的希望，在马加威里、拿破仑一世或三世之徒，或在伯剌西尔及哈衣基共和国争夺权势之人物，当不足怪。然俾士麦克不惟在一千八百四十八年感情激越时代，以政治的热血家而怀抱斯说。而彼以三十年之久为欧洲最巩固君主国之指导的政治家之后，尚以此公言，带有几分政治的格言之性质而认为适当，则实不能无怪讶悲叹之情也。

司他摩拉氏之法理学说梗概*

美浓部达吉 著　天顽 译

哈紫尔大学教授罗特罗富·司他摩拉者，法律哲学家也。在德意志法学界，有新康德派之目，其重要之著书，予所见者有四：第一为一千九百零二年出版之《正法论》，第二为一千九百零六年出版之《经济及法律》，第三为一千九百一十一年出版之《法学原理》，第四则《法及法学之本质》一论文，为《法学全书》卷首之一篇，乃法学泛论也（《法学全书》为学术丛书《现时之文化》中之一部），出版于一千九百零六年，今请略述其法理学说之梗概。

予于此等书，未曾通读全部，其较为详细阅览者，《法学全书》卷首之一短篇而外，唯其最近之大著《法学原理》一书耳。其他二书，不过略微翻阅，故欲充分得解氏之全哲学而无误，实未敢自信。

司氏诸书，其所述之范围颇广，非必限于法律学也。就中《经济与法律》一书，即以法律学与经济学合为一团，创唯物史观说之见解，而植一般社会哲学之原理。但今所述者，不及于此，专以法理之范围为限。而司氏关于法理之学说，于其最近之大著《法学原理》中，论述最为精细而有秩序，故予所述，亦以此书为基础。《法学原理》一书，全部达于八五零页以上，举其章别则有九：第一章"法之观念"，第二章"法之实现"，第三章"法之诸基础观念"，第四

* 原载《法政杂志（上海）》1913 年第 2 卷第 10 期。"司他摩拉"即 Stammler，现通译为"施塔姆勒"。

章"法之方法论",第五章"法之系统",第六章"法之思想",第七章"法之技术",第八章"法之适用",第九章"法之历史"是也。以为时所限,不能顺各章次序,逐一详述,兹唯就关于法学之根本原理足以窥司氏见解之重要诸点,述其梗概。(本篇节选第一章"法之观念"相关论述)

通乎法律学之全体而为根本的问题者,何谓法之问题是也。今日之所谓自由法说,欲论其正否,亦系于此问题。法之观念如何,若由普通所行之说,则法也者。或曰立法之意思,或曰国家制定之规则,或曰主权者之命令,其他与此类似之解说,一莫不以为现行之法,唯忠实求之于成文法规之文意解释,乃可得见,此为伦理上必然之结果。若如自由法说之主张,不必拘束于成文法规之文意,其说之不能维持,可不待言。然则今述司氏之法理学说,先之以关于法之观念之司氏见解,乃至当之顺序也。

司氏关于法之观念之见解,于其《法学原理》第一章中详论之。司氏之论,有二三之重要问题为其前提,此所宜注意者也。第一则法之观念与法发生之渊源,截然两事,不可不有区别。古来之诸法学派如自然法学派、历史法学派及最近所起之唯物史观说派,皆误以此二问题混而为一,非真解法之观念者也。欲正当解释法之观念者,法为何物之问题也,法之渊源者,法如何发生之问题也。法之观念先定,然后法如何发生之问题乃起。前者为后者之先决问题,至如皮相之见,以法之本质为主权者之命令,在司氏恐无论评之价值,但虽不批评,其于二问题混同之误点,则又一见即知者。夫曰国家之意思,曰主权者之命令,法如何发生之渊源也。法之渊源,仅归之于国家之意思,不认他之渊源。其误谬姑不具论,而以法之渊源,即为法之观念,是又陷于二者混同之弊也。

司氏又论法之观念,为永久不变,不依时与处而异。盖法之要素,有实质与形式之别,法之变迁发达,唯其实质有之,形式不及焉。何者为法之实质,常因社会之变迁而不同,然不问其实质如何,而其有法之性质,则古今东西常相同一。故定法之观念,其实质如何，可置之不问，唯与此等千差万别之实质中，将其所以有法之性质之要素，抽象考察之可耳。

司氏又论法之观念，谓其法之行于何等人之间，可以置之不问，盖凡社会生活，法皆得存在，非为国家生活所特有也。国家生活有国家之法，列国之间有国际法，家族有家法，城镇乡有城镇乡之法，大学有大学之法，角斗有角斗之法。苟有社会生活，则必有法以伴之。其行于何等人之间，可以不问，苟有法之性质，则皆相同，故法之观念，必求其所共通者。司氏论法之观念，所以置社会于不问者，即此意也。然则司氏之所谓法，绝非仅指国法，其意义当较广，国际法也、家法也、大学内部之法也、角斗社会之法也，及其他人类社会生活所行之法，皆包含在内，而以定法之共通观念。

司氏定法之观念，所采之方法，亦释为递次抽出法：先以法为人类意识之一部为前提，而由人之意识中，抽出法之各种特质，最后乃及于定义。据其说，第一，人之意识，可分为意之作用与知之作用，而法者，意也；第二，意之作用，又可分为与他人无关系之孤独意思，及拘束他人之意思，而法者，拘束他人之意思也；第三，拘束他人之意思，或为劝诱的拘束，或为强要的拘束，而法者，强要的拘束也；第四，强要的拘束之意思，有为一时的，有为恒定的，而法者恒定的也。至是乃为之下定义曰，法者，恒定的且强要的拘束他人之意思也。即以第一意、第二拘束、第三强要的、第四恒定的，四者为法与他物区别之要素。顺此四者说明之，今略述其要旨如下。

法者，意思也。彼以知与意为意识之二大区域，而法者不属于知之世界，而属于意之世界。据其说则知也者，存于外界物之变换之观察也，其目的物为原因与结果，依某原因而观察其结果生如何之变化，即知之作用也。意则反是，必有所欲，其目的物为目的与手段，以某事为目的而用适当之手段，此意之作用也。知对于原因结果而言，意对于目的手段而言。在知先有观察之目的物，而后观其生如何之结果。意则反是，以将来之目的为前提，而用如何之手段以达其目的也。人之意识，既有此二种区别，故以人之意识为基础之学问,亦可分为知之学问与意之学问。知之学问,即自然科学;意之学问,则可谓之为目的科学。通常分学问为自然科学与精神科学二种,但精神科学之名不妥,何也?自然科学为知之学问,而知为精神作用之一,则自然科学亦精神科学之一种也,故对于自然科学,宜称目的科学,乃为适当。盖意者,专属于人,目的科学之所观察,亦仅及于人,人以外之物,唯为知之目的物,专属于自然科学。目的科学,则对于人之目的之内容而为统一的秩序的考察者也。

有以上之前提,司氏乃发现法之观念为专属于意之区域之断定。法非存在于外界之有体物,亦非自然科学上之观念,乃属于意(目之意识)之世界者也。或人之主张法上权利,非知某事,乃欲某事也;或人之发布法规,非发表其所经验之事实,乃欲依此而达其目的也。法之内容,非自然之有体的现象,乃人类意思之内容也。

然所谓法为意思者,非谓意思之产出物也。依意思而作出之物非为法;法者,意思之本体也。[1]

[1] 以下内容缺失。——编者注

论法律与时代之关系*

作霖 译

凡闻英国克莱敦主教(Bishop Creighton)之名者,往往有连类而起之一念曰:学问虽有科别之不同,然其相资相需之关系,则固甚密切也。克莱敦以教会领袖,为历史大家,说者谓其信道之诚,足以增长读史之心得。然其读史之功,亦实有以培植其洞明世事,博通教义之根柢(底)也,斯足以见宗教学与史学之关系矣。试以此推诸史多孛氏(Stubb)所著宪政史,不特为史家所宝贵,即学子之研究英国法律者,亦复视为不可少之书。又试推诸梅德兰氏(Maitland)所著之宪法讲义,全书凡分四大部分,于宪政之布置,实已具备纲要。吾人苟取而一读之,即可窥知其所得力者,全在于历史。书中又某部分,其标题为爱德华一世时代之英国宪政生活者,凡所论述,几什九根据于史多孛氏之宪政史,此又足见史学与法学之关系矣。之数子者,皆学界闻人,典型具在,允宜为后世所取法。顾吾人尤有不可忘者一事,则法律家与历史家之读书求学,虽着手之际,眼光各异,研求之术,亦彼此不同。然其所治者,则往往同为一事(譬诸猎人,甲所注目者为鹿角,乙所注目者为鹿皮,甲以刃,乙以梃,然其欲得鹿则均也)。晚近学者,于专门二字,拘泥太过,姝姝焉抱一科之学,不遑旁及。岂知史家之所治而专限于编年之史、纪事之文,则其释述往事,未有不失诸偏宕。或

---

* 原载《法政杂志(上海)》1913 年第 3 卷第 6 期。译自英国《法律学报》。

于研究普通政治史之余，兼致力于成文法典及会议记录，此虽较胜一筹，然究尚不足。若法庭之司法，虽设施之际，往往有特别艰深之处，非局外所能共喻，然其为裨于历史学者之处，则殊未易殚述。不观夫年鉴乎？其中所搜罗之案情与事由，备极宏富。凡一时代之礼教风尚，士大夫心目中言治之极则，与夫宪政史上种种待解之问题，皆可于此领略其梗概。斯诚史学家所宜尽力研钻，不第为法政学者之珍宝而已。年鉴中此类之记载，多取材于肄业法律者之手录。该律师之书记及生徒辈，每值主要法庭开庭审案之时，例必入据其旁听之一席，就所见闻，详为记录。不特于一案要旨所在，无或遗漏，即原被之辩诉、法官之评断与夫重重勾距（巨）之术，苟有记载之价值者，即一一笔之于篇。至于案中人地等名，则初非其所注重。年鉴者，即就此等记载而编辑成书者也。凡操律师业者，以其罗列成案，于辨识士及法官之处理法律问题，搜采甚富，故莫不奉为办案者之南针。按年鉴所记，起于历史中极有兴味之时代，是即十三世纪之末叶。英国习惯法之基础，为亨利第二及亨利第三两朝之法官所手植者。此际正根据于爱德华一世之成文法，而酌加以变通。当日司法界于处理讼案之际，所以调和习惯法与成文法者甚至。而法律生之记录亦至为详尽，且往往于记载辩诉情形及法官论断之外，附列其一己之疑窦与探访之所得。此种稿本，皆贮藏于伦敦博物院中，而当时法律生注意之殷，用功之切，亦略可窥见一斑。惟是英国以立宪问题，屡起剧争，而内讧之祸，又不一作，兵火相寻，历劫至惨。坐是而前代政情所可于此等文字中求其踪迹者，或不若吾人意料之多。独其中有一种类著之事实，为研究此等记载之士所万难恝置者，则爱德华二世时代贵族之争立法权，与夫伦楷斯德及约克两族之争为雄长，即史所称为玫瑰之战者，其势可谓至烈，其扰攘可谓至甚。然而法庭之执行司法事宜，则一如其恒度而未改或变。不过两方胜败，势至无常，有时政柄所属，仓卒转移，则司法界亦不能不稍受其影响耳。有亨利第七登极时，司法界所讨论者数事，述其之亦足为史学家难得之资料。一千四百八十五年，布斯华士(Bosworth)一战，而玫瑰之役告终，伦凯斯德族之领袖，遂即位为亨利第七世。亨利之即真，有法律上观之，殊牴(抵)牾不相容，然当时战争已久，国人之希望太平者，咸属目于亨利，以为英国欲恢复秩序，重享宁静之福，非斯人不能奏效。巴列门与司法界，处此困难地位，惟有尽力调停。据年鉴所记，当日法律及政治上之重要问题，由立法司法两界人员各抒其自由之意见，遂得从长解决者，颇为不少。亨利七世即位后，开第一次国会时，议员及法官等相聚于星法院(Star Chamber of the Exchequer，英之古法庭，设于惠士敏斯德宫，其权限绝广，至亨利七世时代而极盛，惟不同陪审制，故裁判多秘密而武断。而查理士一世时代，遂由国会废除之)，于讨论主要各问题之前，处理爱尔兰商人运输羊毛一案，亦颇有研究之趣味。爱尔兰之瓦德福(Waterford，地名)商人，以羊毛及其他商品，输赴楷兰斯(Calais，海口名，在法国多佛海峡，是时属英)以外之海外各商埠。该恃有亨利六世及爱德华四世之特许证书也。然羊毛一物，乃楷兰斯之大宗输入品，在法律上有应享之特别利益，该埠财政官瑞德斯勋爵士(Sir Thomas Thwaytes)即据是而没收其货物之一部分，瓦德福商人因具禀法庭，要求释还。是正星法院会议之际，列席之诸法官，当大理院总裁及掌印大臣之前，毅然将该禀掷还，谓该商等必须照缮一份，呈诸楷兰斯财政官，而后法庭始于审理。据王位裁判所领袖法官赫山氏(Hussey)之意，以为法律之定于英格兰者，在爱尔兰人民亦有遵行之义务。虽前任法官之意见，与赫山氏此言不同，然赫言既出，殊未闻有起而驳辨之者。该瓦德福之案，当理查三世(Richard Ⅲ)(亨利第七以前之英王，即查理三世，理查为约克族之长，殁于布斯华士之役)之时。即会由星法院审讯，其时法官之意，以为爱尔兰自有其议院，至于惠士敏斯德(英国巴列门所在)之国会，则爱尔兰并无议员列席，故惠士敏斯德所制定之法律，对于爱尔兰之会社及人民，殊无束缚之力。然该法官等同时又对于爱尔兰人之土地财物及人民之本身，而区别其分际，以为就人民之本身而言，则爱尔兰人固英王之子民，与楷兰斯人、甲士刚尼人（Gascony 乃法兰西之古城，当时亦属英）、葵叶尼人（Guyenne，法兰西之古省，时亦属英）之隶属于英为无异云。总之爱尔兰之臣服于英，至亨利第七即位以后，始有以锲而弗舍之言论，力反前时游移两可之习，而致之于确定之形式者。至于宪法上之争点，固似随两党（伦楷斯德与约克两党）势力之分配为转移。约克一党，颇得爱尔兰境内英人之赞助，英国虽欲以惠士敏斯德议院之势力，植立于爱尔兰，俾爱尔兰受治于同一法律之下，然直至一千四百九十五年，波宁氏法律（Poyning's Law）通过于杜柏林议院（爱尔兰之巴列门），而后始克如志焉（按波宁氏即爱德华勋爵士，始主张英格兰之法律得实行于爱尔兰，而提出此项议案，世遂称为波宁氏法律）。亨利第七时代之法界人员，既已处理瓦德福一案，遂复于午食之后，赴黑衣教士区之林肯法学院，会议关于国王及国会之大问题，其最先提及者，为实行维持秩序，恢复治安，此为当时最切要之图。其时现行法律甚多，如关于治盗及处置重罪之温鸠斯德与惠士敏斯德法律，关于暴动酗酒及强入人家屋之格劳塞斯德（Gloucester）法律，关于劳动社会及无业游民之法律，关于产业过户、助资兴讼及佩戴纹印之法律，又有亨利即位以后关于知事等之法律。凡此种种，如果能实力奉行，则已保全内治而有余。然而其有效与否，悉惟贵族之态度是赖。据会议时领袖法官之言，谓昔在爱德华四世时代，充任全国检察长时，贵族院议员对于本院与众议院所制定之法律，个个矢誓遵守。然口血未干，而种种例外之规定以起，谓某事不在某法范围之内，某事应非某律影响所及。要之此等规定，皆与其誓言直接相反者也。法官此论，显系执行成法问题，而非制定新律问题，然因此得与国会议员交换意见，而亨利七世时代遂颇有著名之法律，为巴列门所提议而规定者。如助资兴讼及产业过户法，与夫星法院组成法等，皆当日应时势而合机宜之计划也。既而法官等复赴白衣教士区之讲武堂法学院（以其为讲武堂旧址，故名），最初提议者为法官俸金问题。盖若辈以司法界员俸久不发给，拟商请各关税吏，按照亨利七世即位后第三十七次法令,以最先征收之关税,留充司法人员俸金。至理查三世对于羊毛商若干家有豁免关税之特许,则置诸勿问。此案系于接得民法学博士万维泽(Serjeant Vavisre)禀辞后,照寻常诉辩法讨论而议决云。此案既结,遂提议及于贵族众议两院议员之权利问题矣,两院议员于查理三世时,被巴列门判为大逆不道,而褫剥其权力者,此时新君即位,国会召集,该员等能否规复权利,仍行列席,旋经法官议决。只颁褫剥权利之判决,由法庭予以平反,则该员等得为代议士如故。惟未经平反以前,当暂免列席云云。于是而关于国王本事之权力者,亦起有类似之问题。据高等民事裁判所法官汤欣氏(Townshend)于讨论之间,援引亨利六世之事为证。略谓亨利六世于一千四百六十一年,由巴列门判为大逆而褫剥权利。然厥后仍即王位,并未将该项判辞先行平反。今上(指亨利七世)之登极,实于亨利六世事同一例云云。旋由某法官等向汤欣氏申明,谓亨利六世之于王位、国土、产业、尊殿四者,不过由国会限制其资格,而非褫剥其权利,故厥后既能自致其王者之尊殿,而入登大位,则一切抗拒之计划,自归消灭。今上之所以毋庸将国会之决案平反,而为全国之君主者,亦正以此故云。又赫山氏是日颇有论列,其辞大足注意,厥后法界人士所奉为典要。惟是否与上项之讨论相关,则无从决定。氏之言曰,当爱德华四世在位之日,勋爵士约翰麦克海(Sir John Markham)任王位裁判所所长时,当言于爱德华,谓国人之犯有叛逆嫌疑者,君上不得自行逮捕,而其臣下则能之,此以君上之行事有所不当,国人莫得而控诉之,故不能不慎于所发也。按以上所述,在年鉴中亦属仅见。惟此外关于寻常诉讼案之记载,实具有极丰富之材料,凡一切事件,为学者所视为宪政史及法政上之问题者,均可于此奏搜辑或参考之功焉。夫功名利禄之途,其盛衰之势至为无常。例如政宪之领袖及国君之宠臣,往往有以一身之成败,而法律亦受其直接之影响者。所谓大人物者,当其势全盛之时,于田宅之类,或得诸赏锡(赐),或由于购置,往往所蓄至广。然一旦失败,则产业因而籍没,不第自蒙其祸，且往往波及于承受之人。兹述纪元一千三百四十二年一案，以为斯言之例证。英国覃斯宾塞尔氏（Hugh Despensor, the son）于一千三百二十年，为英廷所放逐，阅二年，即一千三百二十二年，蒙召回之命，放逐之判决，即行取消。覃于是时购置田地若干，既而转售于名亚当（Adam）者。迨一千三百二十七年，覃氏遭末次之倾覆，深受杀戮之祸。而一千三百二十年取消放逐之法令，亦由巴列门议决废除，其所有田宅、悉行收没入官，即亚当氏所购买者亦在其内。欲使亚当氏赴诉于英王，发交王位裁判所讯断。据该裁判所之论断，以为第一次之放逐令应作为有效，故覃斯宝塞尔氏自一千三百二十年至一千三百二十七年间，始终为国法所不予保护之人，又安所得有处置田宅之权？亚当氏之律师某力辩其非，谓覃氏购置田地之时，已在放逐取消之后，明明在国法保护之内，不得以罪人视之云云。然当时司法界之意见，以为判案既翻，既与无判案同。覃氏赦还之法令，既由国会废除，即应作为无此法令，以是而承受产业之亚当氏。惟有忍气吞声，受此无可告诉之损失而已，其实类是之案正多，与亚当氏同病相怜。始则购人之田地，继则以其人之失势，而当初之授受遂归无效者，正不知其凡几也。又有同类之一案，亦为宪法上有趣味之待决问题，则爱德华三世时，以毛尔屈兰佛氏权利被剥而发生之争执是也。毛约翰（John Maltravers）之田宅既遭籍没，英王以之赐萨里斯堡之伟廉氏（William of Salisburg）。时则哇克斯福之马德伯爵夫人（Countess Maud of Oxford）以其前夫所给予之产业，作孀居养赡之资者，即在毛约翰采邑之内。今采邑既易姓，故夫人亦不得不更事新主。厥后毛氏权利被剥之案由法庭平反，封地归其后嗣亨佛兰·庞，即希亚福伯爵（Humphrey Bohun, Earl of Hereford）承袭。伯爵遂令马德伯爵夫妇承认为地主，马德氏不从。据其所延律师之释明，谓毛约翰乃国之奸人，有叛逆之罪。今希亚福伯爵受田宅于元凶，而遽以地主自命，马德氏夫妇取之于义，自难相从云云。原告希亚福伯爵之律师，答以毛尔屈兰佛氏有大功于国，况褫剥权利之判决案，其宣布之日，在毛约翰远游国外之时。王上以是而平反前狱，取消判案。且此宪法论旨，于事后发交国会，宣读于全体于议员之前，由公侯伯男大僧正以及全国国民代表加以覆按，共表赞成。所有毛尔居兰佛氏以前之权利，悉予恢复。其前次判决以后，于此次恢复之前，中间所有移交于他人之毛氏产业，悉数发还原主，作为无效，是皆王上之所特许，而国会之所通过云云。于是被告律师复起抗议，其辞振振，殊具特色，略曰，如王上诏旨之中，果有毁除前判，及复还毛氏一切权利之语，是亦不过一纸赦书而已。要不能使其对于原有之田宅，而仍得享受其自由保存权（即终身享有及传诸子孙之权利），原告不能借赦书之力，而驱迫马德妇人使重事故主，其理甚明。法庭既有判决于前，王上非履行法律上当然之手续，决无取消之力。此次平反，按诸特许书中所述，除判决案宣布之日，正当毛约翰去国远游之时，及毛约翰会在弗兰特治（Flanders，比利时省名）等处有功于今上外，更无其他之理由，仅据以上两端，何能将成案辄行反复？且特许书乃国王一己之言，国王何能以己意更变法庭之判决？故布本律师以为此项诏旨，其效力仅足与赦书相比而已。此事虽旋经国会同意，然本律师以为此等同意，其价值即与彼赦书相等而已。抑又有说者，王上在国会之中，设未经循行当然之手续，则虽有赏罚，亦不能辄施。例如王上顾于国会之中，询本律师之意，而放逐汝原告律师之言。吾人于此，可知虽以国王之尊，然但有赦免人犯之权，而决不能取消法庭判定之案。且君主在国会之中，行其赏罚之判决，苟非遵守法定手续，则其权利亦不免惹起法律家之驳诘，是皆宪政之要义。饶有研究之趣味者，法庭于被告律师前半之诉辩，并未有所驳诘。惟宣言巴列门为全国最高之法庭，巴列门所判决在该法庭殊无纠正之权力云。被告律师之力争权力，其不慑不挠之气概，观于此数百言辩护之辞而可见。此非法律家一时权益之策略，聊以应诉辩时偶然之需要，亦非好为雄辩，而姑逞其不负责任之意见，实缘当时政局。虽极鼎沸，然征诸年鉴所记载，则法治思想，其时正当发达之秋，其趋势凡有二途，试略述之。社会赖法律以维系之理，当时已渐印于人心，方一千四百六十九年时，有瑞伦滕（W. Swyrenden）与亨利·巴谷（Henry Bagot）二人，向充衡平裁判所之哈那白书记员（Clerks of the Hanap），旋为汤姆斯·埃武氏（Thomas Ive）所逐，乃起诉于王位裁判所。据被告之诉辩，谓亨利·巴谷籍隶他国，生而为查礼士之子民，查礼士自号法兰西君主，为英王之劲敌，而亦其深仇，故亨利·巴谷不应有起诉之权力云云。亨利声称父母皆生于英，至本身之产地虽为诺尔曼，然曾得入籍之证书于亨利王。亨利王之在位，以法律而言，虽不足为君主，以事实而言，则固俨然民上也。当时法学博士及法律学生等，对于亨利·巴谷此项辩护，抗议甚烈。然法庭则谓国不可无君，法律之所以维持而勿堕者，惟君主之威柄是赖。亨利王之君欧英国，虽处于攘窃，然其在位时，一切司法上之施设，与夫事之有关于王家统治权者，应一律作为有效。一旦正统之君，名位得复，对于篡者之判决，仍有履行之义务。故巴谷氏代表律师所称亨利王为事实上之君主一层，自有不可颠扑之理由云云。法律之效，不随个人而变更，于此案得占当时法治趋势之一端。至于君权在法律上之限制，及其应有特权之要素，二者在当日已有相制相因之道。方理查二世为国人所控诉而历数其罪状时，中有一节云：王以出于己意发于己口者为法律，惟王一人有制定新律及变更成法之权。坐是而全国法律上之秩序，被其倾覆净尽云云。据梅德兰氏之论，以为当封建之世，凡受封之贵族，皆有特殊之利益。此特殊利益之为国王所享受者，更颇有特殊之重要。此以国王为诸侯及贵族之长，其所操纵之权力，决非法庭所得而抗争者也云云。梅氏此言，在文物制度，一切甫当创始之时代，则诚有然。若在十四、十五世纪，则此时已渐改观，贵族之于国王，以立宪问题而屡起战争，国王又动遭败衄。人民因是而习知君权之为物，固可加以钳制，且可以一定之标准，权轻重而测浅深。况美国之司法制度及律师事业，其发达至为神速，故君主之特权，骎骎乎由法官为之处理。于是一方面虽界以极广之范围，而一方面又视为法律上之设置品。俾受制于确定之规则与确定之限制焉,是又趋势之一端,而为吾人所应注意者也。今试就君主之特别利益而一论述之。国王为诸侯之长,其于保管产业升降教士以及婚姻等事所享特权,可以勿论。按诸年鉴,其所载此类事项,足资例证者,殊极充斥。惟君主于此,所以能独占胜利,则实起于其个人之地位,所谓外藩之宗主是也。就法庭诉讼手续而言,惟国王能保持其特殊之地位,非常格所能拘,此为其特别利益之第二种。例如代表律师于诉词之中,陈述案情,为起诉之根据。若在常人,则此词一投,即应据以进行,决不能别易一案由,以为起诉之张本。独君主所委之律师,可以旋投旋易,故曰特别利益。然揆诸司法界之立论,即此亦不能无限制。该律师为国王而定之起诉案由,虽可以更易,然以答辩而言,则两造之争点既定,即应遵守勿失,绝无迁就之余地也。又有第三种特别利益,则为君主于财政上所占之优势。此等利益,由国库人员以及其他种种官吏,如州牧与收产官(没收及管理无嗣产业之官)等,为之伺察机会,为之要求而实行。吾人苟于英国设置各官之用意,静心研究,则必有所获,即年鉴中关于此事之记载,亦复甚伙。今试述其一案,以见本项特别权利之行使,以示官吏为君主提出之要求。据食肉者之意,以为凡死者传诸后人即赡养孀妇之产业,苟仅凭口述而并未缮写遗嘱,则国王均有享受之利益。当一千三百六十七年时,雷德罗男爵(Chief Baron Ludlow)于惠士敏斯德上级裁判所中,发挥意见,谓国王如接得私家消息,知有以口述之遗嘱,授其产业于王室者,得据是诉诸法庭,以便接收,因援引威廉·克拉克(William Clark)一案,以为佐证。该威廉·克拉克之弟出首于官,谓乃父临终之际,遣命以马克一千元授诸国王,其兄隐匿不交,因请法庭处置。法官于审讯之后,遂判威廉为有罪云云。此中主义,实于国民之财产安全二者大有危险,故不乏驳斥之者。法庭亦公认此类案件,乃对于货物而言,非对于土地而言云。大抵王室之权利,与一国之法律有所冲突,则其所起之案件,必有注意及研究之价值。枭雄之主,辄欲以种种策略，网罗巨细之权利，操诸一人之手。英人自十三世纪以来，经无数之战争，始克建设其崇尚法理之基础。当日尚在幼稚时代，此种主义，要难以完全实行相责备。然而十四及十五两世纪之法庭，吾人苟略一参考，即知其有自昔相传之法理学主义，经自然之流行，而于无意中养成一种风气。厥后法治之说，既日就发明，而旧有之主义，亦得以若干部分相与融化。夫十四及十五世纪之法官及律师，既不侧身于豪杰之列，然于法律之尊严及力量，则所见甚真切。据其持论，谓成文法典，无束缚国君之礼，惟有特别规定，见于明文者，不在此例。此说对于人主，所宽假者至广。特此项特权，系专指个人或国君本身而言，决不能别有所牵率。例如地主之拥有采邑者，苟没世之后，遗嗣尚在襁褓，则国君得以强力占有之。按诸惠士敏斯德成文法典所规定，如他人而有此欺人孤儿寡妇之举动，则刑罚在所必及。然此等特权，纯起于国王本身之地位，国王万不能以此许让于他人。试征诸法官希兰氏（Hillary）之言，希氏以为国王即以地主之权畀予于臣下。然其情况与君主不同，该君主对于采邑内之租户，如以幼子名义而拥有租借地者，得凭借其保管权而以管业为要求。若以寻常地主而出此，则是与习惯法之则例相抗违，其事固万不能行。该习惯法所许于地主者，仅能对于以长子名义承袭，军事租借地之人，行事其保管权而已。此外又有限制君主特权之一事，则法典所谓国王不能创造成例是也。此其理由，固甚明显。该成例者，乃先后沿袭，习为风尚之谓。若可以借法令之力，特加规定，则与成例二字之意义先相矛盾，其不可通孰甚焉。至君主不能创造成例之引证亦复甚伙，试约举其二事。昔栗德尔敦氏（Littleton）代原告某提起诉讼，其案中有成例之关系。谓系沿袭市民租地法管业权（tenure by burgage）而成。该市民向国王或其他地主租借土地，而得有管业权，栗氏所代表之讼案内，含有成例问题，而此成例者，即以沿用是租地保有法而发生者也。栗氏根据国王不能创造成例之说，在堂上述明法理，曰：国王不能与今日创行古时之棣米法（Demesne，关于诸侯所有田宅之古法），不能使租借地复得借遗嘱而遗传于他人,亦不能变更长子袭产权,而仍使幼子承袭土地。凡此数端,皆成例使然,乃起于时效(即历久不行,则其效自然消减之意),而非由于特允云云。又一千三百七十六年,当斐索尔会(Whithawers' Guild)一案诉辩时,法律家于此义亦复提及。本案情节,在诉讼之中,殊称罕觏。据斐索尔公会之成例,凡欲于伦敦城内创设组合或会社之类者,均得自由进行,无(毋)庸禀准国家。时英王欲破坏此例,谓嗣后必须请得国王之特许证书,方准开办,两方涉讼之后,该商社代表律师抗争甚烈。据称国王此意,如果见诸实行,则伦敦之旧习惯与自由权,将毁灭无疑云云。吾人生当今世,有应行注意者一端,则当日法律家之持论,以为国王非得巴列门协助,绝不能变更成例。此论既出,闻者绝未当有所驳斥。然此言之关系,则固极重要也。君主不能创行成例之义,既如上文所述,而此外又有一主义,则君主不能孤行己意,以片面之诏令变更法律是也。此主义者,于历来宣言书中往往特行揭述,如一千三百二十二年之宣言书,亦会标举斯义。当亨利四世时吉基尔(Henry Chichele)一案,似既奉此义为法理上之南针。吉基尔者,即日后康德伯里之总主教,而哇克斯福万魂大学之创始人也。此案之起,以吉基尔曾任萨利斯堡大教堂之牧师,既而被举为圣大辟大教堂之主教,由罗马教皇赐以一券,准其兼领萨利斯堡原任之牧师俸给。夫教士既受升迁,而仍得保存其旧有之禄。此与法律颇相违反,英廷因即发布阻止之论(Quare impedit),由国王宣告其兼领双俸之举为无效。于是而两方面迭相辨(辩)护,于圣使(英国人之称教皇)应有此等特许权一论点,发挥甚畅。被告律师亨克福(Hankford)以为教皇之权,无所不能行(Papa omnia potest)。吉基尔既受畀予,即应作为有效。因胪举成案若干,以示教会辖区之牧师,往往有一人而得兼顾二区之俸者,吉基尔事同一例,何独不能邀准云云。至原告一方面,自以圣使不能变更英国法律之义,为辩诉之根据。况圣使对于教务之权利,无论若何其伟大,而俗产之占有,则终须受治于习惯法及成文法也。当辩护进行之际,原告律师申说甚畅。据称无论国王教皇,其对于法律,实居同等之地位,无厚薄高下之殊,故国王不能变更法律,教皇亦然。设国王以占有产业之权利,畀诸业已出家之宗教师或教士,是与法律显相违背,虽有铁券,等于无效。彼教皇以违法而许给于人之权利,岂能视此为有力,而独得保存其功效云云。又有一千四百四十二年关于利特思礼拜堂堂长(Priory of Ledes)一案,亦为一有趣味之例证。当时亨利第六方有事于法兰西,国中教士原以俸入十分之一贡献于朝,借充军费。其康德伯里省之此项什一捐,即由教会委任利特思堂长征收,既而英王以特诏许其免职。据称该堂长现方患病,且于教务卓著勤劳,应令息肩以滋养摄云云。英王即特许该堂长退休,则所谓什一捐者,自不能不向该省各主教直接收取。此事终至辩诉于国库裁判所(Court of Exchequer)(英国古代高等法庭,凡分二部,其一理钱粮之案,其又一则理习惯法行政事宜),列席于该所之各贵爵,对于国王特诏是否足为堂长所凭借而实行解职一问题,意见互异,莫衷一是。既而召集各处高等法庭之法官,而讨论于该裁判所。据各该法官之意,佥以为国王一诏,实不足为免职之充分理由。当时布丁敦氏(Portington)之说以为征收什一税乃教会之事,今以非教会之权力加以干涉,殊不足为训,此一端也。堂长既以免职自请于国王则于国王特旨允准之后,即应在教士代表会(各教堂所遣代表之议会)自行声明,乃该堂长并无一言,是可知其已默许留任,此二端也。布丁敦氏之第二说,在衡平法裁判所总裁亦深表同意。而王位裁判所领袖法官福德斯克氏(Fortesque)之持论,则对于非教会权力干涉教会一层虽有异议,然同时反复申说,以为国王以一诏免堂长之职,实足蹂躏教士团体之纪律,其可危莫甚。例如国王以诏书尽复租户之自由,使不必对于地主而尽其应有之职役,是直剥夺地主承袭之权,俾不能复以产业留贻于子孙。然按诸法律,则君主之于臣民,决不能夺其传袭之权利也,今利特思一案何异于是?许堂长以免职,俾不必对于教会之上级机关而尽其服从之义务,该堂长之服役,系出于上级教士之委任。国王以免役为特许,是导以违抗其长上也。始谋不臧,遂贻口实,他日必有以此为前例,尤而效之,以尽免康德伯里省教士之职役者。果尔,则主教不得不自出而征收什一捐,其为荒谬,不已甚乎?按诸年鉴所记载,国王特许照书之惹起疑问,而被宣告为违法者,其例甚多。当一千四百一十一年时,亨利第四以保护债户之特诏授诸某甲,其人以负欠累累,被控于法庭,而英王则以其将侍太子汤姆斯赴爱尔兰,故授以此诏。俾事毕回国而后投资。然法庭力持不可,以为按照查理二世时之法令,惟储王者出行,始准有此破格之办法。王者二字,系指国王本身而言,或储王家军队奉命远行。如格劳斯公爵汤姆斯(Thomas, Duke of Gloucester)或勋爵士诺尔斯(Sir R. Knowles)之赴法兰西,则从行之人或可邀免。该二人皆以代理英王之名义,率军队而赴邻国也。今太子汤姆斯之赴爱尔兰,绝非前例所能比拟,苟予缓追,是与法律相违背,虽有君命,不能不拒云云。凡此皆当时法官式宁氏(Thirning)之言也。总之今世学者,苟披年鉴中所载种种诉讼报告而一读之,必有怦然动念,知习惯法之在宪政发达史中,其关系实属非常重要者。昔柯克氏(Coke)有言曰:法庭有至高无上之权力,以居于解释法律之地位,故既可以抵制君主,亦可以抗拒国会云云。此言虽为一时所传诵,然宪法上之权力,既有确定之归属,则柯氏此言即不免于失当。特撰诸当日职业皆(如律师等)之情状,颇亦有一种深固而流行之意见,与柯氏迹涉浮夸之言论相应和。然国人注意于宪法上之秩序,俾各种主政机关得以整饬而不相紊乱,此亦其推进力之一端。至法庭以种种方法,制定人民之权利,并谋其扶偏救弊之方,积久相沿,以养成习惯之民意。谓权利云云,乃对于治人者与被治者两方之关系而言也,此实宪法之精义。以法兰西古代专制暴横之治,然尚有司法界自昔相沿之成例,足以稍尽其钳制之功。按职业界之意见,与相沿之成例二者,能迫促法治之实行,在世界各国中,惟英国为独著,今试以福德斯克之言为我全篇之结束。福氏乃十五世纪法界之闻人也,其言曰:英之国王,不能任意变更国法,以是而英王之治民,不特借王者之权力,而亦有资于政策之权力。此英之人民所以能自由享用其财货,而无事乎隐匿忌讳也。夫英国治民之法律,固人民所自欲之法律也。

论经济法律之演习*

小川乡太郎 著　王倬 译

近时议论大学制度者渐多，提倡改革案者亦不少，或主张修学三年，或主张废止大学特权，或主张废止试验等。为此等议论者，所注目多在法科大学，故大学制度之论，不外为法科大学之论。其中惟三年制度，为我京都法科大学所尝行，虽中途改为四年制，亦惟暂时为然。故我京都法科大学，实始终主张三年制者。余辈尝据其中一人之自述，谓我京都法科大学仍复三年旧制，不过时之问题耳。

余辈主张三年制，其为如何之理由，姑不具论。兹论其大者，则三年制之先决问题，即演习制度是也。余辈因思演习之制，虽在现今之四年制亦为必要，于三年制为尤甚。今请述余辈关于演习之意见。

据大学令〔1〕，（帝国大学）以教授适应国家需要之学术技艺及攻究其蕴奥为目的。（第一条）故大学之目的，在学术之教授与学术之攻究。然学术技艺之教授，在高等商业、高等工业、专门医学等之专门学校，亦以之为目的，不得为大学之特色。惟攻究蕴奥，

---

* 原载《法政杂志（上海）》1914 年第 3 卷第 7 期，译自日本《京都法学会杂志》第 8 卷第 9 号。

〔1〕 日本帝国大学令规定设立作为高等教育机构核心之帝国大学的基本事项。1886 年（明治 19 年）颁布第一次帝国大学令。——编者注

则独为大学目的所在,可为大学之特色。夫然,故大学教授不可不在学术教授之外,自进而究学术技艺之蕴奥,此无待言。但可为问题者,在学生能否为研究学术技艺之蕴奥者耳。据大学令,大学以大学院及分科大学构成之,大学院攻究学术技艺之蕴奥,分科大学为教授学术技艺论理及应用之所。(第二条)攻究学术技艺之蕴奥者,似为大学院学生而非分科大学学生。实际征之,仅三四年在学,本不足究学术之蕴奥也。果然,则分科大学学生,不过学专门学术技艺耳,将与所谓攻究蕴奥者无涉乎?曰否。分科大学学生,不可不于其在学期中,作攻究学术蕴奥之素地,不可不养其得攻究深远学术之能力。大学者,为研究深远之府。学生育于此所谓研究深远之空气中,纵不得名副其实,要不可忘出此研究深远之态度。不然,则大学学生与其他专门学校之学生无择矣。

夫然,故大学学生修专门之学术技艺,当兼养研究的精神。偶遇特异之问题,不可不求解决之而作其应用之力。法科大学者,为教授关于法律经济等学术之所。然法律与年俱进,经济与世推移,在四年间尽其所学诚至难之事,况于三年。故关于法律经济等学术之教授,不得不以明其大体之理论为是。至于枝叶之议论及应用于种种事情,则当委诸学生自己之研究。如研究特别问题,平时虽不可求诸在学中之所得,而应以如何之学术的为研究乎,则不可不完全有所领会。例如,研究某特定之问题,不可不领会当如何发见此类之参考书,以如何解读,加如何批评。然后由自己立如何之意见而解决如何之问题。其以"如何"发问者,其以如何答之。即研究的精神、研究的态度,胥于此见。无其精神,无此态度,则虽通法律经济之一般理论而对于实际之问题,虽草一论文亦觉甚难,况攻究深远之学术乎?此则使学生养研究的精神,可谓为关于法律经济教育之目的也。

依以上所论观之,关于在法科大学法律经济之教育,得分之为二方面,即学术之教授、研究的精神之养成是也。从学生之地位观之,可归于被动的研究与自动的研究二种。

何谓学生之被动的研究,即听讲义是也。现今关于法律经济之教育,教员以讲义,学生以听,即如百事已了者然。学生记教员之说,虽片言只字,不敢漏之,而于教员所未及言者,复不敢加以穿凿。故课堂之讲义笔记,为修学惟一方便之物,有谓为诺脱[1]万能主义者。

诺脱万能主义之所由来,原因虽多,而其主要原因实试验制度所致。学生所畏者惟试验,求过此试验之难关,势不得不为诺脱之咀嚼,其他无暇兼顾也。此虽学生之过,而试验者亦不能不分其咎。何则,以时或试验学生之记忆力,不无课默诵的问题故也。虽然人无何等拘束即易流放逸,因有废学之虞,故谓全废试验制度亦非策之得者。

既有试验制度,既有诺脱万能主义,学生即甘为被动得研究,而无暇他顾,则不可不益促其为自动的研究,以谋矫弊,此于用三年制者尤然。

盖采用三年制度,势不得不减少必修科目,缩小讲义之范围。然学生以讲义笔记为修习唯一方便之故,其所得之智识,自不得不较四年制者为低。如不欲使之较低,即不可不置重于学生之自动的研究矣。

何谓学生之自动的研究,即课毕业论文与设演习科是也。听讲义可依傍,草论文、行演习则不得依傍,势必自进而为之。此余辈所以谓为自动的研究也。

课毕业论文,固为促学生自动的研究之最良方法。于我京都大学尝采用之,可谓得其当者。然此进步的制度,不能与现今之社会调和,终至废弃而无已,甚可惜也。今复行此制,虽漫造一案,余辈果可信其成功否乎?不能无疑。何以言之,盖毕业论文制度,每与高等文官试验制度不相容。试观因高等文官试验制度而为预备者,已较优于卒业试验制,可以见矣。夫然,故余辈以自动的研究

---

〔1〕 钞录注释之意。——译者注

归着于演习也。

兹所谓演习者,德国之 Seminar(研讨会)及 Praktikum(实习)之并称也。演习主眼所在,系使学生为自动的研究。教员虽可指导演习,而不可为讲义之形式。演习之中,主其发言主其议论者为学生。盖学生为演讲者,教员为听者,如为讲义式,则主客颠倒矣。惟教员于指导演习上,不可不对学生之议论加以批评而导之以一定之方向。故教员之于演习,如为讨论会之议长,然同时并可视为批评议论之一员。要之演习云者,学生为本位耳。学生为本位之语,固足说明演习之性质而无余蕴矣。

演习既以学生为本位,故参加于演习之学生,不可不自进而报告其所研究。研究之报告,正为学生之义务也。若视研究之报告,为可为不可为者,则演习不能成立,且于演习为学生本位之实际,无由探索。盖自动的研究之真髓,在学生各自为研究以报告之。因为研究报告,学生始有应如何研究学问之觉悟,因而可自养其研究之精神。若初学之徒,不得报告自己之研究,则如后段之说,亦宜报告其他著书之一节或论文之要领,而认为变例。何则报告之义务于演习固不能免,因从演习之本则而来,为当然之结果故也。

演习既以学生为本位,学生当自进而为报告。故他之学生,不可不对之加以批评,而上下其议论。然既为此,则必待参加于演习之学生全然聚集,而期之于先。故参加演习之学生,每遇演习,即不可不全体出席。出席正为参加演习学生之义务也。教员即有讲义,听之可,不听之亦可。如不听之,则读其他书籍以代听讲。故对于教员之讲义,不属出席之义务也。惟演习以学生自行论议为旨趣,故不得以读书籍辅之。而学生之论议,以出席为前提,因非出席则无由加以批评而上下其议论故也。如德国之诸大学,虽毫不强制学生之听讲,独至演习,则对于参加之学生,必强制出席。如学生不得已而缺席,必向指导教员请假,且教员于演习开始之先,必检查参加员名簿,核其有无出席,皆可证也。扼要言之,参加演习员,必不可不出席于演习,以此为学生之义务,亦固从演习本质而来之当然结果耳。

总之,演习以学生行自动的研究为主眼,以学生为本位,从而参加于演习之各学生,至少不可不每次为研究之报告,并不可不每次出席也。

演习之旨趣与本质,已如前段所述,然当以如何行演习乎?余辈今当进述演习之方法。

演习之方法,虽种别甚多,而得就学生专门智识之程度分为三段,假定其名为普通之演习方法、最高之演习方法、初步之演习方法。

论此等演习方法,余辈欲证之德奥二国经济演习之实状。取德奥之例者,因德奥诸大学,较之他国大学,行演习为最盛;而取德奥经济演习之例者,因余辈专研学问时,遨游各国,曾着眼于其地之经济演习,信为有得故也。

1. 普通之演习者,使学生各报告其研究,并使他学生评论之也。故为演习,不可不先定报告者,而报告者不可不选择应研究之特别问题。曾见今德国诸大学所行之普通方法,于学年之始,行第一次演习时,使学生自报告其研究事项,然后定研究报告者之次序,于此作一学年之日程。或则研究事项之选定于前学年终为之,因得于休假中为研究报告之准备也。故关于经济财政之问题,学生多在乡里研究之。以学生在归省中,集其材料,最可利用此暇日之故,此法实深得其当。

所谓研究之报告,当以如何形式行之乎,则用与教员讲义同式者,或用演说式,或用朗读原稿式均可。德国所行之经济演习,则多用朗读原稿式,于更进步之演习,则为演说式。朗读原稿式者,例须在演习前两三日以原稿交教员之手,经其阅览。故教员于开演习之前,已略知报告者所言之大体。报告文较长者,教员得仅指定其一部分使学生报告之。

学生之报告既毕,即对之开讨论会,使他学生出质问之意见,并使批评,然后教员就报告者之报告批评之,更就他学生批评之意见批评之,此为普通所行之方法。然因指导教员有于报告者报告未毕之先,举其误点,中断报告而移于评论,评论已毕,始再续报告者,此于民显大学之演习,屡屡见之。民显大学之经济演习,开于特别之经济演习室,因此室藏有数万卷经济书类。教授可于学生报告中,觉其引用之事实或学说有误时,即自就书架检出其关系书类,命中止报告而移于议论。

若Wagner[1]之演习,则报告之中断更甚。因中断而教员加以批评之故,殆不无一字一句,以教员与报告者斗其议论之感。报告者或穷促而手足无措,有退坐于旁听者之位置而不堪其困者。此时教员攻瑕抵隙,几无他学生批评议论之余地,颇不合演习之趣旨。然报告者朗谈原稿,已费一时间半,听者桓易起厌倦,演习之兴味索然将尽。于此以中断之批评议论,唤起听者之注意,足令演习带有活气。故余辈仍承认中断主义,惟以 Wagner 之方法略有过当耳。

在演习虽重学生之研究报告,而亦不轻他学生之批评讨论。从演习之本质言之,在指导教员,自为批评之先,不可不征求参加演习诸学生之批评为最当。故虽中断研究报告,而于报告事毕后,宜先使他学生各抒意见,而后教员可加以批评。奥国维也纳大学教员批氏之演习,即用此法。余辈所信为最得其当者,柏林大学教员雪氏。虽于演习,间有为研究报告之中断者,而报告事毕后之讨论批评,则先学生而后教员,亦同一趣旨。

对于一学生之研究报告,容他学生之批评讨论,此因演习之本质有不可不然之故。若他学生不出自动的研究态度,听研究报告如马耳东风,此果为何等之批评讨论乎？演习之效,半掷虚牝,则于此不可不谋所以促他学生为批评讨论之方法也。

促他学生为批评讨论之最良方法,当为共同报告制。共同报告制者,为对于报告者,别设共同报告者之制也。共同报告者与报

---

〔1〕 今通译"瓦格纳"。——编者注

告者就同一问题而为报告,然必共同报告者与报告者之意见不相同。不同其意见者,为待其批评报告者之故也。在演习时之共同报告者,于报告者之报告后,负发行意见之义务,其所云云,当不过于批评报告者之报告。盖演习之共同报告者,实可谓为以报告之批评为目的者。惟欲为此批评,共同报告者势必在开演习之先,就报告者所报告之题,加以详细研究,或于报告者之报告时,不可不就其最宜注意者听之。故共同报告之制,为驱报告者与共同报告者,同时出真面目之研究态度者也。

对于报告者之报告,有共同报告之批评时,则报告者必出而驳论。于是列坐之其他演习参加员,对于二者相歧之意思,必有所取舍,遂亦自进而表示意见。故共同报告之制,尚不仅为驱报告者与共同报告者出真面目之研究态度,并可谓为使全体学生,以真面目研究问题而参加于讨论批评也。

共同报告制,为莱府大学教员勃氏所采用。该教员演习室之设备最适行此制,盖使报告者与共同报告者两两对立。如为演习场中之陈设然,使两者相邻而坐。勃氏之演习室,则向于教员之案,以直角并长桌,于两旁设学生席。报告者与共同报告者,各在其一端,邻于教员之席。即报告者与共同报告者,在教员面前,相对而坐,颇似英国议会,朝野两党之领袖,于议长前设座两相对立者然。座席既为论战之形,则就席者,安得不为论战?此余辈所以谓共同报告制,系促演习参加员为批评讨论者之最良方法也。

然从演习参加员为批评讨论者之方法,尚不止此。如教员指名演习参加员,使述其意见,亦不失为一良法。在学生有自进而为角论之风者,此法固无必要。然学生恒愿为听者,而不愿为演述者,则此法不可谓非最当。我国学生,每甘缄默以听,教员宜努行此法以矫之。或有谓此系中小学之教育方法,非所以待大学生。然演习以自动的研究为目的,学生如不出于自动,则不得不以此法强制之。如谓以强制使出此态度,非所以完演习之精神。然如前所述,演习为强令各参加员为研究报告,并强令出席者,则使出席之参加员发挥其意见，本事理之当然，无足怪也。

2. 以上但就参加于演习者，由各自研究特别问题，次为报告，次受批评，举其方法耳。然演习之方法，必不以此而尽。如亘一学年或一学期以研究特定之一问题者，亦非不为一种方法。此方法，则当适用于最上级生或大学院学生之演习，所谓最高演习方法是也。亦不可无报告者，次于报告者之报告，即为讨论。然于第二次会合以后，则无报告而但有讨论。故观一学年或一学期之演习，与继续讨论无异。为此讨论而继续不绝，其一必因论点多歧，其二必因一论复生他论之故。故于此演习方法，先不可不分别论点，而就各论点分别讨论之。从一论移于他论之顺次，以分别研究。如由甲论点移于乙论点，复由乙论点之（子）论移于（丑）论时，则当以乙论点或（丑）论点为议题。使参加演习者集中注意于此，即教员之责任也。故演习之讨论，譬之赛船，教员不啻舵手。

此种方法，为奥国（奥地利）维也纳大学教授皮氏所采用。该教员之于演习，专为关于经济理论之研究，取历史上之一事实，惟日不足以为之。盖经济理论之研究，决非一次之会合可得而尽。讨论复讨论，以延至一学期，不可谓非自然之势。例如为利息论之研究，其评议关于利息之诸说，即为一学年之演习，亦终不得实行，故不可不取其中之某说为研究之题。今假取皮氏价值时差说，报告者先须熟读皮氏所著之书，报告其要领，并报告自己所主之说，则报告者之说，亦为价值时差说之批评，于是遂不得不起讨论。然讨论价值时差说之全体，将不知所归宿，于是乃分论点为甲乙丙丁。始由甲论点为讨论，待其论无余蕴，乃进于乙，复移于丙于丁。并于为甲论之际，其议论之结果，或新发生（子）（丑）等论，此即可直由甲论移于（子）论（丑）论，或待乙丙丁诸论告竣，然后进于（子）（丑）等论均可。

此类演习方法，为皮氏演习之特色，若不寻其议论之连锁，卒然临皮氏之演习，多不能解所演习者为何物。特如历史派人，则不以此为演习，亦不知所以评之。然经济不可不为理论的研究，而理论的研究必以此始其演习，必因演习而得领会其研究方法。以此言之，故皮氏之演习方法，为经济演习所不可缺者。惟最不可忘者，此等演习仅适用于最上级生或大学院之学生耳。

3. 皮氏之演习方法及普通之演习方法，皆以某种程度之专门智识为前提。故对于专门知识不多之初学，终不可用此方法。然亦非无其他之方法，即所谓初步之演习方法是也。以余辈所见，其方法有二种。即其一，使熟读名著之一节或杂志中之论文，以报告其要领；其二，讲义之复习应用也。

(1)使熟读名著之一节或杂志中之论文，报告其要领者，假以他人之著书或论文，代以自己之研究，较为变例之法也。读他人之著书或论文，骤视之虽不可谓为自动的研究。然当如何解读，如何摘要，亦须工夫，其为益于学生使自进而用其脑力者，仍不可谓少。盖约数千言为三四言，复衍三四言为数千言，为关于法律经济学问之秘诀。熟读他人之著书论文，而摘其要以为自己之物，而在报告亦不可不知此秘诀。故摘著书论文之要，可谓为带有自体自动的研究之性质，决不可谓为背于演习之趣旨者。况报告其要旨，在对于他学生之批评而为议论乎，至是而演习之体备矣。

如读外国名著之一节而报告其要旨，据此为讨论，则不惟能练习脑力，并得养细读外国书之能力，有二利也。在柏林大学等私教授之指导演习，多属此种。

此方法已如前述，为初步之演习方法。然或适用之于三回生四回生之演习，亦非不可。如我国学生，其不解特别研究为何物，对之用此方法亦为一策。然此但为过渡时代暂行之变例，不可不知也。

(2)讲义之应用者，系提出实际问题，使应用由讲义习得之学理以解决之。当解决其应用问题时，势必溯及讲义，于是乃不可不使学生交互口述，反复其讲义之要领，此即讲义之复习也。

例如，于此有不可不以法律定之者，然法律如何；其法律以如何而成立；法律案为何人提出；法律案之议定必须经如何之议会；

议会所议定之议案为不可不裁可否;法律之公布,用如何之形式?连发此等诸问,使演习之参加员各自答之,是为宪法讲义之复习。

此类讲义之复习,当解决应用问题之际,最宜为之。其依其他讲习方法者,虽非不得为之,而究不可。因初意本非仅令学生为听者而已,必使举演习参加员之实也。

以上余辈已说明演习当用如何之方法行之矣,今更论演习之实效如何。

演习之趣旨,在使学生养研究的精神。假令在学中,学生虽自进为研究之结果甚少,而因已养研究的精神,故毕业之后,自得随时而遂其研究。如学生专为被动的研究,惟知诺脱而不愿其他,则虽在学中通其讲义之大要,而卒业较久,必至淡忘。盖不通研究之方法而缺研究之精神,即不得为新研究,必至所学外他无所余。反之而学生在学中已养成研究的精神,至卒业后发挥之,则虽在学中所通讲义之大要甚少,固仍得伴其学问以为进步,甚且得有所贡献于学问之进步也。

人多谓日本之学生,能于在学中勉学,不能于卒业后勉学;德国学生,虽在学中不能勉学,而卒业后自能勉学云。以余辈观之,此因日本学生专为被动的研究而非自动的研究,故卒业后不知研究之方法。德国学生则不然,故卒业后即入研究之本域也。更深言之,日本学生多不知演习为何物,德国学生则因演习而经锻炼。毫厘千里之差,在此而已。

试观德国大学生之生活,群聚饮酒,耽于吟咏,列于舞踏之席,杂物倥偬,颇如无暇顾及学业者,此真学生之黄金时代矣。然黄金时代决不可久,迨入研究时代,自不得不报告其研究,于是而黄金时代去,苦痛时代来。虽然,于此苦痛时代,彼等始解学问之为何物,同时得领会应如何集材料、草论文之方法,为卒业后雄飞之准备,即成于斯。此即德国大学生真价所在也。

余辈因思德国学问之盛,其原因虽甚多,而其主要者,即在演习之制。由演习而为锻炼,则研究的精神、研究的态度胥备。故或出仕，或入实业界，有暇皆得为研究。以此德国官吏中有学者，实业界中有学者。所谓学者，决非大学所能独占，此德国文运之所以盛也。

法意之学问，亦非不盛。学艺上所出之奇才颇多，然论学者之数，终非德国之比，岂非演习之制，荣于德国而枯于法意之所致乎？

奥国学问与德国并隆，其学者亦甚多，此亦可以同一原因证之。观其经济学之发达可知，自克挨尔氏[1]独树所谓奥国派者以来，今奥国之经济学者，接踵继起，在世界学界颇占优越地位。其始克挨尔崛起此派，在英则有及文，[2]在法则有维爱[3]（后为瑞士洛桑大学教授），不期而各以其类似之考订，研究经济学，如价值论，其证也。若谓其系后起故较盛，则英法之经济学亦不可谓不盛，乃独让奥国之专美何也？究其原因，余辈固信为在奥国之演习制度耳。若欲观皮氏以如何行演习，则观奥国之理论的研究，足知其经济学者所以辈出之故矣。[4]

要之演习，系促学生之自动的研究心，使之自觉研究之趣味者。故学生虽卒业后，亦志于研究而不稍怠。此则学者所以辈出，文运所以进步，不可谓非演习所收之大效也。

余辈对于演习之此种大效，尚不得忽视演习之社交的效果。社交的效果无他，即使教员与学生互相接近是也。今日之大学教育，如法科大学者，教员既无讲义，学生仅为笔记，故教员与学生宛

---

〔1〕 应为“卡尔·门格尔”（Carl Menger）。——编者注

〔2〕 应为“杰文斯”（William Stanley Jevons）。——编者注

〔3〕 应为“瓦尔拉斯”（Léon Walras）。——编者注

〔4〕 余尝游维也纳，曾在喀夫埃好斯与一商业会议所之书记相识。彼喜经济论、财政论，每遇机会，即挑战不已，论锋锐利，殆不可当。而观其所论，多为经济学、财政学之根本原理，余辈揶揄之云：“君为商业会议所之书记，何不就其本职，一解决商工业之实际问题乎?”彼乃破声一哭，忽扬声曰：“诚然，然其奈未明根本的理论，则实际问显亦难解决何。”余于是知维也纳喜为理论的研究者之多，并悟以演习所养得之研究的精神，久而不衰如此。——译者注

如路人，毫无互交言语、互通殷勤之机会。独至演习，则以学生之相互讨论，教员亦加入之之故，教员与学生始相接触。教员于不知不识之间，得悉学生之资质，学生亦得随时辨识教员之人格。若教员人格果高，其德化自能感动学生，往者村塾中师弟之情谊，不难掬示。此则教员学生庶不至如陌路也。[1]

演习之效，已如前述。于法律经济之研究、演习，诚为不可缺者。若或缺之，则学生甘为被动的研究，而不能出自动的研究，守生吞主义、书橱主义，而不进于自发主义。研究的精神，终末由养之。故余辈于此，以演习为与讲义相对立者，主张不可不强制学生使参加于演习也。

京都帝国大学之法科大学，向置演习科，可谓为能知演习之必要者。而于其每周授业时数之表，合计必修科目时数与演习时数，虽以选择科目为先，固可解为以演习与必修科等视者，即学生必不可不参加于演习也。然现在此法科大学规程，精神上之进行，徒有演习之名而不能举其实者，果何故欤？

在我法科大学，始采卒业论文制之时代，演习较能实行。此因学生草卒业论文之先，于演习报告其大要，有求教员并同学学生批评之利益故也。换言之，卒业论文制，为事实上强制学生使参加于演习者。今则已废卒业论文制，采卒业试验制，学生虽参加于演习

---

[1] 德国之大学教员，多定面会日，其日，学生咸集于教员之门，其面会之用件，虽习用不同，而关于演习为最多。研究题目，虽于演习之初由学生拟出，而学生定其研究题目之先，例必与教员面谈。学生虽选定题目，进于研究地步，其必听教员意见而迫于必要者殊不少。故演习之制，必与学生以访问教员之机会，可谓为以访问而供谈话之资料者。此岂非使教员与学生接近之例乎？

在演习参加员不多者，每开演习于教员之私宅，余辈曾于柏林大学私教员提氏见之。氏于其私宅较广之室中置长桌，使演习参加员环坐之，桌上有啤酒，且饮且谈论。演习场同时有为社交场之观，此终非我国所得想象者。如老教员胡爱氏者，在演习室中，攻击报告者殆无完肤，而出演习室，即握报告者之腕，招学生入酒肆，倾杯大笑。胡爱氏之人格，固于此可见，而师弟之情亦于此可征，洵美谈也。德国之演习，教员与学生互相连结，仅此一二例已是想见演习之社交的效力，又不宜蔑视也。——译者注

而无由此得卒业试验上何等之益,故出席于演习者逐渐减少也。果尔,则虽视演习与必修科目同,尚非实际行之。故不可不断为无强制于演习参加也。故余辈曰,法律经济之研究上,以演习为必要,当然宜强制学生参加之者。

余辈论演习之性质,已于演习参加学生明言有研究报告之义务,有出席之义务矣。此所谓研究义务、报告义务者,皆无不带有强制之意味,故今论演习参加之强制,不得谓反于演习之本质也。

然则当如何强制参加演习乎?

①强制参加演习之第一方法,在课论文。此证之我法科大学过去之历史,毫无可疑。然如前述,有高等文官试验制度之限定,即不能以卒业论文代卒业试验。此又我法科大学过去之历史,所以诏我者。

②强制参加演习之第二方法,在以参加演习受卒业试验之条件。详言之,即非参加于演习者,不得受卒业试验也。此法强制学生使参加于演习,颇为有力。然以热心于演习者与不热心于演习者同律,不无微欠公平,于是乃有第三方法。

③强制参加演习之第三方法。在与他必修科目附同样之点数。附点数于演习,骤见颇可怪,然决不足怪。试思论文附点数,口头试验亦附点数,无有怪之者。研究之报告,为小论文之发表,附以点数,亦何不可?虽有属初步之演习方法者,然苟可视为足动学生之脑力,固得准口头试验之例,附之以点数也。

由此方法以强制参加演习,实为研究报告最良之法及鼓动脑力最优之法。或得高点,否则得低点,前者愈奋,后者亦愈勉。果然,则于促学生自动的研究之趣旨,不可谓不适矣。

据以上所论,余辈之主张,第一在强制参加演习,第二在附点数于演习以强制其参加也。

论至此,可知演习于三年制与四年制无所区别,而同为必要,然余辈则信三年制所需演习为尤要。

我国现今之法律经济教育,专在讲义,致学生漠视自动的研究,已如前述。故学生之知识,不出讲义之外。然今果废四年制用三年制,则讲义虽如何尽善,而讲义之分量固不得不减。讲义之量既减,学生之智识即不得不下,此岂非国家可痛叹之事乎?故三年制不可不预防此结果。预防之方法无他,惟在演习科而已。演习果举其实,或可唤起学生研究的精神,学生在大学既取研究的态度,则虽卒业后亦不失研究的态度。事至于此,则大学之讲义以说明大体理论之根柢(底)即足,其他固可由学生之研究心自行完补之也。此余辈所以谓三年制视演习更为重要之故也。

英美议长权力之原始*

福勒德 著　作霖 译

会议机会,以巴列门实习制为第一原素,言其能遵循国会法而行也。凡政治秩序心薄弱,及讨论自治力欠缺之国,其民意政府最易受莫大之危害。法兰西之代表会议,其明征也。条顿民族,阐明自治制度最多,恪守议事规则,俾讨论得臻于便易,亦为其自治之一端。英国享立法议会之利益最久,其所阐明之议事制度,亦最极精美而可贵。美利坚即以英国为师承,而得其心传者也。美人为自由计,为自治计,不惜于国会法中自定取缔之规则而自受其钳制,此为美利坚国民性质中最大之特色,而实亦操英吉利语言之人民所同具者也。法官史笃兰(Judge Story)当任麦萨鸠赛州代议院主席,于离任时谓人曰:予今而后始知此等规则,苟能严厉施行,一方面既可使多数之人,本其识力与威仪,以熟筹其所拟之计划;而一方面又可遏制少数之人,使不得侵持权力,妄逞野心。总之此等规则,足以杜得胜者之躁妄,制反对党之狂热。原辞令之可贵,提美德之精神,保豁达长厚者之谦光,折党同伐异者之妒焰。凡在此立法团体以内者,固无一人不受其保护也云云。观此则议事规则之重要可知,而厉行此议事规则者,其地位之重要,责任之艰巨又可知。此即所谓议院之主席,亦即通称为议长者是也。议长一席,其为重要而艰巨,不特在国会统系中有然,即在政治统系中亦何莫

---

* 原载《法政杂志(上海)》1914 年第 3 卷第 8 期。

不然。且各种法规之中,其变迁之甚,区别之多,无有逾于议长之选择及其职权之规定者。本篇上溯英国即美洲在殖民地时代之惯例,下迄一千七百八十九年合众国政府始建时之规制,以探讨议长一席之变迁与发育,而即以为研究众议院议长一问题之发。凡夫美利坚之制度,什九根柢(底)于英国。故欲知议长之由来,我人亦当先考夫英史焉(以上论国会法之重要)。

英议院当初建时代,其主席之姓名及行事,为后世所知者甚希,即此已足征其势力之轻,关系之微。英之众议院,自始建以迄于今,固无时无主席者一人,以为议员讨论之督率。然议长之名,则远至十四世纪而始见。英人之正式被称为众议院议长,即议长之得列于正式地位者,实自勋爵士亨格福(Sir Thomas Hungerford)始,时则一千三百七十七年也。议长之选任,向须经英王之许可,故英人对于此席,在昔多以官吏视之(以上论议长之初现于众议院)。

兹姑无论其渊源如何,而议长在十六世纪时,事事须听命于国王,则固显而易见者也。当时众议院之主席,例须赞成国王之政策。故斯席之职权,于君主极有关系,而亦颇为其所重视。国王之宣言书或演说辞,由议长撰述之,议院之请愿书,以执行某政策或颁布某法律相敦促者,亦有由议长拟定之。国王与议院,有躬亲讨论之事,例由议长奔走其间,代表全院发言,并得对于议院中之议案,而以一己之意见为之诠释。至于议院当奉行职务之时,或讨论进行之际,议长监临于上,其势力亦甚雄伟,试略述之。同时有数种之计划,提出于议院,议长得从中抽出其所喜之问题或君主所喜之问题,而交众公决,此其一也。既得以议员之动议,又得视辩论之趋势,而制为问题以隐施其操纵,此其二也。议案宣读之后,议长应将该案如果成例,则他日当有若何之效果或影响布告于全院。此其三也。此三者为其荦荦大端,更合上文所言者观之,可知议长之势力,凡有二途:一曰以众议院之意旨陈述于国王;一曰本其主席之资格,而颇能控制或督率该院之事务是也。方稊德氏(稊德氏为英之王统)有国之时,其历代王者,多以抑制巴列门,使俯首听命于君主为职志。其所以能如愿而偿者,不外以策马弯弓现任出勤之王党为之议长而已。按当时法律,国王对于议院选出之议长,有核准或拒却之权利。且为避免两方争执起见,国王例得于巴列门未召集前,将议长自行简定。是以稊德氏时代之议长,其在众议院执行事务,大都竭力求利于王室而已。主教史德白(Bishop Stubbs)之言曰:惟然而众议院之议长,非为该院自由权之保护人,而反驰骤束缚,使出于奴颜婢膝之将顺,或侧目重足之承诺而已。观主教此言,即足见国会之真相与议长之地位。议长对于君主所赞许之议案及其所要求之帑项,不得不在议院百计开导,多方运动,务令通过而承诺之。今试述一朝野盛传之事,以征我言之非谬。海亚氏(Hare)以忤国王之意旨,王怒甚,谓其藐视君上之大权,遂下之于理。既而氏降心相从,自矢此后当王言是听,不复有丝毫之抗争,王立即赦其罪,并复其众议院议长之职。时在千五百四十年,自是而该院乃完全弥服于王室之下矣。当会期告竟,末次集议时,海亚氏所宣读之演说辞,除反复称颂天王之圣明外,更无一重要语。若海亚者,洵足为稊德朝国会议长之代表,而其颂圣之文,则当时国会议长宣言书之代表也,即以丰裁峻厉如马亚勋爵士(Sir Thomas More)者,亦无由保持其独立之精神。当一千五百二十三年,大僧正胡尔赛(Cardinal Wolsey)以当朝宰辅,躬莅众议院要求拨款。该院议员相率缄口,以不答答之。胡尔赛再三陈请,冀该院之赞成其要求。然全体议员一律坚持,始终无启齿者。既而议长马亚氏突然长跽于地,敬谨致辞于胡尔赛之前,谓该大臣此来,并非迫于事势之必要,而可以变通辩理为借口,且与众议院自昔相传之自由权,显相抵触。其结束数语,则谓如此大问题,苟非经议员多数发言,俾主席者得窥其意旨所在,则议长一人,断不能以充分之答复,贡献于该大臣云云。胡尔赛乃猝然起立,盛怒而去。此事见于史乘所记载,决非尽诬。然其尤堪注意者,则议长马亚氏于胡尔赛莅院之翌日,竟以胡侃侃辩论之辞,力迫众人开议,而其所请拨之款项，终得该院之赞许云。又麦格兰武勋爵士（Sir Thomas Margrave），亦亨利第八世时代之众议院议长。当时宗教大改革之举，即新旧教因之而分立者。麦氏实秉承意旨，而为主张本议案极有力之人物。攷（考）巴列门史所记载，女王玛丽时代之议长，多为重定罗马教为国教案而被简。其受任者，皆以推尊旧教为职志者也。至伊利沙白时代，众议院之势力益削，几陷于无足重轻之地位，其议长益惟君主之命是听，唯唯诺诺而全无独立之权。该院所提出之议案，苟为伊利沙白所不喜，则饬令议长使间接取销（消）之而已。据巴列门全志所载，女王伊利沙白曾遣使召某议长入朝，面授训令。俾回院时据是以对付众议员，凡议案之涉及国家大事或宗教改革问题者，该议长有禁止其宣读之专责，否则即为对于女王而亏臣节。女王以视为告诫，议长即以是为报称。故稊德朝之议长，乃君主之私人，而非议院之公仆也（以上论稊德朝之议长）。

自思笃氏（英国之王统）有国以后，议长之权力，恒视君主与国会之竞争为消长。君主胜则议长失其独立；国会胜，则议长复其自由。一千六百二十八年之巴列门，以力争自由权著称于世，其为议长保存自由而与君主一再争持。如当日史乘所记者，洵足播为美谈。勋爵士伊寥德（Sir John Eliot）为磅制及吨制事，在众议院发抒议论，并请议长将该案陈论理由，借资研究。议长答以国王已命该院休会，故不能复将问题交议。然议员群起争论，多不承认国王有令议院休会之权利。其诘议长曰："君既被简而为我辈之议长于先，今乃有悔心而不顾复坐此席耶？"然议长以不欲违君主命，乃自座起立，宣告散会。议员当此皆大为愤激，有议员二人急趋至议长之前，按之于座，俾不得脱。议员霍列斯氏（Denzie Hollis）且忿极诅咒，旋谓之曰："议长君，尔其静坐勿动，俟得我众议院之许可而后行。"议长乃痛哭流涕而道曰："我不欲行，不欲行。然我又不敢不行，我任职以来，自信尚为诸君之忠仆，苟利国家，虽捐躯勿惜。然吾王既有休会之特命，我实不敢犯违逆之罪，诸君其念我前劳，勿为已甚之逼迫,至陷我于戮辱。”然议员举勿之听,以数人强按议长于座。其余则相互讨论,草为抗议书,迨抗议书宣读既竟,始各出院。自此事发生以后,次届巴列门,直至一千六百四十年始复召集。然其所最先提议者,即位审查上届议长在院内之行为,旋决议该议长不肯从议员之请求而提出问题,实为破坏特别利益,因即宣告其为有罪。同时即制定法律,声明众议院议长之地位,应不受君主之束缚,非王者专横之行为所能影响云云。及一千六百四十二年一月四日,英王查理士以众议院员有被控为大逆不道者五人,查理士入院搜捕,并勒令议长蓝索尔氏(Lenthall)将该员等按名交出。蓝氏惟有长跽于地,下气怡声而对曰:“臣之于此,乃众议院之仆役。苟众议院无以为臣指示,则臣实有目而不能见,有舌而不能言,惟陛下宥之云云。”观此则法律虽定,而议长之权力,殊未必有驾驭昔日耳。当一千六百四十三年革命之际,众议院于所选举之议长,仍自觉不能不求君主之核准。当时英王对于该院所选举之人,在势自不能降心相从,以是该院于一千六百四十七年,始出于惟一权宜之计以避免英王之挑剔。所谓惟一权宜者,及以选定之议长,具咨于元老院。元老院之亟加赞许,乃步骤之一定者也。自一千六百六十年,英国王政复古以后,王党苟有机可乘,仍不惜以私人占据议长一席。苟其人而才足济恶,则院事之进行,固多半为王室利,如勋爵士山木尔(Sir Edward Seymour)即此辈中之杰出者也。说者谓山木尔之议长才,乃出自天授,其于众议院之习惯及趋势,知之甚深。而对于议员,则虽聚数百人于一堂,然某人之性情若何,某人之意见若何,彼乃历历如数家珍,是以无论何种议案,一经提出之后,彼只须举目四顾,即能预道其命运,彼正惟有此才具,故能于议院中上下其手。例如某议案提出后,王党党员列席人数,尚不足以资操纵,彼则将该问题故意妄述,或显示误会,借此腾挪时间,俾受雇而来,唯利是图之诸党员得以四出召集其同类。迨本党议员已占多数,知议案之通过与否,已全在其掌握。彼乃出其无疑之辩才,将问题明白论述,既极动听,复极允当。初无所谓妄述,亦无所谓误会,而其于该议案之成败,则影响以至距。彼既有此才具,固何患不能控送自由?然当时议员亦为党不窥破其奸。一千六百七十七年时,议员起而为显著之责问,谓议长于评论议案,俾众决议之时,往往出彼伸此,意存偏徇,其意何居?克拉奇勋爵士(Sir Thomas Clarges)至谓议长之发表意见,其足以引起全院之注意,反视议员为有加。例如一问题之起,建议者之理由若何,往往为众人所藐视,而一惟议长之言论是听,此在议长已不免有侵越之嫌。而况其所谓意见者,万不能视为巴列门所发表,其所谓言论者,万不能邀巴列门之同情,今不幸反是。是议长对于议员所建白,可任意妄述,以厚诬议员而欺罔全国。代议制度之意义,至此毁坏净尽。众议院之权利于特益,亦即断送无遗云云。按议长对于尚待解决之动议案,本有指陈利害、评论得失之权,今既为人徇私滥用,至于此极,乃有多数议员议决取消。又当时之议长,莫不兼任有政界中之要职,如内阁秘书长及海军部会计科科长等。如山木尔勋爵士即海军部重要人员,某日于众议院讨论海军部部务时,竟欲以该部会计科科长之资格,在议长席上发言,当被议员若干人起而喝阻。谓该议长未经陈请本院之准许,故无发言之权利云云。当一千六百七十三年时,某议员以其行政官而兼充议长,尝忿然面斥之曰:"以先生而居此席,殊太折节。且某等亦殊不堪承教。先生为世界大官之一,今乃为我侪之公仆,未免屈尊甚矣。"观此则当时议长一席之性质,已大略可知。至国王为政事上之理由,而对于众议院所选之议长,坚不肯承认,则以一千六百七十九年为最后之结束。勋爵士山木尔虽恃其才力,滥用特权,然颇有以潜结众心,为一时物望所归。是年选举议长,山木尔竟当选,而国王查理士第二所指定之人,则得票反远逊。翌日,众议院以山木尔当选闻于朝,查理士不纳。议员以国王此举,显系侵犯巴列门之权限,皆大愤,抗论之声四起。据该院所反复陈说者,大致谓议长之选举,其权在议院,若选定之后,具奏于朝,不过为形式上之事,意在示敬于国王,国王对于选出之议长,决无不承认之理由云云。往复辩难,更一星期,该院终不能不见屈于国王之尊严而另行选举。然自是以后,国王对于该院自选议长之权,无复有起而阻梗者。朝命认可,遂为形式上必行之事。此为众议院确定其选举议长权之始期,而议院与君主各欲控制众议院主席之竞争,亦从此有告终之望矣(以上论思笃朝之议长)。

虽然,议长一席之能完全独立,而不受行政部之束缚,尚在一千六百八十八年大革命之后,且其变更仍系渐致,而非骤臻者也。当十八世纪中叶,毕德氏(Pitt)于讨论印花税议案,折服格兰维尔(Grenville)之时,尚有"即在议长,不能不时时瞻顾圣健姆斯(宫名,英廷所在)"之言。盖十八世纪,正当过渡时代,议长之受制于君主,诚不若稊德朝之甚。然谓其全不为官家之势力所影响,则犹未也。及后更阅一世纪,而众议院之议长,始卓然有大功至正不偏不阿之性质。薪火相传,以至于今日焉(以上论十八世纪之议长)。

有美国之学者观之,十八世纪之英议院议长,其地位殊远,不若十六、十七两世纪之重要,盖众议院议长一席,其性质实为调和政治制所影响。然以议长为调和政治之人,其制乃蜕化于十六、十七两世纪,而并非自十八世纪推演而成者也。自英人相率西游,殖民于美洲,而英国之风俗制度,亦挟以俱来。美之有议院及议院中之重要人物议长,亦即胚胎于英制。惟英制之西传者,究一再变通,一再改革,以合乎时地之需要,而美洲英殖民地之议长,厥后遂与英国众议院之议长,判然迥不相同焉(以上论美洲英殖民地之议长)。

美洲以从英国之先例,殖民地议院之主席,由该院自行选举,惟须于选定之后,咨总督而请其裁可。总督者,乃英王之代表,而驻节于美洲者也。殖民地之中,有以总督对于议院所举之议长,只能认可,不能拒却为言者。然总督一方面,则谓英君主在该殖民地应有之大权,公诸人民者多,而私诸一己者则至微。今议员等提议及此,是欲尽夺国王之权利而为议院所独有,揆诸理势万难赞许云云。试攷(考)麦萨鸠赛滋之历史,该省当殖民地时代,曾有类是之竞争二次,颇足以资本论之引证。其一在一千六百九十三年,即省宪章颁布之次年,总督之权力,是否能豁免议长。此问题者,当时业经商务局提议,惟并未剧烈之讨论。及一千七百零五年,总法院(按务局略如元老院,总法院则众议院也)选坞可氏(Thomas Oakes)为议长,坞可氏为该殖民地之驻英代表,于省宪政始终反对甚力,该省总督达特兰氏(Dudkey)以是不予裁可,并要求另行选举。总法院以多数议决,谓总督无否认该院所选议长之权力。达特兰氏虽不遽退让,然以当时待款甚急,总法即以此要挟,为总督如能不干涉该院之进行,则该院当许其拨款。于是坞可氏为议长议案,得以成立。然达特兰对于坞可,意殊不满,据其致商务局书云:坞克氏为著名之民政派人物,其人性好浮动,尤不谦于政府,且处境极啬,实一窭人子云云。及一千七百二十年,立法行政两方又起有类此之竞争,然此次则胜者在总督,而不在议院。柯克氏(Cooke)者,为舆情所属望。然其政见与当时殖民地各督抚相背驰,为反对党中极激切者之一,既当选为议长,总督即不予裁可。同时又驰书总法院,谓本总督不承认议长之权,乃英国宪法所规定。本省宪章多畀予,且为前任总督达特兰实所曾经行使,该院务另行选举。然本总督尚须禀闻本国政府,请其训令。如伦敦训令到时,谓该院不应有此重行选举之权利,则本总督对于其所续选之人亦难承认云云。院议对此要求,一致拒绝。于是总督许德氏(Shute)立下解散指令,并令重行选举,限于六星期后召集。然选举之结果,新议员大半即系书议员。惟该院以要政待议者甚多,雅不愿以立法行政两方相持之故,至庶政因而延搁,遂决计不复以柯克氏为议长;特同时宣布理由,谓该院此举,实迫于总督之威力云。及一千七百二十三年总法院召集时,竟不以所选之议长咨请总督裁可。伦敦政府即着手办理,于次年即一千七百二十四年颁布宪章释义,明定议长选举,必须咨请总督裁可。厥后合众国宪法中,有各项议会对于本会人员,有最后选择权之规定。此议于对讨论之时,一致赞成无或反对者,是殆于殖民地时代,备尝行政官干涉之苦，殷鉴不遥，用能邀全体议员之同意也（以上论美洲在殖民地时代之议长选举权）。

殖民地时代之议长，其能否维持本院之秩序，厉行本院之规则，大抵恃乎其个人之性质与物望。而该议长之巴列门职务，则尚非其最重要者，观于历来盛传佛勤尼亚议员挟制亨利氏（Patrick Henry）使不得履行其议长之权一事，而知当日之议长，其于议员讨论时之控制权，固至极有限者也。谓殖民地之议长，有特别之政治职务。如委任专任股股员或委员会会员等事，则考诸史乘，殊无确据。观一千七百六十七年实雪而佛尼亚议会所采用之规则云："议长有指认委员会会员之权，被任者不得借辞推诿。惟议员仍得斟酌情形，于已意所见为过当之时，自行指认委员会会员或拒绝议长所委之会员，议长于议员以此而相持不下时，当以全院多数之意思解决之。"按实雪尔佛尼亚之议员，似尚有选任全院委员会会长之权（以上论殖民地议长之巴列门职务）。

虽然，议长借巴列门之职务而运用其政治上之势力，其机会诚不足谓多，特其为全院之领袖，则确无疑义。以我人所观察者言之，议长之当选，首在为活泼之政客及有力之党魁，具有精神及魄力，足以使某种确定之政见，得完全见之于事实。至于其人是否通晓巴列门法律，或有无主席议员之才力，则殊非众意所注重。议长之选择，识者恒以之觇议员之意气及其与总督之关系。例如一千七百二十年，麦萨鸠塞滋疑更易其总法院之议长，然其理由，则不过以议员欲得一魄力较伟之领袖而已。议长恒保存其政治上之势力，且即就议长之身份而运用其势力，惟其能保存，故其运用也，往往于大局甚有利益。据宝雪尔佛尼亚报纸所载，一千六百八十二年议员记事云：下午五时，议院开会，议长出席演说，大致劝众人勿昧初心，勿忘所以来之本意，并示以进行之规范及议员与议员间彼此相待之职分。议长训勉既毕，复详述宗教问题及关于议员履行职任之种种言论，皆具有至理，可称稳健云云。又一千七百二十五年，克拉克氏（George Clarke）致华波兰（Walpole）书云：议员业已选斐利氏(Philips)为议长,以代利文斯顿(Livingstone)自是而该院之发抒政见、商榷议案,当幡然一变于前。该院虽有决计赞助政府之诚意,然其所以赞助之方法,则迄未邀总督之许可云云。观此则议长之进退,其所系于政治者决非浅鲜。安宝雪尔佛尼亚议院之议长,例必被选为会议委员会委员之一,以与总督府之枢密院会议要政。一千七百四十七年,曾被选为通问委员会会员,通问委员会者,所以通立法行政两部之邮而疏导其意见者也。一千七百七十四年之议长,则被选为磋议条约委员,与其他委员二人同赴阿尔巴尼。观于其历来被委之职务,则议长一席,于政治上之地位何如,益足以窥见其真相矣。且殖民地之议院,似并无代议士既为议长,即不得兼充议员之说,若纽约议院之议长,则不特对于各议案,一律有议决或投票之权。且可于议长席上,提出动议案,麦萨鸠塞滋之议长,得充任本院无论何项委员会之会员,与其他议员并无殊异。总之殖民地之议长,乃政治上之位置,然并非其职务之性质使然。徒以其人在全体议员之中,魄力声势,常较为雄健而强硬,且草莱新辟,百度初举,既无相传即忌讳,亦无牢固之成见。故其所奉行者,虽为议院主席之职务,然同时仍无疑其为政治上之领袖耳(以上论殖民地议长之为政治领袖)。

议长得多数议员为之后盾,且可为反对党之领袖而与政府相龋龁。纽约某总督尝有宣言:议院关于衡平法裁判所之决议案若干件,殊逸乎常轨之外,为情理所不应有,顾其所以提议及通过,则皆为议长所唆使[按当时之议长乃阿道尔夫·斐利氏(Adolphe Philip)]。该议长近当在衡平法裁判所诉讼失败,以是怀恨,遂陷该院于徇私忘公、不顾大局之地,本总督以为该院必须解散。至各该议案,已由枢密院明白批答,即随本命令同时刊布云云。又马斯兰氏(Edward Mosely)即世所称为凌厉无前之法学士者也,当于一千七百十五年,被选为北楷陆丽那议院之议长,该院以总督伊顿氏(Eden)措置乖方,提出弹劾案。又以某某数事,受行政部之冤抑,举委员赴诉于列席上议员之大地主。弹劾案既由马斯兰首列名衔，而委员会又以马为会长，厥后于一千七百七十三年时，该议院于全省之中，择一拥护殖民地权利最严切之某氏为议长，借以表示该院对于行政部之意气。总之北楷陆黎那之议长，与本省总督时或有最剧烈之冲突。然此外各殖民地之中，其总督以有重要计划，须俟议院之通过，而遂求助于议长，冀其疏通运动于间者，亦往往有之。至议长一席，其声势所以煊赫，力量所以雄伟，则理由甚近，无俟他求。盖以政界中至高尚之位置，而又出于人民之公举，则其被推为领袖人物，固理势之一定者。总督则有一委任由我，惟命是听之枢密院，呼拥于前后左右，其不受立法部之羁勒。自十八世纪初叶以来，虽英国之君主，尚不能得之于巴列门，殖民地之立法部，所以不能不授权于议长，亦即坐是。盖欲借议长之抵抗，以稍杀总督之威柄耳（以上论议长为反对党之领袖）。

顾议长于求达其目的之时，亦往往又滥用其特权，而不知自检者。例如一千七百一十六年，纽乾赛议院以屏退议长事，致书总督亨德氏（Hunter）书中有云：该议长力能运动多数议员，相与勾结，以济奸而肆恶，此实为议员仅有之弱点。今既将该议长斥退，则全院必能恢复其奉公尽职之旧观，以无忝为人民之代表云。致纽约州志所载，则议长不特自视为议院之喉舌，即该院之行动或举止，间亦有应由议长负责者。纽约议员以不谦于政府之设施，当拟定抗议书，决请议长率同该院，面递于总督。议长苟或不从，则该院当摈诸议场之外。时议长为葛拉罕（Graham）坚持不允，虽以此被摈，然总督即委任为枢密院员，以为报酬。该院则公选抗议书属臬之古佛纳氏（Gouverneur）为继任议长。观于葛拉罕之力致抗拒，不允为该院之呈递机关，则议长一职，于政治上之关系，即可概见。夫殖民地时代之议长，以立法而言，固为议院之领袖。然一或不能得议院之同意，则随时有不安于位之忧。然则其政治地位颇有类于英国今日之首相，而于英国之众议院议长，则反不甚相似也（以上论殖民地议长之责任）。

凡上文所述，悉系指各殖民地或各省之议会，此外尚有大洲会议与联邦议院。其会长或院长之当选,恒视其势力与身份。初时虽拟采各邦轮值之制,其主席当由各邦以次递任。然一千七百八十四年,佛勤尼亚之理查·亨利·立氏(Richard Henry Lee)当选为院长,而此例遂破。盖该邦之蓝道尔夫氏(Randolph)当于十年前被推为第一次之院长也,嗣是以后,大邦如佛勤尼亚、麦萨鸠赛滋、宾雪尔佛尼亚等一再有人为院长,而小邦如纽亨伯休、罗德挨兰、乔琪亚、北楷陆黎那等,则始终无在议院为主席者(以上论大洲会议与联邦议院之主席)。

主席之权力何如,其详殊不可得而考,然以意度之,要未必甚巨。盖议院中之重要问题,悉由全院委员会解决,而主席则更不得委任其他委员会,且议决之权操诸各邦,主席不得而投票,此殆所以裁抑其在康格雷之权限。设以事暂离,主席偶缺,则由该院公选替人。惟代理主席之权力,仅限于维持秩序而止。顾院长为一邦最高等之官吏,在殖民地团体之中,院长之职位至尊,兼有行政与外交上之职权。且当时行政各部尚未分析,对于军队、对于各邦、对于外国大使、对于本国驻外代表等,均以院长为例定之交通机会,是以其威望至隆,而间接之势力,以此遂颇伟大。乾氏(Jay)为院长时,曾以本院之建议,由该院长函致各邦,具道康格雷所以议决限制纸币之理由,并请各邦筹备款项,以供联邦事宜之用。按照常例,此类之事,由该院组织委员会以处理之。今乃请院长通告各邦,实为从来未有之举。然而乾氏于致各邦书中,力陈钞票滥行、信用堕落之可危,各邦协力、为国尽忠之宜急。辞意慷慨,全院一致赞成。康格雷院长之地位,究竟何如?观一千七百七十八年劳伦斯(Laurens)辞职事,当可略觇大概。是时各报纸所刊记事及评论之文,对于劳伦斯及康格雷抨击甚烈。劳持报纸赴议院,由议长席上建议,谓此项报纸,应交秘书宣读,借为本院议案之主题。众意均谓此非正当办法,不之听。劳遂起而辞议长之职,并称议长之尊荣,至此已尽失,故不得不求退。众对于此举,多有憎恶之意,遂散会。次日,议员之与劳相厚者,拟请劳还任院长,为运动于本院,众不可,于是重举新议长云。按全国要务,无不报告于院长,借为居间交通之资,上文已言之矣。惟然而各方消息,应否立行宣布于议院,院长有决夺之全权。无论何种计划,苟欲求议院之通过,首当邀院长之赞助,是故联邦议院之院长,其名位与职权,虽为联邦条件所不载,而此外可资查考之材料,又极鲜少,然其为调和政争之人,而同时又为政治上领袖,则殊无疑义。就大致而言,议长固不得谓有权之人员,然其然两重之资格,又日后之议长所由胚胎者也(以上论康格雷院长之权力)。

斐尔罩尔斐亚宪政法会议时之主席,即为美国编制宪法者最近之攷(考)镜,而美国众议院议长之职权,即多半取法于是也。该主席亦如大洲会议之会长,以投票法公举,其结果则华盛顿得一致之票选。惟此项宪法会议,其对于主席之职权,不过谓各项相持不下之问题,应听决断于主席。主席所决者,不能更诉诸他方面,亦不得复有所争辩。两议员同时起立,何人首先发言,应由主席断定,此外则更无规定之明文,专任股或委员会亦用投票法选举。惟主席在该议会之势力若何?可述一事以证之。郭尔海氏(Gorham)曾提出修正案,主张每户口三万人中,得出代议士一人。此项议案,或出于华盛顿之授意,亦未可知。惟该议会对于此案,颇有踌躇之色,华盛顿乃起而声明理由,加以评论。然先之以数语曰:本员以身为主席之故,对于本院待决之议案,从不肯妄赞一辞。此次冒昧发言,本院必有不以为然者,特本员对此改正案,终觉其合乎事理,以见诸实行为宜,故不能自禁,辄用陈述其意愿云云。该案旋即通过,则华盛顿之言,必有所以感人者矣(以上论宪法会议时之主席)。

宪法中关于议长之条件,仅有一节,略谓众议院应自选其议长及他项人员云云。当日议订宪法者,对于议长一席,究有若何之见解,以讨论未及,无从悬揣。然斐尔罩尔斐亚会议宪法之人,固深知殖民地议院之议长者也。殖民地之议长则政党党魁或政治领袖也,彼又深知康格雷之主席者也。康格雷主席,则政党魁杰、国家长吏,而又有重要之行政职权者也。至于宪法议会之会长,始而得一致之公举,继而有政见之宣布,终且为他日开国之元勋,其为彼辈所亲炙,更无待言。况议员多生长美洲,曾游英国者至鲜,则其期望他日众议院议长之为政治领袖,而决不欲借宪法以造成与英国类似之议长,固无待言也。

权利争斗论*

意林[1]著　无悲 译

一、法之争斗

平和者,权利之目的,争斗其手段也。世界存在之间,不能免不法之侵害。权利争斗,亦继续而无已时。盖权利之生命在争斗,即国民之争斗、国权之争斗、阶级之争斗、个人之争斗是也。举世所有权利,无一非争斗之赐。各重要之法规,皆自反对者掌中夺来者。故无论其为个人与国民,欲主张权利,不可无相当之准备。盖权利者,非空想,乃活力也。正义之神,一手持衡以称权利,他手握剑以主张之。无衡之剑,是为暴力;无剑之衡,则无权威。故剑与衡,犹唇与齿,而完全权利之状态,特存于操衡挥剑,允得厥中之时而已。

权利者,全国民无间断之事业也。权利之生涯,恒演全体国民不息之格斗及劳动之活剧。各个人权利之主张,皆担负此国民的劳动之一部,以实现权利观念于世者也。然事实上无障无碍,经过权利之轨道者,亦复不少。使告彼等曰:权利必争斗而后得。彼必不解,以彼等固有之经验而观察,则谓权利为平和及秩序之状态,谁曰非宜?夫富裕之相续人,无一举手一投足之劳而享受他人劳

---

* 原载《法政杂志》1915年第5卷第6期。

〔1〕“意林”今通译为“耶林”。——编者注

动之结果,其否认劳动为所有物之母之原则,亦犹是耳。原其误解之因,则个人对于所有物与夫权利之负担,甲得其利益与平和,而乙得其劳动与争斗而已。殿门神像,内外各显其半面,特见之者,谓为不同耳。

时代之视权利,亦犹是也。平和之世,国民视权利为平和,迨炮声一发,迷梦斯破。偷安贪逸之氏族败,剧战苦斗者,代之以兴,所有物亦然。劳力与收益常相分离,不有乙之劳动争斗,则无甲之利益平和。夫无争之平和、不劳之利益,当求诸乐园时代,然要亦历史上困难勉励之成果也。

且争斗者,权利之作用也。争斗之于权利,与劳动之于所有物,立同等之地位。吾请就实际上必要及伦理上价值而说明之。

勒希特(Recht)之语,有客观主观二义。客观为法,主观为权利。其遇抵抗之途有二,而征服之途亦有二,即从争斗之方法而赢得或主张其生存是也。吾于主观的勒希特,主争斗之说,而客观的勒希特之争斗,亦认其有正当之理由。

国家法律之施行及法规之维持,对于不法,为不断之争斗,固人无异辞。然于法之发生及其改革,则学说不一。罗马法学者查弼尼－葡他(Savigny-Puchta)学派之说曰:法之成立,犹言语然。无意识,无苦痛,独力以行,无奋励争斗、企画建设之必要。不过真理之静的活动力,渐次启发人心。依其行动,所发现之人民确信力而已。从此见解,则法亦为内部有机的之发达无疑。虽然,现行法从时代之经过,遂与多数个人及阶级全体,生密接之关系。欲删除之,不得不害其利益,反抗必烈,争斗即因以生。当是之时,决胜负之数者,不在理由之强弱,而在对峙之权力关系。常有如力学所谓方向不同之二力,每避其本线,而为平行四边形之对角线者。举凡种种制度,宣告废止之后,尚久存于世者,非历史之胶着力,实主张所有权之利益反抗力,有以致此耳。

故现行法革新之争斗,常亘于数百年间。迨利益愈明,争斗愈剧。于是两党对峙,互以法之神圣相标榜。甲派曰:法之神圣,在有过去之历史。乙派曰:法之神圣,在于不息而常新。各从所信,赌全力以争竞,常含悲剧之性质焉。法律上著大之成果,如奴隶制度及从属制度之废止,与夫土地所有及营业、信仰之自由等,皆经数世纪激烈争斗而后得。其所过之径路,常留有国民之血迹及旧法之遗骸。盖法者,并子而食之恶魅也。唯能除旧,故能得新。古人不尝云乎:生者必灭。既成法不能不让道于新成立之法,职是故耳。自有文字以来,历史之报告有足令吾人满足者,则法之成立,犹人之出生,须经激剧之阵痛云。

虽然,是不足为吾人悲也。法之为物,非国民袖手旁观,所能俟其自至者,必努力奋战而后可得。生产之际,母子常互争其性命。国民与法,亦犹是耳。夫不劳而得之法,犹雏鸟为鸿雁攫来者,辄为狐狸猛禽篡夺以去,而自己所生之子,母氏未有任其被夺者。故国民以流血所得之法及制度,不易废灭。其对法之爱惜心,亦以所费之劳力奋斗之代价而定。国民与法之连锁,锻而弥固,非单纯之惯习使然,在牺牲之精神耳。夫神对于所爱之国民,于其必要之物,未有无值而赐之者,于其所费之劳力,亦未尝有为之轻减者,有时反困厄之。然则争斗之于法,岂神之咒咀(诅)哉?其恩惠耳。

二、权利之争斗

兹请就主观的勒希特之争斗而申论之。斯斗也,因权利之侵害或抑留而生,权利常因之而复,自私权以至于国权及国际间之权利,皆如是也。国际法上,则以战争而主张,国民则以国权之任意活动(对于违宪行为,以暴动扰乱革命之形式)而反抗。中世纪以决斗权及私斗权,为私权之保护;今之决斗,即其遗制。而今日正当之方法,则以民事诉讼法主张之。虽其争斗之目的、对象、范围,各有不同,而其为权利争斗之形式活剧,则一也。

当权利侵害之事实发生时,各权利间所生之问题有二,即主张权利,而生抗争耶?抑抛弃权利,以求排解耶?二者皆不免于牺牲，或为权利而牺牲其平和，或为平和而牺牲其权利。解决之道，各视个人及事件之关系，而以何者能堪此牺牲为归着。富者恒为平和，而放弃其不重要之争值。贫者恒为必要之金额，而自舍其平和。然则权利争斗之问题，其终归于纯粹计算问题，双方必互衡其损益，而后定其决心耶？则又不然。夫一金堕水中，世无有耗两金以拾之者。独于权利之争，纵明知所得不偿所费，犹不息讼者，其故果安在哉？说者曰：诉讼趣味，每由顽固而生，其弊可悲也。又曰：利人之败，以洩（泄）己忿。争论之快乐，有以致此也。斯二说也，其果权利者之本意耶？

吾请就二国民间之纷争论之。设有甲国民，以不法而取乙国民一哩（英里）平方之荒地，乙国与之宣战，其事正与一农夫为其邻人占去数尺之地而兴讼相等。若就诉讼趣味说观之，争一哩（英里）平方之芜地，至牺牲无数之生命财产，或至陷国家于危殆之境，非愚之至耶？然就农夫之事言之，得失之数，迴不相侔，迹近于愚。至于国民，则天下莫敢笑其非是，何者？国权被害，忍默不言，如此国民，与捺印于自己之死刑宣告书何异？任邻邦夺一哩（英里）平方之地，不敢与抗。是并其所余土地，教人尽取之也，终不至于为无领土之国家不已。如是国民之运命，如是已耳。

为国民者，不顾代价以争一哩（英里）平方之地，天下是之。然则农夫，以争数尺之地而兴讼，何为不可耶？国民之兴战也，为名誉也，为独立也，不为一哩（英里）平方地也。农夫之兴讼也，所以主张自己之权利感情，其所伴之牺牲及不祥事，非所计也。故驱被害者以讼者，非金钱之利益，所受不法之精神苦痛耳。凡以实行其正当权利耳，彼之良心常告彼曰："是非汝退让时也。为汝计，不在无价值之目的物，在汝之人格名誉、权利感情及自尊。诉讼之于汝，在单纯利益问题以外，汝性格问题也，即汝主张人格与抛弃人格之问题也。"

吾敢断言曰：对于轻侮侵害之反抗，权利者之义务也。对己之义务也，何者？以其为保存精神自我之命令故也。对社会公共之义务也，何者？以其实现权利之必要故也。请详论之。

三、对己之义务

权力争斗者，对己之义务也。夫自己生存之主张，为生物全体最高之原则。生物各以保存自己本能，表现其存在，而人类则于肉体生活之外，犹有所谓精神生存者在。精神生存之一要件，即权利主张是已。人类依其权利，以维持防御其精神之生存，使无权利，则陷于动物阶级。罗马人从法律上见解，视奴隶与动物同等，良有以也。故权利之主张，乃保存精神自我之义务。抛弃之者，特精神之自杀耳。

猜疑之心，以农夫为最重，而所有权之感情，亦以农夫为最强。其诉讼之兴味，恒为斯二者之产物。所有权感情，发达至于其极。故侵害之苦痛，亦益难堪，而反动遂以剧烈。故农夫之权利观念，恒寄于所有权而表发焉。名誉最发达之阶级，将校是也。使将校忝然忍受名誉侵害而不抗，必不齿于同僚。盖彼以名誉为生存要件，其保全名誉，自生存要件正当之感情出也。试与农夫较，农夫极端防卫其所有权，于名誉似殆无感觉，是何故哉？盖农夫以劳动为职志，不能以无勇责之。劳动为所有权所保护，主张所有权，亦自生存要件正当之感情出耳。劳动及所有权之取得，农夫之名誉也。农夫不保其田产，必为同辈所轻蔑，犹将校不保其名誉，必被弃于同僚。农民不受无勇之诮，犹将校不受不为善良户主之难。将校受辱，拔剑以斗；农夫丧物，抵死以争，无遑后顾。精神自我之保存，各从其特有之法则耳。

商人之于信用，犹将校于名誉、农夫于所有权也。维持信用，为商人生死问题。使以履行义务之怠惰责商人，较辱其个人盗其商品为尤酷。新法典以欺诈破产之刑，局限于商人及其同等者，亦以适于商人特别之地位故也。

吾为此言之目的，非徒以论证权利感情，因阶级利益而不同之事实而已。凡此事实，皆有高尚真理，存乎其中。可为权利者，防卫精神生存要件之一证。上述三阶级，皆自觉其独持之生存要件，而各现其权利感情之最高刺激性者。权利感情之反动，非如普通感情，仅从性情品性之动机以定而已，常含有社会的动机，即因此阶级特别生存之目的，不可无一定法制之感情是也。

刑法者，定刺激性及制度价值之测度计也。刑法立法上，科罪轻重之差异，恒以生存要件之见地为主。国家对于加害其固有生存方针之犯罪，常处以极刑，其他类从宽大。神政政体之下，渎神排神者，罪至死，变更境界者仅常刑。农业之国，变更境界者处极刑，渎神犯人仅微罚。商业国严伪造，陆军国重服从，君主国以侵犯君主、共和国以拥护民权[1]为犯罪之第一位。盖国家及个人权利感情之反动，皆以危及固有之生存要件时为最烈。

且权利之目的物，果何由以构成耶？使物而偶然入吾权利之内，则可不侵犯吾身，复出于吾权利之外矣。然物非偿来者，物以吾之意思，始入于吾权利范围内，则吾与物之间，及他人过去劳动代价之间，已生莫解之连锁。吾所以能有吾物，主张吾物者，以物中有吾及他人劳动之一部故耳。吾以物为吾之所有物，吾铭吾之人格于吾物也。故触吾物者，触吾之人格也。加攻击于吾物者，击物中潜在之吾也。然则所有物者，不外因物扩张之人格之外象而已。

权利与人格结合，遂生无量之价值。凡主张权利之牺牲及势力，悉由此价值而发，吾欲名之为"理想上之价值"焉。人无贫富文野贤不肖之分，对此理想上之解释，无不能明其理。盖理想主义，不外健全之权利观念，实于权利内性，坚植其基。权利之为物，一面使人为绝对利己之计算，一面复使人登最高理想之区域。故纯粹物质方面之文章，法是也。主张人格权利争斗之文章，诗歌是也。权利争斗者，性格之诗歌也。

所以呈此奇观者，果何为哉？非由知识，乃单纯苦痛之感耳，

[1] 此处的"民权"似应为"王权"。——编者注

危迫时之悲鸣号叫耳。权利之真价值,平时行使时,常不之知,独于被害苦痛之瞬间,发无余蕴。使未曾尝此苦痛,即熟读全部法典,终不知权利为何物。盖此问题,非理知所能解,解之者惟感情而已。"权利感情"一语,洵足以示权利心理的之渊源。权利之威力,基于感情,与爱情之威力基于感情相等。理知识见,不能补感情之缺。唯被害时之痛苦,为能明其真理,而显其威力。吾故曰:权利者,人类之精神生存要件也。其所以主张者,自己精神之自卫也。

权利被害反应之腕力若何者?权利感情健否之试金石也。徒感苦痛,不防御其危险,则戾此感情。权利感情之本质在行为,苦痛而不行为,感情渐迟钝以萎缩,终至失其感觉而后已。以吾观之,刺激性与行为力,二者健全权利感情之表征也。行为力若何?系纯粹性格之问题。观人觇国者,视权利被害时,个人与国民之态度,有以知其性格为何如矣。

四、对于公共之义务

权利争斗者,对于公共之义务也。欲明斯义,当先就法及权利关系上,详加研究。夫法为权利之前提。有抽象的法则之存在,而后有权利。此说足以完全叙述现行法之观念,世遂以为尽法与权利之关系矣。然此观念,仅论权利绝对地从属于法而已,至反对关系之存在,则未之及也。权利受生命及威力于法,同时即返还之。法之本质在实行。不实行与不能实行之法规,则失其资格,不过为无发条之权利机器而已。不费劳力,取之以去,亦无影响于他物,无论其为国法、刑法、私法皆然也。罗马法认法之不使用为废止之原因,诚以久不适用之法与权利消灭相等。故以实行公法、刑法,为国家官厅之义务;实行私法,为私人之权利。公法、刑法之实行若何?视国家官厅及官吏之履行其义务与否。私法之实行若何?视私人之行使其权利与否。使私人因事中止其权利之行使,无论其原因,为出于不知与怠惰卑怯。事实上法规失其完全之作用,盖私法法规实际之威力,由权利行使而证明。私人之生命,为法律所维持;法律之生命,亦私人所赋与。故曰:法与权利之关系,犹血液之循环,出自心脏,而复入于心脏也。

今有千人为军,共赴战斗。一人逃亡,似无足轻重,若至百人,则兵力为之大减。忠诚御敌者,益濒于危,而负担亦愈重矣。私法之维持,乃对于不法,为权利之争斗,全国民所宜坚强团结以共同赴战者也。此而逃亡,是对共同事业犯背反之罪,增敌之胆力勇气而壮其军势。故使不法之人益猖獗者,法律保护者不忠于其义务之证也。主张自己之权利者,于其狭小范围中,为权利全体之保护,其行动之利益结果,不止及其一身。既能伸张法律之威权,达尊严理想之主义,复能维持社会之秩序,使他人受实际之利益,其利溥哉。使雇主不敢适用仆婢之条令,债权者不使债务者为担保之提供,买主不尊重权衡及定价,则不至于破市民之生活秩序不止被害之范围,至大且广。对此责任,谁负之耶?吾知不在侵害权利之人民,而在无维持法律勇气之人民矣。且权利被侵害之时,权利者所控诉之目的物,非不法也,所以致此不法之权利也。设有"勿为不法"及"勿许不法"二语于此。欲从社会之实际的价值,以评其价,吾必以"勿许不法"为第一原则,而以"勿为不法"次之。何者?人虽欲为不法,莫不畏权利者强固之决心。使权利者而果反抗,则不致受不法之侵害。即使不加反抗,而畏人反抗不敢为不法之自制力,较诸从道德命令不为不法之力,已为大矣。由是观之,吾所主张保护权利之举,不特权利者对己之义务,亦对公共之义务,非过言也明矣。权利者依其权利,以防卫法律,复依法律,以防卫公共不可缺之秩序。防卫秩序者,对于社会公共之义务也。个人受法之恩惠,对于维持法之权力威严,不可不各尽其绵力。个人者为社会利益奋斗而生之战士也。

权利者以法律所赋与之作用,复还于法律。国民协力,共负其责,与权利者自知有此责任与否无关也。甲以无趣味之利益,乙以被侵害之苦痛,丙以义务感情及权利观念,各至于争斗。其致争之原因,虽人人殊,然对于不法之抵抗,则互相提携者也。夫个人实行权利观念,自利益思想,卑下之动机,进而为人格精神之自卫,终至于维持公共秩序之见解。权利争斗之理想,可谓达于极点矣。

吾前已述权利及法律之关系矣,曰:侵害吾之权利者,侵害权利之全体也。主张吾之权利者,主张权利之全体也。世之法律家,否认吾说,谓权利争斗,与法律毫无关系。不知为争斗之中心者,非抽象的之法律,乃法律化身而有具体的权利之形者也,于一定程度下法律之光像也。权利固定于其中,而恒直接为争斗之的耳。吾主斯说,然对于否定"侵害权利即侵害法律"之说,亦不敢厚非。唯在权利感情幼稚之人,后说为易理解。德语及拉丁语之立言,可为证佐。德语称原告之主张权利曰"诉诸法律",称诉讼曰"法律诉讼"。盖争讼问题,不特权利主体之利益而已。法律自身,亦在问题之内故耳。

吾为法律与权利共同责任之说,不必具深远之理想者,始能解也。即利己主义者对此观念,已早具犀利之眼光矣。彼因利益一致之故,争斗之际,恒引国家为同盟。不知不觉之间,遂超越自己之权利,达法律代表者之理想。纵权利主体,从自己利益之狭隘见解,认识真理以为防卫,然真理之为真理自若也。昔塞洛克请求安特尼阿一镑之肉,讼于法庭,为洩(泄)忿也。[1] 莎翁咏其事曰:"吾所求一磅耶?自汝购来,吾之物也,吾欲得之。汝等拒之耶?汝等自唾其法律耳。然则威尼斯之法,有何权威耶?吾要求吾法律。吾主张吾证书。"诗人数语,权利与法律之关系,阐示无遗,即法理大家亦无以复加矣。吾想见塞洛克发斯言之时,容姿庄严,气魄伟大,非复犹太人,乃裁判所书棚上跃跃欲出之威尼斯法律耳。

---

〔1〕 译者案:莎翁丛谈中,伊太利(意大利)东北境威尼斯州商人安特尼阿,假犹太人塞洛克金,与约逾期不还当割肉一磅以相偿,及期果无力辨偿。塞洛克素恶安特尼阿,坚执前约,诉于法庭。安特尼阿之友为之辩护,操刀授塞洛克使割,附以条件:不许增减其分量,亦不许着血,以前约言肉不言血也。塞洛克无如之何,败诉而去。

彼之权利与威尼斯之权利一致，彼之权利失，威尼斯之权利与之偕亡。卑劣诡智，遂使彼之权利归于乌有，嘲笑声中，悄然而退，威尼斯之法与塞洛克俱去矣。迷喀尔·哥尔哈斯之事，则异于是。[1]迷氏不能屈服于横暴裁判之下，常自呼曰："使人而被躏于脚下，吾毋宁为犬也。"又曰："禁吾法律之保护者，放吾于荒野蛮人中也，以自卫之棒授吾也。"激愤之余，铤而走险，匹夫一怒，全国震焉。所以致彼于此者，非复仇之激情为之也，道德之观念耳。盖彼以抵抗自己之侵害及保护同胞之权利，为目前之义务故也。

夫人处不完全法律之下，不能满足其权利感情，每依其自助之能力，以补法律所不足，于是有中世纪之秘密裁判及私斗权。对于名誉侵害，国家所科之刑罚，不足以厌社会之名誉心，于是有哥尔诗加之血的复仇，及美国之国民裁判。凡兹皆足以为国家制度与国民或阶级之权利感情不调和之证。古代罗马，无类似此等之现象，亦以国家制度与国民的权利感情一致故耳。

五、私权及国法上国际法上权利之关系

吾对于个人权利争斗之观察，既详述如前矣。争斗之动机，自单纯利益之见解，进而为人格及伦理的生存之要件，更进而为正义观念之实行，于是达理想界之极点矣。自此极点偶一失足，反陷于不法之深渊，前例是也。

然争斗之利益，不限于私权及私人之生活而已，诚有超出其上者在。盖国民者，个人之总计也。个人有感觉、有思想、有行动，国民亦然。使个人对于私权之权利感情，怯懦迟淡，或敝法窳律，使此感情无自由发展之余地，忍受不法，习而成风。以此种个人组织之国家，即有侵害其全国民之权利。如加害政治上之自由，或破坏变更宪法，及受外敌攻击之际，以此萎缩冷淡之权利感情，谁信其能突如奋发，为有力之活动耶？自己权利，无忠勇防卫之习惯，对

---

〔1〕 见海率利喜·克奈特所著小说中。

于公共之权利，何以有牺牲生命财产必要之感耶？为安逸怯懦，抛弃自己之权利，不解名誉及人格抽象的之损害者。及对于个人权利，惯用物质的利益之准尺者，则对于国民之名誉权利，安望其能用他种准尺，为高尚之思虑耶？理想主义，非旦夕所能现，其来也有自。国法上国际法上权利争斗之战士，即私权争斗之战士也。公权国权，同化而为私权之性质。遂驱市民为自由之战争，与夫外患之防御。私权中所莳之种子，恒于国法上国际法上，收其果实。凡我（德国）国民，当于低级私权、生活琐事中，养成其能力，储蓄其精神，以为他日报效国家之用。故授国民以政治教育者，私权也，非国权也。欲知国民应如何防卫其政治上之权利及国际法上之地位，当于个人生活上如何主张自己之权利觇之。英人好争其私权，英国之政治，为之发达。个人琐事，犹且勇敢以争，有此气风，谁敢夺其最高之权利！古罗马之国民，内表最高政治之发达，外示最大威力之发扬，其有美备之私法，岂偶然事哉？

权利者，理想主义也，非空想也。性格之理想也，以自我为最终之目的，空却已外一切物之理想也。无论攻击者之为谁，皆起而与抗。反抗之动力，存于权利感情之储力中，即主张自我之道德力也。故其对于国内外，国民之政治的位置，恒与其道德力为推移，不易之真理也。

今夫国家，对于国外欲扬其名声，对于国内，欲立其强固不挠之精神。舍护育国民的权利感情外，当无他道，以此为政治教育最高最要之任务故也。国家威力之渊源，及立国确实之保证，恒归宿于健全有力之个人权利感情中。权利感情者，木之根也，使涸化而为瓦砾，颓败而为土砂，则一切俱归幻梦，一遇暴风，全树倾倒矣。使根不离土，则枝叶不至凋落。敝法窳律，破坏国民道德之势力，深入土壤。而自号为政治家者复不务其本，欲徒培其枝叶，不知毒液之已自根上也。专制家知去木去根之道，到处以干涉私权、虐待个人为事，使人民不急起反抗，则国民之雄健自信及道德力，终以灭亡。迨外敌当前，始悟国民之权利感情，为守国之要塞，惜乎晚矣。国民之力与权利感情之力,其意义相同。养成国民之权利感情,即养成国家之健康及势力。故法之理想,与国家之利益,常相提携。敝法之下,健全之权利感情,不能久存,不至于迟钝萎缩,衰颓不止。盖权利之本质在行为。权利感情,有自由行为之必要,犹火焰有自由空气之必要。苟禁自由之行为或制限之,则权利感情,终必消灭而已。

六、罗马法及现行法之批评

吾述至此,吾之论旨已尽,可以止笔矣。然读吾书者,于吾书之目的,有密切关系之问题,必有欲讨论研究之者。问题为何?曰:现行法,即共通现行罗马法,于若何范围之内,适合吾前所述之要求是也?吾敢断言以应之曰:现行罗马法,于健全权利感情正当之要求,相去远甚。吾所谓健全权利感情之本质,在不以权利之侵害,为单纯权利目的之侵害,毋宁为人格之侵害。罗马法与此理想主义相背驰,舍名誉毁损以外,皆以物质的价值之准尺,量侵害之程度。普通法之平坦无味之物质主义,其昭著者也。使法对于所有物被害者,除系争物及价格以外,不为其他之保护,则盗品返还之后,为盗者可放免矣。然世必有以窃盗所犯之罪,对被害者外,于国法、道德律及法律上之秩序,皆负责任为难者。债务者故意不偿借金,卖主赁贷人,背其契约,受信者以骗取之目的,滥用其信用,非视为与盗窃同一行为耶?使争讼之结果,不过得最初之所有物,被害者之权利感情,其能满足耶?非所谓奖无耻之欺诈,赏背信之行为耶?推本穷源,吾不得不归责于现行之罗马法。

罗马法之发达,可分三期。古代法之权利感情,热烈无比,然未达于自制之域。中世法得权利感情之中庸。及帝政时代,尤以儒帝法之权利感情,最为衰颓萎缩,至今尚蒙其毒也。

吾于现行法之批评,一言以蔽之曰:近世罗马法全史及其实施之特征,不以国民感情判例及立法等为要素,而偏重于学理的知识是也。其误谬之点有二:曰物质主义(金钱利益),一也;曰证据主义,二也。物质主义之弊,在不能与权利被害者以精神的之满足。证据主义之弊,在徒利被告,长诈伪之风。吾尝读法学之书,见人格感情之衰懦,及权利感情思想之颓耗,不胜感慨。由之而不变,不几陷于道德无权之社会乎?且从彼之说,当危险及名誉毁损迫于眉睫之时,应以避匿逃亡为上策。质言之,即以让途于不法为法之义务,其谬不已甚耶?

最近哲学者黑尔巴尔特(Herbart)氏以权利最后之根底,为审美的之动机,谓出于嫌恶争斗之情,不知权利审美学上之美点,即在于争斗。使审美学上,以争斗为丑事,势必抹杀古代之绘画雕刻及现代之文学美术而后已,何则?艺术之魔力,无出种种形式之争斗右者。绘画诗歌之所赞,戏剧之所演,恒以争斗生美的之满足,不以丑闻也。况美术文学最高之问题,在进人类于理想之域。而理想之进行,常经争斗之阶级乎。若以伦理学观察权利,则本书所述条件存在之际,权利争斗,为个人及国民之义务无疑。故争斗之要素,永存于权利观念之内。争斗者,权利永久之作用也。不争斗则无权利,犹不劳动则无所有权。"必汗若额,乃获若粮。""必奋若力,乃得权利。"斯二格言,同一理也。夫人废争斗准备之瞬间,权利即离其身体。诗人之言,有适用于权利者曰:

"是殆智者之言欤,日以战胜自由及生命为心者,为能得之。"

译者曰:吾读意林氏《权利争斗论》竟,既服其锐利之眼光、深远之思想与夫严谨之笔法,不禁喟然叹曰:意林氏之言,何对于吾国之亲挚切实耶!彼若早知四十年后,有今日之中华民国之政府之国民,而预下之针砭者。其言曰:"国民之政治的地位,恒以其道德力为归。"曰:"国权被害,忍默不言,如此国民,与捺印于自己之死刑宣告书者奚异?"呜呼!我国民其谛听诸。又曰:"权利感情者,木之根也。敝法窳律,破坏国民道德之势力,深入土壤。而自号为政治家者,不务其本,欲徒培其枝叶,不知毒液之已自根上也。"曰:"专制家到处,以干涉私权、虐待个人为事,国民之雄健自信及道德力，终以灭亡。迨外敌当前，始悟国民之权利感情，为守国之要塞，惜乎晚矣。”呜呼！我政府其谛听诸。夫政府不知培国民之权利感情于平日，一旦有事，则曰国民程度不足，不能与外敌抗。忍辱蒙垢，以屈服退让求平和，以此政府统驭之国家，其可望耶？国民之视权利，舍单纯物质的利益外，不知有所谓人格及伦理的生存要件者在。苟于个人直接之利益，无明著之损失，则任人侵夺，莫之或言。以此国民组织之国家，其可望耶？吾书至此，不知吾泪之何从矣。虽然，一息尚存，此志不容苟怠。意林氏不云乎：“权利以平和为目的，以争斗为手段。废争斗准备之瞬间，权利即离其身体。”所以警告吾政府及国民者，至切且挚。吾感泣拜谢意林氏之大德，遂自忘谫陋，急译其立论大旨，以告国人。杂志投稿，篇幅有限，多从省略，不能尽原文之意，唯阅者谅焉。

最近十五年间刑法学说之变迁*

牧野英一 著　铸夫 译

自二十世纪开幕以来,其最足促进刑法学之进步者,为德、奥、瑞三国刑法改正案之发表,乃不可疑之事实也。德国之草案公表于一千九百零九年,成为各方评论之对象,而于德国学界尤呈活泼之观。于是所谓学派之争生焉,即报复刑论(旧派)与目的刑论(新派)之争是也。此种争论原不始于二十世纪,自十九世纪后半,自然科学之影响及于社会科学之时,已见发端。特自德国刑法改正之机运渐熟,而发表其草案以来,较前益趋于激烈耳。一千九百一十三年,第二草案成立,是盖新设刑法委员会以对于第一草案之各种批评为资料而作成者也。草案正文虽未发表,然其委员会之议事情形则由该会委员长公诸世间。于是学者间复以是为基础,而生新争论矣。奥国关于刑法改正之有论争,亦与德同。一千九百零九年之草案而后,第二草案公表于一千九百一十二年。瑞西之草案,最初者发表于一千八百九十三年,尔后第二草案于一千八百九十六年,第三草案于一千九百零三年,第四草案于一千九百零八年,以次发表,现时对于第四草案,复新设委员会从事讨议。

二十世纪开幕以来已成立之刑法法典,以一千九百零二年之瑙威刑法为最足注目,该法自一千九百零五年一月一日实施。此外为一千九百零三年成立之俄罗斯刑法,但尚未实施。二者之中,

* 原载《法政杂志》1915 年第 5 卷第 5 期。

俄国刑法所含文化史的意义不甚显著,瑙威刑法则承认种种新思想,趣味甚为浓厚,大为学者所注意焉。(泉二学士对于瑙威刑法曾著评论,惜仅公表其一部,尚未完结,参观学士《日本刑法论》第十五版,附录第六,第一百二十二页。)

其在英国,则刑法法典之编纂,尚为梦想所不及。即在近年,虽仅以关于伪证罪之部分变为成文,亦大费议论。自学理的方面观察之,英国之刑法依然甚不完全,英国之刑法理论仍不出常识范围而外。然其单行法则大有足注意者,即一千九百零七年之儿童法及犯人考试法与夫一千九百零八年之犯罪预防法是也。因有此三种刑事政策的立法之故,英国之刑法虽不完全,然颇能举实际上之成绩焉。法国亦然,其刑法总则之改正案虽发达于前世纪之末,然未尝用之于实际,仅依单行法之改正,使一千八百一十年之旧刑法得应乎时势之要求。探究此种基于单行法之刑法改正而考证其变迁,虽为最有兴味之举,然限于篇幅,须著别论以详之。法国之儿童保护法成于一千九百一十二年七月二十二日,比利时亦于是年五月十五日公布儿童保护法。

关于刑法固有之领域(犯罪与刑罚),果应求刑法之基本于责任乎,抑应求之于恶性(社会的危险性)乎,乃最近争论之中心也。"无责任则无刑罚"为从来之定说,因此,刑罚之分量,不可不比例于责任之轻重,是乃旧派学者之主张也。此责任(归责)之观念,已较旧时之客观的刑法论(以犯罪行为为刑事责任基本之思想)为进步,然究以旧来之自由意思为基础,自报复思想所发生耳。而恶性论(主观的刑法论)则与旧思想绝不相容,殆全以社会防卫为基本,而论究刑罚之对象,谓刑罚对象不在犯罪之事实,而在犯人之人格。责任论者,自谓其所主张,注重刑法之道义的意义。恶性论者对于此说,则谓责任论者仅能重视向已说明之道义的意义而已。盖新派欲于新意义上定道德或正义之观念,故恶性论者谓采取恶性主义为刑法之基本,反能使新意义上之正义与刑法生密接之关系也。

在恶性论之主张,对于初犯者,承认特别宽遇方法,自不待言。其对于累犯者,亦主张须施以严格之处置。唯关于累犯者之处罚,若与裁判官以广大之权限,于个人的自由之确保上究竟有无妨碍,则为未定之问题。国际刑事学协会亦以此为研究之问题,业于各届国际大会,详加讨议。最近一千九百一十三年八月,苛喷哈艮之国际大会,论题亦曾及此。总而言之,各国新立法例及草案之中,渐次承认关于累犯之特别规定。关于此点,裁判所之权限渐次扩大,则事实也。

无论为责任本位,抑为恶性本位,仅依向之所谓刑罚者,决不足达社会防卫之目的,于是,刑事政策遂成为研究之问题。刑事政策原依恶性论者之所主张,而在今日,则报复刑论者亦承认之。若仅就此刑事政策之主张而言,目的刑论者恒自夸为其功绩焉。自此点言之,其成为问题者,所谓保安处分是也。关于保安处分之法律上性质,旧派与新派之间颇有论争,然承认其为必要,则为两派之所同。注意此点而调停学派之争者,为德、奥、瑞草案所采之方法。故三草案中,关于此点之规定,于纯正论理,颇欠透彻,然实际上,颇能收调和之效也。(参考拙稿《论刑法与保安处分》,载《法学志林》)

少年问题,为目前最重要问题之一。前述英国之儿童法,可称为一部少年法典。此外关于少年裁判所等项,泉二学士曾著论详说,连载本志各号,足供读者参考,兹不复赘。第一次少年裁判所万国会议,由法国政府发起,于一千九百一十一年开会于巴黎。至于德国,则仅以其国内各邦开少年裁判所会议:第一次于一千九百零九年开于舍劳丁堡,第二次于一千九百一十年开于明恒,第三次于一千九百一十二年开于弗朗克佛特阿姆曼。

最近与法律论之研究同时发达者,为刑事学及刑事人类学。是与刑事政策之发达,相表里者也。刑事政策之发达,为犯罪及刑罚实验科学的研究之结果。欲刑事政策之发达,不可不先期犯罪及刑罚进于实验科学的研究。伦普罗左之刑事人类学,在北欧方面曾受嫌忌于一时,而尤以德国为甚。然北欧之学者,因有伦普罗左之主张,实大受其暗助。因此犯罪及刑罚之实验研究,乃向于二方面而发达:一为刑事心理学之勃兴,一为刑事社会学之隆盛。是二科学,在英、法、德、意诸国均甚发达。法律论自以德国为最精密(英法学者恒目德人之法律论为无用之空论),而心理与社会学则不能谓德国较他国为独优也。由是观之,二十世纪之现象中,最有兴味者为一千九百一十一年开于德国恺伦之第七次刑事人类学万国会议。以极排斥伦普罗左之德国而开此会议,自意大利学派言之,诚一痛快之事。最近原定于一千九百一十四年秋间,在布达佩斯特开第八次会议,以欧战发生,遂至延期。

关于应用自然科学于刑事现象之研究,其别开生面者,为格劳斯教授。格氏欲应用自然科学,供采证之资料。其所创之科学,名之曰"克里米纳斯底克"(Criminastic),虽发表于前世纪之末,然至现世纪始大发达。格氏任教之格拉慈大学,自一千九百一十二年附设刑事事项调查所,盖因格氏十八年间之努力主张而发生者也。此外如意大利罗马大学之奥多楞义教授,及瑞士罗臧斯大学之雷斯教授,皆为同种之经营,称之为"科学的警察"。

如上所言,刑事学之分野,由单纯之法律论渐次扩张其结果所致。遂有人主张刑事司法官之特别教育,夫使所谓司法官者,果仅为基于罪刑法定主义,对于罪与刑罚为法之适用,而以机械的性质处理事务者,则又当别论。然在社会防卫主义—恶性主义之下,刑事司法官之任务,固异常重大也。以是之故,其实际上之权限,亦不得不因以扩张。向之所谓胶柱刻舟之罪刑法定主义,既须以科学主义代之(参考拙稿《由法治主义而科学主义》,载《法学志林》第十六卷第五号,第二十八页至第三十页),则刑事司法官特别教育之为必要,不待言矣。关于此点,虽既经各方面学界详加论议,而视为当前之问题,然其成为问题,则实自今世纪始也(寺田文学士《刑法辅助科学之教育》,载《法学志林》第十六卷第九号、第十二号,第十七卷第三号)。

财与财产权*

井浦仙太郎 著　姚成瀚 译

权利二字，据通说言之，为得财之手段，或称为有价物件，然吾人不能无惑焉。

福田博士曰："种种之权利及关系为得经济上之财之间接手段，非即财又权利者；经济上之价值也，非即财。"博士又曰："有伦理上价值之为善，有经济上价值之为财。"

次就河上肇氏之论观之。其言曰："今若以所有权为一经济财，则凡有形物皆有二种经济财矣。即有形物为一经济财，其有形物之所有权，又为一经济财。"究非常识之所许也。

余非批评河上肇氏之论。余之所以为问题者，如福田博士之说，以权利为得财之手段，此手段有经济上之价值。则河上肇氏之疑问，不得不生。例如有百元价格之时计，其所有人既有时计之价格百元，又有其所有权之价格百元。合计有二百元之价格。权利果得解为得财之手段乎。试述所见，以请教益。

学者所争论为财或为得财手段之权利。于私权中之财产权，可无疑义。至于人身权，姑亦解为包含在内。则就财产权论之，人身权自无论及之必要矣。

法学者所称之财产权，为民法之债权物权。商法之商号权，及其他法律之著作权、版权、特许权等。物权以物为目的，债权以行

---

* 原载《法政杂志》1915 年第 5 卷第 1 期。

为为目的。其行为中有以物为目的者,有不以物为目的者。

就债权中以物为目的者观之,非不能为得财之手段。例如,使人清偿千元之债权是也,然仅以债务者之行为为目的者,或以不作为为目的者。此等债权,得为得财之手段否?福田博士以权利为得财之间接手段。间接之字义,似欠明了,而以债务者之不作为,为间接与以得财之上之便宜,亦属非是。

物权中之所有权,得为物之使用、收益、处分,最完全之权利也。如地上权、地役权、永佃权等。其目的在乎使用与收益,已不及所有权之完全。故法学者谓之支分权。永佃权犹得解为得农产物之财之手段。至于百元时计之所有权,时计既得。斯有所有权。若解此所有权,为得时计之手段,则为言语感情所不许。或解为以此时计,可以得财。一如永佃权之于土地然。则未闻有日日使用时计而得财者也。或又以贷之于人,可得赁费。卖之于人,可得代价之意解之。则为诡辩而已。

回塞之说:“谓财者不论实体的心像的俱可以分割之者也。”例如,父母以其所有土地,区划分割以与数子,是其土地实体的分割也。若并不区划分割,以之为共有地,则其数子之所有权,在其土地之各分子上。以为共有之故,数子中决不能以一人所有全部之土地也。此时土地唯为心像的分割,而数子有其财分而已。

又如甲于乙所有之土地,设定永佃权。此时甲有以乙之土地供己耕作之权利,乙之土地所有权虽依然如故,而于永佃目的之范围内,不得使用其土地,因而其所有权之价值为之减却。此时土地于甲乙之间。亦为心像的分割,而甲乙唯有其财分耳。

以上之共有权者,所有权者及永佃权者,于其财之全部,均不能视为各自之财产。唯当以其财分计算之耳。

权利者,现今私有财产制度之下,因社会共同生活之必要,定吾人活动自由之范围,避利害之冲突而生者也。或一派之法学者,谓之为法所保障之自由范围,时或谓之利害关系。

试就所有权言之。既有一财,欲将此财使用收益处分而满足欲望。在现今之社会,其人须有其财之所有权。故在现今社会之所谓得财,得此所有权之义也。财在天下,何处蔑有?惟吾无所有权。在法律上吾即不能以之充足欲望,以是知所有权非即财,又非得财之手段。何则?有所有权,财斯得矣。故所有权在现今法治国,为将财使用收益处分所必要之法律上之力。此力因社会共同生活之必要而定之或与之者也。

其他财产权。亦得依此类推,以财为目的之物权,例如永佃权、地上权等。由其种类之如何,得将财使用或收益之法律上之力也。以人之行为为目的之债权,则关于人之作为或不作为之法律上之力也。

以上所述法律上之力,自属有限。又得此力,必须费用。故为有价物件,然谓权利为有价物件。非其权利之目的或目的物之财之价值与权利之价值两相对立之义也。

在现今私有财产制度之下,假令有财,吾若无其权利,于我即为无财之价值。夫财本有价值,不过于有此财之权利之人,其价值始现。如吾于此财之上得有此财之上得有某权利,则视权利之种类如何?在吾始有其财全部或一部之价值。吾若得有完全之所有权,此时财对于吾之价值,为财之价值之全部;吾若得有财之支分权,则其财对于吾之价值,为财之价值之一部。易言之,此价值即与支分权相当之财分之价值也。

由是观之,权利者,权利者所有财之价值之力也。而由法律方面观之,财或财分无价值,而权利之力有价值。由经济方面观之,权利无价值,而财或财分有价值。总之称为权利,称为财。其实不过物之表里之观察及其观察点有异耳。财之价值与存乎其上物权之价值,是一而非二。以之为两相对立者,误也。唯在现在之社会,同一之财,不过得就两方面观察之,又不得不就两方面观察之而已。

更就债权观之,以上之理论,亦得一贯。债权以人之作为或不作为为目的,即所谓勤劳是。由经济上观之,为有价值,是可比于财之价值也。此作为或不作为,在债权者有法律上之力,即债权之价值也。

此理于债权之有目的物者,亦可不变。试以有目的物之勤劳,由经济方面考察其价值之如何,则目的物之财之价值,仅为定勤劳价值之参考。例如,将来清偿千元之勤劳,其价值乃千元也。定此千元,以财之价值为参考,果受清偿。则勤劳之价值消灭,而以其所受之金钱价值千元代之。若以为受清偿之人,于对手人之勤劳价值千元以外,并有其清偿之金钱价值千元,则误矣。以彼合计有二千元之价值,于理不合。而此金钱,在现在之所有者,亦有千元之价值。信如其说,此金钱对于双方各有千元之价值,合计有二千元之价值矣,宁有是理乎?

由法律上观之,此债权之价值,在于使为勤劳之力。此力之价值,乃参考目的物之价值而定,而非目的物自身价值也。

由前之说,彼之所谓物权的债权,亦非不认其存在也。例如,船运证券,人若得此证券上之权利,并得船运货物之所有权与使之运送之债权。此权利之价值,乃财之所有权之价值与以勤劳(运送)为目的之债权之价值之合计也。

要之财与勤劳,在经济上有价值。财与勤劳而属于吾人之自由范围内,则法律上认其权利。而权利之价值,其观察不出于法学之范围,不能入于经济学之范围内。若引入经济学之范围内,则对于经济学中同一之物,生有二重观念。至有二重价值,夫属于法学范围之物。非不可引入经济学中,唯当勿忘其本。同一物件之名称,因学科之异而有不同。但在某学科无适当之名称时,则借用他学科所习用之名称,是固不妨。不过借用而不得其当,时或对于同一物件,并用二个名称,致生谬误。举例以言,曰财,世人必想象其为所有权。然经济学不必借用所有权之语以代财。至于使人交付财之勤劳,则经济学上无适当之语可求,乃借用法律上用语之债权,或用意义较广之权利一语。债权者,权利也。而权利不仅为债权。因同一物件而用语有二,致使观念重复。虽高深理论,亦徒启世人之惑耳。

余今敢断言之曰:(1)权利者,非即财,以权利为无形财之学者。非如以上之重复,即与吾人所谓权利之意义异。(2)权利者,亦非得经济上之财之间接手段,以权利为间接之得财手段。惟限于权利中之某种类。例如,以物为目的物之债权。于其他各种权利,不足以说明之。盖权利者,以财或勤劳置于权利者之自由范围内之法律上之力也。(3)以权利为有经济上之价值者,误也。在经济上,惟权利目的之财或勤劳为有价值。而由法律上观之,则财或勤劳为无价值。若超此观察之范围,则经济法律之二种观念,必致混同。但吾人今生存于法治国,故吾人之生活,经济、法律两方面,俱不得脱。其中现象,自不免亘于两方面。然在学术上之研究,终当为之简明区别也。

法律格言*

毕善功 著　徐恭典 译

法律格言者，即法学上之成语。成语云者，表显著之真理，赞普通之事实，词约而旨赅，文泽而义精，揆诸观察而符，征之经验而信，流为昌言，脍炙众口，一般人民所共晓，各国方言所同具，弗论其国之文化为先进后进，莫不皆然。尤以道德格言为伙。其词简，其意切，道德要旨，纳于此言，精警易悟，善于感人，的为已试之效，行为之良规也。然苟直释其文句之本意与其字面之正义，则拘牵而失其真谛。真谛所寓，为用甚广，诚可为处世之通义、立身之常道。

法学上之有法律成语，与其他各种方言将毋同。约法学原理于片言之中，易记而共晓。惟其义时有广狭，则其用不免有伸缩。词既过约，则其理抑或有偏颇。因其表通则而无制限、无例外，斯瑕瑜互见，为各种成语之通弊。若取为法学之南针，则过当矣。故浅识为祸。使有人焉，妄以法律家自居，考其法律学识，惟在集诵法律格言而不明其真意，以任教员律师，讲授法学之义理，解决权利义务之问题，必至遗误学子，败坏人事矣。虽然，法律格言，固非无用者也。惟徒识其字面之意义，则必陷于舛谬错误，盖其效用在以确定之准则，简易之文言，表法律之真谛，可为律师之宝笈。而常人用之，鲜不铸成大错。缘其词简，其旨奥，惟有完善之法律学

---

* 原载《北京大学月刊》1919 年第 1 卷第 2 期。

识者为能灼见其真意也。

法律格言,多为拉丁语者,因其文字及其学理多渊源于罗马法。其他多为中古学者所杜撰,虽其法理不本于罗马法,而尚用拉丁文字。近世法系之著作,固用近世文言,而其间亦有简练之语,足表法学之原理者,似非真正之法律格言。第习用既久,其效力殆与之相埒,诠附真正格言之列,以资考镜,未始不可。若乃总集诸法律之格言,汇而释之,非本篇之意。兹惟择其显著而习用者论次之,并阐其真谛,明其指归,俾知其不可滥行适用也。

格言最著用者,为“不识法者法弗宥”(Ignorantia juris neminem excusat),即谓不知法而犯法者,法律上不能因其不知而赦其罪。此理论为多数法系所共采,由是事实错误,法在可宥之理论,当然相附而生。然亦有一定之限制,俟以次述之。此格言中,首应研究者,即其字之本义,含有双关之意。其第二字“Juris”,义有数种,用甲义则通,用乙义则误解。盖拉丁文“Jus”之所有格言为“Juris”,可释为法字之义,亦可释为权利之意。凡因法律错误而犯法者,法所不宥。易言之,即人人知法,为法律上所假定,无可反抗者。否则法令颁行之后,人民应知而不之知,法律永无施行之期矣。故人或不知法律,情出于不得已,即既加以适当之注意,而猝犯法者,亦不能认为正当之抗辩,须仍绝对负其责任,此项法规,皆从严格适用。曾有先例,为一水手在海中为某行为,初不违法,逮其离港后,乃成立犯罪。彼实莫知其为罪也,而卒科其刑。采此严酷主义之理由有三。第一,就法学理论而言,法律者,明确而易晓,尽人皆有应知之义务,即尽人不当有弗知之情形,此法所以假定其为已知,使应知而不知,咎不在法。第二,即或不晓法律,出于特别之情形,在势所难免者,而举证既艰,在法莫能明其真相超越常轨,曲为迁就,盖责任之成立,断难依个人之智识及其法律学识之程度而定,非然者,则司法上生种种之障碍,其弊多而利少。第三,法者本与天然之公理原则相符,所以表示国家之公意,藉(借)强制之力,以执行之,俾是是非非,各得其正,公义得伸,以协于国人固有良心上之主张。是法者非他，不过公道公意而已。故人即有不知法而犯之者，要其犯正义未尝不知，知为非义而犯之，虽不知法，亦足征其居心不正，咎由自取，安得因一己道德之斁败，谓法律之冤抑耶？此三者实为采此主义所主张之论据。然而基于科学上假定之结果，是否于此三者之中，无论何种情形，凡不知法而犯法者，法皆不之宥乎？斯难免有疑义。盖法者实用之道，以适用于吾人实际上之事情为主，虽确定而不可挠。而遇果有法律错误之情形，审判者纵不能宥其罪，未尝不可从轻科刑。

兹有关于此格言他方之研究，即凡事实错误，可为良好之辩护，因事实与法律之规定，迥不相符也。在英国法律，则凡事实错误，只可为刑律上之抗辩，于民律上则否。例如误取他人之冠为己冠，在刑律可免其责任，不以为窃盗。在民律则不能，须仍负返还或赔偿之责。故关于民事之负责，英国法所持之学理，谓凡有意涉及他人身体财产名誉及其他之正当利益者，自宜格外注意。倘致损害，自必负其责任，不得借口已为善意之行为，有相当之理由可证，其所以发生损害，情出意外，非所预料，遂得卸其责任也。例如吾因难免之情形，错误之事实，而侵害他人之货物，则物主因此而蒙之一切损失，吾当负其责任。又若吾欲拘捕某甲，而误拘某乙，吾亦必负其完全之责任。虽能证明其错误原因，为二人之容貌相似，仍无益也。使吾捏造事实，意图毁坏某人之名誉，未尝披露，而忽焉不知不觉，竟行宣露，致损某人之名誉，吾亦当负其责，即自明其错误，无益也。关于此项规律之例外甚鲜。有之，亦无碍其普通原则之效力。而在刑法则不然，适与民律相反，以宥赦事实错误为原则。若仍使负刑律上之责任，实绝无仅有之例外也。

习见之成语曰："急难不顾法。"在拉丁文为"Necessitas non habet legem"或常称为"Jus necessitatis"即所谓"The Right of Necessity"。此项原则，虽在理论上多为法学者所主张，而在实际上则各国法系鲜采为法学原则者。考一般责任发生之理论，谓凡为侵权行为，倘行为者非有侵权之观念，则在刑律上，其责任不能成立。因此抽象责任理论之结果，故凡出不得已之急难行为，不为罪。虽其行为出于周密之故意，亦无碍也。如上文所述之成语，急难不顾法是矣（Necessitas non habet legem）。此所谓急难者，即因外界强有力之影响，而生大恐怖，非寻常法律之威力所能制。其动机斯发，触罹法网，在所不顾者也。故“Jus necessitatis”者，即于法律威力所不能禁之际，得有自力救济之权利也。盖刑罚之目的，在所以禁人为非。使有动机，为力绝巨，远超于刑罚威力之上，虽畏之以刑罚，又安能必其不为。在行为之本人，铤而走险，势难自禁，苟强施以刑罚，亦必徒然无效。不能禁人滥行淫威，法律何取焉。此种急难行为之先例，即尝有同溺二人，共争一木板以自救，因而死其一人。就道德义务言之，则二人中之单身无累者，应自牺牲以济他一人之为人父为人夫者，或老羸者应让于少壮者。而在法律上则无此种义务，舍强者正当得为自力救济规则外，不能更有他种之规定也。又有一明例，即覆舟之水手，迫于饥饿，因共谋杀其中一童子以充腹。昔在英国审判厅，曾现是案，被告者以急难行为为辩护，终未胜诉焉。又有被现在死亡之恫吓，而作违法之行为者。据法学家霍布斯（Hobbes）之言曰，凡人慑于目前之死亡，而作违法之事者，应得全宥。盖法不能令人弃其自救生存之道。此类案件，由理论言之，因其犯法之动机，出于外界之影响，非寻常刑罚所能禁止。而在此种情形，本人已失却自由选择之意思，是重要之犯意，为犯罪成立之要素者，既不存在，就理论以言，法定之责任，当然不能成立，以其无所根据也。且法律固为实用之物，以适用于普通之实际上生活为目的。虽偶有特别情事，阻碍其进行，弗令其贯彻，然其范围甚狭。例如急难行为之权利，实属仅见之例外，其行为实迫于绝对之急难所致，确已失却自制之能力。行为之本人，莫能行使自由选择之意思，此种行为，当然可不负其责任。第其充分之证据，殊难寻觅。如英国之旧案，覆舟者杀其中一童子而食之，谓非若此，将众人同陷为饿殍，其辩护似不为无理。然欲证明其不杀人而食之之果必饿死，实属难能之事。盖使逾半小时后，安知其不遇救而得生乎？由斯以观，则彼侪之杀人，不得谓为绝对之急难行为矣。夫法律贵在协于实用，则逢此类之难题，固宜质之理论，斟诸实情，察其是否出于不得已而为之，以为判断之权衡，庶获其平允。故急难行为，虽可以抗辩，要以须负责任为多，其能视为切当手段，可免负责之时，盖甚寡也。虽然，此种行为，鲜能判为无罪，而常得为减轻之原因。他若因激于盛怒而杀人者，不能谓为失却选择自由之意思，认为无罪，不过视为普通杀人罪，而不以为谋杀罪耳。即如上述覆舟水手之例，虽在律当为谋杀罪，而审判官可以原其情节，酌量减轻其刑，至于短期监禁。由斯以观，急难行为，在刑律上鲜有宣告为无罪者，惟常得为减轻刑罚之原因而已。

甚显著者，为“不能与人以己所无”(Nemo dat quod non habet)或称“Nemo plus juris ad alium transferre[1] quam ipse haberet”，即谓让与人之权利，不能逾于己所固有之范围。法学上重要之原则，凡受赠者与受让者所得之权利，不能优于赠与者及让与者所有之权利，此旧时法系所主张。近世法律，则对于此种原则，未尝无例外。将来法律随人类进化之关系而发达，自与旧时法律不同。盖在此类事项，必发生二种利益之冲突。一即为固有者之利益，不欲为人所剥夺。一即为取得者之利益，则欲易得实行其权利。古法重在保护已确定权利，而近世法重在持有者易于取得其权利。可见古法在乎使已确定之权利，处于安固。故当国家采用保护主义之法律时代，则凡取得完全之权利者，可以安享其财产，世人莫之侵。在近世法有例外之规定，专在保护取得者之新权利而确定之，不特保护所有者之权利矣。牺牲现在管业者之安固，而令取得者可以安然迅速实行其权利之享有，此为近世文明进步之现象所致，而法律亦自然随之以发达。故古法主消极而今法主积极。在往昔时代，社会简陋，交易殊希，财产既为个人所享有，则彼牢守而勿失，贻厥子孙，长保而有之，初无卖买移转之必需。农夫饲六畜于

[1] 此处疑缺“potest”一词。——编者注

田野,作耒耜,制锹锄,自耕而食,自织而衣,所求于他人甚希,故以安然长保所有为已足。近世社会则不然。文化进步,实业发达,农工商人,各职其业,树艺五穀,制造物品,贸迁有无。以有余补不足,转移卖买之事,川流不息,熙熙攘攘,事物斯繁,诚为近世现象之特色。是以积极之交易与取得,较诸消极之保持享有,为用尤急。足见凡人惟能与人以已所固有之法规。不能不有例外。而在商法中尤多。何则?商业之作用,在于移转与取得之事实。商法中规定,有商业行为者,凡占有货物之人,而欲移转其货物于他人,当授与以货物上完全之权利,俾其得居于物主之地位,实行其权利,虽授与者本人,并非所有者,此种行为亦属有效。揆厥原因,则以非若此,商业难以进行,贸易无由发达。此英国普通法及平衡法均规定占有者有时得让与占有物完全之权利于他人,惟承受让与之人,须以善意及诚实之行为,信占有该物之人,为真正所有者而与之交易,以取得其物,则法律承认其同时取得其物之权利。最显而易见者,如贸易证券、汇兑证券及银行钞票之占有。其占有人或窃取或拾得,而占有之,实无该证券之所有权。然承受者,果以善意诚实之行为,信其为真正所有者,从而取得之,以偿己之值,则法律许其取得钞票上之权利,乃应事实上之必要也。例如甲进乙铺,购买货物,付十元之钞票,以偿其值,使乙必先察甲是否为真正该钞票之所有者,且必追究其以前之钞票所有人,而后能取得钞票上之所有权,则势有所不能。而乙既难确定已之钞票所有权,自不欲交付货物于甲,斯贸易于是乎休矣。又如商业代理人,专以代理他人而为买卖之行为,不问本人曾否授与售卖其物之特权,常得为有效移转其物之行为。在近世贸易发达时代,倘与代理人交易者,必先晓其是否经本人之允许,有售卖某类货物之特权,然后可购买其占有之物,不亦慎乎。

占有者虽非真正之所有者,而得让与其物之所有权于他人。此种主义,在大陆法系尤为盛行。在法国法之原则,凡一物之所有权,并不包括追夺其物于第三人之权利,惟第三人须系善意取得而后可。例如甲为物之所有者,乙为该物之占有者,既乙移转该物于丙,丙信其为真正该物之所有者,而以善意取得之。实则不然,乙并无移转该物之权能。然丙既以善意取得,甲不能从而夺回其物。此项法规,甚为广泛,无甚制限,犹英国法之于贸易票据及代理商人占有之货物也。惟不适用于窃取及遗失之货物,为特别之例外。要而言之,凡所有者既自由转移其物之占有权于他人,如质押借贷代理等行为,其占有人,非法处分其占有物,与移转于第三人,苟第三人因善意之行为而取得其物,则真正所有者,亦不能请返还,为德意志、意大利法系所共采之主义。试加考察,不难明其理由。盖此种特别之规定,非惟应商业上之便利,亦且有确当之公理存焉。即如上述之例,甲为物之所有者,丙为善意无过失之人,因乙之侵权行为,使丙取得其物,而甲欲请求返还,此为实际上之争论。此种争论,乃事实上之现象,初毋庸法律之干涉。若必究其情理,判其曲直,则丙之得物也,系出于善意诚实之行为,既未尝有过失,又未尝有不正当之情形,显无瑕疵之可指。所以发生此种之争论者,乃甲本人之行为未尽善,致乙占有其物,非法移转于丙,使丙误认乙为所有者,得有权移转其占有物并让与其物之权利。是犹甲本人之行为,令丙居于所有者之地位。如丙既无过失而善意取得其物,当然享有其权利。若甲犹得请求返还,不公孰甚。故甲与丙之间,乃事实当然之现象,法律不应加以干涉,更变其原状,而丙自当被认为该物之所有者,甲不能向之请求返还也,虽然,甲对于乙,则当然可以请求损害赔偿明矣。

有盛行于英法上之格言曰:“不能迫人诉自己”(Nemo tenetur seipsum accusare)。译言之,法律上对于无论何人,即被告者,均不得以胁迫方法,使之应答足以证明其自己罪状之讯问,而免利用本人违心之口供,以为犯罪之确据。如本人自愿供承者,固可录之以供其罪状之证据。倘稍含有身体上或精神上之胁迫,则其供承归于无效。盖不得迫人为其自己之原告或供承有害于其自己之证据,为现在刑法上特有之原则。旧时大陆法系,多以严刑拷问,用种种野蛮手段,逼使被告自承其罪状,务合于被控之行为事实,以视英法之宽厚,相去远矣。即近世大陆法系,审问被告之程序,自英法观之,犹觉其过于严苛。此英法在刑事审判上,诚能遗尊严仁厚公正之风,为大陆法系严审程序所缺如者,其功有足多矣。

此种格言,今已适用于英国刑事上之审判。关于证据之事件,不论民事刑事,概得援用是项之规定。他若认定何种事实与法庭上所争论之要点相符,及其事实之证明,用何方法,在民法刑法亦照此项之规定。如于某人之死亡,须证明其事实,则不问其在刑法上之审判,为谋杀案件,或在民法上之诉讼,为财产之恢复,均不能违背此项定则,法庭上加当事人以胁迫也。然有少数法规,专适用于刑事审判,而不适用于民事者,如上述格言中之法规,其著例也。而此种之规定,实为审判上一种特许之权利。前惟被告得享有之,今则已展其范围,及于被告之夫或妻。故为犯人之夫者,审判应不能迫之使供证其妻之罪状。妻则不能迫之使呈述其夫之罪证。当十五世纪时之内乱发生后,多藉(借)犯人之口供,为审判上主要之基础。降至司脱朝(Stuarts 在十七世纪)时,仍藉(借)审问犯人以决狱。而当时以星法院(Star Chamber)之程序,大失人望,于是对上述之格言,群颂为神定法与自然法之一部,因其屏斥严刑拷问,逼供证据之手段也。欧洲大陆各国,既采用严审主义,以刑求拷问为能事,而英国时亦受星法院之影响,蹈此恶辙。至一千六百八十八年之革命后,始扫除逼问犯人之积习。在民事法庭之证据规定,浸假而适用于刑事法庭,认一方之证人,为不充分,须检查各方之证据矣。逮一千八百五十三年,刑事之案件,亦援用之。然具有二种制限。一则在重罪之案件,犯人须自行演述,不得藉(借)辩护士以代言,而自不启口,然遇他方有反对犯人之证据提出以为其罪状之证据,不啻间接之审问,使犯人于此际,犹自疏忽,不行辩白,当言不言,易陷于有罪之确定。故既而此法略有变更,许犯人用辩护士以代言。于是其情形一变。辩护士得以从容审察案件之情节,预备应付之方,反复辩驳,以答反对证据之命意,不受法庭之胁迫,以申其所欲言。即犯人亦得自行发言辩论。及至一千八百四十八年,国会制定现行之规律。先问犯人是否有所演述,有之,将付之笔录,为日后审判时之证据。虽其间有反对其自己之处,亦不能更改。要之,此项法规之结果,使犯人于审判前或审判时,得绝对不受法庭之胁迫,应答其审问,而可自由陈述。即其妻非得其同意,亦不能迫之使演述其夫犯罪之证据。在二十世纪之先,犯人即欲自供证据,亦不可得。现在国会颁行是项法规之后,准犯人自供证据,履行宣誓程序,与一般证人无异。且准于审判将终之际,自由演述一切,不须宣誓,即其所言不易明了,莫之或责也。此实为英国刑事诉讼法上之一大特色。与一般欧洲各国,显然相反,极有利于犯罪之人。因其可以不发言,亦不被胁迫而答法庭之审问,且准其自行供证履行宣誓,倘果系无罪,易以自明。其到庭也不过演述本案之事实,不若往昔之情形,两造对敌,互相穷诘抵隙,惟力是视,似他造毫无信任之价值。是此项法规,实能大增刑事审判上之威严。其审问也,倘非犯人自愿供承,法庭不得严厉盘诘,施以胁迫之手段,势若与犯人本身相搏生命财产者。其种种严苛之态度,惨酷之手段,常见于他国之法庭,使英人旁观者,为之骇然。盖在英国刑法上普通之理论,以被告未经证明为有罪,当视为无罪之人,不宜加以虐待。推其用意,在乎谨慎从事,以免急促误入犯人之罪。故使案中稍存疑实,犯人即得其可原之机。其言曰:“与其陷一无辜,宁纵十有罪。”乃罪疑惟轻之意。爰是,于刑事案件之诉讼,英法多授被告以辩白之机,俾不至失人。究英国法庭之所以有此种观念,殆怵于古代刑事诉讼程序之备极惨酷,有乖仁厚之风。且以刑事司法之目的,本在禁人民之为非,防犯罪之发生,并不在惩罚犯人,以为被害者之相当赔偿。不过处罚犯人,期其勿蹈前愆,与夫警戒其他之人,毋为犯罪之行为为已足。“刑少足以警众”之格言(Timor in omnes poena in paucos),意即在于禁止犯罪之发生,维持社会之安宁而已。

当罗马人西师罗(Cicero)时,有格言曰:“战争警讯,法律无声。"(Inter arma leges silent[1])是项格言,厥义有二。(1)在内国与外国对敌之时,则其法律绝对无声。推而言之,即外国敌人在此时间内,丧其在该国法律上之地位。对于该国法律上或其审判厅,无请求其保护之权利,该国政府,得任意处分之。(2)在内国发生内乱之事,为紧急之时,关于臣民及公民权利之规定,概行停止,法律亦息然无声矣。上文所述"急难不顾法"(Necessitas non habet legem)之格言,于此别得一适用之机,可明其真意。故在此种情形,可以适用制法以外之实力,不须拘于普通之程序,以抗拒违法之暴动,而维国家社会之公众秩序也。

关于适用格言在第一种情形之时,当近世人类进化之年代,各国不惟涣然自立为国家,且已渐趋于联合世界诸国为国际上之团体,视一国为国际团体之一分子。则当两国战争之时,一国是否可以专顾本国之利益,依本国单独之眼光规定其法制,不顾他一国之权利与其种种之情形,而适用是项之格言,恣意蹂躏之乎,似属疑义。至于民法之效力,在国家施行军事上之作用,似宜停止。然就现在人类进化之态度观之,则单独国家法律之外,尚有有效之法律驾乎其上者存焉,国际法是矣。至将来国际法能否发达,如普通法律之具有一定的权力者,为之制定,为之执行,附以确定之实力,使之入于确定之轨道,固属疑问。但"战争警讯,法律无声"之格言,不能不随之而变更其效力。故一国家之行为,要不外乎二种。或照法律施行实力,或不照法律施行实力,前者谓之适法行动,后者谓之非法行动,适法行动者,国家行使其实力时,须经一定之审判衙门,与一定之司法官吏,以审理司法事件为职务者之审理,或经公断人之公断,辨其曲直,判其是非,集当事人而共证之,证确而后照旧有之先例而判决之,国家乃得执行判决之内容。非法行动者,国家之施行实力,不须经司法官厅之审理,不须其判决为有罪,亦不援照先例,直接无条件而攻击其敌国。是以在非法行动,则此种

[1] 该法谚一般写作"Inter arma silent leges"。——编者注

格言,得绝对适用。其国家之施行实力,并无司法审判厅或仲裁审判所介乎其间,而在适法行动,则此种格言,不能完全适用。其国家之施行实力,非待有权之审判厅或仲裁审判所,审明曲直,判决有罪之后,并不妄行适用之,以维持其权利,或禁止其犯罪也。凡一国因受他国之压制虐待,则常照第二种之非法行动,不复请求审理裁判,直接施行其实力,以攻击其敌人,而"战争警讯,法律无声"矣。他若以军队之实力克服内乱,亦为非法之行动。虽然,就将来之情势察之,则一国对他国,苟有国际上之交涉,不得如是之自由行动,须经国际上之仲裁审判所,审理判决之后,乃得施行其实力之手段。此久为国际法所主张。谓各种实力之施行,均须出于适法行动,以免一切实力之滥用,而保护国际团体之安宁。此种主张,实为制限自由行动之方法,使一切实力之施行,必须经国际裁判所之公正裁判,为政治团体所享有之特权。吾人今日视之,似属当然之理,而在旧时纷乱之日,则几视为难得之利益。图之惟力,守之惟谨焉。今日一国家于对外国际之交涉,非有特别例外之情形,其施行实力,皆须适法行动。而其他对外之事件,亦必遵守此项原则,已为公认之通论。若然,则现在所论之格言,将必失其为法规之效力,其能认为切当之方法者,惟在特别例外之情形耳。然则即谓之已丧失法律格言之价值,亦无不可。

因时间之经过,而生权利取得与丧失之问题者,为各国法制所同具。在法学理论上,实一有兴味之部分,殊有研究之价值,即称"时效"(Prescription)者是矣。"时效"之义,即以时间之经过,而有发生权利或消灭权利之效力,格言有之,"法律者,助醒人而非助睡夫。"其真意即寓于"时效"之中。"时效"之义有二。(1)积极亦称"取得时效";(2)消极亦称"消灭时效"。首则发生权利,次则以时间之经过,而消灭权利。譬有人使用某物,虽非其所有,久而久之,经过一定之时间,则法律上认其取得该物之所有权矣。又如本为其所有之权利,而自不经意,弗行使用,旷日久远,经过一定之时间,则法律上亦将否认其权利,以其已失管理之机会也。故时间之经过,在法律上可以发生相对之二种效力。一则为“积极之时效”,而取得权利。一则为“消极之时效”,而消灭权利。而时效进行之方法,因其是否附随占有而不同。易言之,即长期占有,发生权利。长期缺乏占有,则消灭权利。例如余占有光线权,已逾二十年,则在二十年之末,虽非余所有,亦变而为余所有矣。反之,某地本为余所有,而二十年之中,未尝获其占有,则到二十年之末,余即丧失该地之所有权与占有权矣。盖法律欲使事实与权利相符。如有人焉,昧然不觉其占有之事实,则事实已不得视为存在,而所有权于是乎亦离其人而丧失。又如有人对于某物既行经意而占有之,则占有之事实,显然存在,逮经过相当之时间,则法律上不惟认其为占有人,且得宣告其为所有人矣。夫“时效”之生,基于占有与所有常相附,事实与权利常相符之原理,而前者可为后者之证据,占有其物,即可为所有其物之明证。既失占有,当无所有。是占有实为所有之现象。缺乏占有,为丧失权利之实据,法律上所假定者也。是以保守占有,或缺乏占有,逾时愈久,则其所有之证也愈确。例如余占有某地,为时仅止一日,则法律上之假定,难以余为该地之所有者,为其时间短促,证据薄弱也。然使继续占有逾二十年之后,则余为该地所有者之假定,确然无疑。他如余对于某人有未履行或清偿之债权,经过一月,则时效尚未发生,不足以为充分之证据,证明此项债权业已清偿或已消灭也。倘经十年之后,则可为强有力之证据,以抗拒此项债权之请求矣。是以于占有某物之时间内,而请求其权利,实可获有力之证据。且其证明之力,与其他证据之效力不同。因时间之经过愈久而其效力愈强。所谓“时齿”,足以尽食权利上其他之证据。即文契丧失,记忆模糊,证人死亡,凡此种种之证据,既无利用之余地,而强有征之占有,遂起而代之。以为所有之证据,久失占有,即可证其缺乏所有之权利,随时间之经过,其契据之证明力愈薄弱,则假定之效力斯愈强,长期占有,足供所有某物之明证。久缺占有,为无某物权利之证据。惟然,法律乃从事实之便利,藉(借)一定时间之经过,而确定其权利,为一定之假定，免事实之纷争。以平和及公然占有某物若干年后，即能取得其物之所有权，可以对抗一切有力之请求权。斯不惟认占有多年者为所有权之证据，实已承认逾期占有者，为正当所有者，以消灭原权利而发生新权利。除却一切纷扰之关系，而维社会之秩序。与其他法律上绝对假定之用意相同。虽然，此种时间之经过，以为权利之正当防卫，固可为公平之利器。顾事实上常有未清偿之请求权，倘以经过六年之时间，使之无效，似属不公。此法律所宜详察其实，而判断之，用昭公允，斯可矣。夫法律上所以与时间之经过以重大之效力者，为防当事者之任意延滞，不行使其权利，致其请求权，不易确定。因时间经过之结果，当然发生种种之困难。使无此项之假定，则事实与权利永不能相符。故以一定之年限终了，而确定之。令其一切之争论关系，必于此年限之中以进行之。否则藉（借）时间之经过，消灭其权利，此惟归咎于享有权利人自己之疏虞，非法律之过也。盖法律者，“助醒人而非助睡夫”，睡夫而失助，固其宜也。

关于法律学价值之怀疑*

田村德治 著 曾志时 译

一、序 论

法律学,果为有价值之物乎?如认其有价值,而其价值,将为低位者乎?对于此种之怀疑,欲加以批判,且解决之,是即本书之目的也。

关于法律学价值之疑问,在法律学领域内之各种怀疑中,为最源(原)始且根本之一问题。此不特为向来法律学者间所提议,即在今日之法律学者间——法律学者以外之人亦然——一般上似犹有此怀抱也。

所谓关于法律学价值之怀疑者,决非如多数学者所常混同而言之关于法律学可能之怀疑也。关于法律学可能之怀疑,较诸法律学价值之怀疑,在法律学上,尤可谓为更深一层之根本且源(原)始的问题:盖后者对于法律学之成立,原已预想且承认之,特关于其价值,视为有问题耳;反之前者则在决定其有学问之资格与否?或足称为学问与否?所谓关于其学问成立上之讨论,与后者自不宜混视也。据鄙见所及,若使其无误,则关于法律学有无学问资格之问题,窃认为殆无怀疑之余地,盖所谓学问者,不外一有系统之知识之谓;其系统成立之难易,虽因其知识对象种类

* 原载《朝大季刊》1930 年第 1 卷第 1 期,又名"既成法律学改造之理论"。

之繁简,不无程度之差异,然其本质上,固全恃人类之努力,无不可认为成立者也。故余关于本书,只在精查关于法律学价值之怀疑之根据,批判且解决之;特欲排除前述混同之意义,亦非容易之事耳。

关于本问题之研究,最初须决定其价值之意义之为何。

所谓法律学者,其法律之意义,于自身定之,极为困难,然现今只在解决当面之问题,则以法律学,为关于法律之对象而成立之学问,似已充分;夫法律之真义如何,固多疑问,然法律学而如上述之定义,自信当非误谬,惟所谓法律之对象,不论其真义之果为如何,然视之为依人类所诱发,成立于人类间之现象,则依照日常之用语例,无论何人,当不致生有异议;纵之法律之对象,对于人生,为有意义之物,至少当被认为有意义之物,恐亦不容疑者矣,盖不然则法律之对象,何故被诱发于人间耶?将致有不能解明者也。既法律之对象,对于人生,为有意义之物,或被认为有意义之物,则关于其成立之学问,即所谓法律学者,当亦为对于人生为有意义之物,或被认为有意义之物,自亦不容疑之事,否则人类间,何以有此法律学之成立,将亦在有不能解明者矣。关于此点,即怀疑法律学价值之人,亦不能不加以容认(忍),然则其对于此学问之价值,尚有怀疑者,果又因何理由耶?故窃以为其所怀疑者,与其谓之为对于法律学关乎人生之实际的意义方面而言,毋宁谓之为对于其学问之权威方面而言为当也。

前述怀疑之二义中,本书所讨论,特在其后者;换言之,非关于法律学人生实际的意义之批判,乃在其学问之权威(或品位)之解决也。多数之论议,常因二者之混视,而生种种无用之困难;故于本书之首,特一言分析之,从之所谓法律学价值之意义,亦不外其学问之权威的价值之意义耳。

二、本　　论

对于法律学价值之怀疑,可分为次之二种:(1)对于法律学成果不完全之怀疑;(2)对于法律学对象不完全之怀疑(关于其学问的对象之资格有缺乏之义)是也。二者之间,严密言之,实有论理上之关联。前者之怀疑,毕竟依从后者之怀疑而生,但其表面上,则各有其独立之可能,故本书为便宜计,特对立而考究之。

第一,法律学之成果,于下之二点,表示其不完全之点:

其一,法律学之讨究,异说极多之故也。

法律学之对象,不论其真正之意味,果为如何?然在今日,一般事实上所思惟者,则维制定法(参照 Lazarsfeld, a, O. S. 516)。夫制定法上诸多条文之意义,定说极少,又关于此等条文互相关联处意义之确定,学说上尤为分歧,此种对象上之讨论,以至形成法律学成果之表现如斯缺陷者,其原因果由何来乎?窃以为对于下述之二事件,不可不一考量之。

(1)成为法律学之对象所谓制定法者,其本质乃属于人类所制定之物,固不待论。夫既属于人类所制定之物,则其自身之中,如后文所述者,自不免有诸多之遗漏,例如(a)于一般实在事件之解决上,有全未示其标准者;(b)虽示有标准,而因用语之不明确或矛盾,致其条文自体之解释上,难确定者;(c)虽其条文自体之解释上,已可确定,而其条文相互间之意义,有矛盾者,或其相互间之关联,例如原则及例外之规定等,有未加以表明者是也。夫制定法既有如许之遗漏,则为明确其条文之意义,及其相互关联之态样,所谓阐明制定法之理论的体系为目的之法律学,将由其有遗漏之材料中,抽出其目的之结果,自当不免多少之推断混入;有推断则足为发生异说对立之余地,固亦自明之事也。加之一度有异说对立之发生,则其间足为判明是非之标准或方法,于其场合内,必尚未被发见(现);在制定法本体中,既未明具有此标准或方法,而于此等异说中,又非于制定法内,发见(现)其标准或方法不可,此所以法律学之讨究上,异说日益蜂起,除俟有完全之制定法后,实不容易解决或消除之也。故法律学上异说充行之原因,其一部分实不能不推之为因法律学之对象,其自体之矛盾或不明确所致也。

(2)对于法律学之讨究,所谓方法论的——严正以言,为对象论的及学问论的——知识,犹未有充分之准备也。一般学问之对象中,能容诸多见地之考究,及许诸多结论之创设者,既为多数学者所承认之事实,则关于法律学之对象,亦何独不然;特在法律学之场合中,由此诸多见地所生之异之结论,或自始即承认其相互见地之异质性,因而不另生对立之异说;或对于相互见地之异质性,不意识之,及识意之而于其见地之合理上或优劣上,发生争执,以致形成若干之对立异说者,亦为不少。夫前者之场合,既不足以成立异说,自与本问题无关,今请论其后者。后者之事例,其最显著者,即如解释上有严格的依据条文之字意,以阐明其法律自身之目的及精神,所谓文字法学的解释或概念法学的解释者;亦有依据条文以外其他事由——例如比较历史的事由、社会学或政治学的事由、社会政策的事由等是——之顾虑上,以为解释,所谓目的法学的解释或社会法学的解释者之区分是也。在解释法律学上,不问其视法律为运用学或纯正学,若以其对象为制定法以外之物,则自无可深论;否则,一方解之为纯正学,一方又以其对象为制定法,或更以不准据于制定法之理论,而解释其制定法,则理论上不谓之为一种矛盾。今以此故,而衡之于概念法学及自由法学(目的法学或社会法学)见地之合理与优劣,则其合理与优越之点,似当不在于后者,而在于前者矣(后出本文参照)。总之,法律学上之学说,不问其决定法律学之性质为运用学或纯正学,其根据法律学之对象为制定法或其他事由,其解释法律学之方法为概念法学或自由法学,总以激灭其数,能归于一为得也。今日之法律学,对于此等问题之解决,尚无何等明确之标准,故法律学者间,不特意识的或无意识的,各自固执一见,且同一所在,而生有多数之异见者亦不少。此法律学上异说充行之原因,其一部又可推咎于因其方法论的考究,尚未充分所致也。

上揭二种之原因,后者依法律学者之努力,或一般学问之进步,尚可得而改进之,前者若其对象,为制定法,则制定法如上述之遗漏，到底难以免除，欲脱去其缺陷，亦非易事。虽然，于法律学之讨究上，异说过多，固足影响于法律学之学问的价值，然执此即谓为法律学价值之致命伤，将因之而被一般世人所否认，则亦未免为过激之论，故本书于法律学成果不完全之第一批难中，只略事陈说其原因，不欲为详细之讨论。

其二，法律学之解说方法，不合于制定法律本来之目的也。

为法律学对象之制定法，以轨(规)范人类之行为为目的，及于此目的下，规定万般事项之意义或内容而成立，此固不待论证之事。从之讨究此对象之法律学，关于制定法对人类之行为，何故如是轨(规)范，对其他万般事项之意义内容，何故如是规定，皆非详为阐明或解明不可。然至今日，法律学之解说，虽知有此期待，亦未能尽采用此种方法；教法律学者或学法律学者，皆徒知拘泥于制定法语句之末，而未能审察其规定事项之实质，既能解明其所规定之如何，而又未能辨明其追求之理想之果为如何也。故此亦不得不谓之为法律学成果之一缺陷。至其原由，亦可分为下之二点述之。

(1)制定法固在求普通人人之理解而规定，然现征请其关于规定事项之意义及内容，则多未有一一加以解明；即附有解明之时，然为尊重其他欲望之目的起见，亦有未将其真相明示者，由此可推知其真正之欲望，并非在与人以真正之认识，或明确之理论，特希于其目标下，求得一定之结果耳。如法人而定之为有人格，电气而视之为物等规定，即此之一例也。夫法之制定，原有其制定之目的，且其规定之范围，又复网罗万般之事项，今既不能将其规定之意义及理由，明加说示，又不能将其全体之价值体系，暗加表明，是其足资解说者，特皮相的，关于其规定之事项，确认如何以轨(规)范人类之行为而已矣。从之法律学之主要任务，亦自不得不悉其精力，集中于确定制定法之用语，及阐明其条文全体之论理的关联。此不特概念法学派的解释，应趋于是，即自由法学派的解释(以解释制定法为标榜者)，亦不得不有若是之倾向也。故法律学，虽其用语精确，体系严密之点，比诸其他学问为优，然只拘泥于文字及训诂之末（与法规本来之目的实相背驰），若再进一步，而求其规定之实在与理想，则实未有所教唆也。修法律学者，关于其所学之制定法之预想的实在及理想，毫无何等之识见，而徒逞其坚白同异之辨，创立异说，此不论何国，法律学家易招世人之颦蹙，及不良之评判者，亦何莫非此理由所致也。总之，法律学之至于有此情况者，其一半之原因，实因为其对象之制定法规定之方法，单在求一定之结果，而未能明示其前提之实在及理想，不能不如是推咎之也。

（2）法律学者，对于制定法之解释，不能努力于阐明其内面所蕴藏之实质的体系，而专依据其外面所表示条文用语之意义或其互相关联之点，以解说其所欲望之结果之论理的体系者。此其通弊也。夫制定法，既属于人类所制定之物，则欲解明其意旨，自非解明者个人之体验不可，制定法之解明，一般称之为解释者，其理由亦不外此，加之制定法为审查人类——国家，公共团体，个人及其私的结合——之理想如何之下，较量实际上之利害，亘于生活之全领域内，对万般之事项，而立其规矩之物，今将真正解释其意旨，则于发明其重点之所在上，关乎万般事项及实际利害等之知识，似亦所必要。即谓制定法之解释，真正法学之建设，将于其构成之条文及前述之知识关联下，被阐明之场合时，始暂达于成，亦未始不可。举例以言，如对于宪法，而为国家理想及团体之阐明，对于劳动法，而为社会政策上之理想及社会生活实情之阐明，对于现代之债权法，而为个人主义的主张及个人主义的社会之阐明，即近乎此之所谓解释也。虽然，近世所谓解释家者则不然？一方以上述关于万般事项及实际利害之知识，其本来之性质，原非属于法律学；一方又鉴于制定法规定之方法，只在求一定之结果，并非欲明示其实在及理想之根据，故虽明知前述理论之非误，而其解释之主旨，关于确定制定法前提之实在及理想知识，仍让诸他之学问以考究，而自己特阐明其结果之论理的体系而已。所谓就条文之目的或依据之事实,当释明者,或不得不释明者,彼等辄以自明之态度了之。(其意以各人皆多少具有此种知识,可以于其知识之限度内,自己理会之)其何以而如是,实未加以解明也。此不特概念法学的解释如是,即自由法学的解释亦然。故法律学不论其对象之制定法,内容如何丰富,常易陷于无味干燥,而为此学问者,亦多自拘束,失却丰饶之滋味及和泼之生气也。是其所以至此情况者,其一半原因,实又可推咎于法律学者,只以外面的皮相的解释为满足,而不能为内面的实质的解释所致也。

法律学之解说方法,不合于制定法之本来目的,此种法律学成果之不完全,足使其学问之价值发生怀疑,诚为不容争论之现象。今就述前二种原因论之,后者若法律学家能转变其解释方法,此种弊病自可灭绝;后者则非待制定法尽改其规定方法后,恐不易奏效也。虽然,法律学之外面的皮相的解释,固有如上之缺陷,然一方因其能精确其用语之意义及严正其理论之关联,于促成其学问之体系上,亦不得不谓之为有利益也。故此第二之批难,亦有共可以原恕之点,不能以其有损于法律学之价值而漠视之也。

第二,法律学之对象——限于一般以其对象为制定法者,以下之三点,表示其不完全之点:

其一,为法律学对象之制定法,其自体被视为知识之体系(学问),又可称之为既成品故也。

一般学问之对象,不问其为自然,抑为文化,其始必因认识方能成立之发扬之完成之,未有于认识以前,而能想得其认识之成果也。为法律学对象之制定法则不然,于认识以前,即已可想象得此认识之结果矣。又他学问之对象,纵依数多之语义以为解明,而其自身,则决不被视为属于此等语义所构成者也。为法律学对象之制定法则又不然,除依数多语义以为解明外,并将视为属此多数语义所构成之物也。故他之学问之对象,为未成品,而法律学之对象,则直可视之为既成品。此点实法律学与他之学问,差异所在。夫制定法,既已为既成品,则所谓法律学者,将全为无用者耶？抑因其解说,不过制定法外面的研究,事甚易易,将不值视为一种学问者耶?所谓制定法之内容,不俟法律学之成立,而当得理解;或制定法之内容与法律学之内容,其间实无差别,后者不过前者之重复言论;又或法律学特属于解释字句意义、条文趣旨、理论关联之技术的工作,实不必以前述之预备知识为必要;种种怀疑与批评,皆尽由此而发生矣。

虽然,以法律学为不用之怀疑,此种关于法律学之学问的价值以外的价值之理论,征诸序论中所述者,似已无充分存在之理由,兹暂置不论;惟以法律学为容易,而谓其缺乏学问的价值的怀疑,则不可不一考究之。夫制定法既属于既成品,则谓法律学之工作,较诸他之学问,对于未成品之对象,而为工作者,似为容易之批评,自所应有;又法律学者,虽自负法律学之理论,如何深密,然此非独法律学努力之结果,亦其对象制定法精微所致之事实,亦难否认;虽然,苟于其自身,在理论上而无缺乏学问价值的意义,则此种论断,似嫌过速;又其理论,苟非尽为制定法内容之再现或复说,则谓其劳作为容易之推定,似亦非妥当也。以下试推论之。

(1)法律学以既成品之制定法为其对象,此点恰与学说史以既成品之学说为其对象相似也。盖为法律学对象之制定法,其构造依语义之构成而表现,为学说史对象之学说,其构造亦依语义之构成而表现。学说史为贯通学说之理论而成一概念之物,法律学亦为贯通制定法之意义而成一种规范意识之物。故二者其内容与方法,实可同一视之。夫学说史与法律学,若单为学说与制定法之介绍或注释,则其内容不过一种重复之文章,不能谓之为一种独立学问,固属当然。今学说史于介绍及注释外,能在其对象之学说中,发见(现)且确立其内在之关联,因之而成为一种独立之学问;则法律学亦为书乎注释及介绍外,而能在制定法之各条文间,发见(现)且确立其关联而使之成一体系之物者,则又安能视为有背于学问之名称耶?且学说内在之关联,学说自身,未尝提示,因学说史之发见,而始谓为新之创立,则制定法内在之关联,因同样之理由依法律而始被发见(现),则亦何尝不可谓为新之创立?学说史而不得谓为容易之事业,法律学自亦当采取同一之论断也。是以即依此点观之,法律学实与学说史相等,同有学问的价值,且其工作,亦非容易,实可作如是之评论也。

(2)法律学不限于依记载的方法而形成,却能于依说明的方法以形成,此亦其学问的价值,足以表现之点也。夫所谓记载的方法者,于得以诉诸官能之用语(依官象之唤起而得理解之用语,如当事者对手方善意之第三者虚伪之表示等是)而展开之方法之谓;所谓说明的方法者,则为得以诉诸理性之用语(依理象之唤起而得理解之用语,如权利、义务、自由、责任等是)而展开之方法之谓。前者为人类自然必要发生之用语,故其意味,不必精密,虽无学理之解明,通常亦易思维;后者则为非待人类之努力,到底不得发生之用语,故其意味,常极严密,且无学理上之解明,通常之思维,甚难理解也。今制定法,其本来之目的,在求一般人之了解,故其用语,富于得以诉诸官能者,而乏于得以诉诸理性者,自为当然之结论。虽在近世制定法上,因欲求严正且精密其意义之故,对于理性之用语,亦多采用;然如前所述者,制定法只单在求一定之结果,其规定确立上必要的学理的概念,实未尝表现之也。是以法律学者,欲制定法内容之确立,不特其解说中,须加以得诉诸理性之用语,且其学理的概念,亦必为之成立。此种概念及用语之发见(现)及确立,决非容易之事体,且于学问上含有重要之意义,此不论何人,恐皆不能否认之也。故法律学不限于记载的方法,而用说明的方法,此亦不可不谓为其有学问的价值而其工作绝非容易者也。

依上述二段所证明者,则法律之工作,纵较诸他之学问以未成品为对象者为容易,然其学问上的价值,则决不可漠视。故关于法律学对象不完全之第一批难,实觉无甚理由也。

其二,为法律学对象之制定法,基于制定者之意思,随时得加以变改之故也。

关于此项之批难,其最先承认者,恐尚推诸法律学家:盖制定法因制定者之意思而随时变改,此种俨然之事实,无论何人,皆将不能加以否认;虽在过去之时代中,制定者之意思,常为恣意的专横的且少数的可以任意变更其制定法,而在今日,则多为合理的必要的且多数的(至少亦因参加者之意思而受有影响)始可变更其制定法者,内容稍有不同,然就实际而言,制定法依据于制定者之意思而存在,固仍为不可移之事实也。制定法既随制定者意思之变更而变更,则其变更以前成立之法律学,亦将因其对象之变更,而致于无用,所谓法律学之利用时期甚为短小之结论,自当由此发生,而一般埋首于法律学,将以之为一生之事业者,痛或于其研究之对象意味之薄弱,而先生有上述之遗憾者,亦固其所也。况乎制定法亘于长时期而不变更者固不少,而于短少时间内,屡加变致者,亦所恒有;又当其变更时,基于多故之意思或必要且合理的意思者固多,而有时基于少数专断之意思或不合理的意思者,亦不能谓为绝无;故此种法律学命运短促及其他之怀疑,遂愈将因此而滋生矣。

对于此批难,学者间亦有为其辩护者,其说曰:"所有之学问,纵使为哲学自然科学或数学,亦常因时代之推移,而有其变改之可能,此不独法律学之运命如是也。故法律学决不能因此故,而遂谓其学问之价值当减少云。"[1]上述辩护,吾人若试一深察,觉其攻击之目标,实不免有所错误。盖此项批难,对于法律学价值之怀疑者,并非以人为之事业如法律学者,常不完善,而早晚有修正或变改之可能之谓,特以法律学之利用时间,当决定于制定法之制定者之意思之谓也。右之辩护以一切学问,皆非完全,常因时代之推移而变更,此特对于前述第一点之非难,而非对于为本题中心之前述第二点之批驳也。夫一般之学问,常以标榜其内容之普遍的妥当性并要求其历久的不变者,此其恒性也,法律学则以制定法依制定

[1] 参照 Binder 氏所著 Philosophie des Rechts, S. 849, 850 及 Der Wissenschaftscharakter der Rechtswissenschaft, S. 353 -354。

者意思变更之故，己身亦不得不因之变更，是以较诸一般学问，似另有其特质。此种特质，即其利用寿命依制定法之制定者意思以决定，而为一般所怀疑者，今前之辩护，对此不加讨论，而单引一般学问其内容之变更可能性，以为诘难，故吾人觉其不甚肯要，而不欲采用之也。

据此以言，则法律学对象之制定法，依制定者之意思而改废，果真足以使法律学利用之时间或寿命短少耶？抑法律学之利用时间，依其对象之改废，而将至不能存在耶？或更进一层而谓其因制定法之改废，法律学之利用时间，果致有影响，则此种影响，真足害及法律学之价值耶？关于法律学价值之辩护者，正当于此等疑点，而推究之，若能对于上述之反问，而能为否定之回答，则此项批难之真伪，自可因之而决定矣，以下试推论之。

抑就本问题之解明上，必要之方面及范围而言，一般学问，可分为得超越于时间与空间限制之对象之学问，与不得超越于时间与空间限制之对象之学问二种。例如认识论、物理学、数学等，即属于前者，其他标本的关于个别且具体的事项之学问，而豫(预)想其中有多少之时间连续者，如历史传记类，则属于后者。前者因其对象不变之故，虽依其内容不完全而致生有事实上之变改者，亦所恒有，然其本来之性质，固属不能变动者。后者则因其对象变动之故，其本来之性质，原属可变者也。今前者与本问题之究明上，无甚关系，请论其后者，盖后者预想其对象变改之点，即关于其对象之自然变改因之其学问自体亦随之变改之点，实颇与前述法律学之特质相似也。

关于个别且具体的学问，就中如历史者。皆服从于时间的——且空间的——限制，换言之，历史之对象，其自体之性质上，因自然的担负此变改之运命者也。征诸法律学，殆亦同然。夫法律学之对象之制定法，依制定者之意思而变改，历史之对象之事项，则依自体之性质而变改，虽其变改之原因，不必同一，而其同负变改之运命者，则固无二致也。故二者之近似性，恐不论何人，皆将不能否认之，而当学问价值之论议时，似二者学问上之价值，亦不宜附以重大之差异也。

法律学与历史相互之近似性，既不得加以否认，则对于历史，苟认其有学问的价值，则于法律学，似亦不宜格别视之。夫历史为个别化的认识之学问，具有独特价值之物，既依近时之努力，于其方法论的明确内，不论何人皆已承认之，则于法律学之价值，又乌得不可施以同一之论调？今请再申论之：一般人对于历史之考究，固不以其对象变改后之利用性为问题也。夫一事项、一时代之历史，固不能为他事项、他时代之历史，然前者于后者之构成上，尝与以诸多之暗示，永久而保有其利用性，故其对象变改后，于历史之学问的利用性，固不能谓之全已消失，而测定学问之价值，亦不得以其利用性之多寡为标准也。反之，若以历史之对象之变改性为问题，则历史之对象之事项，其存续时间，极其短少，严密言之，盖与时间，刻刻推移，其历史成立时，早已消失其对象之面影，即谓之自始已不能作有寿命之思想者，亦无不可，若尚以之为测定学问价值之标准，则不亦过事虚妄者乎。由是以言，其对象变改性之迟速点，姑置不问，而其学问之利用性，果较诸历史尤高，如所谓法律学之为物者，何独舍对于历史学不论之点，而向之追究，视其对象之变改性，足以影响其学问之价值耶？此实不谓之为全非理由而不可得也。

要言之，法律学对象之制定法，依制定者之意思而变改之事实，决不能视为有影响于法律学之学问的价值，特研究者因萃其精力，而常有不得效果之憾耳。虽然其劳力者若一旦而得有妥当之成果，则固不论制定法之如何变改，皆有其尊重之价值之存在也。盖法律学之学问的价值，原当依此妥当性之有无以决之；且依其解说方法之如何，而法律学常有不因制定法之变更而变更者，例如其解说方法，苟为合理的而足以确定法之构成方法或位置者，则虽变更其现在之制定法，然对于后之任何制定法，尚有其效用而不致变更者也。（此种事实，在历史之解说上，固亦同然，然实际上的必要，则法律学实较历史为大，盖法律学除究明现在制定法所定之方法外，对于其他之方法亦有研究之必要，而历史则不过以解明一定之个别且具体的事项为目的也）故据此以言，则即谓学问价值之测定，以其学问内容之不变性为重要，而法律学比诸历史，亦已有高一层之价值；矧在历史，其对象之变改，不必因图进步或改善而使然，在法律学，其对象之变改，除少许之例外外，固含有改善或图谋进步之意味，而法律学随之变改者，亦将含有创设新的学理之理由者耶。故关于法律对象不完全之第二批难，实可断为完全错误者也。

其三，为法律学对象之制定法，系由人类（制定者）所制定，决难底于至善之故也。

关于此之批难，学者间亦有为之辩护者，其言曰："制定法之在于今日，决非由制定者之专断，只求谋局部的利益而制定之，实由多数之制定者，于全般利益较量之下，活用最善之理性以制定之者也。故以制定法系制定者制定之故，而谓其难以完善，实未免速断也。"（参照 Binder 氏所著 Philosophie der Rechts, S. 844）此种辩护，乍观之似应首肯，然一深思，则觉其对此批难尚未与以充分之回答也。盖第一，今日之为政者，因基础于政党之故，其制定法之制定，亦将依政党而受影响，此乃不可争之事实。夫一般政党，在事实上，与其谓为能顾及全般的利益而立其政策，毋宁谓其只图谋局部的自已的利益而立其政策为得，是在其影响下制定之制定法，自亦不过为确立其政党之利益耳，今谓其能较量全般的利益，其结论未免稍近偏颇。第二，今日参与制定法之制定者，比诸往时为多，其间难免无意见之冲突。夫在此种冲突之场合时，若为有意识的，则恒因之而讲妥协之方法，若为无意识的，则又常生遗漏之缺陷。故谓制定法之制定，为最善之理性之活用，亦似非定评也。

其实为法律学对象之制定法，在往时固不必论矣，即在今日或将来任何时代中，皆决难底于至善，此虽就其本质上考究之，亦当然者也。盖纵有聪明睿知（智）之制定者，既无他事之掣肘，又能活用最善之理性及较量全部之利益，以制定其制定法，然以其属于人类之故，其智能所及，无论如何，终将难免无挂误之处。此种论证，吾人不待详思，试一观人为之事业，无论何种，几何不见其自夸为博大精微，然试以之比诸宇宙之深奥，自然之巧智，造化之精妙，果何如乎？故以人为之制定法，而于此自然之高处较量之，其本质上原不能底于至善之点，自亦当然之事实也，况制定法，纵能适用于一时代，而称至善，然因事情之推移，在后之时代，又有不能适用者耶？从之，一般人视有遗漏之对象之考究，不如不俟人为之自然之考究，为能得真意味，而遂谓法律学之价值上有缺乏者，亦非全无理由也。

今若对此怀疑，而求其辩护之根据，据吾人所思，则惟取一般艺术学或学说等，在学问上之价值，比较以言之耳。盖出于人类所制作者，非独制定法也，凡属于艺术或学问的作品，亦何莫不然，制定法不能依制定者之努力，而无挂误，则艺术的或学问的作品，自亦不能依学者或艺术家之努力，而至于无缺漏矣。然一般对于艺术的或学问的作品，不因此缺漏，而怀疑其艺术学或学说史等在学问的价值者，果何故耶？如不拘其对象之欠缺与否，而可容认（忍）其有学的价值，则对于法律学，又何以独加歧视耶？故以此种反问，而为此批难之辩护，自有其相当理由，虽然，其证据力，亦不过在一方承认法律学对象制定法之不完全，一方复能发见（现）对象不完全之他学问不致害其学问的价值者，以为批难之一质问而已，实则艺术学或学说史，在学问上的价值，不被怀疑者，特人尚未意识之耳，将来亦至与法律学，受同一之批难，亦未可知也。

此辩护尚不足以为完满时，则对于此批难之理论，尚当详究之。今请进一步，再精查现行制定法之弱点所在，（前已指摘者参照）此可分为二点述之：其一，制定法之用语及其方针，矛盾且不明也。详言之，即制定法一方因语义之龃龉，以致规定之意味不明，他方又因规定主旨之冲突及关联之紊杂，以致法典之方针，亦不明是也。其二，制定法因当初之不审，时代之推移，常具有不当或不必要之规定也,详言之,即制定之当初,因不审慎,诸多乖谬,或当初非遗漏之场合,而至现在,以新事实或新原因之发见(现),而认为有缺陷者是也。以具有此二弊之制定法,而为法律学之对象,则其不完善之点,在法律学上自无不尽量含有之矣。

虽然不完全对象之学问,苟于其对象之认识下,能得诸多妥当之成果,则于其学问的价值,尚不能谓之全无也;盖以一学问其价值之有无,严格言之,当依其所得之成果妥当与否,以为判断,而不应凭据其他何物,以为判断也。特一般学问之最终目的,常不以认识人类所作出的对象之妥当为满足,而在于以获得其本实相的对象之妥当为依归;故如上述之场合,法律学之妥当,特不过解说其人为的制定法之妥当耳,若衡诸本来之真理,其妥当与否,尚未可必也。因之努力于法律学者,若按照一般所谓真理阐明之最终目的而言,则对其作业,诚不能不感觉缺乏相当之意味,而一部分人,对于事业的价值之怀疑,亦自非无故也。从来之法律学家,因欲使其作业,成为有意义之学问之故,对于定制法之诸规定,其本来不明者,明瞭(了)之;矛盾者,调和之;不当者,用正当之形状说明之;无规定者,依他例之援用,解释之;凡此种种补释之方法,虽可谓极一时之能事,然到底不能使本来不完全之制定法,成为完全也。且依此方法,一方既不能保有制定法上妥当之成果,他方又不能求得制定法外妥当之成果,正如分追两兔,而终无一获也。

依上所述,似法律学因其对象系人类所制定者之故,多少于其学问的或种价值——阐明本来实相的真理之价值——感觉缺乏,此所以吾人对于法律学不完全之第三项批难,实无法以批驳之也。

关于法律学价值诸多之怀疑中,惟以上述者,为其本质的且基础的批难,因对其他怀疑之点,尚可依法律学者之努力,加以矫正,而此之不完全,则因其系法律之根据地的对象,纵欲加以改善,亦不可得也。故第三种之批难,实可谓为法律学上致命的攻击也。

三、结　论

上述第三点之批难,避免之而不可得,则最初之怀疑,所谓“法律学之价值,将为低位者乎?”一语,似非加以肯定不可。虽然,其最后之问题,则尚在法律学之对象,果限于制定法与否而定也。夫法律之用语与制定法之用语,其意义之有别,固不待言,则法律学者,果即为制定法学乎?抑为他之对象之学问乎?恐尚有斟酌之余地也。窃以法律与制定法,虽有密切之关系,然非全相一致之物,法律与制定法学,当分别观之(参看拙著《行政学与法律学》七六页以下),今若以法律学为制定法对象之学——制定法学——则其价值之评定,自不能不有异也。

法律学以制定法为对象,则其学问,如上所述,当弃实体上真理阐明,而于制定法本来不完全之范围内,以为解释不可。(故在此意味内,当然趋重于概念法学之观念)彼自由法学者(目的法学或社会法学)以制定法于其规定外之事由内,以为说明,其不当,观前所指摘者,亦自明瞭(了),故纵依其所谓以“实质的解说代制定法表面的解说”之方法,足以改善法律学,然以其本无实相上之对象,到底难以完善也。是以窃以为自由法学与其徒废力于此种无益之匡救,实不若于制定法外,另求其真正之对象;若能如历史学之成一有自然对象之学问,则其学问之价值上,自不致生若是之怀疑矣。

罗马法的婚姻*

东让三郎 著 陈士诚 译

在入本问题之前,我想要把古代文化,几乎关于一切国民间之婚姻习惯的三特色,略为一说,因为此为文明时代婚姻史的枢纽。

第一,结婚。

通常以期得神之承认为目的的形式行之,故多少总带着宗教的性质,而尤以一夫一妻制所行的场合为然。

第二,婚姻关系。

夫无论对于妻之身体及行为的监督,或对其财产,皆立于统辖的地位。其财产为妻的所有物,或为组入夫妻共有物中者,皆所不问。

第三,夫比妻容易得以解消婚姻关系,此为古代社会妻之地位较卑于夫的结果。

以上三点,虽概为宗法幼稚时代的特色。然并非普遍的到处皆有,也非以此之有无,即得知文化之程度。

一、古代之罗马婚姻法

当罗马法施行之初,有两个现象,骤见之,觉着有些矛盾。其一,即关于身体及财产,在法律的方面,妻对于夫为绝对的服从。其二,即关于妻之身分(份)及其所受的尊敬,在社会的及道德的方

* 原载《法律评论》1930 年第 8 卷第 11 期。

面，为完全的平等。

就上记的妻之绝对服从言之，可知妇女之绝对包容于夫之法律的人格中者，并非因结婚的简单事实，乃在乎为婚姻成立的必要的法律行为。有史以前，姑且不论，即就十二铜表制定时代（纪元前四百四十九年）言之，婚姻并不要何等的法式或仪式，只要当事者双方的同意，即得成为契约。此种场合，夫对于妻不能取得何等的权力，凡是妻自己的所有财产，依然为自己所有。故妇女为适法的结婚时，就是不立于夫的权力之下，也未尝不可。所以夫的权力，并非由于结婚自体发生的。唯此种“任意结婚”（此“free marriage”一语，并非罗马语，至近世法律家始用之）虽有适法的可能，而古代人民，大概皆以认为一种不拔的习惯的结婚仪式行之。此种仪式，虽非婚姻的有效条件，然亦有重要的法律结果。本来真的结婚，从没有不用仪式的，然在十二铜表时代，即早已废止。该仪式即为使其发生所为“手”（manus）的关系，妻入于夫之权力内，关于法律上的权利，不特是置妻于女子的地位的（filiae），而结婚当时，妻的所有财产，全部亦付之于夫。其所与于夫的，无论为赠与所受、为劳务所得，皆所不问。夫尽可取得妻此后应取得的一切权利，并且有命为劳动的权能，不然的话，就是连卖却妻的权能，亦付与于夫。但此种卖却，并非使婚姻关系消灭，也非使妻为奴隶，单把使妻为劳动之权能给与买主，而买主仍不可不尊重该女个人的权利。至于妻之得有受夫扶养的权利，及夫死亡之际，得受其分与财产的权利，好像就是作为前之不利益的代价似的。妻因发生夫之“手”的关系，即脱离其实家，并依严格的法律，丧失其夫之财产继承权。

可使其发生此种“手”的权力之仪式，共有两种：其一，为旧式，含有宗教的性质，于大僧正前行之。其特点，即在于新夫妇同吃某种玉蜀黍（far）而行戛比克神之祭仪。因呼此仪式为 Confarreatio，此仪式，限于贵族之家行之。更有一种，其仪式为纯然的市民行为，称之为 Coemptio。凡新娘为父或后见人（各视其情形）的同意，卖自己于新郎,同时,新郎亦卖自己与新娘。(对于此点有异论)此种买卖,于持代金称量器之一人外,复有证人参加作证,而以一定式语行之。其代价固然是有名无实,然太古时代,有用真实之代价者。

虽有说前两种仪式,为结婚的必要条件,其结果,结婚必使发生“手”的权力。然此属于极古时代的事,在后世,并无此事实。

二、制度的变迁

在共和时代末叶前,Confarreatio 的仪式完全消灭,仅当作旧世界的奇事,流传在民间。贵族之家,既比较地减少,其余人家的女子,也没有要服“手”之权力的。唯当时全市民所用的 Coemptio 仪式,尚继续着,即在西舍若时代,亦屡有行之者,然至再后二百年,也显形衰颓了。故概括言之:从鸠里斯西查儿(纪元前一百年至四十四年)的时代以降,即以无“手”的婚姻为普通。再自巴托里安帝时代以后(纪元七十六年至前一百三十八年),置妻于夫的支配之下的婚姻之法律行为,大约是没有了。

经这般的大变迁,在新制度之下,妻恰如未婚妇,对夫绝对独立。夫对于妻,并无法律上的管制权,妻的财产,不问其取得原因如何,统归妻所有,妻不入夫家,且对于夫的财产,仅得到极小的无遗言继承权而已。

由此著明的对照看来,可知在旧制度中,妻之无能力,其严格的法律意味,并非婚姻本身的结果,殆可以将基于一般所行的感情及习惯的法律行为之结果的事实。说明之。在完全有效的婚姻,即使无此等的法律行为,亦得成立。故到了感情变化,且闲却惯习的 Confarreatio 或 Coemptio(共食婚)的时候,“手”的权力就完全归于自然消灭。而妻的解放,也不须有何等的法律规定了。

上述古代婚姻形式的概况已终,以下就后世的普通婚姻——“任意结婚”——中妻之地位,略述之。此种“任意结婚”,乃罗马制度传于后世,予近世法律以感化的形式。

三、后世的婚姻法——夫妇的个人关系

婚姻契约之行为，为纯然私的行为，其官吏之介在或登记及其他的公记录，均非必要，婚姻仅为当事者双方之事。

该行为为纯然市民行为，无论为偶像时代，为基督教时代，皆不须宗教的仪式。纵有仪式样，亦仅为装饰的而已。

该行为不要何等规定的法式，仅当事者双方互相表示承诺意思为已足。此意思表示，或以言语，或由以后的事实推定之。"婚姻唯以承认为契约"(Nuptiae Solo Consensu contrahuntur)，为罗马不朽之格言。一般的惯例，在实际结婚之前，虽有许嫁(Sponsalia)之行为，然此婚姻豫(预)约，法律上并不发生何等权利，因而以此为理由的诉讼，也不能成立。古代对于嫁的授受。婿者和嫁者之父或男亲属间，累行有效的约束，若违反此约束者，得对之提起诉讼。但不久，此种制度，即行消灭。而受洗练的感情影响，婚姻豫(预)约，不仅不得强行，且当事者双方，若以违约罚金缔结相互拘束之契约，则此种契约条项，即属无效，且认为可耻的约束(paetum turpe)，此为后之共和及帝政时代的法律。然婚姻豫(预)约，仍为几分的法律效果，婚姻豫(预)约者之一方，对于他方豫(预)约者之对人的不法行为，(有侮辱的性质者)有提起诉讼的权利。与一人为婚姻豫(预)约，再与他人为之者，为破廉耻罪，一方的当事者，若于结婚前破除婚约，凡给与他方之物，皆有回赎权。

再就关于个人的身分(份)言之，妻取得夫的身分(份)，以夫之本籍为本籍，而与"手"的权力的古代，妻附夫之民族之名者，又属不同，妻仍保有自己之名。夫妇之一方，因他方对于己之名誉声望，有利害关系，如夫受妻侮辱，或妻受夫侮辱时，得提起损害赔偿之诉。夫不问其私有财产如何，有扶养其地位相当的妻之义务。夫妇之一方，对于他方，虽得提起诉讼，然必以不为伤及个人的信用名誉之诉讼(Actio infamans)为要。故虽各有其财产，而一方不得以盗夺的民事诉讼诉。他方即因想要离婚而夺其财产时，亦是

一样的。妻之父或祖生存时，妻就法律上目的言之，不为夫家的家属，向为实家的家属，其依然服从父权，自不用说。但该女被解放之场合，不在此限。然父权者不得夺其女于其夫，安托里奴斯比斯帝（纪元八十六年至一百六十一年）曾有妻父扰乱伉俪相和的婚姻之禁。在第三世纪之顷，亦有夫得据执政官禁令，为妻父强要返还其妻之律。

四、后出的法律——夫妇之金钱关系

夫妇各得以终其身以迄于弥留之际的遗言，完全处分其财产。但至于比较的后世，妻以后见人许可为必要，本来夫妇的一方，在他方无遗言死亡的场合，并无何等的继承权，无论母对于子的继承，或子对于母的继承，皆为同样的。但是如斯悖自然感情的状态，并未有永续着。执政官曾设有夫妇的一方，有互为继承于他方的权利之规则，并及于再从兄弟之子为止的血缘者之次，而规定其继承权。其后到了攸斯蒂里安帝（纪元四百八十三年至五百六十五年）时代，对于无遗言死亡的场合，虽以法律扩充有继承权的亲族范围，然于妻并不设何等规定。唯对于资力不甚充足的寡妇，有简单的规定而已。至母与子的关系，到巴托里安帝（纪元七十六年至一百三十八年）及马克斯阿列斯帝（纪元一百二十一年至一百八十年）的时代，始稍稍认之，而以法律予母子以相互的继承权。此曾见于攸斯蒂里安帝所设以血脉为基础的一般继承案，而传至于近世法律。

关于财产的夫妇人格，有尽然区别，而以不发生“手”的权力之婚姻为普通。同时。于同栖之实际的必要上，关于持家费用，不得不设规定。对于妻不问其土地或物品，为自己的或受之父及其他亲属的，以尽行携来为常。此种财产，结局充作夫妇及子女的生活费，称为 Dos（嫁奁）。就此种 Dos 言之，虽多数得以基于惯习的规则为主，然在一般的原则，由妻方面所提供的财产，不问为妻自己的，或得之其父的，在婚姻继续中，其使用权尽付之夫，使夫得履行扶养妻子义务。但因夫妇之一方死亡，或离婚，即随婚姻之解消，复归于妻或其继承人。然其财产，若由妻父提供者，仍有其回赎权。在罗马人思想，认 Dos 为支持结婚家庭之生计费，故其管理及用益权，虽属于夫，而结局的所有权，依然属之妻或妻之父。至其后帝政时代，又有称为“为婚姻的寄赠物”（donatio propter nuptias）的第二婚资者，此项财产，为提供自夫的，无论婚姻中或婚姻后，常为夫的所有。但夫若有支拂（付）无能力的情形时，并不归于夫之债权者，恰与 Dos 虽属夫之管理，并不受夫支拂（付）无能力的影响，而仍归属于妻者相同。又离婚系因妻的过失而起者，夫有保留 Dos 之一部的权利。同样地，离婚系因夫的过失而起者，被害之妻，对于“为婚姻的寄赠物”之全部或一部，有请求权。

夫妇的一方，在婚姻中，不得以物与他方，此为罗马法极古的惯习规则。其理由即谓一方若依两者关系所生之势力的行使，夺取他方财产，必有予他方以永久损害的危险。此原则，虽为防护妻之受威吓或欺瞒，致其别有财产有被夺之虞而设，然有时于夫或子之利益，防护其罹于贪婪之妻的毒手时，亦属必要。此原则，本出于罗马法律家等所述，不可因得金钱上利益而滥用爱情之趣旨。有一法律家，并附言若一方以赠物为无碍，设一旦靳而不与，恐即为离婚之诱因，亦未可知。且因此便成为婚姻的继续可以财物买得的云云。故如前的赠与，即属无效。然有唯一的例外，即赠与者死亡，赠与物尚在受赠者之手时，赠与者的继承人，不得向之取回。此规则，仅关于重大财产之授受，如衣服或装饰品等，在和睦的夫妇间，通常作为爱情的表征所行之赠与，其不能适用，自不待言。

五、罗马的婚姻观念概观

将科律无“手”的权力之婚姻的规则，概括观之，有下列诸点，足引起注意：

婚姻关系的观念，为全然高尚而有价值的，某大法律学者，曾以生活全部的组合，俗界权及圣界权的分有为说明。妻为夫的同辈,凡对于自己的日常生活及财产,有完全支配权,并非幽闭深闺,不能越雷池一步的。

婚姻关系认为全然私的事项,无论为国家为教会,皆与之无关。此点于帝政时代,曾受几分的修正,从阿克斯氏帝的时代起,国家与奴隶,被解放者,及外国人相对立。而为维持上流罗马人计,始得独身及无子之防止。然此种运动,和那婚姻关系之组合及解消不须国家干涉的一般原则,并不矛盾。

婚姻关系,全然基于当事者双方的自由意思,虽有缔结婚姻关系的约束,然拒绝履行,亦不发生责任。一方若希望脱离婚姻关系,即脱离即属自由。如此。而双方各有其行动的绝对自由权,及财产的绝对处分权。

虽为如何的强制,然与仅以自由选择发生的爱情为维持的结合关系,全然相反。

上记的诸原则,在基督教尚未影响于立法以前,认为古代文明的最后箴言,殊饶有特别兴味。且在几百年之后,多数热心进步主义者,就中以深信欲达进步的最大阔步,在妇女放解之徒,将近代世界热诚提倡的种种论旨,亦括之。

刑事政策论*

平井彦三郎 著　陈士诚 译

一、刑事政策之概念

（一）意义

刑事政策云者，乃探究犯罪之原因倾向，为预防计，而讲求其适用于特定行为者的立法上，司法上最适切之对策也。

第一，刑事政策为对于预防犯罪而讲求立法上司法上最适切之对策，即预防犯罪，究用如何方策，及以如何方策为最切欲，以此付诸国家作用的立法司法而为之解决者也。分而言之：其因于立法作用者，为刑事立法政策；其因于司法之作用者，为刑事司法政策云。在社会制度不完全的时代，为预防犯罪而设某种刑罚，初亦可称为刑事立法政策，唯同时并无所谓刑事司法政策之发生。盖当此时代，除单纯刑罚适用之外，更无有司法上何等裁量之余地。唯至社会制度复杂时代，则仅言制定刑罚，并无所谓政策之意味，必也企图制定内容完备之刑事法，乃为此政策之主眼，而于此刑事法之下，其运用于检察裁判上的刑事司法政策，又不可不留意焉。盖文明之刑法，无论大小，不仅设刑之范围，使对于量刑为适当之考虑；更设刑之种类，而予裁判官以选择。他若刑之执行犹豫制，检事公诉任意主义等，皆为犯罪预防计，予人以自由裁量之余地

* 原载《法律评论》1930 年第 7 卷第 51 期。

焉。顾或以刑事政策为单指由刑罚制度方面而为犯罪预防者而言,其刑罚制度以外之方法,如所谓保安处分者,不得不除外之。但无论如何,苟其目的不外为犯罪预防之对策者,似宜无何等区别之必要。其创设犯罪预防上最良的刑罚制度,固无论已;即设最良的保安处分而运用之,亦未始非属于刑事政策之范围焉。唯是犯罪之预防策,应以作用之直接发生预防效果者当之。彼教育,劳动产业及其他诸制度之改革,虽足生间接的犯罪预防效果,然此乃属于一般的社会政策,不应特称为刑事政策。唯因社会政策与刑事政策有密切关系,又不宜使之分立,盖其目的皆在于增进国利民福,而研究其方策者也。

第二,为适用于特定行为者之对策。特定行为者云者,即为犯罪行为者或有为犯罪行为之虞者之谓。夫犯罪之预防,乃以防止此等人为犯罪行为或反复为之为主眼,兼以警告一般人以期达其同样之目的者也。苟其立法不以适用于特定人为目的,纵令直生接犯罪预防之效果,亦不得谓为属于刑事政策之范围。例如:选举动靡巨费,因而为金钱犯者多,于是改正选举法为国营选举;或因铁道敷设之认可权,以致最高长官之受贿,乃为改正官制,设置依多数决之铁道会议等,虽或得以防止此等基因之犯罪,但是等法令,并非适用于犯罪行为者或有犯罪之虞者,故不属于刑事政策。

第三,刑事政策以研究犯罪之原因倾向为必要。犯罪预防,以考察因其发生的原因倾向为必要,而此原因倾向,又以犯人之个性及社会之各般事情为基因。而研究此基因,又不得不俟诸刑事人类学、刑事社会学及其他各种科学之力焉。

(二)性质

第一,刑事政策为目的主义之发现。以刑罚之目的为在于社会防卫,始得了解研究犯罪预防对策之必要。彼如应报主义,以刑为对于恶因的恶果,仅认刑罚为对于犯罪之应报,此外并无何等之目的者,除解为与刑法主义不一致之一种犯罪防止政策外,直可以废之耳。

第二,刑事政策以现行制度之改革为目的。苟欲以率由旧章为前提,斯即无政策存在之余地,而政策之存在,又常在于探究犯罪之原因倾向,以发现行制度之缺陷,或运用之失当,而加以改革,更进而努力以期收获上乘之良策也。要之,政策必须不受立法上或司法上任何之拘束,常对于犯罪之预防,以案出优良适切之新机轴,而促其改革,夫然后始得发挥其本领焉。

第三,刑事政策之研究虽一听人之自由,然实行之者则在于立法或司法之机关。即刑事立法政策,以立法机关任之;刑事司法政策,以司法机关任之。而其现实的实行者,又在乎司法机关,所以谓立法机关为抽象的刑事政策实行者,司法机关为具体的刑事政策实行者云。

二、犯罪的原因倾向之探究

(一)原因倾向探究之二大流

第一,刑事政策不问为立法为司法,必先以研究犯罪的原因倾向为必要。犯罪原因,譬之水源倾向,其通路也,苟仅穷其水源而不清其末流,尚不得以云贯澈,使通路为泥土,则立变溷(混)浊,中途杂污秽,即不能维持其澄清。此所以原因之外,必须探究其倾向焉。然普通为便利计,常合两者单称为原因云。

第二,犯罪之原因,由刑事人类学方面为观察,其主点在以犯人之个性为基因者,称为刑事人类学派,伦卜罗梭[1]其始祖也。犯罪之原因,由刑事社会学方面为观察,其主点在以各种社会的观察为基因者,称为刑事社会学派,布哈林其泰斗焉。如斯两者相对立,虽全不相容,而其相异之点,仅在主基调置于犯人之个性与置于社会的现象上之别而已。且就犯罪之内部的原因言,犯人之个性,即在于反社会性;而外部的原因,则应在于各种社会的观察。换言之,刑事人类学派之探究,在其内部的原因,即水源也。刑事

〔1〕 现通译"龙勃罗梭"。——编者注

社会学派之探究，在于外部的原因，即其通路焉。可知两者本有密切关系，而不得分离者也。

（二）两学派之主张

1. 伦卜罗梭因解剖犯人之头盖，调查心理体格，研究心理之结果，断其有列举各种之区别

（1）生来犯罪人：此等人生理上，心理上与常人之有一定的定型者不同，犯罪即为基此缺陷必至之现象，而此等人之特征，即为残酷、复仇、淫逸、怠惰、变心、虚荣、饮酒及短虑等。

（2）癫狂犯罪人：此种犯罪人，如生来犯罪人之有定型相貌者，虽或有之。唯其犯罪之动机及方法，则与生来犯罪人之心理状态不同。其放火狂、杀人狂、酒癖狂、色情狂、男色狂、色情错倒狂等，皆为其犯罚之基因。

（3）激情犯罪人：往往因感情的激昂而犯罪，或忽而悔悟，常有至于自杀者。以少年及妇人女子为多，某种之政治犯亦属之。

（4）机会犯罪人：即因某机会而至于犯罪者，得分之为三：

①拟似犯罪人：即普通人而犯有反社会的恶性者，每因身体，名誉之保护，及对于家族血缘的同情之下而犯罪者。

②习惯犯罪人：此虽为普通人而非有反社会的恶性，但多因生育的境遇上渐趋不良，致堕落其原始之倾向者。

③准本能的犯罪人：位于普通人与生来犯罪人之间，有轻微的犯罪之倾向，富于恶事模仿欲，易陷于诱惑。

上述之中，激情犯罪人及机会犯罪人（习惯犯罪人除外），虽有十分足以改善之余地，而生来犯罪人、癫狂犯罪人则以不能改善为原则，习惯犯罪人至于不能改善者亦不少。对于激情犯罪人、机会犯罪人，虽应取刑罚之手段，而生来犯罪人、癫狂犯罪人及习惯犯罪人，则以刑罚及保安处分两者并用为必要。

要之。此学派研究犯罪人，其基调在于解剖学、生物学及心理学。虽以遗传为犯罪之主因，而后天的倾向，亦显为原因之一。

2. 至布哈林遂由刑事人类学之研究，更进而为刑事社会学之

研究,以犯罪为基于下之原因必至之现象

(1)个人的原因。列举犯罪的:①体质精神;②人种、年龄、男女、性别;③身份、职业、住居、教育等个人各个之事情。

(2)自然的原因。列举自然界现象,即气候、地势、昼夜、四季、温度、干湿等,非影响于特定个人之事情。

(3)社会的原因。列举各种的社会组织,即人口之多寡、舆论、信教,教育、劳动、产业等之制度,司法及警察行政等之关系。

此学派之主张,于广义则为各种之社会的现象,如属于前示个人的原因中之③的身份、职业、住居、教育等,亦不外后天的境遇而已,但于不限于个人的体质及精神等之点,须注意及之。

(三)近时刑事政策之犯罪的分类

近时之刑事政策,论者及立法之倾向,对于犯罪人,常如下之分类以讲其对策。

第一,一般犯罪人:即无何等特质之一般人,凡激情犯人、机会犯人之大部分,殆皆属之。但分类的基础,与前示之刑事人类学派不一致,究竟其分类中适合于何种,尚难断定。

第二,常习犯罪人:为有犯罪之习癖者——有屡次反复为同一或类似之犯罪的习癖者——此等犯罪人,多基因于无视不良少年之保护,而对于劳动厌忌者、贫困者、免囚者,不加以相当之保护,亦足以增加此种犯罪人。

第三,精神异状犯罪人:癫狂犯罪人虽大部分属之,但亦不必一致。

第四,酒精中毒犯罪人:为酒精中毒之结果,以致犯罪者,唯犯时是否陷于心神丧失状态,在所不问。

第五,少年犯罪人:少年以犯罪为习性,多致为常习犯者。

以上虽以犯罪行为为目标而分类,但在2.以下之状态而有为犯罪行为之虞时,为防止未然计,以施适当的保安处分为必要。

三、刑事立法政策

（一）意义

刑事立法政策云者，为预防犯罪，以刑罚或其他方法手段，而为最适切的立法之谓。其以刑罚为手段者，称为狭义的刑事立法政策；以他方法为手段者，称为保安处分云，若以刑事立法政策为限于狭义的，则对于犯罪预防上最要考究的不良少年、精神病者及酒精中毒者之对策，自不得不除外之。盖此等人以属于无责任能力者为多也。

（二）立法上应考虑的诸问题

1. 关于少年的法制

日本曾于大正十一年（一千九百二十二年）四月十七日以法律第六十二号公布少年法，并于一千九百一十二年一月一日施行，兹将少年法制定之必要，及其范围略说之：

少年法制定之必要。少年之保护处分及刑事处分，为必须与一般人区别之法制，日少年法，即本此趣旨。其从事研究，以期更臻完善之改正，则属于刑事政策之任务。某学者言少年保护法之必要，其说曰：罪恶之原因，洵千差万别，有存于个人者，有存于社会者，就中最有力而最可怕者，则在乎少年时代。（中略）罪恶中中毒最深者，为职业的习惯性。惟此种犯罪者之生的经路如何，不可不研究之。本来以强、窃、盗、诈、欺的犯罪为业者，实非易事，必也劳其精神，苦其身体而为之。又必须技能与体力，且有绝大之危险随之。其劳苦之程度，将不可与从事正业者同日而语，苟为既达成年而从事正业者，又何苦变计而业盗哉。所以达成年后，陷于如斯罪恶之动机发生绝少，而此种不幸境遇陷之者，常在少年时代。当此时代，若不为有规律的生活，及长必不能从事于正业。盖正业必伴规律，厌规律者，到底不能就正业，在少年时代，不为规律生活，一方则养成懒惰之风；一方则增长种种之欲心，欲充其欲，必至取不正之手段，此自然之势也。苟一旦陷于如斯境遇，又有存于社会之诸种原因为之助长，遂成犯罪之性癖，而至于不可拔，职业的习惯性，其源实发于少年时代之境遇，固影影可见也，今欲从事救济，应采如何之手段乎？一旦生成罪癖，欲摆脱而为良民，极为难事。与其从其既溺而救之，何若当其未溺而讲求预防之法之为愈耶？此少年法之制定，所以刻不容缓也。

2. 少年法制定之范围

制定少年法，必须考虑下记之事项：

(1)定少年之年龄

少年之年龄定为十六岁或十八岁未满，各国尚不一致。但日少年法因考虑日本国民心发育之状态，定为十六岁未满(第一条)。其保护处分及在监年数，或得继续至廿三岁(第五条、第九条)。然最下年龄，无何等制限，苟于某行为能自觉而为之者，皆适用少年法。唯因感化法已满八岁以上者，始得使入感化院(感化法第五条)，故为保护处分致送于感化院者，不可不达于此年龄(第四条、第五十四条)。

(2)定保护处分

少年之最必要者，为保护处分，虽谓少年法之主眼，即在此点，即无不可。凡未满十四岁者，全然为保护处分。其十四岁以上者，或科刑事处分，或为保护处分，虽得任意，但裁量感困难时，宁选保护处分，因可以使其不染他囚恶风与陷于自暴自弃也。少年法分为下各项之保护处分，此各项处分，得因适宜而并为之：

①加以训诫。

②训诫委诸学校校长。

③使以书面为革心之誓约。

④附条件而引渡于保护人。

⑤委托于寺院教会保护团体或适当之人。

⑥付诸少年保护司之观察。

⑦送入感化院。

⑧送入矫正院。

⑨送入病院或委托之。

保护处分,不唯对于犯罪行为者。即有为犯罪行为之虞者,如所谓不良少年(包含不良少女),亦得行之(第四条)。

3. 设刑事处分的特例

少年每乏分别智虑,因一时之感激而犯罪者多,而少年又为最有改过迁善的可能性,复富于恶事模仿性之时期。本此趣旨,故以特别刑事处分之设为必要。

(1)犯罪时未满十六岁者,不科死刑及无期徒刑。盖科如是绝对的隔离刑罚,必反改过迁善之趣旨,故应以斯刑处断者,则易科为十年以上十五年以下之惩役或禁锢。但对于皇室之大逆罪,及对于尊亲属之杀人罪,不在此限。以前者于国体有莫大的危险;而后者则有伤孝之大本也(第七条)。

(2)以科不定刑为原则。此刑最足以促其改过迁善,在少年法其应以长期三年以上之自由刑处断者,必科此不定期刑,而许多之犯罪,其法定刑为长期三年以上。所以设此制限者,以在长期以下,即不适于发挥不定期刑之效果也(第八条)。

(3)不为劳役留置场之言渡。劳役场留置,其期间不长,使为此短期间之入监,不唯不足陶冶品性,反有感染他囚恶风及陷于自暴自弃之虞(第十三条)。又于不得已之情形外,不许发付勾留状。即或许之,而除有特别事由外,亦应使其独居于拘置监,亦不外此趣旨也(第六十七条)。

(4)设特别裁判所任命特别裁判官。推究少年的心理状态,必须有专门研究的特种知识之人。故少年法唯对于保护处分,设少年审判所,与刑事处分完全区别(第十五条以下),亦使其真能明了于专任保护处分,使少年生好感而已。美国曾因少年的刑事处分及保护处分而设少年裁判所,他国亦多有仿之者。

(5)设特别审判手续。设特别审判手续,固为设少年裁判所当然之结果(第廿六条),即对于刑事手续,亦有设立之必要。在刑事手续最必要者。在使其不与他被告接触(第六十八条以下)并为特别身份调查(第六十四条)。美国及其他各国,对于刑事处分,均设有特别裁判所,亦不外本此旨趣。盖以少年富于模仿性,任听其他被告之强情或巧妙之辩解,最足为改过迁善之障碍,故无论为保护处分,为刑事处分,皆以严行隔离为要。又科刑事处分者,而于不定期刑之量定及刑之执行犹豫,亦均以精确调查身份为必要。

(6)对于售酒类烟草于少年或使之饮吃者设处罚之规定。在日本固有未成年者饮酒禁止法、未成年者吃烟禁止法之设,即各国亦大概有之。盖饮酒吃烟,有害于少年之心身,其为犯罪之远因,固不待言。此虽以特别法规定之,亦属于少年法之范围。

(7)设少年监督者怠行监督义务之裁制。不良少年,多出自不良家庭。如民法第二百一十八条,对弃幼童之保护者,虽定有处罚明文,但不以此为限的场合,亦应扩张之。此为少年法中必要之规定,各国法制,亦有此趋势。

(8)设收容少年的感化院、矫正院、少年监狱及监狱特别分界场所等。少年必须与他囚分离,施以特种之教养。日本及各国,大概均有此规定。感化院则对于一般不良少年为保护处分及其他而收容之,矫正院则对于不良程度更进而必须于一定区划内施以教养者为同处分及其他而收容之,少年监狱及监狱内特别分界场所,则收容受刑之言渡的处刑少年。

四、刑事司法政策

(一)意义

第一,刑事司法政策云者,于刑事立法之范围内,保安机关或司法机关依刑事政策之本旨而为处分之谓。以狭义言,虽仅属于裁判所所为之刑罚适用之范围,而兹所谓刑事司法政策,保安处分,亦包含之。

第二,刑事司法政策,为对于刑事立法所认的自由裁量之范围内,始发生之处分。若立法过属精密,则判定其规定的预期事实,只以不动之刑罚适用而有余,于兹制度之下,更有何刑事司法政策之可言。

（二）司法上应考虑的诸问题

第一，对于少年犯罪的保安处分。对于少年犯罪，应施保护处分，抑施刑事处分，为当该机关必须精查考虑之问题。使一旦唯刑事处分之是择，不唯本人因之自暴自弃，势必自视为监狱恶因之行为，或被其诱惑，遂有成为常习犯之虞者。故在难决之场合，宁从轻处以保护处分为是。

第二，检事之不起诉处分。日刑诉于检事之公诉处分，取绝对的便宜主义。即检事对于公诉提起与否，有绝对的权利，于实行刑事司法政策，为处于最适当之地位者，而检事之劳其头脑，亦正在此点。有须不起诉，始可以改善者，起诉则使其陷于暴弃；有非起诉不足以绝其恶根者，不起诉适足以启其再犯之机。凡此皆一视检事之处置为如何耳。

第三，裁判所之量刑。日刑法刑之范围，最为广泛，自初犯至于累犯，虽至加倍其刑，亦不附若何之条件；即自由刑以一月之短期、至二十年之长期为原则，财产刑则自科料十钱之寡额，在罚金数千元之多额为原则。苟非干练之判事，深恐不能满足刑事政策之要求。况又畸重于见诸事之实际的事实判定，而忽视其情状之审查乎。夫事实判定，固为重要；而情状审查，亦匪可轻。一朝为有罪之判定，其后全在于量刑问题。一般对于刑之裁量，在短时间之合议终了，而三年之惩役与五年之惩役，犯人所受之痛苦，于以悬殊，若量刑过轻，则犯人将蔑视刑罚，过当，又恐其酷苛，几何其能收改善之效哉？

刑之执行犹豫与及对于未决勾留之通算，及其他实质上与刑有同一价值者，皆应与刑为同样的考虑，以期适于刑事政策之目的。

第四，立法旨趣之探究。刑事立法，不妨谓为其时代最良的刑事政策之发露，故执行机关，不可不努力于是等法令之研究，以期了解其立法精神。虽然，法，死物也，而社会之进展无穷，适用合此进展之法为执行者之重大任务，刑事政策到底非化石者流所得实行也。

重农学派之自然法观*

口山正太郎 著　陈士諴 译

一、序　　说

重农学派，创自魁斯奈，其勃兴也，当十八世纪之后半，即所谓启蒙哲学隆盛时代。于法兰西，则称为“法兰西启蒙时代”。此派力反罗马加特力教之独断的教义，提倡理智的觉醒。在他国，多限于理论范围，而法兰西则真成为实际运动，形成以后革命之基调。在他方面，又非如他国之仅及于哲学者。思想家间，且推及于一般民众，以确实发挥其启蒙运动之意义焉。

此反抗教权独断的形而上学之启蒙运动，虽于理智之力，有所显扬，然在他方面，其主张仅经吾人之感觉，即可得到真理之感觉论(Sensualism)。亦曾与主张真理为神所赋与之绝对的天降的之独断论相对立，以英国为中心而得势。魁氏即孕育于此两种时代思潮之中，且亲自采纳此两思潮，更求于高深之处，而为统一之企图。此等新运动，虽主张排斥独断论，而不知不识之中，竟亦陷于独断论，而呈其所谓前康德期之特征，魁氏于其《明证论》以下数种哲学论文中，亦不能得一方能智之能动性，与他方感觉之质料的与件之提出，为独断的统一，以达到康德之Copernican[1]的回转。

---

* 原载《法律评论》1931 年第 8 卷第 40、41 期。

〔1〕 意思是“哥白尼式的”。——编者注

魁氏以一切心理现象,先经过感觉而发生,感觉乃形成吾人智识之基础,人类为受动的存在物(être passif),当容纳外界之印象。然此受动的性质,非独人类有之,他动物亦然。唯人类所以异于他动物者,以其因理性(raison)而生内部之活动,与从感觉所得者相结合,使发生有判断力之意欲焉。据吾人之认识,此中有二异原理存焉,其一,为容纳外部印象之感觉作用,他即从内部欲把持此种印象之理性作用是也。

关于此种从对立两方所作用之感觉与理性,应如何为之统一乎?据魁氏之主张,则以此事终非吾人之智识所得解决,而其统一原因,全归诸神之作用。感觉之为智识之形成也,即属于生理的必要物"为理性及意思决定的原因或其动机"精神之活动,有不问于感觉者,名之为信仰(foi)。从感觉触发理性,两者为神或最高的聪明(Sagesse Suprême)所统一,而真智识始生焉。故魁氏虽云舍所有独断,而形成认识论,然结果此统一作用,终竟陷于独断论。

魁氏认识论中二元性——感觉与理性之对立,亦会表现于实践哲学中。凡为吾人行为之基准及区别善恶之伦理的价值,有二意义。其一乃诉诸吾人之感觉,是为快乐或苦痛。行为之基于此者,魁氏名之为生理的善恶。其他之与感觉无关系,由于理性而行为者,魁氏名之为道德的善恶。以上二善恶,虽为对立的地位,然两者并非仅属对立而毫无交涉者。凡仅为诉诸感觉所予之快乐或苦痛者,即为自然现象,属于善恶批判外之事情。当基此而营行为时,所生生理的善恶,在某种意义上,便不可不与理性的判断相结合,即因单纯的快乐或苦痛之现象,会有以上的善恶观念,丽乎其间,斯已参有理性的判断故也。所以基于理性之道德的善恶判断,会与生理的善恶之差别相结合,而两者之统一,即于是存焉。而此统一的作用之所为,与构成智识之际的感觉与理性之统一,同为神之作用,是创造者之神,又可称为必然的统一夫道德的善恶与生理的善恶者也。

此二种之善恶,虽云在对立的地位,然于其重要上应认为有优劣之差,魁氏初固同于重农学派之徒,对于基乎理性以判断之道德的善恶,较为重视。推原其故,盖以生理的善恶,较为动物的,道德的善恶,较为人类的也。魁氏之于认识论,较之于实践哲学,尤极认理性之优越。然其结果,遂成"一切伦理上之判断的脱线(dèrèglement),常从理性之脱线惹起"之结论焉。此派中如波特者,亦曾对于当时有力的伦理学说——谢夫仆利之感情道德论——加以反对。其非难之理由,以其置道德判断之基础于感情,乃使理性混同乎自然之冲动,而低减其地位,没却其能动性,以致仅带有受动的职务云云。此种认理性之优越,虽为重农学派所一律,然而彼等一方常认理性之优越,他方又不能蔑视感觉的及生理的要素,于是其结果不能不认统一两者之神的形而上学有其力存焉。此重农学派所以虽能以认识论及实践哲学,在启蒙哲学中占其地位,而究未能脱康德前期之见解也。

二、自 然 秩 序

魁氏于认识论及实践哲学上,所主张之感觉的要素,与理性之对立,及为神所统一之说,即于彼之社会哲学上亦依然表现。盖彼曾主张支配人生生活,有二大法则,基于感觉的要素之物理的法则,与由理性发动所作成之"人为的秩序"(ordre positif)若制定法者,相对立,更以"自然的秩序"(ordre naturel)为之统一者也。

彼所谓物理的法则,与科学上之自然法则异。后者乃离人类之意思,超然自有其安稳之世界。而前者不然,乃与所谓"人为秩序"之法律习惯等相对立,且互相影响而成立,并非风马牛之不相及者。于是,"人为秩序"有时作用于物理的法则,而有其足以变之之力。同理,物理的法则亦得及其力于"人为秩序"之上。

此二种之法则或秩序之对立更为为其基础的"自然秩序"所统一。且两者之对立,因欲得其真意义,又不得不唯根据之是求。其根据为何?即基于神所摄理之"自然秩序"也。正因有此"自然秩序"之依据,而物理的法则,及"人为的秩序"乃各得发挥其本领。

所以“物理的法则”及“人为的秩序”若与“自然秩序”毫不相关，即属无意义。进一步言之，即不得为法则，为秩序也。

魁氏之物理的法则，与科学上自然法则之所以异，从次之观点可以知之。就广义言，所谓自然界云者，从吾人知觉范围以外，可扩张于无垠。即穷今日人智，为望远镜所得觇之最大距离的天界，亦仅属于宇宙之一部。更微而关于显微镜所可发见（现）之微生物，亦包含其中。纵使缩少眼界，以吾人感觉所及者为范围，而其中之自然现象，与吾人日常生活不生关系者亦不少。是自然法则，乃与吾人之感觉及日常生活无关系，而有其妥当之世界。魁氏所谓物理的法则，其范围较为狭小。即“物理的法则云者，为自然界在物理上所有之现象，于人类有利害关系之规则之谓”。故魁氏之物理的法则，换词言之，即其法则，乃对于属乎人类目的观念之下，或其所得支配之范围，与自然现象有利害之关系者，从而规制之之法则也。其与科学上之自然法则，独有其妥当之范围者，固绝不相侔也。魁氏之经济学说，尤其是为其中心的经济表，乃准诸人体血液循环而作。故多数论者，以魁氏经济学的研究方法，为属于自然科学的。实则彼所取之物理的法则常顾及目的观念，其范围乃以目的观念所得支配者为限，苟欲以自然法则同一视之，且评魁氏之经济学为自然科学者是未免太早计也。

魁氏虽以“人为秩序”与此物理的法则相对立，然“人为秩序”实异乎物理的法则，以其为能动的，且以基于人类之理性为主，发之于内者也。其所探之具体的形体，虽为法律为政治为习惯等，然并非毫无束缚，而得以自由发挥者。此“人为秩序”纵具极强力量，亦不能破彼物理法则之制限。且将以感觉的要素为基础之物理的法则，认为赋与之物从内部向之而发挥。是物理法则与“人为秩序”实相反而相成。恰与康德认识论中所谓“无感性，虽有如何之对象，于我无所受，无悟性，虽有如何之对象，于我无所思，无内容之思想，即为空虚；无概念之直观，即为盲目”为同一立场焉。

“人为秩序”虽依物理的法则，赋与其内容，其活动范围，且为所限定。然仅言束缚于物理的法则,尚无从断定其秩序之为正当与否?盖"人为秩序"在物理的法则制限之下,犹有出于任意者。法律也,政治也,其在某国家全置诸任意之下,与人民福祉毫不相关者,尚不乏其例焉。故人为秩序之为正当与否,即使基诸理性而发,亦无从自定其是非。故欲期人为秩序之为正当者,其背后或其基础,不得不有"自然秩序"存焉。故惟自然秩序,取人为秩序而具体化者,斯为正当之人为秩序。亦惟自然秩序现于法律时,其法律始为正当之人为秩序。但自然秩序,虽取人为秩序具体化之,以展开于吾辈之眼前,然人为秩序,非必尽属于自然秩序之具体化。故夫罪杀人者,为自然秩序之所命,遂以罚杀人之法律为正当,认其有强制力焉。使法律不本乎自然秩序之所命,而唯强制力之是行,斯为压制已耳。暴力世界已耳。此其事,常可微诸现实各国。是故唯依自然秩序而存在之人为秩序,始为增进人民之幸福。人民了解自然秩序,知其为增进社会利益,赍人类福祉,将此一致意思之力量,形成基此秩序之政治。其所建筑之政府,斯为最完全之政府。即由经济上观之,其发生于此政府施政之下的人为秩序,于富之年年再生产,亦将因是而扩张欤?

与重农学派并世者,如约翰瑟克、卢梭等,对于伸张人类自由之社会秩序,虽欲求其根源于社会契约(Contrat social),然如斯之社会契约,其背后更无有所谓自然秩序存焉。所以相传有穆拉波侯者,曾对之演述此理,其加入重农学派,卒归无效。然则重农学派之自然秩序,究如何得以认识之耶?此派以自然秩序,视为神所摄理,有如闻耶和华玛利亚之钟声,持其虔敬之态度者。虽然,自然秩序,固非可从直觉得者,必诉诸睿智,始克认识,此为不须证明之事实。魁氏之《明证论》一篇,曾以基于睿智之明证,为人类与动物之区别。故社会秩序之为正当与否?——能以自然秩序为其背景与否?皆依基此睿智之明证为之判断焉。

自然秩序,为人为秩序之背景,然后者虽有时间的场所的制限,而前者则有其永久性普遍性焉。何以故,因自然秩序,出于神所摄理,其所以有此性质者,乃使人为秩序归其根源,因而得其正当性故也。自然秩序,又非束缚人类之意思,其依违悉听诸人,虽反乎此所生之结果,各人应负其责耳。

自然秩序,在重农学派,虽常以纯收入(produit net)单一说(impôt unique)并为其标语之一,然此标语亦到处可以“为结合于社会之人群,显明的最大的利益之法则”(lois évidemment les plus avantages ses hommes en société)说明之。倘使自然秩序,将人为秩序而具体化之,以表现于吾人日常生活时,即有显然赉人类以最大利益之特征。虽从否一任诸人,然其从则利益随之,否则背乎自然秩序之人为秩序。自表面观之,虽或裨益人类于一时,然其灭也忽焉,吾未见其能致真正利益于永远也。彼重农学派于诸事业中,以农业为专依据夫自然秩序,认其是以永致人类最大利益者,职是故耳。

此派虽所常以为得从所谓现实的赉最大利之事,溯而推知自然秩序之存在,然此现实之表现,亦可以说明之如次。“为社会上诸秩序之所从的自然秩序,即所以保证结合于社会之人群,常伴义务,且为一切权利之享受,故服从此自然秩序,同时乃得确实保证参加于社会所获得之一切利益”。此自然秩序之服从,不仅赉人类全体以利益,即其个人之具体的利益,亦得以确保。所谓具体云者,其意义非仅属诸感觉的物质的。又所谓从自然秩序云者,亦非官能所及,仅属放任,而沉溺于自由感觉之生活也。如什特教授之所指摘,亦谓服从自然秩序,既非弃文化生活,一归自然,亦非返乎原始,乃被动于睿智,以穷其事物之根源。故自然秩序,非在于感觉生活之中,而在乎睿智之世界。因而所致之利益,非仅为物质的具体的,直为抽象的幸福与安宁也。虽然,重农学派所认为经济政策者,却以自然秩序所赉之纯收入为唯一之目的。若从哲学上之基调,则自然秩序所赉之利益,固非可以仅属如斯具体的物质,解释其意义者。且此点,在可视为魁氏等重农学派,所以与英国感觉论派分道而扬镳者也。

予以为关于感觉的法则,与夫为理性发露的人为秩序,及立乎其后司综合之职的自然秩序,其相互关系及意义,既已前述矣。兹更就与自然秩序相关联之自然权利述之如次。

三、自然权利

魁氏认法有二意义,一为社会现象,一为伦理上之价值概念。前者以法之相对的理念(idée relative)为基础,后者以绝对的正义(juste absolu)为基础。为社会现象之法,因其所以规制人类相互生活之关系,故遗世独立者,无合法,亦无不法。以此意义言,是法每随社会状态或时代为转移,与前述之人为秩序,殆相吻合。故时代之为原始者,其法亦为原始的。所谓自然,所谓合法,直同一事耳。虽然,世运日进,人类交涉渐繁,于是契约应运而生。在此社会组织之下,遂有制定法之要求焉。此制定法,在现实上,虽以相对的理念为目标,然欲期制定法为真正之法则,必以本诸伦理上之价值概念,而为绝对的正义之发露(发展显露),以及为自然秩序之表现者当之。且不得不以合乎自然秩序之自然法一语,为之宣言,为之表现焉。

可知现实之制定法,不必与自然法相一致,且时或背反焉。果欲获得制定法之真意义——发挥相对的理念,是又不可不将代表绝对的正义之自然法,为现实之表现。

次就自然法与自然秩序,究有如何之关系言之,自然秩序,在物理的意义上,自然现象之秩序,亦包含之。唯自然法囿于为法,乃所以规制人类相互之关系,故常有权利义务之观念存焉。是自然秩序与自然法,虽云相同,而其范围尚有广狭之差,直如大小之两同心圆。故自然法常附一定条件,以制限夫自然秩序。譬如燕之于空中昆虫,非必尽属其权利。是权利之为物,非行乎一切事实之上,乃存于所限定事实之上者也。故重农学派之徒,常将作为法之解释的权力说,加以否认。以权力所及之处,非必皆得谓之法,谓之权利也。

自然法,具有普遍性及永久性。反之,制定法,则受制限于时间与场所。质言之,仅属自然法之现象形态已耳。故自然法必前乎此等制定法及所有事实与现象而存在。“社会为人类生存之自然形态,故法乃随社会而发生,唯从本质言,则法应视为先社会而存在。”

法也者,其本质虽立乎所有事实之先,然后受制限于其妥当之事实。此制限,即得自人类物理的道德的两性质。从物理的性质之方面言,则法乃因人类之欲望,与人类征服外界之自然的程度,而受制限。在欲望方面,其制限虽属广漠,唯在征服自然之方面,则显然有其限定之范围。于此意义上,乃仅在征服自然之范围,——人类由劳动所得之外界财上,受其制限。

其次,即法因人类之道德的性质,而受制限。盖各人之生存目的,同时又同为邻人之生存目的。于是邻人之安宁,遂构成法之活动的限界。此种本诸人类之物理的道德的之制限,并非加诸自然法之本质,乃自然发动而将欲为现象形态时,所受之制限。而自然法本质,固常保其普遍性,与永久性,而非他力所得限定其范围。职是之故,魁氏曾认自然法有其主权性,其所下自然法之定义曰:“自然法云者,乃将明白司人我之判的理性之光所认之自然,为主权的之规则是也。”

重农学派,对于以毫不受制限之主权性为其本质之自然法。当其采现象形态表现于现实世界向受物理的道德的两性质之制限时,以为必先显现而为各人有互相主张自己生存之权利,同时复有不侵害他人生存之义务之事。故“无义务,斯无权利,无权利,义务亦不存在”即为重农学派之一标语。当齐尔古身列路易十六世台阁时,曾本此标语,依各人有保持自己之权利,与不侵他人生存的之义务的法理,以施其保证富者有其富,贫者安其生存之实际政策。遂使后之学者,目为半社会主义者。齐尔(尔)古所主张,以为自己保持之权利,非属主观的权利之要求,而为自然秩序所命之客观的状态。是故国家负有应维持此客观的状态之义务,且对此状态,有应为不被侵害之努力。此努力,固无俟国民之力求,乃出自政府下畀于民者也。

重农学派,谓各人有守其自己保持之本能的权利,且对于他人之同种的本能,有不侵之义务。可为此权利义务之基础的自己保持之本能,非仅为物质生活之维持,更进而为人格完全成之企图。故此派所认为自然权利的自己保持,其人格之自由发展,亦包含其中。而自然法所认为权利之自由权,当然亦道(导)源于此焉。

各人因欲得其发展人格之自由,故于财产之从劳动而为正当之获得,及其免得者之保其安全,自不得不认之以为基础。于此既认有自由权,而他方之是认财产权,自必属势所必至。自由权与财产权,实为楯之两面。所谓"财产为自由之标准,自由为财产之标准"是也。惟是财产权,虽为自然之权利,然一切财产权,非必纯属公正。齐尔(尔)古、托苦努等,曾举出不正之财产权,即不基于劳动,而仅由权力所得之封建的财产权是也。以予所想,在法兰西革命以前之社会状态,其不正财产,即为封建的财产。其先唯此为时人不平之的,尔后如共产主义者,则举一切财产,概从而否认之,斯则非意料所及矣。

魁氏所主张之自然权利,其究竟,即以人格之自由发展,与其完成为目的。而其眼前目的,则为各人为维持其生存,而先得物质之享受。彼于其论文《自然权利》中,曾言:"自然权利云者,各人有其适于享受物财上之权利也"。"设有双亲残其子以死,其子为毫无财产时,即为无自然权利被剥夺之能力,……目力于光所不到处,为无效"云云。故在生存上不可缺之物质的享受,乃为理性之光,先授诸万之人权利。此权利,固非必尽属制定法之所认,惟各人既发乎理性,而认其光,自不得不以此权利之是认。关于此点,不禁忆及后此安东麦所主张之生存权思想焉。

原夫可称为"全人类对于全人类之利权"的自然权利,其先乃在保证各人之物质的生存,更进而为此以上之生活享受。则自然权利,又为个人对于自己劳动获得之财物,当然享乐,而不见侵于他人之保证。以人类自然状态言,凡生活资料之获得,乃基于各人之劳动,是为自然秩序,是为适于正义。而正义云者,乃关于劳动所得之物财,不复见侵于他人之意。于是相互间,又有不起无用斗争之命焉。虽然,人智进步,其构成之人类社会,每因相互交涉与契约之发生,其所得享乐有效之财物,当优于仅由劳动所得之生活资料,盖以生产物之从己之所习之劳动所得者,借此交换作用,得与生产物之出于己之所流之劳动者,相互易,以增其享乐财物之程度焉。然此财物享乐之容易,而智识及肉体能力之差异,亦随之益形露骨。魁氏于此论文之第三章题为《自然权利之不平等》中,曾认此肉体智力之有等差,属诸自然状态。基此所生之辛不幸,以及财产之多寡。一为自然所命之当然事实。职此之故,而不平等之本质,遂无所谓正与不正焉。人类对于宇宙之构成,不能冥入于最高造物者神意之中,其于神意所予之自然的不平等,并无提出抗议之权利。譬之于雨,不便于行旅,却有利于土地之耕作。唯可为问题者,即于经验上,知自然所赋与于吾者,福祉之多寡,不幸之有无,凭其思虑与理性之光,预见而趋避之而已。魁氏以此不幸,为非自然自进而赋与于人类,乃人破自然秩序时,所随之刑罚。例如"政府之有悖其保证农业成功之自然法则者,其民食必匮,因之人口减少,而不幸增加"。"富者因动于野心,发乎感情,每取破坏自然秩序之手叚(假),以快乐是图,故较诸贫者,其破坏自然秩序之机会滋多。"此结果,魁氏遂谓富者因破坏自然秩序所受刑罚之不幸,较多于贫者,因无待言。且人类之因智力体力之自然的差异,其所生之自然的权利不平等,自属不得免之自然作用。依此观念,应认财产有多寡之差。关于此点,魁氏对于后出之亚丹斯密以下英国正统学派之根本主张,有直接之连(联)络焉。

此派为财产为人格之自由发展的基础,所以无财产,即无自由。同时在反对方面,无自由,即财产之所有,亦无意义。唯财产与自由,共得保证其安全,而真意义始得发挥焉。于是,此派之德波提、诺米尔,遂概括为之标语曰:"无自由的财产,即无意义。无安全之处，亦无自由。”

四、重农学派之社会观

重农学派之将基于自然秩序的社会，区别于从制定法及惯习法所组织之社会，恰如圣安格斯程之 Civits dei 与 Civitas terrena[1]的区别。然两者并非仅明确别其为理想社会，与现实社会，视前者为不得达到之境地。却反对的，以为必以现实社会为之鹄，方得为真正的现实社会焉。

彼等之社会观，先从现实社会，赤裸状态之直视为起点。当时社会观之最大潮流，为卢梭社会契约说。然彼等力反其说。盖不以社会为依人类意思所构成，而以为自然必然之物理的现象。人类在其本质或生活条件上，有当然生活于社会中之必然性。社会非为人类所创造，乃人类在生活上必然的受其赋与者也。人类之自己保持的本能，为当然豫(预)定有社会之存在，且不问其属诸意思与否，所应先受其赋与者也。

魁氏先以人类之孤立生活为著想，谓此种生活中，无所谓正义与不正。盖以孤立生活，仅属物理现象，而正义之观念，则从人类之有交涉而始生。其判断之根据，则以依据自然秩序与否为之准，而赋与焉。

人类所为交涉，即为主张自己权利与遵守义务之事。然此事，并非因人群依其意思构成社会之故而发生，乃缘生活于社会之中，遂生此之权利义务。魁氏以社会非为人类意思所创造，而为神所赋与。若后世浪漫派之社会观，则以为各人于神所创造之社会，非以之为全体，而已为部分，以没入其中。乃凭其理性之光，参与神意，充分保有其权威。且以自己保持之体能，为其中心焉。由此观之，是重农学派之社会观，为启蒙的，所应别夫浪漫派之社会观者也。

---

〔1〕 Citivas dei 即“上帝之城”，Citivas terrena 即“尘世之城”。——编者注

人类不问属其意思与否，唯作为生活之必然的条件，以入社会之中。于是人各得享其自然之权利，各得应其能力，寄与于社会以工作，而自然秩序之服从，即实现于兹焉。此种实现，为期确保其现实社会，遂有人为秩序之要求。结合于社会之人类，不可不服从自然秩序与人为秩序。人为秩序，已如前述。其具体者，为制定法，为惯习，为行政等。苟欲期其正当，则唯自然秩序之是依。而自然秩序，唯人类睿智，得以知之。故人为秩序之当否，应俟睿智为判断。而磨砺睿智，即所以决定人类于自然秩序之依违。故人为秩序之第一职务，即在以教育磨砺其睿智。魁氏因之视教育为社会对于人类所应采之第一方策。

重农学派，以社会为不问属于人类意思与否，作为生活之前提条件，属于物理的存在物。果如所言，似不无疑问？彼等既一方以人格之自由发展，为其最高目的，而此社会的现象，对于自由之发展，岂不互相冲突乎？彼等对此疑问，所取之态度，则以两者乃为统一的。社会之物质的条件，与自由之发展，表面上虽似矛盾，然两者实统一于睿智。反乎睿智之自由发展，非真的自由发展，直恣意之堕落的姿态，蒙其自由之面具已耳。此种发展，是反乎自然秩序，人类因此遂自依其睿智之力，选择取舍其所受物质的条件之权能。而基于真睿智的人格之自由发展，即成立于其所选择之物质的条件之上。故此两者，非互相冲突，而受制限于其一，实相成而统一于睿智之力，以期人类之向上也。

重农学派，以社会为人类之生活条件，且以赋与人类生活为之先。然人类生活，随时代以俱进，故生活一生变化。而其所赋与的物质条件为其社会之内容者，亦将渐行变迁。在逐水草而居之游牧生活，虽为对自然之生活，然人与人间，几乎无交涉之可言。而正不正之观念，自无由生，已如前述。唯一入农业时代，人类定着于土地，而交涉以起。于是契约习惯生，人为之制定法出，而国家于以建设焉，当此际所受赋与之社会，必采国家之形式，而参以人为之要素焉。重农学派，以为先有社会，浸假发达，而一方面为国家。斯二者,在发生上,时间上,虽有前后之差。然所受赋与而为生活条件的社会,不以国家为限,更有其他广泛之范围。即以空间言,社会亦优越于国家,唯国家在文明社会,则为其发达之尖端。此中以国家为其代表的社会,因时因地,而生变化。彼等常与所描基乎自然秩序而不变之理想社会,全立反对之地,却变动而进化于无穷。其所谓不变的理想社会,与可变的现实社会,遂因前述之自然秩序,与人为秩序之关系,而对立于此焉。本来可应人类之物理的生理的要求(besoins physiques)之社会,随时代之变迁,更进而为政治的要求(besoins politiques)之对象。此等两者,被统一而构成人为秩序的现实社会时,复与作为自然秩序的理想社会相对立。此二者,更为人类睿智之力所统一,而成为理想与现实两社会相互之交通。关于此等之对立与统一,非可特为辩证法的理论之发展。倘观重农学派诸著作,则到处可以发见(现)其对立与统一之理论焉。

据魁氏所主张,在现实社会上,其阶级有四。然彼之《经济表》与其解说中,则仅举其三。以其皆从事于经济之活动,外乎此者,则唯以消费为事,然于为数孔多之细民阶级,其为 bas peuple、petit peuple、menu peuple 者(统称为"细民阶级",此处为法文表述),固未尝否认其存在。经济史学家大抵据魁氏《经济表》,分别社会阶级为地主阶级、生产者阶级(农民)、不生产者阶级(商工业者)三者。庸讵知一参魁氏本旨,固尚有不明示于经济表中之细民阶级存焉。是不可不加以考虑者也。

就地主阶级言,主权者、租税征收者亦包含其中。彼等以所纳地代,供土地改良,运河开凿,以及灌溉设备等农事工作之用,只此一事,差足贡献于社会而已。唯农民为利用此等设备,产出增加国富根源之纯收入(revenu net),以裨益于一国人口之增殖,且为最多依据自然秩序,以赍人类幸福之唯一资源。而工商业阶级,仅凭农业所给与之材料,为之加工或搬运,以调节其需要供给为任务,毫不赍纯收入,因名之为不生产阶级。然此不生产云者,固非谩骂之辞,且其存在,亦属于有用的,必然的,唯为不赍纯收入,遂以不生产称之云尔。经济学史家,每置重农学派根本主张在纯收入一点于不论,唯以称商工业阶级为不生产,重为魁氏病,是诚不免轻率之讥焉。

重农学派,唯认农民为生产阶级,足赍纯收入,且为最大依据自然秩序者。故在理想社会中,以国民之大部分,经营基于自然秩序之农耕。以地主主权者阶级,致力于农耕之设备,以奖励农业。唯以国民之小部分,从事工商业,以图需给,且以为一方农民增加,足使纯收入增加,国用饶富。而细民阶级,亦因以骤减。人人依赖自然既多,幸福亦得随之而增大。是以国民大部分,皆从事农业之国家,人民咸得熙熙以乐其生。

唯是重农学派之所说,或为经济论,或为财政论,或为政治论,或为哲学论,说虽万殊,要皆有一贯的根本主张。正如柏拉图以理想国家(politeia)对立于实践国家(nomoi)。而彼则正在计划,以自然秩序为基础之理想社会,使与本诸人为秩序的现实社会相对立焉。故其政策虽属多端,究其结局,终以导入于自然秩序与理想社会为最高目的。故当检讨重农学派诸学说时,苟不于此最高目的,加以留意,其研究即属无意义矣。

当十八世纪后半,启蒙思潮横溢时代,重农学派,即孕育其间。虽云排斥一切之独断,而不知不识之间,即为措定理想社会之形而上学的假定。否则,其学说终不得成立焉。

礼与法律*

穗积陈重 著　朱显祯 译

穗积陈重博士，为日本法学界之先觉，与梅谦次郎、富井政章齐名，同为日本现行民法起草委员之重要人物。终身致力于学，任东京帝国大学教授数十年如一日，大有"学而不厌，诲人不倦"之风。生平著述等身，不遑一一枚举，其重要者有《法典论》、Ancestor Worship and Japanese Law[1]（有日本文译本、德文译本）、《五人组制度》、《法国民法之将来》、《由井正雪事件与德川幕府养子法》、《隐居论》、The New Japanese Civil Code as Material for the Study of Comparative Jurisprudence[2]（有意大利语译本）、《法窗夜话》、《五人组制度论》、《五人组法规集》、《法律进化论》三册、《神权说与民约论》、《祭祀及礼与法律》、《习惯与法律》等。博士晚年本欲以全力完成其大著《法律进化论》，故虽不获已而为枢密院议长，然公余之暇，仍孳孳于著述，奈天不假之以年，在职未久，于一九二七年竟溘然长逝。此不独为日本法学界之不幸，抑亦世界法学界之不幸。其哲嗣东京帝国大学教授穗积重远法学博士，现正整理先人遗稿，继续出版者有《法律进化论（第三册）》《神权说与民约论》《祭祀及礼与法律》《习惯与法律》等。兹所译者为《祭祀及礼与法律》书中

---

* 原载《社会科学论丛》1931 年第 3 卷第 1 期。

〔1〕 意即《祭祖与日本法》。——编者注

〔2〕 意即《作为比较法研究素材的日本新民法典》。——编者注

之一篇。博士不但对于世界法律思想有精深之造诣，对于中国文化亦实有深刻之认识。读本文者，当能知之，固不必译者之费辞也。

——译者按

一、礼之起源

给予人类行为规范的，种类甚多，有道德、宗教、习惯、法律及威权者之命令等。在文化低度的社会里，其继续的而且一般的规范，大概皆是具体的，且莫不具有一定之形式的。所以在社会发达之初期，宗教、道德、习惯、法律，皆入于礼仪的范畴，规范的外形，却比内容还要注重。人事百般的行为，只要它的外形合乎范式，那么，它的动机，心术如何，皆付之不问，故原始社会，可以称为礼治社会。

礼是由畏敬、爱敬的性情发生出来之行为的形状，依命令、教训、模仿、暗合等，驯至在同一状态之下，有同一之仪容。

礼之起源，学者之中有归之于自然的，有归之于人为的。自然论中孔子说：

"夫礼者先王以承天之道，以治人之情，故失之者死，得之者生，诗曰：相鼠有体，人而无礼，人而无礼，胡不遄死，是故夫礼必本于天，淆于地，列于鬼神，远于丧祭，射御，冠昏，朝聘。"(《礼记·礼运》)

《左传》中有谓：

"夫礼，天之经也，地之义也，民之行也，天地之经而民实则之，则天之明，因之之性。"(《左传·昭公二十五年》)

《汉书》中有谓：

"圣人既躬明哲之性，必通天地之心，制礼作乐，立法设刑，动缘民情，而则天象地。"皆将礼之本源，归之于天。又程子说：

"礼之本，出于民之情，圣人因而道之耳，礼之器，出于民之俗，圣人因而节文之耳。"乃将礼之本源，归于人性。此两种自然起源论之主张，其间虽无若大相径庭，然古来中国之学者，似多偏于人性说，斯宾塞之论礼，亦否认人为起源说，而采自然发生说。彼以为高等动物之中，既有礼存在，例如弱犬遇着强犬时，即仰卧于地，向空举起四足，以表示无抵抗之姿势；又恐遭鞭挞之犬，垂尾低首而表示服从之状态等，皆为弱者表示敬畏之念，以柔和强者之心情，其意义与人类之拜跪、匍匐、叩头、脱帽无异。兽畜之类，尚且如此，所以我们可以知道太古原始的人类，在政治未定之时，既然有了礼仪存在，那么，那些以强者定弱者之分，而归礼之起源于人为之说，恰如以国家之起源归于民约之论，其错误正复相同。[1]

以礼之起源，归于人为之学中，最著名者莫如荀子。荀子以道为圣人之伪，礼仪亦由圣人之伪而生，道之所以存在，礼之所以发生，皆基因于人之性恶。彼在《礼论》篇说：

"礼起于何也？曰：人生而有欲，欲而不得，则不能无求，求而无度量分界，则不能不争，争则乱，乱则穷。先王恶其乱也，故制礼义以分之，以养人之欲，给人之求，使欲必不穷乎物，使物不屈于欲，两者相持而长，是礼之所起也。"

他又在《性恶》篇说：

"人之性恶，必将待师法然后正，得礼义然后治。"

"古者圣王以人之性恶，以为偏颇而不正，悖乱而不治，是以为之起礼义，制法礼度以矫饰人之情性而正之，以扰化人之情性而导之也，使皆出于治，合于道者也。"

"圣人积思虑，习伪欲，以生礼仪而起法度，然则礼义法度者，是生于圣人之伪，非故生于人之性也。"

"圣人化性而起伪，伪起而生礼义，礼义生而制法度，然则礼义法度者，是圣人之所生也。"盖荀子以为苟使人之性而善也，则不必起礼义而制法度，那么，圣人究有什么用处呢？所以彼说："虽有圣王礼义，将曷加于正理平治也哉？"故荀子归礼之要因于人性之恶，礼之存因于圣人之创作。礼虽为圣人之伪，然人之本性元恶，为矫

---

〔1〕 Spencer, Principle of Sociology, §346.

正其性情，而使之迁善去恶，则莫如设礼仪容貌为行为之准绳，以外规内，而防止流于纷争悖乱。这是荀子主张隆礼的必要之理由。其立说与人类堕落论者以法之起源归于人类之原恶，又与霍布斯以国家法律之发生，由于人类之蛮性，甚相近似。日本太宰纯（春台）在他的《经济录》中说：

"凡人都是寻求自利的，所以若不预先设定礼法，则天下之人，皆去寻求自利，其结果必使天下之人，皆不均平，富者自然歧视贫者，贵者自然骄慢贱者，强者自然虐待弱者，于是乎争夺之事起，而卒为乱之阶。礼以辞让为本，故礼行则争夺之事止。"

他这种说法，差不多可说是译荀子之隆礼论，而更敷衍一些罢了。

道家大概以自然为道，以无为为教，反对儒家之尊礼，厌弃一切繁文缛节，就是仁义，亦以为出于人为，那么，道家把礼之起源，归于人为，自是当然的结果。所以老子说：

"大道废，有仁义。"

"失道而后有德，失德而后有仁，失仁而后有义，失义而后有礼。"

这种说法，与儒家"仁义礼乐，其致一也"之说，大异其趣。道家以无为为政治之极致，所以定形式，修仪容，使人出入于此中，为其所深恶痛绝。"上礼为之，而莫之应，则攘臂而扔之"，此乃既废大道，亦失仁义之浇季之教，反乎自然无为之旨，所以老子讲"礼者忠信之薄，而乱之首也"。

《礼记·礼运》中，载孔子大同小康之说道：

"大道之行也，天下为公，选贤与能，讲信修睦，故人不独亲其亲，不独子其子，使老有所终，壮有所用，幼有所长，矜寡孤独废疾者，皆有所养，男有分，女有归。货恶其弃于地也，不必藏于己，力恶其不出于身也，不必为己，是故谋闭而不兴，盗窃乱贼而不作，故外户而不闭，是谓大同。今大道既隐，天下为家，人各亲其亲，各子其子，货力为己，大人世及以为礼，城郭沟池以为固，礼义以为纪，以正君臣，以笃父子，以睦兄弟，以和夫妇，以设制度，以立田里，以贤勇智，以功为己，故谋用是作，而兵由此起，禹汤文武成王周公，由此其选也。此六君子者，未有不谨于礼者也。以著其义，以考其信，著有过，刑仁讲让，示民有常，如有不由此者，在执者去，众以为殃，是谓小康。"

由上述观之，则孔子亦归礼之起源于不自然。礼义起因于道德之衰微，这不是大同之世应有的，而是小康之世才能有的。其所说与老子所谓"大道废，有仁义"，荀子之性恶隆礼论，及欧洲神学派的法律学家以法为基于人类之堕落，其归趋大致相同。不过儒家大概皆以此言出于子游门人之伪托，非夫子之真言。盖孔子之教，如前所述，以礼为"承天之道以治人之情"，道德盛，忠信笃，然后显而为礼；老庄荀之徒，以道德衰，忠信薄，然后为矫正起见，而始作礼。

关于礼之起源之自然人为两说，其外观虽似冰炭之不相容，然如仔细检阅其论旨，则知两者之争，恰如争 Janus 神之头之表里一样，毕竟由其着眼点之相异而生，非必其见解之相反，盖自然说在论礼之原力，而人为说则在论礼之原容。

若从礼之原力而论之，则礼可说是起因于自然。礼为德之形，有礼义而后人类始得为有秩序的共同生活，尤其是原始社会，全然依靠礼治，故圣人虽有以礼之起因，或归于天，或归于人性，然不必以进退周旋之礼容，亦以为是天为的。依性善说，则以为礼就是人性之表现于外而至有节文者，依性恶说，则以为礼就是为矫正人之恶性的必要而发生者，依他爱说，则以为礼就是由于敬爱他人之性情而发生之形式，依自爱说，则以为礼就是使自爱之性，出于中庸之度，本不必一定否认礼容仪貌之为人为。所以不问何说，皆可以说礼是起源于人性，唯依人性观之如何，而有人性为礼义发生之积极的原因与消极的原因之差异罢了。

若又从礼之原容而论之，则礼可说是人为的。礼为行为之外形的样式。一定之行动，有一定之意义，一定之场合，要求一定之动作。故如以礼为形式的规范而论其本体之起源时,则其礼貌仪容之固定,即不可不归之于人为。也有出于君主、族长、父老、僧侣、圣贤等之创意的,也有成于民众间之习惯的,彼周公旦之制礼与叔孙通之定礼,即属于前者;叩头、俯伏、握手、脱帽等,则属于后者。

礼之原容,即使出于人为,而礼之原力,则存于自然。就习惯的发生之礼义而论,即可以明白证实之。例如叩头:俯伏为表示无防御无抵抗之姿势,脱帽举手为拟示降服之状态等,皆由对他人表示敬畏之情感而自然发生之礼容。故不问民族之文野,时代之古今,地处之东西,没有拜礼的社会是决不会有的。就是劣等的动物,亦有类此之礼节存在,此早为学者所考研。[1] 因为拜礼之仪容,乃为各人相敬相和之形,而亦社会的共同生活之胶漆。若果一人与他人相会之时,没有互相表示敬意之仪容,那么,两相倨傲而表现出一种污蔑他人之形象。因而彼此之间,发生疏隔之情感,如此则为亲善协合之障碍不少,此即拜礼之节为人类共通仪容之理由,苟使人类无拜礼,那么,即谓社会不能存立发展,当亦非矫奇之言!

其他礼仪及礼式,不问为个人所创定,抑为众人之惯行,究其起初,概皆由人类共同生活之必要与便宜而发生,或表示敬爱,或坚固亲和,或定尊卑多寡之分,或有整齐秩序之作用,其仪式之至于存在于社会,必定有自然的原因存在。然而其礼貌容仪之成立,或有起因于个人又众人之意思的,或有由君主、僧侣、圣贤、父老等威权者之意创的,或有由多数人之惯行发生的,例如拜礼乃发于敬畏之感情,生于人类之通性,故古今各国,没有不存在的,已如前述。不过关于拜礼之仪容,则有种种之区别,有立拜、跪拜、座拜、卧拜,又有定叩头、伏拜之度数而为三跪九叩的,又有与拜礼同意义之长揖、拱手、脱帽、举手、捧铳等,此等形式之成立,皆系基于人

[1] Spencer, Principle of Sociology, §343.

为,故不得不因地方、民族、时代之不同而异其形容。其他如衣冠、车驾、勋章、器物之形状、色彩,亦多有表示尊卑之别的,将原来毫无意义之行动或事物,附以一定之意义,而为敬礼之符征。其定尊卑之分与敬礼之符征之必要,皆存于自然,至其固定其仪容,则不能不归于人为。有出于君主、父老等之命令的,亦有出于圣贤、僧侣、卜巫、药人等之教训,又或范节,又或无任何人之创定,而经长久年月多数人之行为的。因之,学者说明礼之起因时,往往从礼之形体而行观察,所以多把它归于人为,就是这个缘故。

由此看来,礼仪之所由起在自然,礼仪之存立则在人为。斯宾塞尔主张礼发于人性,固不无可,然彼以为礼系因为要表示敬畏之意于形貌而由人类意识的制定的这一点,其误谬正与民约论同,皆摒斥之不遗余力,这就不免有混视礼之原因与礼之本质之嫌。礼仪存在之原因,乃基于社会发展初期的秩序的共同生活之需要,满足此需要之行动的形式,依惯行、命令、教训等之力量,固定为行为之典范,如有不依从遵守这种行为典范的,至有宗教的、道德的、政治的又社会的制裁,这就是所谓礼了。其所以基于这种需要而定社会制裁之形式的规范的,当然是个人或众人。王安石驳荀子之人为说道:"礼始于天而成于人"(《礼论》)。所以苟如荀子之说,则礼不基于天性,乃起于伪作,那么狙猿亦可以揖让于深山穷谷了!又司马迁在《史记·礼书》中论礼之起源,采荀子之说,"礼由人而起,"然而更继续著说道:"缘人情而制礼,依人性而作仪。"此实不刊之名论!

二、礼之本质

礼之外貌为行为之容式,而其容式之所以至于固定,所以被人遵循,乃因其实体具有精神的威服力之缘故。这威服力有为对于其创定者之畏敬又爱敬的,有为对于其表彰之目的之崇敬又信仰的,君主圣贤所定之典礼,祖先传来之遗礼,多数人惯行之礼式等有人的威服力,宗教的礼仪乃信仰之表彰,伦理的礼仪,乃德义之

表彰,有物的威服力。故从广义解释之,则礼为道义之表彰,可说是具体的宗教又具体的伦理。《曲礼全经》中有谓:

“礼之体,道德仁义而已矣。礼之用,则赅人伦事物之万变者也。是礼者,以道体事之名也。道与事合而为一者,礼而已。”

又《礼运》中有谓:

“礼也者,义之实也。”

《礼器》中有谓:

“道德仁义,非礼不成。”

荀子在《礼论》篇谓礼为“道之贯”,“人道之极”,又在《天论》篇说:

“水行者表深,表不明则陷,治民者表道,表不明则乱,礼者表也。”

又在《大略》篇说:

“仁义礼乐,其致一也。君子处仁以义,然后仁也,行义以礼,然后义也,制礼反本成末,然后礼也,三者皆通,然后道也。”

文中子在《魏相》篇说,“礼得而道存”,又“王道之极是也”。又在《礼乐》篇中对于君子仁而已矣,何用礼为之问而答曰:“不可行也。”皆以礼为德之形,把不可捉摸的无形的敬神、仁义、爱敬等观念,用容易捉摸的有形的方式而表示出来,以为行为之规范。

三、礼之范围

礼为道之表彰而行为之有形的规范。在社会发展之初期,人民愚昧无知,不能依抽象的原则而规制其行为,所以欲要适应共同生活的行为,在当时最便利的,则莫如具体的创设一种容仪,使一般人有所依据,然后社会之安宁秩序,始能维持发展。故从君臣、父子、夫妇、兄弟、朋友之关系,以至于冠婚、葬祭、射御、燕乐、居所、衣服、饮食、器具、容貌、进退周旋以及人事百般之事项,不问细大,未有不入于礼之范围的(参照《仪礼义疏·纲领》郝敬之论)。又《曲礼全经》中谓:

“礼之体，道德仁义而已矣。礼之用，则赅人伦事物之万变者也。”欧阳修则谓：“凡民之事，莫不一出于礼。”

《周礼》为周代盛时圣人所作之书，称为周公之遗典，乃周公治天下之大经大法。配周代之百官于天地四方，记载其职司，网罗宗教、道德、风俗、法律百般之事项。自祭祀、治民、军旅、教育、刑赏、户婚、农工商之事，以至于贵贱尊卑之序、车舆、宫室、衣服、饮食之分、聘问、燕乐、卜筮之细。典章文物，灿然可观。此书究系属于周公之制作与否，学者之中，虽不无议论，然无论如何，我们总可藉（借）此推知上古礼之范围，极其广大，又依其他《曲礼》《仪礼》之礼书而观之，则亦可证实古代之礼，差不多包含社会的当然的行为之全部。《曲礼》有谓：

“道德仁义，非礼不成；教训正俗，非礼不备；分争辩讼，非礼不决，君臣上下，父子兄弟，非礼不定；宦学事师，非礼不亲；班朝治军，莅官行法，非礼威严不行；祷词、祭祀、供给鬼神，非礼不诚不庄。”

社会万般之事，不问为公为私，悉皆纳入于礼之范围之中。又文中子在《魏相》篇说：

“既冠则读冠礼，将婚则读婚礼，居丧则读丧礼，既葬则读祭礼，在朝廷则读宾礼，在军旅则读军礼，故君子终身不违礼。”

那么，我们可以知道当时个人一生涯之事，差不多没有一样是出乎礼之范围之外的了。

礼之范围，所以有如斯之广大，完全是因为在原始的社会，人民尚未习于秩序的共同生活之缘故。如果人民惯于社会生活，智德稍进，能应事物之性质而为临机适宜之行动时，则机械地制御人民行动之必要，当然渐次减少。礼之为物，是关于变化无常之事物，而给予人类行为以不变的标准的。所以随人类自律的智能之发达，从来固定之礼式，反有害于行为目的之成就，甚至为人文进化之障碍。因之，礼之范围与知识之发达成反比例，即伴随人文之进化而缩小其范围，最后只于朝仪、冠昏、葬祭、军事及社交等，留存古代盛仪之一斑罢了。

四、礼之效用

蒙昧之民,难以理治,易制以形。这就是社会初期统制力之所以必须礼仪之缘故。人类经营社会的生活要有三要件;第一要有求心力,使个人不得不团结凝聚;第二要团体成员之间,有秩序以整齐其团体生活;第三要有治安,以防止其团体之分崩离析。在原始社会,满足这三要件而巩固其团结力,维持其秩序治安的,就是礼仪。

礼为对于优者之畏敬又爱敬之情而生,故在日本有“イヤ”(礼之意)、“ウヤマフ”(敬之意)、“イノリ”(祈祷之意)之义(类聚名义抄七)。日本以礼为从示从丰,原有以豆器盛食物而祭祀鬼神之意。所以礼为对于父母,对于族长、君主,对于祖先之灵,对于神明之崇敬的行动之固定,而以祭祀为重要,乃表示对于团体生活中心引力之形式。对于父母家祖敬爱之情,为家族团体之求心力,对于共同祖先之灵的崇敬之情,为种族团体之求心力,对于君主尊敬之念,为国家团体之求心力。不敬爱家长,则一家不齐,不敬畏族长,则一族不昌,不尊敬君主,则一国不治。此吾人所以谓礼为表彰社会的团结之求心力的缘故。

礼是秩序的表彰。礼是定尊卑之序,多寡之分,节制行动的,所以欲使粗野之人民,经营共同生活,使各守其分限,互不相侵,互不相争,则莫如创设一种具体的标准,使其有所依据,而收以形制心之效。此为古代社会最尊重礼仪,以之为教化治民之原因。《孝经》中谓:

“安上治民,莫善于礼,移风易俗,莫善于乐。”

欧阳修谓:

“三代以上,治出于一,礼乐达于天下。”(《礼论》)

陈祥道谓:

“先王之治,以礼为本。”(《〈礼书〉序》)

关于礼之效用，司马光谓：

“礼之为用大矣，用之于身，则动静有法，而百行备焉；用之于家，则内外有别，而九族睦焉；用之于乡，则长幼有伦，而俗化美焉；用之于国，则君臣有序，而政治成焉；用之于天下，则诸侯顺服，而纲纪正焉。”（《仪礼义疏·纲领》）

司马氏说明礼在古代社会之效用，绝非夸大之词。

汉高祖即位之后，崇尚简朴，废除秦之繁礼，然因群臣饮酒争功，醉后狂呼，拔剑击柱，高祖患之。叔孙通因而遂劝帝制礼。其后长乐宫之宴，群臣不敢有喧哗失礼者，高祖乃大悦曰：“吾乃今日知为天子之贵也”（《史记·叔孙通传》）。礼为治安之具，治粗野之民，使之入于平和的生活，最为有效。

凡欲社会团体之巩固，则不可不增加其成员间之凝集力。若团员不相亲和，互为争斗，则团体之基础，必因之危殆，对内不能使文化上进，对外不能防御外侮。或者因天灾地变，或者因敌国外患，必至陷于衰颓灭亡之悲运。所以自安为国家存亡之最大要件，古今各国，莫不皆然，尤在原始社会，人民易为情欲所激，往往亡理性而起争夺，致招社会之瓦解。故防止争乱，维持和平，乃原始社会之最大急务。因之，无论什么国家，古来政治之目的，皆在治安之维持。中国之所谓“政治”“治国平天下”，日耳曼民族之所谓 Frieden[1]，皆以政治之最初的主要目的，在消极地镇平争乱，防止团体的瓦解。至于积极地去谋各人之智能的伦理的经济的发展，则尚未为当时一般人梦想所及。而礼乃在定尊卑多少之分，使互不相争，互不相侵，定进退周旋之节，使知所依从，故整齐礼仪而使人民遵循，乃国家初期政治之要谛。邱浚论礼之用道：

“知男女之有欲也，则制婚礼以止其淫僻之行于情窦未开之先；知饮食之易争也，则制乡饮以止其争斗之狱于朵颐未动之始，制丧祭之礼，以止其背死亡生之念于哭临奠献之际；制聘覲之礼，

〔1〕 意即“和平安定”。——编者注

以止其背叛侵凌之患于俎豆玉帛之间，是皆不待欲动情胜而自有潜消之妙也。”

他以礼为治安之具，制情欲，防争乱于未萌之前的制度。

荀子归礼之起源于性恶，以礼为矫性遂性之具。无礼则人类不能为社会的生活。依荀子之说，则人之所以异于禽兽者，在能为群居。人之力不能及牛，走不如马，其能使牛马者，就是人能为群，而彼不能为群，然而人之性恶，其欲求无穷，而外物有限，“欲恶同物，欲多物寡，寡则必争矣”(《富国》篇)。争则乱，乱则离，离则弱，弱则不能胜物。故不分则不能群，反之，分则和，和则一，一则多力，力则多强，强则胜物。故有分则有群。然定分不以义则不能行，而拟义以定尊卑多少之分的，就是礼(《王制》篇)。其所说与Hobbes(霍布斯)之社会起源论如出一辙。若个人纵其天禀之利己的性情，则争乱无止息，而各人非孤立离居不可。“离居不相待则穷”，“群而无分则争”，穷者患也，争者祸也，救患除祸，不若明分使群矣(《富国》篇)。而定分避乱，又在隆礼，所以荀子在《王制》篇说：“天也者，生之始也，礼义者，治之始也。”

五、礼治与人治

礼是人类最先的统制力，在宗教、道德、法律未分化的时代，礼在形式上是表彰一种社会力，而为行为的规范。故无论在何社会，礼治的存在，常先于法治。Ellis 的《波利勒亚探险记》(Polynesian Researches)中有谓：Tahitians[1]人里，在还没有裁判所，还没有口传的法律之时，即有精密之礼仪存在，从对于神明，对于首长的关系，以至一切社会关系，皆须依一定之礼仪而定，[2]这是原始社会之常态，在实质上，虽然并不是没有法规这样的规范存在，但这种规范，皆包含在礼之外貌里头，而为礼之一部，非为法之一部而

〔1〕 现通译为“塔西提岛的”。——编者注

〔2〕 Ellis, Polynesian Researches, Iii, 369. Ellis 通译为“霭理士”。——编者注

存在。

礼治先于法治的事实，在中国的历史上，最为显著。唐虞三代之治，实为礼治，法治不过仅有其端绪。至于周代，礼典大备，礼治遂极一时之盛，所以陈祥道说：

“先王之治，以礼为本。”（《仪礼义疏·卷首上》）

即是指此而言。至强秦统一天下，虽说意法治之制，然不几何时，而国祚遂斩。汉兴，承秦制，法治大备。然而后之学者，因有尚古之癖，遂讴歌唐虞三代礼乐之治为黄金时代，而蔑视秦汉以降法令之治为浇季之制，尊礼乐、贱法律之结果，于是遂将主张法治的商鞅韩非申不害这一学派，称为刑名之徒，而摒斥之不遗余力。这是因为儒家以仁义道德为本，以教民化民为理想，这种目的，虽颇高尚，然而不悟道法相辅之理，一味以为礼乐之风化，即足以治理天下，这种误信之发生，是因为倡导法治的学者政治家之性格，往往不得后人之同情的缘故。

周室衰微，天下大乱，孔孟之徒，欲回复周之礼文，遂欲以礼而经纶天下。孔子说：

“道之以政，齐之以刑，民免而无耻；道之以德，齐之以礼，有耻且格。”（《论语》）

“安上治民，莫善于礼。”（《孝经》）

如此说来，孔子丝毫没有贬弃刑政，废而不用之意。贤圣立言之深意，于兹可见。《礼记·祭统》谓：“凡治人之道，莫急于礼。”

又《乐记》谓：

“礼至则不争，揖让而治天下者，礼乐之谓也。”

《经解》谓：

“礼之于正国也，犹衡之于轻重也，绳墨之于曲直也，规矩之于方圆也。”

《礼运》谓：

“治国不以礼，犹无耜而耕。”

以上所引证者，莫不主张礼治。自荀子提倡隆礼以来，主张礼治者愈多，老庄之徒，更唱无为之治，而排斥礼法。于是儒家、道家，皆鄙弃法治。

日本太宰春台，在他的《经济录》中其论礼一节，实足以代表儒家对于法治、礼治之思想。他说："经纶天下之道，莫先于礼，所以三代之明王，其有天下也，必先制礼作乐。非礼乐则不能治天下。"

"礼者国家护身之神符也，外此而别谓有治国之术者，皆邪说，非圣人之道，不足信也。"

彼又以为徒法不足以治国，故更谓：

"不用礼乐，而惟恃法令以治国者，乃申不害、韩非、商鞅、李斯等之道也。当时收效虽速，而甚觉便利，然非长久治安之计，所以不旋踵而事败身亡，前车之覆，可为后车之鉴。""上出法令而命此事之如斯行也，人民虽能暂时守之，然如对于民毫无利益时，则必隐而背之。礼者教也，故预先教以此事之应如此行也，则人民之心，必以为不如此行，则不允当，遂不知其为何义，而仍依照所教而行也。（中略）不制定礼义，而惟严法令，则民不从。"

太宰氏之误谬，在不知礼法分化，互相为助之理，而以古律今，拘墟一隅。因为一般有如此的思想，所以在中国，自秦汉以来，其实虽已入于法治之时期，然在理论上，法律只是有补助礼之作用，故学者轻之。

礼治先于法治，乃自然之顺序，人类营谋共同生活之初期，处于社会凝集力中心的神明、祖先的威灵、首长、族长、家长及父母等之权力的崇敬的情性，不知不觉地现于行动，这种行动，经屡次反复遵循的时候，自然会生一定的行动，有一定的意义，到了这个行动的形式固定了，而为行为之典范，服从之表彰，则其形式之节文，即就是礼。对于社会凝集力之中心，要这样的形式的表彰固定了之后，共同生活之秩序，才可以继续维持。故社会初期之统制力，只具有礼之形体，法律则在一种潜势力的状态，而被包含于礼之外貌之中，尚未至有独立的存在。

社会的统制，是由礼治进于法治，而其规范则由礼仪而进于法规。这是法律进化之通象。然而要明白地划分礼法之境界,这差不多是不可能之事。因为礼法之范围,是随人文之进化以为伸缩的。在这一时代以为礼者,在他一时代,则以为法,在这一国以为犯罪之行为者,在他一国,则以为违礼,这是通常的现象。所以我们只得以公权的制裁为目标,而区别礼法二者之分域而已。

然就社会统制力的礼法二者所占领域之广狭,而探研进化之趋势,则不能谓为难事。社会形成之第一期,为纯然的礼治之时代,礼差不多占统制力之全部,法包含于礼之中,而尚未至有独立的存在。第二期以礼治为主,法治为从的时代。政治的组织,稍稍具备,随而对于违礼之人,得加以公权的制裁,这就是所谓不出于礼,则入于刑的时代。在这时代,法律为补充的统制力,仅有从属的存在而已。第三期为法治的时代,政治的组织,已臻完备,国权益张,因而法之范围,亦随之扩大,以法之敏活代礼之缓慢,将宗教的、道德的又社交的制裁,代以公权的制裁,从纯然的宗教的、道德的教旨,以至于衣食住及其他日常些须细末之行为,往往常以法律来严命遵守,这是法治代礼治的时代。然而文化越是发达,则人民越是惯于共同生活,而尊重公德;教育越更进步,则自治之习性,亦随而增大,那么,古代以礼来强制人民的行为,现在用国家权力来强制的必要,渐次减少,于是曾经一次由礼入法的规范,现在却反出法而复归于礼,又或为宗教上、道德上之抽象的规范而存在。

六、礼法之分化

在文化低度之社会,礼之范围极其广大,差不多包含一切社会规范,法尚未至有独立的存在,而仅为礼之一部,因文化之发达,礼法渐次分化,法始出于礼之区域,而具备独立的社会规范的体制。

礼与法,皆为行为之仪表,而为人民所遵循。二者均能拘束人民的自由意思而为行为的规范的缘故,就是因为礼仪与法规之基础,是社会力,是超越个体力的优势力。然这社会力之所以为礼之基础,二者不必尽同。礼或为信仰之容仪,或为伦理之形状,或为社交之秩序,乃社会对于其成员要求遵守的东西。故礼之所以为规范者,就是因为其为宗教又德教之表彰的缘故。法为人民的行为之规范,依国家之权力去要求人民遵守的东西。故法之所以为规范,即因其为国权之表彰。所以礼法虽均要求行为之适合其准则,然其对于违反之制裁,则二者之体样不同。

礼之起初,包含社会的当然行为之全部。故对于违礼行为之制裁,亦依其行为之性质而不一样。有仅招士君子之讥议的,有受社交上之摒斥的,有蒙宗教上之责罚的,有触君父长者之迁怒的。故在期会之初期,对于违礼之制裁,表现出种种不同的状态。然而国家之体制,渐次完备,政治组织,随而巩固,因之,政权者把礼仪中有强要遵守之必要的,用政治的权力,加违礼者以一定之责罚,这就是礼法分化之第一步。

对于违礼行为加以政权力制裁的,究在礼之哪一部分开始呢?这是很不容易断定的问题。不过就一般的说,违礼行为中,其散漫国家凝集力之最显著的,当先出礼入法。这个解答,或许没有什么差错吧!对于父母的爱敬,为一家之凝集力,对于族长之尊敬,为一族之凝集力,对于君主社稷之崇敬,为一国凝集力。而礼为敬之形,即是表示凝集力的。在原始团体,凝集力之强弱,以对于其中的首长又守护神之服从的程度说准。故对此而欠缺敬礼,即为不顺从之征证,大而弛缓国家之团结力,小而危害一家之基础。所以无论哪一国对于违礼行为加以政权的制裁的,起初总是由对于神明、宗庙、君主的大不敬行为开始的。汉叔孙通制定了礼之后,高祖在长乐宫举行朝仪,执行新礼,“御史执法,举不如仪者,辄引之去”(《史记》),即此可知苟有关系国家朝廷者,就用公力制裁其违反的,这就是所谓“礼刑其初一物,出礼入刑”。因国家机关之完备,国权作用之发表,于是凡礼之属于公事者,即以国家之权力,制裁其违反者,礼仪之规定,渐次遂变而为法律之规定。

欲知中国礼法分化之思想的过程,则莫如探研管荀二子之著述。盖荀子代表礼治之终端,管子代表法治之始端。前者以儒家而近法家,后者以法家而近儒家。其间不过一步之差而已。荀子的隆礼论,系由礼之末而入于仁义道德之本,先整其形,然后正其心,与法家以形制心之主义,可谓两端衔接。故荀子虽以礼治为理想的治术,然并非不言法治。在《疆国》篇、《天论》篇、《大略》篇中有:

"国之命在礼,人君者,隆礼尊贤而王,重法爱民而霸。"

彼又在《富国》篇说:

"士以上则必以礼乐节之,众数百姓,则必以法数制之。"

他以礼为上治,法为下治,这是因为他认识了礼治有所不及之处之所致。荀子以为人性本恶,故他对于圣人之治悖乱争夺说道:

"故为之立君上之势以临之,明礼义以化之,起法正以治之,重刑罚以禁之,使天下皆出于治,合于善也。是圣王之治,而礼乐之化也。今当试去君上之势,无礼义之化,去法正之治,无刑罚之禁,倚而观天下人民之相与也,若是,则夫疆者害弱而夺之,众者暴寡而哗之,天下之悖乱而相亡,不待顷矣。"(《荀子·性恶》篇)

这是表示礼法分化之过程。荀子虽以隆礼治天下为主旨,然既知外部强制之必要,礼义之用在教化,故不能不并称法正之治,刑罚之禁。当其以隆礼化民也,上不可无君上之权势,下不可无法正刑罚。所以他说:"众庶百姓,则必以法数制之。"这明明是知道只恃礼义之不足以治天下,而承认礼刑相辅之必要。故荀子乃介于纯然的以礼乐治民为理想的儒家与韩非、申不害等纯然以法治为主之法家之间,其学说思想,代表礼法分化之初期,而表示礼治之终期。

反之,管子之书,则代表礼法分化之过渡时期,而表示法治之始期。管子论法治由礼治而出之过程道,"民知德矣,而未知义,然后明刑以导之义","民知义矣,而未知礼,然后饰八经以导之礼","民知礼矣,而未知务,然后布法以任力。"(《五辅》篇)故知义由德出,礼由义出,法由礼出。"人之心悍,故为之法,法出于礼"(《枢言》篇)之说,也是同样的见解。然而管子所主张之礼法,与先贤不同，以法为治道之本，以法治为主，礼治为从，我们看管子八十余篇，其论法制经济，极为详尽，而言礼义，则不免粗略，于此也可知道他的用意。“礼义廉耻，国之四维。”（《牧民》篇）“礼正民之道也。”（《君臣》篇下）“礼义人君之神也。”虽不无主张以礼治民之必要，然其治道之本在法之见，在解说法之本体时，有谓：“法者，天下之至道也。”（《任法》篇）“法者民之父母也。”（《说法》篇）“法者天下之仪也。”（《禁藏》篇）在解说法之用时有谓：“万物万事，非在法之中者，则不能动”，“以法治国者，举错（措）而已。”（《明治》篇）“圣君亦明其法而固守之”，圣君任法而不任智。“尧之治，善明法禁之令而已矣。”“黄帝之治，置法而不变，使民安其法者也。”“夫生法者君也，守法者臣也，法于法者民也，君臣上下贵贱皆从法，此谓为大治。”（《任法》篇）其他又有所谓“治国无法，则民朋党下比。”（《君臣》篇上）“齐民以政刑，”（《君臣》篇下）等。管子全部之主张法治也，恰如荀子之主张隆礼，荀子说：“人之欲求无分界则争，争则乱，先王恶其乱，制礼义以分之，”而管子则谓：“律者所以定分止争者也。”（《七臣七主》篇）所以我们可以知道，荀子之礼即管子之法。

荀管之后法家甚盛，强秦并吞六国而统一天下，欲专恃法以为治，奈不旋踵而社稷沦亡。汉兴，其名虽为礼治，而其实为法治。高祖约法三章，而叔孙通则制礼仪。未几丞相萧何，复有九章律之作。这是礼与法结合并行，而渐开从礼治而入于法治之端绪。汉之采用礼名法实之主义，宣帝时，太子奭答劝用儒生之言，“汉家自有制度，本以霸王之道杂之，奈何纯任德教，用周政邪，”就可以明白。又和帝之时，廷尉陈宠校定律令，减罪数为三千，这或许也是由礼仪三百威仪三千而来，由这个罪数之数目，须使合于礼之数目之事实看来，亦可以推知礼名法实之说之不诬。陈宠之上表中谓：

“礼之所去，刑之所取，失礼则入刑，相为表里者也。（中略）大辟二百，耐罪赎罪二千八百，并为三千，悉删除其余，使与礼相应。”

丘濬谓陈笼欲使罪数三千而合于礼，虽近拘泥，然基于礼刑并存之义,故称之为"百世定律之至言要道"。这一足为汉家法其实而礼其名之一证。

到了唐代,礼法分化越更明显,法制越更完备,有律、令、格、式之别。太宗时有贞观礼,高宗时有显庆礼,玄宗时有开元礼,礼典大备。然其称为五礼之吉礼、宾礼、军礼、嘉礼、凶礼,比之古代之礼,其范围极为狭小。礼之中附以公力制裁的,多入于律、令、格、式。自唐以后,治国之实为法,然学者至今,仍以礼为本,法为末,在理论上尚未达到纯然的礼法分化之域。欧阳修的《礼乐志论》中谓:

"由三代以上,治出于一,而礼乐达于天下,由三代以下,治出于二,而礼乐为虚名。"叙述中国礼法分化之过程,实可称确切允当之言!

到了以刑罚处违礼者之时,即开礼法分化之端,而学者仍以礼刑有本末表里之关系,法系为礼而存在,当礼刑相辅而治天下国家。自来学者重其名,为政者则取其实,以至于今日。《唐律释文序》中有:

"夫礼者,民之防也,刑者,礼之表也。二者相须,犹口与舌然。礼禁于未萌之前,刑制于已然之后。"

又《唐律疏义》谓:

"德礼为政教之本,刑罚为政教之用,犹昏晓相须而成一昼夜,犹春阳秋阴,相须而成一岁也。"

又丘浚说:

"人心违于礼义,然后入于刑法。"

又芦东山之《无刑录》中谓:"礼所以立德也,刑所以弼教也,二者不可偏废,而为治之序,以礼为先,以刑为后。"

又皋陶谟之注有:

"皋陶专司刑,而其安民之谟,以典礼服章,先于用刑。(中略)盖尊典礼,则有德必显赏之,悖典礼,则有罪必诛罚之。"

此皆以礼为本,法为末,直到了近代,其实虽久已进于法治,然而其名则仍以礼治为本。

印度法系之基本法典——《Manu 法典》(Manava Dharma-sastra),[1]系出自礼典。据 Max Müller[2]之考证,Manu 这样的诗体法典,系从格言体的经典而出。格言体经典中之最重者,为 Kalpa-Sutra[3]。Kalpa-Sutra 为礼经,其种类颇多。婆罗门教徒之名族,各自有一族之礼典,而其题号,或有冠以编纂人的姓名的,或用礼典所属之家之姓的《Manu 法典》,乃由 Manava[4]家的礼典(Kalpa-Sutra)而出。其格言体的经典,系由《祭牺经》(Srauta)、《清净经》(Grihya)、《律法经》(Sâmayâkârika)三部而成。后第三部律法经即为诗体法典。[5] 所以《Manu 法典》,从礼典分化之后,仍不失其原性,故Maine[6]说"Manu 法典,虽然其所记载之法律颇多,可是其实依然礼书",就是因为这个理由。[7] 因之我们就称它为礼法分化过渡期之化石的法典,并没有什么不可。

佛教以经为记载人类当知之事的,以律为记载人类当行之事的。凡法律之从宗教及德教的分化,即在这经律之分化,而经律之分化,即在礼。其所以然者,盖由宗教德教之本旨而推论之,要想统率不能临机应变而为当然的行为之无智的众人,自然莫如制定行为之形式,而使之有所依据之为便。印度古代之律典(Apastamba, Gautama, Vasishtha, Baudhayana. Visnu 等),皆由 Veda[8]之教旨而出。Veda 为婆罗门教之教典,Apastamba[9]以下,皆婆罗门教之律典。

---

[1] 即著名的《摩奴法典》。——编者注

[2] 马克斯·穆勒(1823—1900),著名德裔英国语言学家和宗教学家。——编者注

[3] 意即《仪轨经》。——编者注

[4] 现通译为"马纳瓦"。——编者注

[5] Max Müller, Sacred Books of the East, Ⅱ. Introd.

[6] 即英国历史法学派宗师梅因(1822—1888)。——编者注

[7] Maine, Early Law and Custom.

[8] 即《吠陀》。——编者注

[9] 即《阿帕斯檀跋法经》。——编者注

此等律书(Dharma-Sutras, Dharma Sastra),皆记载教徒一生涯中应遵守的行事规则,为他们生活依据的一种详密的宗教仪式,与中国的《礼记》、《仪礼》及其他礼书,殆有同一之性质。如果以Dharma-Sutras[1]、Dharma Sastra[2]为法典,则中国之礼书亦可称为法典。Dharmas-Sutras、Dharma Sastra表示宗教法律之分化,而礼书则在表示德教法律分化之过渡。

希腊、罗马的古代法,也是包含在礼典之中。所以我们可以想象希腊、罗马之古法,也是从礼里面而分化出来的。王位依位礼而定,婚姻因婚礼而定,养子依养子礼而定,继承依丧祭礼而定,民格依共餐礼而定。凡百般制度,没有不为关乎天地、山川、祖宗、族神、祭祀之宗教的礼典之一部分的。[3] 希腊的Solon[4]法典,也是一种礼典,祭祀礼占其中最重要之一部分。依Coulanges、Voigt[5]、Bruns[6]、Mommsen[7]等之研究,罗马最古的法令《王法》(leges regiae)中所遗存的,概系关于宗教典礼。[8] 故Papirius[9]整理编纂之王法,即传说所谓的Jus Civile Papirianum[10],虽然在今日已寻不出它的形影,而其为宗教的典礼,当无疑义。

这样看来,今日之法,即存于古礼之中,因人文之发展,社会的统制力,渐次变其体样,而至于礼法分化。例如周礼、礼记、仪礼三

---

〔1〕 即法经。——编者注

〔2〕 即法典。——编者注

〔3〕 Fustel de Coulanges, La Cité antique, Liv. Ⅲ, chap. Ⅶ, Ⅷ, Ⅻ. (此即库朗热《古代城邦》。——编者注)

〔4〕 现通译为"梭伦"。——编者注

〔5〕 现译为"福格特"。——编者注

〔6〕 现译为"布伦斯"。——编者注

〔7〕 现译为"蒙森"。——编者注

〔8〕 Voigt, Ueber die leges regiae; Bruns, Quellen; Mommsen, Roemisches Staatsrecht, Ⅱ. i. s. 1.

〔9〕 现译为"帕皮里斯"。——编者注

〔10〕 即《帕皮里斯民法》。——编者注

个礼典所载之祭祀天地、鬼神、宗庙之礼，天子、诸侯、乡大夫、士庶人之爵禄、班位、职司、民级、封域、华夷之别，以及租贡、教育、听讼、断狱、养老、赈恤等事，皆为后世公法之所从出。冠、婚、葬、祭，父子、夫妇、亲戚之关系及定贫富多寡之分之礼，为后世私法之所从出。故祭祀礼、朝觐礼为宪法行政法之渊源，士冠礼、士婚礼则开民法之端绪，聘问礼为国际法之萌芽。因国家体制之完备，社会力渐变其体样，及至礼仪中之一部分附以国权的制裁时，而礼之规范与法之规范，遂分道扬镳。

法由礼出，乃法律进化之通象，时不问古今，地不问东西，可谓如出一辙。不过关于礼法分化之状态，依时空之不同，或亦不免有各异其趣的。印度礼法之分化，仅有其端绪而止，其所谓圣律，实具有法典礼典之性质，至今仍存古态。中国直到晚近，礼法之分化，尚未达于完境。厌恶刑名法术之观念，自秦灭以来，隐然尚支配一般学者的思想，其实中国久已实行礼法兼用之政策，不过在名分上不愿公认礼法之分化，常以礼为本、法为末，以法律存在之理由，在它对于礼有辅助的效用，故礼法之分化，可谓有其实而无其名。泰西诸国则不然。希腊的古代文化，早启礼法分化之端，至罗马强盛时，礼法之分界，越更明了，尔后各国，礼与法遂皆各为独立的社会力。

印度礼与法无分化之原因如何？中国礼与法无分化之原因又如何？礼法分化之状态，所以发生如斯差异的，就是因为法律之基础观念之不同。印度法为宗教法，其基础以神智的默示——Veda〔1〕圣典之神教——为体，礼为宗教礼，为神教之形，故礼与法二者，有形体之关系，形影常相伴随，而不能相离，加之，礼与法，均为基于神意之规范，基础之神意，既久劫不变，那么，礼法之关系，亦自久不易，虽因时势之变迁，与生活之更新，至有时不能选循古礼古法，然而仍不改其旧日礼法，只在解释名目之下，应付其新的

〔1〕 即“吠陀”。——编者注

要求而已。故法律经虽从《祭牺经》《清净经》等诸礼典分离之后,仍保持其为礼典一部之原性,婆罗门教徒之生活,分其一生为四期的学生期、家长期、退隐期、行脚期,皆受供牺、净行等严格的仪式之束缚。礼法之分化,仅有其端绪,全然脱离了礼之范围之法,终于没有生成。

中国法之基础为道义,礼为有形的道义,故于中国法,礼法二者,虽有如体形之相关而不可分离。然如前所述,法自始即在礼之范围外,而有辅助礼之效用的,所谓出礼入刑是。及至法家兴起,礼治与法治,遂相反而不相容。秦汉以来,虽知法治之必要,但尚不欲公认之,学者又概皆尊礼贱法,故虽有礼法分化之实,而无礼法分化之名,现今泰西诸国之法律思想,广播于中国,礼法分化之名实,当必随之而臻于完善之域。

泰西法之基础,亦为道义,古代礼法一致,亦毫无异于中国。[1]然自希腊以来,为其法之基础之道义,乃为一种所谓正义之特别公德,与中国以一般的道义为礼法之基础不同。加之,中国为道义之形的是礼,出礼始入于刑,故法与道义之关系为间接的,在泰西法为正义之实现,与中国礼为德义之表彰正复相同,故法与道义之关系为直接的。所以在泰西古代,礼虽与法相伴随,然并非必如形影之相依而不可离,这是泰西各国礼法分化名实相副之所以然的原因。

在中国礼义为法之基础,在泰西正义为法之基础,礼法之分化,东西之所以异其状态,就是基于此基本观念之不同而发生。礼义为德之外形,对于人之行为,可与以具体的典型,正义为德之本体,故对于人之行为,可与以抽象的标准。礼义将社会的事物注入[2],而为固定的形体,所以不能随人生之需要而有应变的弹性力。因之,礼义在社会之初期,虽为整理秩序、维持治安之要具,然一方却

---

〔1〕 Fustel de Coulanges, La Cité antique, Liv. Ⅲ, ch. Ⅵ.

〔2〕 此处存在缺损。——编者注

妨害人们自由之活动，为个人发展、社会发展之障碍物。反之，正义以公平、平等、应分等基本观念为标准，因之，为正义之表彰的法律，便容易脱其伴侣礼义之羁绊，而踏入发展的大道中。故关于礼法之分化，礼义有静的效果，正义有动的效果。

正义以公平、平等、应分等为其基本观念，既如上述，而礼义之于应分观念，与正义相同，而与平等、公平相异，兹就其异同辩明于次：

礼即是分。不问以礼为出于人之善性而生，或出于矫正人之恶性而作，未有不以礼为尊卑多寡之节分的。《礼记·礼运》篇谓，“礼达而分定”，《乐记》谓，“礼义立，则贵贱有等”，而荀子论礼亦常以分为礼之本体。他在《礼论》篇说：人生而有欲求，故先王制礼以分之，以养人之欲，给人之求。他又在《非相》篇说：

“人之所以为人，非特以其二足而无毛也，以其有辨也，夫禽兽有父子而无父子之亲，有牝牡而无男女之别，故人道莫不有辨，辨莫大于分，分莫大于礼。”

在《荣辱》篇说：

“夫尊为天子，富有四海是人情之所同欲也，然则从人之欲，则势不能容，物不能赡也。故先王案为之制礼以分之。”

在《王制》篇说：

“势位齐，欲恶同，物不能澹则必争，争前必乱，乱则穷矣，先王恶其乱也，故制礼义以分之，使有贫富贵贱之等，足以相兼临者，是养天下之本也。”

由上所说，可知礼之体为分，而其用为和。所以《论语》说：

“礼之用，和为贵。”

这就是分而和之意。然而分而使之和也，则其分非基于义不可。所以荀子在《王制》篇说：

“分何以能行？曰：以义，故义分则和。”

这样说来，可知礼是在定各人当然之分的，正义之观念中，有各人得其应得之分之义。[1] 与亚里士多德所谓之分配的正义相似。所谓分配的正义，就是以"分配荣誉、财产等于政治团体员为目的之正义"。[2] 此即贵贱贫富之分，而又合于义的。

然如何将礼义与正义之观念精确的比较起来，则有次之三点极不相同。其一礼义较广而正义较狭。其二礼义主外形而正义主内心。[3] 其三礼义以不平等为主而正义以平等为主。礼包含德义之全部，既如前述，而正义则自希腊以来，学者皆不以为德义之全部，而仅以为德义之一方面或一部分，更多以此为自己与他人间的关系即社交的德义，因之，正义遂为法律的基础的德义，而法律遂为正义之成形。反之礼义自身，既为德义之成形，则法律乃由不合于德义而生。所以在泰西以法律为德义之积极的表彰，在极东则以法律为消极的表彰，以德义为礼之表彰，违礼始入于法。

礼义与正义俱系分而合于义的，两者虽同其分却异其义。礼义是出于畏敬又爱敬之情，基于不平等之观念，而定优者劣者的关系。前述《礼记·礼运》篇之"礼达而分定"之语，在礼记正义中解释所谓分就是谓"尊卑之分"。《管子·五辅》篇中说礼之八经道："上下有礼，贵贱有分，长幼有等，贫富有度；凡此八者，礼之经也。"《荀子·富国》篇里说："礼者贵贱有等，长幼有差，贫富轻重，皆有称也。"那么，我们可以知道礼义之分乃不平等之分；反之正义以平等为分量的又应能的平均，所以正义之分，即平等之分。礼义之分，乃差等之分。荀子以为势位齐则生争，书曰："维齐非齐，此之谓也。"彼说明礼之所以止争，乃在有差等，有差等而后始得为礼。由此看来，礼义之主要目的，在定差等之分，正义的主要目的，就在定平等之分，所以两者同其末，而实异其本。

礼法分化的系统，各国虽有多少的异同，而其大纲，则多相似。

---

〔1〕 Digesta I. i. 10；Inst. I. i.

〔2〕 Aristotle's Nicomachean Ethics, Vol. V.

〔3〕 Justitia est constans et perpetua voluntas jus suum cuique tribuens, Inst. I. i.

关于礼法分化之迹，兹特就可征的文献最丰富的中国，略述其概要，以为本论之结束。

礼之范围，差不多及于人事之全部，既如上述。其中到了有公权力来制裁的，即为法之原质。礼仪三百、威仪三千之中，后世有成为公法之规则的，有成私法之规则的。如周礼配百官于天地四时，而定其职分，《礼记·王制》记载：自天子、诸侯、卿大夫、士、庶人的爵禄、班位、职司、民级、封域、华夷之等别而至于祭祀、租贡、教育、刑罚、听讼、断狱、养老、赈恤等之事，其名为礼，而其实则等于公法。仪礼之士冠礼、士婚礼、士丧礼之中，其名为礼，而其实亦有属于私法之规定的。故为现今宪法、行政法、民法、商法、诉讼法等之规定的，其初皆包在礼的范围里面。

礼书中其最有统纪的为《礼书纲目》（康熙六十年江永编，《礼书纲目》八十五卷）分礼仪为：(1)嘉礼；(2)宾礼；(3)凶礼；(4)吉礼；(5)军礼；(6)通礼；(7)兴礼七门。现暂根据这个分类而表明礼法分化之系统如次：

（一）嘉礼

嘉礼为士冠礼、士婚礼、乡饮酒礼、乡射礼、燕礼、大射仪等。乡饮酒以下，大致为关于共同燕乐等之仪式。士冠礼为成年之礼，男子二十而冠，冠者为成人。“已冠而字之，成人之道也。”奠摰于君，以摰见于乡大夫，出而得仕天子诸侯。士婚礼为婚姻之礼，“女子十五而许嫁”。“男子三十而有室，女子二十而有夫”等，乃婚姻年龄之规定。至七出三不去，乃为关于离婚原因之规定。所以我们可以说民法中关于成年之规定，是由士冠婚而出，关于婚姻之规定，是由士婚礼而出。

（二）宾礼

宾礼以士相见礼、聘礼、王朝邦国遣使礼、诸侯相朝礼、觐礼、会同礼等为主。士相见礼，亦不过为社交的礼仪，其聘礼以下，或有定君主之分的，或有定列国交际之形式的。大戴礼，“朝觐之礼，所以正君臣之义也”。经解谓：“朝觐之礼，所以明君臣之分也，聘觐之礼废,则君臣之位失。"《乐记》谓:"有朝觐然后诸侯知所以为臣也。"可知朝觐虽为朝廷之礼,而天子之位,因之而定,这实是后世宪法之萌芽。若更考究聘礼之下之诸礼,则可知国际法之端绪,即可发现于中国春秋时代。Martin 早有此论。彼在《中国古代万国公法》之序中谓:"中国古代,春秋列国交际之道。一秉于礼,礼者即当时之公法也。"洵独到之见!彼更在本论中敷衍此论,而详细证明当时国际公法之存在。(参照高桥作卫著《平时国际公法》第一编第四章)然吾人为表示礼与国际法间之关系,而更欲略加数言。盖礼之本质,乃德之成形,既如上述,故苟奉同一之德教的,常依据同一之礼仪。当春秋战国之时,周室既衰,徒拥虚位,诸侯各据其封土以争霸,周虽名为王,而实则为侯;列国虽名为诸侯,而其实为霸。列国间之关系,恰如国家之对峙,与现时之国际关系,实相酷似。而且境壤相接,故常往来交际,或遣使修交,或会同约盟。此时之周礼,即为同文同教的列国共通的有形的规范,所以列国间的关系,无论平时战时,皆共同遵守之。平时之关系,则有聘礼、遣使礼、会同礼等诸侯遣乡大夫赍玉帛皮币,问好修交,而使臣的身份、员数及其受命、郊劳、至朝、反命、并第三国通过之礼、会合盟约之礼等,无不具备。又战时之关系,则有车礼。战时国际关系之礼,虽不如平时交际礼之发展,然军礼之中,可以视为战时国际法之萌芽的,也是有的。要之,有共通之教理,既可以发生共通之规律。欧洲至中世纪时代,世界主权之观念,随罗马帝国而衰微,领土主权之观念,则因封建制度而发生,恰如中国的战国时代。更进而至近世独立国家之勃兴,一方有自然法的共通观念,为国际的规范之抽象的基础,他方有罗马法的共通法规,为国际的规范之具体的基础,相须相助,而成今日之国际公法。在中国有道德之共通观念,为抽象的基础,有礼仪的共通规范为具体的基础。

(三)凶礼

凶礼系定丧吊之礼,有士丧礼、士虞礼等目。丧礼中最重要者为丧服之礼。丧服有斩衰、齐衰、大功、小功、缌麻五服。依死去亲属的亲疏尊卑而用之。五服之别,则在丧服所用之资料及其裁缝之方式如何而定。用最粗之麻布,而不缝下边为斩衰,用稍粗之麻布而缝下边者为齐衰,用粗熟布而为之者为大功,用稍细的熟布而为之者为小功,再用更细的熟布而为之者为缌麻。居丧之期,亦因之而异。尊而亲者,服质粗而丧长,卑而疏者,服质细而丧短。其期则为斩衰三年以至于缌麻三月。古来中国的亲属关系,多依此丧服之制而定其等级。例如父母为斩衰之亲,祖父母、兄弟、姊妹、嫡孙为齐衰之亲,姊妹之出嫁者及众孙等为大功之亲,嫡孙之妇及侄孙等为小功之亲,曾孙玄孙等为缌麻之亲等是。日本的仪制令所载之五等亲,其亲等之别,虽与五服制不同,然其分为五等,亦就是在模仿这五服之制。所以中国后代之律典,其首卷常载五服之图,及基此丧服制的亲属之等级。所以为民法亲属法基础之亲等制,亦可说是出于中国丧礼中之服制。

(四)吉礼

吉礼以关于祭祀之礼为主。即祭天地、日月、星辰、山川、社稷、宗庙、先圣、先师之礼等是。祭祀之礼,无论在哪一国,在各种礼典之中,都是最重要的,其臻完备也至早,而废弃也亦至迟,《礼记·祭统》说:

“凡治人之道,莫急于礼,礼有五经,莫重于祭。”

吉、凶、军、宾、嘉,五礼中,最尊祭祀之礼。自建国立君以至于立嗣婚嫁之事,皆以祭祀为本,各般之法制,出于祭祀之礼典者最多,此点在祭祀与法律的关系文中,已详细论及(穗积氏另有一祭祀与法律的论文),兹不复赘。

(五)军礼

军礼为后世的军事行政法及兵制之渊源,自不待多言。可是军礼又为租税法渊源之一点,则不可不特别注意。盖租税是从一般国民征收的政费,而军旅之事,其费用特多,故由人民征收之法制,亦较早决定。中国古代的行政区域,其划分之原因之一部,也似乎是由于图谋军用赋课之便利的样子。周之制有所谓因井田而制军赋(《礼书纲目·卷四十八》)地方一里为井,合井而十进之,为通、成、终、同、封、畿,各有税赋,"税以足食,赋以足兵"。又以四井为邑,四邑为邱,邱出戎马一匹牛三头,四邱为甸,出戎马四匹,兵车一乘,牛十二头,甲士三人,步卒七十二人,其他依方域大小,而定戎马兵车之出赋,各有差等。乡大夫之家称"百乘之家",诸侯之国,称"千乘之国",天子称"万乘之君"依其所定之出赋,而决其名称。这与需要国费最多的军旅之事,有至大之关系,当无疑义。

(六)通礼

礼书纲目中,称通礼者包含历数、月令、制国、职官、封度、内治、朝廷礼、政事、井田、财赋、学制、五宗、亲属记、名器、刑辟、卜筮、礼乐记等。吾人只要一见这些名目,当可以知道这一类的礼,为后世法律之本源的,一定很多。此处无详细解说之必要,特就其中之最显著者,略举述之,以为礼法相关之佐证。

历数为政事之本,周礼配职官于四时,依季节、历日而行事。例如大宰、大司徒,于正月朔日公布法令,乡大夫受法于司徒而颁布之,州长属民读法等是。(《周礼·天官》《周礼·地官》)

月令定政事法律之年中行事,就中尤以关于农事为多。例如定五谷种植之时,仲秋之月,"乃劝插麦,毋或失时,其有失时,行罪无疑"。这种规定,却是不少。其他劝论养蚕、奖励牧畜,禁止山林之滥伐焚烧,指令道路、堤防、川泽、陂池之保护,监督百工调整度量衡,便关市而利商旅等,为后世行政法规之本。定听讼、断狱、行刑之时,而开刑法、刑事诉讼法之端。今欲避免引证全部月令之烦,特仅就其关于刑事部分而例示之。仲春之月,"命有司,省囹圄,去桎梏,毋肆掠,止狱讼"。是二月为停止裁判,不执行刑罚之月。孟夏之月,"断薄刑,决小罪,出轻系"。是四月为裁决轻罪之月。仲夏之月,"挺重囚,益其食"。孟秋之月,"是月也,命有司,修法制,缮囹圄,去桎梏,禁止奸,慎罪邪,务抟执。命理瞻伤察创视折,审断决狱讼而必端平,戮有罪,严断刑"。盖官代配官职于天地四方,以士冠、士师等称法官为秋官,是以秋气肃杀,之候,为行刑之时。仲秋之月,"乃命有司,申严百刑,斩杀必当,毋或枉桡。"此在命行刊(刑)之办理速了。季秋之月,"趣狱刑,毋留有罪。"乃在催促裁判,使在行刑期的秋季中终了断狱,毋生凝滞。此等月政,皆记载于礼书中,自现在观之,其属于刑事法规,当不言而自明。

制国定分土建国迁国之事。封建载分封之制封国之礼等。职官定百官之职制,此等礼为宪法行政法之渊源。政事之礼,自民政、居民、民教、乡邑之政,农政、工政、市政以至于关门、道路、恤穷、医药、坟墓之政、火政、酒政、草木禽兽之政等,多属于行政法规,而其中可视为警察法规之滥觞者,亦属不鲜。井田为行政区划之制。财赋为财政法之本,乃至定租税赋课及贡租货币财用等事。学制为教育制度本。五宗、亲属记乃至定忌服、祭祀、姓氏、及亲属之名称等,为民法亲属法之本。"名器"中关于天子、诸侯、大夫、士之服制及度量衡等之制,为行政法之本。刑辟为刑法及刑事诉讼之本。内治在定宫廷之事,为宫室典范之本。其他通礼中单只关于礼仪的,亦复不少,礼法之相杂,如上所述,故名为当时之礼,而其实为后世之法的,实在很多。

(七)曲礼

曲礼为关乎民生日常彝伦之事,定当然之则,以应人事曲折万殊之变,故有此称。(《曲礼全经》)所以关于容貌、言语、坐立、拜揖、居处、饮食等日常生活之仪式特多。然在礼目之中,得为法规之渊源的,亦属不少。例如"女子许嫁缨",又"女子许嫁笄字""男女非有行媒,则不相知名,非受币则不交不亲""娶妻不娶同姓,故买妾不知其姓则卜之。""天子有后,有夫人,有世妇,有嫔有妻,有妾。""公侯有夫人有世妇,有妻,有妾。"此为关于婚姻之法规之本。"七十曰老而传","大夫七十而致事"乃为关于隐居年龄法规之本。又"八十九十曰耄,七十曰悼,悼与耄,虽有罪不加刑矣""刑不上大夫"这又是免除行刑之法规之本。又"父之仇,不共戴天,兄弟之仇,不反兵,交游之仇,不同国"乃复仇之礼。复仇之礼,为刑法之渊源,当别篇详论之。

附录一　泰西格言集*

高凤谦 辑译

一人之利害，即一国之利害；一国之利害，即万国之利害。（克布典）

政府之本职，在保护人民，使不蒙侵掠。（斯宾塞）

行政官不厌少，立法官不厌多。（苏优特）

自由国多喧争、少痛苦，专制国多痛苦、少喧争。（加尔诺）

政治之进步，譬如登山，必自卑始，拾级以上，渐达其巅，若欲一跃而至，无是理也。（弥勒约翰）

大利所存，必在两益。损人利己，非也；损己利人，亦非也。损下益上，非也；损上益下，亦非也。（斯密亚丹）

立法行法之权，兼操于一人、统属于一部，则人民必不能自由。（孟德斯鸠）

一国之政权，无论其在一人、其在少数之人、其在多数之人，但以公意谋国家之公益者，皆谓之正。以私意谋一己之私益者，皆谓之不正。（亚里士多德）

人类有利己性，以为万事本。财产归公，则减杀其自利心，于人道将有大害。故为一人计、为一国计，皆当保护其私有权。（亚里士多德）

内乱，国家之死病。（霍布斯）

有主权者，最要之性质有三，智仁勇是也。惟智乃能识别社会之

---

* 高凤谦辑译：《泰西格言集（三版）》（闽学会丛书之一），闽学会光绪二十九年（1903年）出版。

实利,惟仁乃能营求社会之实利,惟勇乃能力行社会之实利。(布竦克斯顿)

节俭之风,所以滋养国民。国民之生存长成,皆在于是。奢侈者,衰弱国民之大原因,甚可惧也。(巴克车)

君主政体,不能以一人独理万事,故必设有司以分职;民主政体,不能以人人共理万事,故必举统领以为长。(卢梭)

国家之最不幸,不在贤者居下而无由升,而在不肖居上而无由降。(赫胥黎)

富贵者操政权,则骄奢淫逸,不事民事,甚且剥民肥己,其害固大。贫贱者操政权,则无学问阅历,不能事事,甚且掠富者之资财而陷于无政府,其害亦大。惟以政权归之中等社会,然后能调和其间而国本以固。(亚里士多德)

帝王之护卫,非兵也,非财也,民心是耳。(倍脱拉克)

帝王能与人官职,不能与人才智。(英谚)

予为国家第一之公仆。(腓力特列大王)

政府如药剂,以小毒治大毒。(边沁)

政府文明程度,虽达极点,亦必有反对之人民。(弥勒约翰)

建设新政府,无论如何措施,必不能满人民之望。(谦谟)

无论如何之政府,皆优于无政府。(克脱)

有人民而后有政府,无人民则政府何用?人民,根本也;政府,枝叶也。根本岂可从枝叶哉?(巴克尔)

不以民望为干城,则政府不巩固。(尼波士)

一国之盛衰,视人民之强否。(毕困士腓得)

一国之强弱,视人民之德行。(斯迈尔)

国王非得民人之承诺,不得课租税。(法律金言)

不出代议士,不纳租税。(第4页)

当求国民最多数最大之幸福。(边沁)

政府之职,在使人人各得其所,不罹饥寒疾病。凡人民之无所事事者,授之以业,不能事事者,教之以业。若藉施济赒卹(恤)以养其民,犹非善政也。(孟德斯鸠)

增长生人之幸福，是谓之善。障减生人之幸福，是谓之恶。道德也者，所以增益乐利、豫(预)防苦害者也。其乐利关于一群，是谓公德，关于个人，是谓私德。(边沁)

人必养生之道已足，而后有高尚之思想。(亚里士多德)

自由国之民，有参议国事之权，人人知己与国之关系，悉心调查国事而讨论之，惟恐其有丝毫不公不利之事。故无论所居何地，所执何业，莫不有国家之思想，莫不有政治之才能。专制国则不然，非身居当局者，不肯注意国事，此所以少政治之才也。(巴克)

欲人民之爱国，必与以参政权。参政权与爱国心，常为正比例。(的格维尔)

不使人民参预(与)国事，则人民与国漠不相关，即偶然论之，亦犹品评俳优，以供谈助而已。(孟德斯鸠)

英国国会，无论何事，均能为之。所不能者，使男变女、女变男而已。(诺尔哈)

今之代议士不得为代议士，盖愚蒙之选举人选举愚蒙人之代表而已。(斯宾塞)

现代之大问题，非在多数之决议，惟铁与血为能决此问题也。(毕斯麦)

从舆论行事，何事不成？舆论所向，天下无敌。(拿破仑)

舆论有无量势力，决不能反抗。(拿破仑)

以警察官吏防民间之害恶，不如舆论之力，收效尤大。(奥斯陈)

风俗者，政治之耕地。(第6页)

压制，致乱之源也。(英谚)

数叶反对之报纸，比千枝铳鎗(枪)，尤为可畏。(拿破仑)

政府强制民事，则民失独立毅力以倚赖于政府，其国必衰。(华格尔)

无论如何压制，不能夺人民之智识。(英谚)

因压制而失败，往往不自悟其非，反谓其所以失败，由于压制之未力。故失败一次，而压制程度反从而高。(巴克)(第7页)

最柔顺之奴隶，亦有暴怒之时。(吉祖膀)

专制国之所谓太平，其中已含扰乱之种子。(孟德斯鸠)

政体之最恶者，权归数人之手，而不知其所自出。（西特尼）

欲知权力之痛苦，当问之有权力人。欲知权力之快乐，当问之求权力人。权力者，痛苦之物，谓为快乐，特想象耳。（哥伦顿）

天下之最可哀者，在被害而无所控告。（吉祖膀）

政法之于国民，犹衣服之于人身。国民进文明，政法当随之而进。颠覆旧政府，建设新政府，犹伐老树而植新株，子孙或得其良材，或得其庇荫，然植之者不过得想象之乐，于己固无与也。（得毋普）

所贵破坏者，为建设而破坏，非为破坏而破坏。破坏不建设，且将并其破坏之目的，亦不能达。（玛志尼）

政治家欲奏伟动，须以谨慎济权力，以德行济运命。（伯里顿）

政治家之标准，在有保守之气质，而兼进取之才能。（巴克）

人民者，政事之实体也；政事者，人民之虚影也。民德腐败，藉一时之善政以致富强，不久终归于乱。民风善良，因一时之乱政而致失败，不久亦必役兴。（斯迈尔）

大政治家，不可不洞察时势之真相，唤起应时之舆论，以实行我之政策。（格斯兰顿）

改革之业，如转巨石于危崖，不达其目的地不止。（第9页）

有德人民自无腐败之代议士，卑劣人民何从得善良政府？（巴克）

政党之弊，在以我党为主，以国家为客。（里巴）

慈善家之希望，在使人乐；政治家之希望，在使人感。（章逊）

个人不可不为己劳，政治家不可不为人劳。（伯罗皮达）

凡物初生时，必不能恰好适用，一切新法，无不如此。（美尔治）

山国之民，常见山岳不动而有刚毅不挠之气；滨海之民，常见流水混混而有敏捷活泼之性。故在山国则进步迟，在海滨则进步速。（伯伦知理）

思想自由、言论自由、出版自由，三者人群进化之根本。（弥勒约翰）

不与予自由，宁与予死。（边尼）

无自由，则不能成安宁秩序。（弥尔敦）

人处奴隶之境，若必待其智识广大、德行纯善而后予以自由，则终无由得之。（马可黎）

不见失自由之人,不能知自由之意义。(布竦克斯顿)(第10页)

束缚人之思想,其罪比食人肉尤大。(特尼帕)

为黄金卖自由,永沈(沉)沦奴隶之域。(荷马)

自由犹树也,以压制之血灌之而长。(巴克)

自由之可宝,在万宝之上。一失自由,则万宝均无用。(加尔诺)

幽囚永久之生,不如自由暂时之生。(亚只逊)

自由而瘦,优于奴隶之肥。(英谚)

自由而贫,优于奴隶之富。(英谚)

自由人食蠶(蚕)豆,甘于囚虏之膏粱。(英谚)

俘囚之王,甘不如自由之岛。(丹麦谚)

禁锢壮丽之宫殿,无异于牢狱。(土耳其谚)

笼中之鸟,已失鸟之资格。(卑差)

保护自由惟一之手段,视死如归是耳。(特阿只威礼)

立宪国以租税易自由,专制国以自由易租税。(孟德斯鸠)[1]

自由犹植物,宪法其园圃也。(里富尔)

自由,难生之果物,不能以廉价得。(威玛逊)

欲得自由,不可不限制自由。(博尔克)

正义与自由相表里,一分离则两失。(博尔克)

真自由以法律整理,积极力也;伪自由毫无限制,消极力也。(士遮夫)

不能服从规则,不能自由。(加来尔)

知识,自由之髓。(康麟古)

绝对之自由,便成不仁。(拉夫威)

得自由之后,非经过若干岁月,则不知用自由之道。(马可黎)

无自由,则国家不能存;无德行,则自由不能存。(卢梭)

英国宪法之特色,在自由。而所以成自由,在秩序。(博尔克)

限制自由,即保护自由。(赫胥黎)

自由者,以他人之自由为界。(第13页)

---

〔1〕 立宪国税重,而民自由;专制国税轻,而民不自由。故孟氏云然。——辑译者注。

人于天然本有自由，一入社会国家之中，则不能无限制。所谓限制者，邪慝之情、强暴之力也。（黑智儿）

不能制己，不能自由。（毕达哥拉斯）

自由当以智德得之。（斯非的比里）

爱自由者，人人之天性也。然往往过度，而限于放逸。（斯宾塞）

自由若邻于放肆，则擅权者乘虚而入。（华盛顿）

放肆之生活，非自由之生活。（英谚）

欲保政治上、宗教上之自由，不可不本于仁慧、远虑、诚实。（弥尔敦）

政府惟一之干城者，自由也；守自由至巩固之柱石者，安宁秩序也。（弥尔敦）

商业之发达、战争之胜利，非保护自由之本。惟宗教与道德，为保护自由之本。（司美士）

自由，由法律所许之力而成。（西细洛）

无法律，则无自由。（陆克）

不侵他人之权利而为己所欲为者，是谓自由。天然者，自由之根本也；正义者，自由之标准也；法律者，自由之保障也；己所不欲，勿施于人者，自由之界限也。（一千七百九十三年法国革命党宣布之词）

社会第一要着，在脱野蛮之自由。（亚里士多德）

野蛮之自由，实专制与奴隶所由生也。惟为国家所限制、法律所监督，而后有真自由。夫自由固从文明来也。（伯盖司）

野蛮之人，无论所处何地，皆无自由。其生计既极困难且为种种不便之习惯，无谓之禁制，而生不可思议之拘策。（撒蒋拉布克）（第15页）

自由自由，天下古今多少罪恶，假汝之名以行！（罗兰夫人）

法律，无终食之间可离者也。人类之文野，以法律之有无为差。于一国然，于一身亦然。（孟德斯鸠）

法律，所以表万民之志意也。（卢梭）

法律无眼无手，不藉舆论则废纸耳。（马可黎）

英国之法律，非国会不能变更。（法律金言）

能守法律，则法律保护之。（法律金言）

法律不保护诈伪。(法律金言)

久行之习惯,胜于法律。(法律金言)

彼此之契约,优于法律。(法律金言)

法律保护生命财产。(法律金言)

法律助无智力者。(法律金言)

法律所以保公安。(法律金言)(第16页)

法律不布告,不能使人遵守。(法律金言)

法律在事实,不在文字。(法律金言)

于法律禁止之范围,无论何事均得自由,此天赋之权利也。(法律金言)[1]

裁判官得用法律,不得制法律。(法律金言)

不合法律之报偿,无法律之效。(法律金言)

最上之法律,在保护道德。(法律金言)

法律,所以防强者之妄为。(法律金言)

以暴行迫人承诺者,无承诺之效。(法律金言)

不得与幼者为契约。(法律金言)

不得与狂者为契约。(法律金言)

所有权独立不羁。(法律金言)

有土地者,并有地上地下之权。(法律金言)

虽在自己地内,不得妨碍他人之建物。(法律金言)

死则解一切事。(法律金言)

承受死者之遗物,则应有死者之权利义务。(法律金言)

隐蔽诈欺者,与诈欺同罪。(法律金言)

权利与义务本为一体,但由积极消极而异其名。(法律金言)

罚有罪,所以惩其馀。(意大利谚)

有字之法律本于无字之法律。无字法律,公理是也。(米拉的)

制定法律必合于国之政体、人情、地势。凡气候之寒燠、疆域之广狭、土壤之沃瘠、户口之疏密、生业之盛衰、民权之有无、宗教之倾向,

〔1〕 此句疑误。——编者注

及人民多数之心志性质、四邻各国之势力政策，皆当一一考究。且此法律与彼法律互相关系，尤当推求其故，而后能确定至当适用之法律。（孟德斯鸠）

以诈欺取人财物，比劫掠之罪为大。劫掠易防，诈欺难防，诈欺之刑当比劫掠为重。（坡亚曾竦德）

既经判决，而后为罪人。未经判决之前，当视同无罪。（巴里）

凡于法律无害者，无论所为何事，政府俱不得干涉之。（卢布尔）

法律非为善人设。（苏格拉底）

自然法，万法之模范。（斯宾塞）

恶法律诚不如善法律，然犹愈于无法律；恶政府，诚不如善政府，然犹愈于无政府。（第19页）

法律之所以乱，犯罪之所以滋，非由于轻刑，惟有罪者得逭其罚，虽严不惩。（孟德斯鸠）

刑罚过严足以败坏人心，使人丧其廉耻而自甘于卑污。（孟德斯鸠）

民不守法，可以法防之。法而不善，致民于恶，则不可救也。譬如人身有病，可以药治之，若以药生病，则愈病愈药，愈药愈病，不死不已。（孟德斯鸠）

权利属最强者。（德谚）

为法律所保护，方为权利。（叶林格）

权利由法律生。（奥斯亭）

人有同等之权利。（法律金言）

教育非能变换人之性质，不过善为修缮之。（亚里士多德）

天之生人，必具全人之才。无论何人，必有全人之萌芽。善教育者，爱护此萌芽，而熏陶之。（康德）

国家基础，在少年教育。（大奥志尼）

保护人民之生命财产，使无陷危殆者，政府之责也。生命财产，所以致危殆之原因，在于民智不开、民德不进。故普施教育，亦政府之责也。（马可黎）

生徒将来之祸福，在教师之掌中。（诺尔曾脱）

儿童之心，巨大如仓库。（威士哈德）

儿童之目,智识之门户。(斯迈尔)

模范比教训,其入人心,尤深且速。(布尔真孤)

以空言教,不如以实行教。(斯宾塞)

恶模范如传染病。(英谚)

幼年之习惯,成老年之天性。(英谚)

一生之道路,在发轫时,方向既定,可决其将来。(斯宾塞)

幼习于善,则终身不变,犹刻字木皮,木长字亦长。(斯迈尔)

有胆力少年,闻颂赞豪杰之言,感动于心,故欲博同等之颂赞,而奏同等之功业。(斯宾塞)

冗蔓之讲义,徒惊骇儿童而扰乱其心。(陆克)

勉强多教以不能受之物,是压制智识而阻碍其发达。(斯宾塞)

施教育,以儿童之快乐为主。(斯宾塞)

师傅过严,则儿童之心为恐怖所充塞,无余地以容他事。(斯宾塞)

师傅过严,使儿童失自立之志。(斯迈尔)

猎夫铳丸,一触水禽之翼,则水禽入水,不见其影。匡勒儿童,如使怀恐怖之心,则儿童将避汝之眼。(意治曼)

家庭教育,非母不能为。(斯宾塞)

儿童以父母之言行为镜。(斯宾塞)

小儿之运命为母所造。(拿破仑)

以教育遗子女,最上之产业。(司可直)

不教子以艺,犹养盗贼也。(英谚)

予之心志、予之勉励、予之自治,皆予母教也。(拿破仑)

军人以勇耐守法为本,胆力尚在其次。(拿破仑)

用兵之大本,在秘密其粮援之路。(拿破仑)

兵家胜败,在最后之十五分钟。(拿破仑)

拿破仑常言寡不敌众。或问之曰:"君屡以寡胜众,何也?"拿破仑曰:"敌众我寡,则我以全军击其左右翼,以乱其军心,又乘机劫其一角,击其一面,是以我军之众,敌彼一部之寡也。"(第 23 页)

战时当为平时之事,平时当为战时之事。(彼得)

当交战时,不可忘和平之目的。(西细洛)

兵役居人口百分之一,其国必亡。(孟德斯鸠)

一鹿指挥群狮,不如一狮指挥群鹿。(斯亚利士)

以兵力略于土地,愚且暴耳。欲张我国势力,在兴工艺;欲擅他国权利,在盛商业。盖勤勉之得利益,胜于威力万万。懒惰之害国民,过于刀剑万万。(亚只逊)

商业之要诀,在于贱卖。若多得廉价之物,薄取其利以广售之,则买者不求自至。(门里逊)

货币,饥不可食,寒不可衣,苟非有所易,则虽怀重金,不免饿殍。(亚里士多德)

致富之难,在最初所积之万金。(亚士他)

时时得小利,优于偶然之大利。(德谚)

最上之金属,铁也;最上之植物,麦也。(英谚)

无财非贫,无业为贫。(孟德斯鸠)

度量衡所以息争。(英谚)

权衡行其职务,不知金银之别。(法谚)(第24页)

音乐之道,感化情欲最有力,政府不可不奖励之。由来歌曲之移人心,比道德书之理影响尤大。(拿破仑)

群肇于家。(赫胥黎)

子于父母,负最重大最永久之债,当思所以偿之。父母生我鞠我,其恩惠无物可比。凡子之财产、身体、精神,苟可以报父母,无不惟力是视。(布列滔)

父母之恩,水不能溺,火不能灭。(俄罗斯谚)

人子不感父母之恩,谁与为友?不孝父母而尽情于他人,无益也。(苏格拉底)

兄弟姐妹,一父母所生,一家庭所长,其互相爱宜也。禽兽犹爱其类,而况于人。(苏格拉底)

独居之乐,不如与他人共生活,况在兄弟。(苏格拉底)

物莫不爱其苗裔,否则其种早绝。爱子之情,惟人独挚,其种最贵,故有待于父母之护持最久,久则其用爱亦最深,于是缘所爱以及所不爱。故曰:慈幼者,仁之本也。(赫胥黎)

父母待诸子,当平等其爱。(夫拉吉)

妇人最弱,为母则强。(姚哥)

取葡萄择地,娶妻择母。(英谚)

急遽结婚,则生后悔。(柯孤尼布)

娶富妻,买自由。(德谚)

无赀产、无艺能而早婚生子,以致困乏者,非特不必救助,且当有以惩罚之。(法塞白)

吝啬之父,生奢侈之子。(英谚)

父虽为恶,不望其子之恶。(英谚)

生数子之喜,不敌死一子之悲。(英谚)

不能治家,则不能治国。(柏拉图)

逢艰难,始知真友。(西细洛)

非爱友如己,不能全友谊。(西细洛)

无朋友之人,虽处世上,犹在旷野。(英谚)

朋友不可轻率交之,不可轻率弃之。(梭伦)

与恶人尽情,犹投种子于海。(夫索西里士)

忘恩者一种之弱性也。吾未见英雄之人不感人德也。(机埃的)

佳客久坐,使人生厌。(安宅生)

客与鱼等,过三日则为毒。(佛兰克令)

主人惰,仆不动。(英谚)

观其仆,知其主。(德谚)

爱国心必基于大义,本于大德。(霍领布克)

为国而死,荣幸莫大。(荷马)

能使德意志成一统之业,虽处吾以绞刑所不辞也。(俾士麦)

一群之利益,即个人最大之利益。(优士连)

两害相权,己轻群重。(斯宾塞)

自私之人,不独害人,终至害己,以其为群所不容也。(赫胥黎)

孤立之人,不能自存。(亚里士多德)

人人以损己利群为性分中最要之事,而后其群合而不离。(赫胥黎)

叛祖国,犹舟人自穴其舟也。(法律金言)

寄寓外国之人，必将所见闻以比较于本国。（亚搭伯尼）

当国家危急之际而守中立地位者，不顾同胞利害之人也。（亚只逊）

虽奴隶之人，不可忘其为同胞。（铁滔）

生人无论所处何地，皆有当然之义务。（亚只逊）

无论何人，非协心戮力，不能成功。（巴克）

无社会则无人格，无人格则不成社会。（谷林）

真正之大人物，常去私情私欲，以身献诸同胞，其报酬则待千载之后。（罗兰夫人）

以伟大思想养汝精神，欲为英雄，即进英雄之阶梯也。（毕困士腓特）

时势造大人，而后大人造时势。（斯宾塞）

时势虽能造大人，而大人亦能转移时势。（吉典克）

有大才之人，不为大善，则为大恶。（伯里顿）

大才之人常带狂气。（细黎加）

才人与庸人，相去无几。（乌索尔提）

造时势之英雄，必具超群卓绝之才、勇敢直前之气、穷人所不知之事，入人所不履之地，热诚博爱，污辱苦痛无所顾虑，使多数人类得生息于光明空气之中，皆其人之赐也。（吉典克）

画工始终束缚于笔法，其画虽肖，终无精神。养成天才者，不可不鉴于此。（哥斯）

无论何时，必有一二真天才，徒为俗儒所排，遂不显于世。（苏优特）

大人不侮蛆虫，不畏帝王。（可里亚）

质朴，英雄之本色。（马可黎）

绝大之功动如河然，愈深响愈小。（哈里华克斯）（第30页）

言行录者，大人之活血也，当以香料贮之，谨防其腐坏，以遗传于后世。（弥尔敦）

名誉不死。（荷马）

无名誉之人，犹劣于死。（董克曹）

名誉者，德之报酬也。（西细洛）

以德得名，以学保之。（倍脱竦克）

传名于不朽，在事业，不在子孙。（英谚）

生命可夺,名誉不可夺。(英谚)

恶伤可治,恶名不可治。(英谚)

诽谤者,名誉之侣伴,不能片刻相离。(梭士)

善人虽死,而名不死。(英谚)

勿贪一时之虚誉,而失永久之令名。(旁必)

失名誉而得利益,犹损失也。(撒伊竦士)

虚伪之毁誉,仅足以动小人及伪君子之心而已。(何连士)

无论何人,必不于其仆隶之前逞英雄,惟英雄识英雄,若施于仆隶辈,亦惟得其仆隶辈之良月旦耳。(机埃的)(第32页)

立名以一生,而失之仅顷刻。(英谚)

最有名誉之人,最易蒙谗谤,犹最良之果实,先为鸟所啄。(苏优特)

他人之舌,吾不得而钳之,能修德义,谗言自息。(铁滔)

非难之声比赏赞之声,尤为可喜。(意马尔逊)

本心之颂赞,无穷之响应也;本心之非难,无穷之拷问也。(乌音)

本心者,最好之天镜。(加德素士)

汝若欺本心,本心必复汝之仇。(利差特)

人生之幸福,心神快乐为上,身体康强次之,资财其下也。(意司连西)

在我既实见以为是,即当置毁誉于度外。(毕达哥拉斯)

世俗之断事,不以真理,而以先人之僻见。(西细洛)

古来大思想家,具高明之见,委身创立一事,以结重大之果。然其理高深,不合国民程度,难适目前之用,甚至创立者,蒙垢致死,其理几至失堕。嗣人心渐次开发,始视为真理,久之即视为寻常之事,又久之竟视为自然之理。虽至愚极钝者,亦莫不知之矣。(巴得)

真理之始发明,犹旭日初升东方,惟处高山大岳者,乃得见之。(马可黎)

真理之本质,平易明瞭。(英谚)

真理不死。(西黎明)

亚里士多德常矫正其师之说。或问之,答曰:“吾爱吾师,吾尤爱真理。”(第34页)

凡天下有绝对之善，必有相对之恶；有绝对之恶，必有相对之善。（斯宾塞）

凡人一言一行，非暂时即止，必有影响于将来。（斯迈尔）

德如香气，碎之益香。（倍根）

名誉之于德，犹影之随形。（西细洛）

华盛顿有五德：一节制，二忍耐，三决断，四克己，五注意。（第34页）

欲得独立，须由德行。（倍脱竦克）

才学兼备而无德，则为人所轻。（新杰尔）

服从与独立，名相反实相成。（乌阿通阿）

能制己者最强。（细黎加）

真实，万事之根本，为一切才力最大之要素。（加黎）

勿以砠（阻）碍废初志。（细士比亚）（第35页）

希望者，思想之父也。（索士比亚）

希望者，失意人之第二灵魂也。（机埃的）

无希望，不勉力。（章逊）

功名心如瀑布，决不回头。（章逊）

成功之秘诀，在始终不变其目的。（毕困士腓特）

天助自助者。（利差特）

增广智识，在立志，不在年龄之多。（普拉达士）

从事一业，先决其志，志决则亟行之。（佛兰克令）

无论处如何困难，不可求人哀怜，盖哀怜中已含轻蔑之意。（普竦脱）

有希望则万事不难，无希望则万事皆难。（亚书祖）

不因失败而屈，常进不止者，余深望也。波悠悠泛泛，一试成功者，固不足以比之。（夫素克）

无一定主义，一见旗色即从之，最可鄙者也。（拿破仑）

才能即极卓绝，非有一志不纷之勤勉力，非有百折不挠之忍耐力，决不足以立身。（见处事章）

忍耐胜运命。（卡倍尔）

天下无论何事，但人所能为者，则我自无不能为之理。（渊古）

难之一字，惟愚人所用之字典有之。（拿破仑）

不能二字，非吾法人所当用也。（拿破仑）

吾未见所谓可畏者，吾不识畏之为何物也。（纳尔逊）

欲图大事者，必先置成败利钝于度外，今日不成，期之明日，今年不成，期之明年，如是而十年、而百年、而数百年所不计也。吾身不成，期之吾子，吾子不成，期之吾孙，如是而曾孙、而玄孙、而来孙所不计也。吾身不成，期之吾友，吾友不成，期之吾友之友，如是而吾党、而他党、而反对党所不计也。但求行吾本志，达吾目的斯已矣。（玛志尼）

凡作事将成功时，其困难最甚。（机埃的）

大事业须大准备。（黑利豪得拉）

机会多失于踌躇。（撒伊竦士）

勇者不好生，亦不轻死。（英谚）

怯夫生前屡屡死，勇者只昧一次之死。（索士比亚）（第37页）

粗暴非勇。（英谚）

怯夫之利器，不斩不刺。（英谚）

欲管恶兽，不可不入其栏。（意利撒伯士）

欲得蜜，当忍刺。（荷兰谚）

遭必不能免之祸，当泰然自若，不可扰乱其心。（佛兰克令）

胆过大，心过小，其失惟均。（章逊）

不遭危险，无以见勇气。（路穆修）

勇者之容貌，强于怯夫之刀剑。（西尔伯塔）

不轻小事，而后能成大事。（拿破仑）

谨慎不苟非独以防人侵害，并以防己衰颓。（巴克）

不经意之为害，比无识为大。（佛兰克令）

小石覆大车。（英谚）

一滴一滴，能使江河满；一滴一滴，能使湖水干。（英谚）

胜忿怒如胜劲敌。（稽罗）

天下有几微怠慢、而生莫大之祸者，如骑将失马蹄之钉，为敌所败，以丧其生。推其致死之由，则一钉之不注意而已。（利差特）

人不能无过，其过最少，即为最善。（何连士）

恶人饰非，善人改之。（章逊）

当以他人之过，镜自己之过。（得连士）

愚者知人过，而不知己过。（西细洛）

无罪者，最坚之甲胄。（英谚）

信用之多少与金钱之多少为比例。（集爹那尔）

无限制之约言必失信用。（何连士）

由一年得信用，由一瞬失之。（第39页）

信用非由一日得。（英谚）

轻与人约言，亦轻忘之。（英谚）

真实之辞不要誓。（土耳其谚）

华盛顿之书记，约而后期，以时辰表为解。华盛顿徐谓之曰："非君易表，则我易书记。"（第40页）

不制情欲将为情欲所制。（何连士）

恶人从欲，如奴从主。（大奥志尼）

知用财，则财为我之奴隶。不知用财，则我为财之奴隶。（达奥时竦）

能用富，始得谓富。（何连士）

财物犹肥料，不撒布之际，即归无用。（倍根）（第40页）

贪财之人，财愈多，贪愈甚。（集爹那尔）

有财而无人，不如有人而无财。（细米脱利）

财物杀人之灵魂，甚于白刃杀人之肉体。（斯格的）

酒之溺人甚于海。（撒伊竦士）

以时世装自炫者，裁缝匠之玩物。（英谚）

学然后知，知然后行。（康德）

学问如植物，其根苦，其实甘。（英谚）

世界大学校也，困苦良师友也。（腓伊果拉）

得之困难，则记之永久。（哥伦顿）

问寸得尺。（英谚）

一人性质，不过宜一学，故枝术愈多，智识愈浅。（拍布）

赴海不知路，沿河而行。（普拉达士）

疑而能问，已得智识之半。（倍根）（第42页）

智识愈浅，自信愈深。（英谚）

智识愈寡，臆断愈多。（英谚）

精思生智慧。（普竦脱）

管理志意优于增长智识。（英谚）

无职之人多勇气。（希腊谚）

读书愈多，愈觉己之无识。（德留）

以盲扶盲，俱坠沟中。

天下之理，非见之极明，勿遽下断语。（笛卡尔）

经验者，智识之母也。（英谚）

智识指挥实验，实验增广智识。（法谚）

智识如财库，实验其键也。（英谚）

无学问之经验，优于无经验之学问。（英谚）

经验者，智识之父，记忆则母也。（英谚）（第43页）

成伟大之事业，别无奇术，别无大才，以平常之资质，用平常之工夫而已。凡人苟善用心，则眼前事，无一非经验之助，所积既久，开晤发明，所益不尽。（斯迈尔）

自管理、自教育，智识之基础也。（斯迈尔）

一人之目击，优于百人之传闻。（普罗搭士）

凡人求学，当就造化自然之迹，悉心经验。若恃其小慧，臆度事理，即成迷谬。如戴着色眼镜者，所见之物皆随之而变其色。（倍根）

穷理之法，当有自主精神，不可如水母目虾，倚赖前代经典以先入而自蔽也。（倍根）

忽忽读一卷之书，不如熟读名家之一叶。（倍根）

凡人作事，贵刻苦忍耐，然不可失快乐之意。快乐者，作事之资本也。（斯迈尔）

勉强者，成功之母也。（董克曹）

怠惰者，生之愤墓也。（亚西息尔母）

吠狗之用，胜于睡狮。（华盛顿）

艰难由懒惰生，辛苦由偷安来。（佛兰克令）

予之成就吾业者，不过勤勉与积累而已。（达尔顿）

久逸易倦。（司担）

予之成功,不过勤勉二字。予生平未尝素食一片之面包。(乌埃布地)

不勤劳,何从得安乐?何从得休息?(加黎)

懒惰之人束手而居,乃欲求神明之护助,何处得此神明?(哥斯)

光阴者,供人建助之材料也,所谓今日明日者,木头石片也。(郎克夫士顿)

人既知爱生命,则勿浪费时日。时日者,造生命之原材料也。(佛兰克令)

天下之最可宝者,无如时日;天下之最奢侈者,无如浪费时日。(利差特)

为无益之事,虽勤犹惰。(英谚)

常常将事业顺序而整顿之,是赢时日之最妙法也。(哥斯)

汝追事业,勿为事业所追。(利差特)

时者,金也。(荷兰谚)

勤勉造光阴,光阴为黄金。(亚维南特)

犹豫,时之贼也。年过一年,遂至片刻无余。(耶古)

一着失机,着着皆失。(克脱)

明日当为之事,可于今日为之。(佛兰克令)

省节时日,即长生之术。(英谚)

经营多事之捷法,非有他妙术,一时治一事是耳。(意尔特)

高尚之学术,不能一时而得;绝大之事业,不能一企而成。犹之行路,在一步进一步。(斯迈尔)

为紧急要事时,一事未毕,决不可思他事。(乌威特)

恒久不息,则造次之时节,积之既久,遂显绝大之效验。(斯迈尔)

每日勤劳一时,积至十年,虽愚亦智。(斯迈尔)

汝学整法,整法所以节汝之劳,省汝之时也。(何尔里士得)

为多事易,为一事而持久难。(章逊)

登高山,宜缓步。(索士比亚)

登最高之地,必由迂迴(回)之阶级。(倍根)

徐徐行步,久而不疲,且能行远。(第47页)

崇高之建筑,以卑为基础。(英谚)

欲行远,当缓行。(德谚)

辛勤者,所以进成才之路也。一步进一步,有说不出之妙境,此辛勤人所获之恩赐也。(连拿尔斯)

黄金无种子,生于勤俭之家。(英谚)

不注意小费,犹小穴沈(沉)大舟。(佛兰克令)

生财之道,与其注意小利,不如注意小费。(哥斯)

欲去贪婪,不可不先去奢侈。奢侈,贪婪之母也。(西细洛)

负债则自由人为奴隶。(希腊谚)

还少许之负债,得多分之信用。(英谚)

勤以得之,俭以守之。勤而不俭,无异左手拾而右手撒。(弥尔敦)

无用之物,虽一钱犹贵。(细黎加)

傲慢者,不爱人,亦不爱于人。(英谚)

处逆境,行善易;处顺境,行善难。(路修兮)

凡与我争者,足以强壮我之神经,增长我之阅历,故天下惟敌我者是辅我。(巴克)

凡人无论如何举动,必不能取悦于人人。(柏知拉克)

不能制己而欲制人,愚也。(拉伯沙)

勿借人之财,亦无以财借人。以财借人,不特损己,且以损人。盖借人之财,钝其勤俭之锋刃。(索士比亚)

人多意杂。(得连士)

人多则害隐谋,犹百足之虫,其步最缓。(伯脱拉)

人人皆信之,人人皆不信之,其失惟均。(英谚)

旅馆主人,殷勤笑话,其目常注客人之囊。(丹麦谚)

剧病需剧药。(法谚)

刀伤可疗,舌伤不可疗。(土耳其谚)

老而能乐,非智不能。(英谚)

以财物得人心,可以财物破之。(细黎加)

好讼人不富,好医人不强。(德谚)

听谗之人,其罪比谗人为大。(布尔真孤)

防恶人难于防火。（葡萄牙谚）

助恶即害善。（逊里竦宅）

英哲之士，常多敌亦常多友，敌与友皆其所自造也。（埃弥逊）

爱深憎亦深。（荷马）

言语过简使人恼，过繁使人厌。（拍洛顿可竦）

言语不可失之粗暴，亦不可失之拘谨。（克脱）

无用之雄辩，犹桧树也，高大而不实。（英谚）

争论烈，则真理失。（法谚）

简要之议论如黄金，冗长之议论如泥土。（德谚）

人有言语，犹木有枝叶，枝叶繁茂，果实不蕃。（拍布）

天赋人以两耳、两目、一口，盖使其多见闻而少言论。（苏格拉底）

长议论不能愉快。（克伊尔）

与人反对者，当使人注意，不当使人愤怒。（英谚）

俗人之议论，常从时世之风潮。（搭西克）

演说家无一定主义，犹无勒之马。（细奥竦塔）

演说者，进高位之羽翼也。（布尔特）

在大庭广众中宣发议论，如无颂赞之倾向，宁有诽谤之倾向。（亚只逊）

言语流畅，不足以为智慧之据。（英谚）

习惯一破，万事皆破。（起司皮尔）

所在之习惯，不可不守。（法律金言）

习惯，第二之天性。（意大利谚）

习惯，无识之教导。（英谚）

习惯者，贤人之传染病，愚人之木偶像。（英谚）

无道理之习惯，不过当时之误谬。（英谚）

各国各有其习惯。（西班牙谚）

恶习之可憎，犹丑状也，始见而怪之，久则惯之。（婆布）

健全之精神，必寓于健全之肉体。（陆克）

康健生快乐，快乐生康健。（司派克提他）

病后始知康健之可贵。（英谚）

不洁之空气，其杀人甚于刀剑。（司美士）

方今世人之病，半由于劳脑力而逸身体。（特兰）

夜半前一时之眠，优于夜半后二时之眠。（斯迈尔）

他人保护吾权利，不如吾自保之尤切。（斯宾塞）

人生处事，如漂流洋海中。道理，指南针也；情欲，飓风也。（拍布）

未当艰难之人，于世界只见一面。（细黎加）

世界犹阶梯，人或登之或降之。（英谚）

世界犹网罗，人居其中，愈动摇，则束缚愈甚。（英谚）

轻视世界者，世界之主人；重视世界者，世界之奴隶。（意大利谚）

世界，旅馆也；死者，旅行之终也。（祖赖宅）

世界虽大，为蕞尔头脑所支配。（意大利谚）

人犹小天地，万物皆备于我。（意马尔逊）

天下事如不倒翁，无论转之何方，终必复其正位。（柯麻尔分）

最大之事，往往由偶然生。（希腊谚）

天下有过去，有未来而无现在。譬如濯足长流，抽足复入已非前水。又如方言一事为今，而今已古。且不独言时，即当其设想，而今早已逝矣。（额拉吉来图）（第53页）

天道变化，不主故常。（赫胥黎）

天行人治，相毁而不相成。（赫胥黎）

天择者存其最宜者也。（斯宾塞）

竞争者，人世之利。（倍西奥特）

无竞争则无进步。

大与小，相为用。（英谚）

智者惊，愚者问。（机埃的）

勿畏将来，勿慨既往。（西埃尼）

知世界易，知己难。（西细洛）

天下事，不进则退。（英谚）

愚人避此极端，而趋反对之极端。（列伊夫）

想过去之快乐，益增现在之痛苦。

智者愚者皆无害，最危险者，在半智半愚之人。（毕困士腓特）

危险与快乐,同生长于一茎。(英谚)
常恐危险,常蹈危险。(英谚)
幸福之事,去后始知其可贵。(英谚)
经最大危险之后,即最大快乐也。(英谚)
极劳苦之中,含无量之乐趣。(弥尔特)
少年望将来,老人鉴既往。(英谚)
必不能得者,不可空用心。(新杰尔)
苦情达极点则无言。(优固)
向天投石,坠己之头。(意大利谚)
既濡不畏雨。(土耳其谚)
小饵捕大鱼。(希腊谚)
欲得鱼,勿畏濡。(英谚)
旅行寒地者,寒愈甚,行愈速。(特克尔)
狼致死,犹慕羊。(荷兰谚)
猕猿升愈高,愈显其秃。(法谚)
良药与毒草,同生于一园。(英谚)
井涸而后知水之可贵。(佛兰克令)
百合之腐,其恶臭甚于杂草。(索士比亚)
狮死,兔曳其须。(荷兰谚)
金刚石以金刚石切之。(土耳其谚)
书花无香。(法谚)
小斧伐大木。(德谚)
不尝苦味,不知甘味。(德谚)
冷燧石,生热火。(英谚)
斧柄取诸木,而为伐木之用。(英谚)
伤火之猫,畏火钵。(英谚)
酒酸则金杯无用。(德谚)
以金皿盛毒药,不减其毒。(马簇星遮)
裸体之人无可剥。(德谚)
小流医渴,与大河均。(英谚)

一羽示风之方向,一草示流之方向。(英谚)
罪人临绞刑,犹望其绳中断。(英谚)
粪在田则为肥,在衣则为秽。(英谚)
杀人不蒙罚,独医师而已。(倍脱竦克)
医师之过失,以土掩;富人之过失,以金掩。
王冠不能愈头痛。(德谚)
金环不能疗指病。(英谚)
洋海虽阻隔,然思想与思想相通,精神与精神相感。(里祖顿)
一镮离,全链断。(德谚)
杂草长成,速于嘉穀(谷)。(英谚)
以黄金制靴,不能不以穿足。(达尔西)(第58页)
有黄金之价值,即黄金也。(法谚)
听国民之俗谚,可以知其才力、智慧、精神。(毕困士腓特)
俚谚由经验来。(英谚)

附录二　法律格言集*

冈村司 著

一、例　言

格言所出，或于先哲古书，或其国之俚谚，然皆精卓不磨，虽简单一二语，而可洞见一国之习惯及立法之趣旨。日本之格言常偏于道德，而法律则缺。如是属为日本细川氏译自英籍，采辑最广，兹取其词旨深奥难解者略加注释，而重复及无甚深义者则删除之，存者仅三之一耳。

法律虽因时因地而变，然亦必有一定之原则，格言即说明此原则者也。如格言云：最小之体刑大于最高之罚金。而日本则以笞杖为轻刑。格言云：不因他人之罪而被罚。而日本则犯罪者时有株连其他显背原则者尚不可指数，今日改定法律，尤宜注重各种之原则。

是书采自英籍，故其格言以英之惯习方言为最多，时有与日本风俗迥异者，当分别观之。

格言本无所谓目次。原书以类相从取其便于引援兹仍之。

二、王　位

国王绝不死。

（注）国之有君为法律之所定，法律不灭故国王亦不死。

---

* 原载《福建法政杂志》1908年第1卷第3~6期，1909年第2卷第3~4、7~8期。

王位因正理而立。

皇帝不拘于法律。

(注)按此格言颇为后人所议,但亦非使帝王轻蔑法律,侵臣民固有之权利。何者?若以此法律为指一切之法律者,则不免如后人之所讥。然君主为制定法律者,各国往往对于君主设特别之法律,亦立宪君主国实际之内容也。

国王不明记载其名时,无论何种成文法不能束缚之。

国王不在人之权力之下,而在神与法律之下。

皇帝之意思有法律之力,何者?君主之权力为人民所付与也。

(注)此格言为君主专制国之原则,不合于现今立宪之制度。

人君之权利与臣民之权利集合时以人君之权利为胜。

(注)例如人民负国君之债,同时又负他之臣民之债,则人君之债当先辨偿。

国王不得反于其臣民之承诺,而赋课之。

国王于应为之事之外,无论何事不得为之。

国王不得为恶。

国王不得欺人,又不得被欺于人。

国王不得施有损害他人之恩惠。

国王之特权不因文字而始付与。

国王之许允始可为确实之许允。

国王之免许状不可谓之无效。

时之经过不妨国王之权利。

(注)谓国王之权利无时效。

时与处不能以之妨国王。

(注)谓国王之权不以时与处而变。

元老者国王身体之一部。

制造货币之权包含于王位之权中而为不可让的。

三、国政事务

人之可被保护者,在其有利于国。

一人以其自己之财产不适当使用之即为其国之不利。

使人不妄用其财产者公之利也。

罪恶无不罚者,国之利也。

保护人民最后之遗嘱书者,国之利也。

囚狱安固一国之利。

人民之安宁者,最上之法律。

(注)法律在保护人之性命财产,故人民安宁即为最上之法律。

私之便利输于公之便利。

为使恶事无不被罚,有时通常不许之事亦当许之。

(注)例如巡查不能无故入人家。如见盗入人家时,则可入而捕之。

“必要”者所以使平时不合法者合法,故必要有代法律之特权。

必要不必有法律。

(注)谓当必要时不必遵守法律。

无论何事,必要即为合法。

必要者,情理之裁判。

必要胜于法律。

法律与其容忍公之恶事,毋宁容忍私之损失。

非常必要之场合无论何物皆为公同。

(注)例如火炎时可以折他人之家屋。

必要不因法律而阻,何者?虽为不法之事,苟为必要即为合法。

法律与其忍不便,毋宁忍损害。

公之必要较私之必要为大。

公权胜于私权。

公权不得因双方之契约变更之。

私之不便得以公之便益偿之。

事虽从天而坠,无不可加以裁判者。

(注)谓裁判但据正理不愿其他,盖欧洲之重裁判如此。

正理者惠不可挠力不可破金(谓贿赂)不可坏,何者?不守正理,无论何人不能保物之安全也。

法律当守仪式。

法律之作所以使人服从遵守,非为他之目的。

在裁判官之权力内者不可改革之。

人若离法律,犹之行路者之迷途,无论何事皆有不定之景况。

裁判之立于正理者其已被裁判之事必为信实。

势力非为公益不可施也。

欲使属于同一政府之下之人民保其安宁平和,除施行适当之法律外,无更善之道。

官吏之公事不许任私人为之,则不致大扰乱。

不尊敬裁判者其国亡。

合法之命令使人不得不从。

法律之执行者当行己之职务时,毋逃毋隐。

裁判者无论何人不能拒之。

保护生服从,服从生保护。

(注)例如人在外国时欲受其国政府之保护,即当服从其国之法律。

人当服从其犯罪地之法律。

罚其人当于其人犯罪之所在。

非为恶事恶行懈怠则不被罚。

于未明示理由时而移交犯人者至不当也。

(注)按此美国联邦罪人移交之原则。

呼出状在犯人未有取出之言以前可不必取出。

除缺席之外不得无纪问而受裁判之言渡。

裁判言渡书之外不得别有所罚。

无论何人不因他人之罪而被罚。

(注)读此可知株连族灭非文明之法律,故文王罪人不孥。

法律虽宜简略,然当使犯罪者无不被罚。

容易放免所以劝人之为恶。

同一之犯罪不得二次罚之。

(注)是谓一事不再理之原则。

法律之保护强于人之保护。

势力从裁判而不能先于裁判。

政治可适用于法律而法律不可被适用于政治。

行政官吏不得检查裁判所之裁判。

囚狱所以看守囚人非为罚之而设。

星期法律不以之为日。

(注)例如每值星期裁判所不开庭。

妇人不任公之职务。

(注)现今文明国如电车铁路邮政亦有用妇人者盖例外也。

无论何人不得兼二个之职务。

(注)此谓立法官、行政官不能互相兼非指寻常之兼任。

家也者,安全藏身之所。

住居为不可侵之藏身所。

人之有家独城郭也。

自由民不得因欲致于裁判官之前或囚之而以势力由其家取出。

国家缺法律时,依天然之法律处分之。

战时之法律国家当严守之。

兵间不谈法律。

(注)战时用军律,故常律中止。

由公敌所取得之物直为占夺者之财产。

兵所得之物归于政府之存。

无形之财产不可因战得之。

(注)无形财产者,例如相续权、专卖权、版权等不得以战斗之变干涉之。

海贼者,人类之敌。

海贼或强盗所捕之人不失自由,被夺物之所有权不因之而变。

对外国使节加暴行者反于万国公法。

外国使节当以派遣国王之位置尊敬之。

许其人贸易而独禁他人是谓不公。

河川及港为公物,故捕鱼之权各人为共有者。

被废弃之物为第一占有者之财产。

无无地主之土地。

(注)此格言在草昧之时不适用之。

无论何人不得弃其生国及弃其忠义之义务。

(注)英人不许转籍,故为法律之原则,今则归化一任私人之自由矣。

天然之忠信不因界限而阻却,而减缩。

忠信为法律之本质。

不能因一人之叛逆而灭一切之人民。

腕力者法律之敌。

四、立法事务

天然之法律最完全而不可变,至人定法律则无永远继续者。

性法不可变。

法律无始无终。

天不为,超过法律亦然。

(注)宇宙间之物皆相次整齐,不能超过而留空位。法律亦同此理。

少委于裁判官之见解者至善良法。

一国之法律有自由人民之承诺而生者有由必要而生者有由惯习而定者。

英国之法律有常法惯习及议院布告之三。

民法者,人民为己而设者也。

因经验而生法律经验者诸事之君主。

法律乃施行惯习之所承认者。

法律者,条理之完备者也,为有用的且必要的,其反之者则禁之。

正直为法律中之法律。

英国之法律不许不理。

英国之法律,仁慈之法律也。

法律为不使强者用无限之威力而作。

法律为人之便宜而设。

无论何法不能为一切人民之利益但能使多数之人有利益，即为有用之法律。

法律不自害人。

新法律为将来而设，不为过去而设。

（注）此即法律不溯既往之原则。

法律为将来而设，裁判官则为既往而设。

定罪恶之轻重决不能因其起于后者而增之。

（注）新法往往更严于旧法，故云。

罚也者，非救正已为之事而妨将来之事。

法律不布告之无服从之义务。

法律不能免法律之意见者。

（注）法律无论何人皆有遵守之义务，虽创意立法者亦不能免也。

人民最后所议定者即为法律。

（注）古罗马法不成文法与成文法相抵触时，以成文法为胜。成文法中，中古法与新法相抵触时，以新法为胜。格言即本于此理。

前之成文法让位于后之成文法。

后出之法律可以废从前之抵触者。

一个特别之成文法不能妨其他特别成文法之效力。

法律之废要与始作之者依同一之方法。

英国之法律非议院不得变之。

设妨法律废止之条文自始即为无效。

（注）法律可以随时变更，不得设专条以禁其废止。

法律有时而眠，然决不死。

（注）法律虽存在，但非可适用之事，则无其用，然不得谓之无法律。

作法律又辍之者最危险者也。

法律之暧昧最为苦难之景况。

（注）以上二条，今日之政府不可不猛省。

立法者于不经见之事则不问之。

法律从其最多适用之处规定之。

法令宽和而人从之,斯为至善。

法律不命无用之事。

五、裁判职务

裁判官之职务不可鬻之。

处同等地位者不得加威于同等者之上。

(注)例如同一裁判所有二人裁判官,其一人不得拘囚他之一人。

不守裁判权者乱事物之顺序。

使裁判权扩充者,裁判官之职分也。

裁判官凡不属于己之职务之所为皆为无妨。

非裁判官所为之裁判行为皆为无效,然行政上之所为,无论何人为之,皆当使之有效。

非裁判官所言渡之,裁判言渡书不能为人之害。

不必服从超越裁判权限之裁判官。

有裁判权者,看做许其行裁判权必要之诸事项。

(注)例如呼出证人。

凡可以为罚之言渡者无不可为放免之言渡。

防词讼使之不生者,良裁判官之职务至止词讼,则关乎其国之幸福。

裁判官每日之业要于其日之中终了之。

(注)谓其日之事不得延至次日。

人不必贤于法律。

(注)此谓人有服从法律之义务。

所谓良裁判官,谓不任意、不受私而依法律与正理裁判之。

最大之权力者最少自由。

(注)裁判官有最大权力者也,然恐其滥用权力而严其制限,使不任一己之意见,故为最少之自由。

裁判官当常注视正理。

裁判官依自白与证据决定之。

不作宣告法律法律。[1]

事实为陪审官所必需者，正理及判决为裁判官所必需者。

裁判官不答事实之问，陪审官不答法律之问。

裁判官有说明其言渡书理由之义务。

他人对于自己之词讼，自己不得为裁判官。

（注）故法律上有除斥忌避、回避诸规定。

不得以自己讼自己。

人不得为自己诉讼之裁判官，何者裁判官不能兼为原、被告人也。

裁判官对于其自己之诉讼不得为证人。

免有罪之人常罚无罪。

裁判官对于神任其责。

拘泥文字之裁判官无有价值。

仲裁人者，裁判官也。

（注）谓仲裁人之约书与裁判官之裁判同其效力。

六、裁判管理

1. 总说

裁判不可买卖。何者？天下之恶事无逾于可买卖之裁判也。裁判不可不速。何者？延滞者拒绝之一种。

法律之公正不能以金钱定其价值。

要以十分迅速之裁判与原被告。

裁判者不知父、不知母，只知有真实。

（注）此极端形容之词。

裁判如命令，又如法律。

情理裁判要从法律。

（注）情理裁判必不拘泥法律，然不可逸出法律之外。

法律有时要从情理裁判之。

---

〔1〕 原文如此。——编者注

(注)当法律未完备时,事之已有成例者当依例裁断之。

公平之正理胜于法律。

诉讼之裁判不害与其事无关系之人。

裁判所之例即裁判所之法律。

汝与其守规则不如知其实际。

(注)裁判官只知法律尚不足必当了解其实际。

诉讼所在之惯习不可不守。

不可乱已定之事。

勿轻率改革前日之成例。

凡改革虽可收新得之利,而常不免骚扰。

迷旅人者,常为新路而非旧路。

为新而且不惯之事殆矣。

古道者,安全之道也。

踏过之道路最安全。

律师无学则毁裁判所。

寻常之救助至于无用时,不可不借非常之助。

条理必法律不备时方可引用之,然亦必为信实而合法之条理,且要非仅表面之条理。

非据古人所用之例者殆。

反于法律之条理者不得以之为先例而援引之。

先例之公平者有法律之效。

暧昧之例无效。

我辈由法律而裁判非由例而裁判。

(注)凡事实当据法律为断,不可概依旧例。何者?旧例辗转援用恐失法律之精神也。日本律简不足于用刑。名家断狱大都依据成案,往往屈事实以从律,此可为深戒云。

例外之案件裁判官不注意时,却占原则之位置。

不同一之事,其条理亦不同一。

有同一之条理,即有同一之法律。

同一之事件,当受同一之裁判。

法律不直接规定者，裁判官可以任自己之意见或准据同一之先例裁判之。

法律由事实而生。

（注）谓非事实已定之后，不得适用法律。

公平裁判之确定由公平之豫（预）定而生。

（注）确定豫（预）定为伦理学用语，例如甲同于乙、乙同于丙，故甲同于丙，故甲同于乙、乙同于丙者豫（预）定也，甲同于丙者确定也。

法律不弃琐末之事。

（注）故可诉于裁判所之事无金额之限。

裁判执行先于他之诸手续。

法律之效成于执行。

适用者规则之性命。

急遽之商议其成难。

急速之裁判者不幸之继母。

裁判因熟思而成熟，非因急遽手续而成熟。

各裁判权有其境界。

（注）谓裁判管辖。

当使犯罪地之裁判所加刑罚于犯人之身上。

法律之事不可出于陪审官之口。

陪审者，事实之裁判官。

陪审官要邻近者有十分财产者及无恶名者。

不使陪审为力役及费用所困。

（注）故陪审官可得相当之报偿。

治狱者严罚之不如善防之。

法律之过度常不免于非难。

罚与其重，宁轻。

罚有制限。

罚疑从宽。

（注）书云：罪疑惟轻。

逃刑名罪犯罪之饵。

科罚以罪之轻重为比倒(例)。

罚从罪之增加而增加。

犯人所蒙之罚,不可使他人亦蒙其罚。

最小之体刑大于最高之罚金。

(注)加于人身之共痛不可以金钱估价。日本以笞杖为刑之轻者,是谓反于刑之性质。

贵人以金为罚,贱人以身体为罚。

(注)此与上各明一义,刑家云:罚金非善法,惟施之贪墨官吏乃为至当耳。身体之罚,谓自由刑。

犯人不能偿其罚金时,以身体为罚。

(注)是谓换刑处分。

同一之事不被二回之罚。

世界一切之诉讼皆制限于一定之时期。

(注)例如上诉期间、抗告期间。

未明白之事项不可言渡裁判。

不得以他人之名诉于法律。

无诉讼之权者,不得行其法律。无诉愿之文书者,不得行诉讼之权。

无诉状不能出诉。

(注)今日区裁判所亦许以口头出诉。

裁判执行之书类其式,不备者无其效。

因书手之错误无害,以其可以改正也。

本于书面之诉讼,不可与其书面有异。

词讼要一方以为是,一方以为非,故词讼要有不服之语。

违背法律规则之意见者,其诉讼可不受理。

最卑鄙者诈伪之答辩。

持两端之答辩者可解为,为其答辩者之不利。

求放释之答辩无效。

诉讼已被证明之后不得取下。

诉讼有多般之方法,选其一方法者不能恃他之方法。

(注)例如已诉于甲裁判所者不能再求他裁判所之助。

承诺之后不得再言错误。

(注)原被告已协议出诉于某裁判所,虽有一方之错误,不得翻(反)悔。

正直之仲裁使人各得其自己之物。

偿金所以止争讼。

被掠夺之物必先返还其人。

不听原被告双方之词而断狱者,虽无错误,犹为不正。

裁判官不必以较原告所求尤多者与原告。

(注)原告止求返还百金,裁判官不必断为百二十金。

古人之说虽常可从,然后世之说有更善者则废古人之说而从后人之说。

豫(预)审之裁判言渡及命令得废业之,然终审则不可废弃。

一字无效可使诉讼之全部为无效。

(注)英国古法诉讼书类中有琐细之错误者,可以之为口是而废弃之。

自故障之除去时生诉讼之权。

(注)故障者谓幼年疯癫有夫之妇。

曲者当偿裁判之费用于直者。

诉讼之权不可让渡。

2. 法律保护及不保护者

保护道理者最上之法律。

法律保护真实、忠义及确实。

法律保护者誉及秩序。

法律保护公之安宁。

自由较之他物常多受法律之保护。

若自由与奴隶之间有疑时,其决定不可不助自由。

法律保护寡妇之财产。

法律重天然之系属。

(注)天然血统谓父子祖孙之类。

犯罪当察其意思,不可察其结果。

所为非与意思共之,其人不得为有罪。

(注)民事不适用此原则。

重大之罪纵令不生结果,然其意思可罚。

意思看做(作)事实。

(注)孟德斯鸠曰事非现于表面者,不得罚之,与此相抵触,然所为意思,非谓存于人之心中者,必有形迹可证,乃罚之。

虽不生结果,无妨为未遂罪。

生结果时,未遂罪可变为既遂罪。

汝之志可命名为汝之所为。

(注)例如杀人,其出于豫(预)谋者,谓之谋杀。

外部之所为不必能显内部之意思。

凡有欲杀人者,杀此人时,即为重罪犯。

(注)不能以错误过失免其罪。

论理学之规则。

对于蔑视道理之人,无所施其论辩。

人而无信,何事不可为。

过多之争论必失实。

诈伪之巧者常较直正之事实为可信。

事实比之文字更为有力。

据法典而生之辩论在法律为最强者。

以一般之事理适用于特别之事理,其辩论有确定力。

(注)例如凡人皆有死,我亦宜有死,前者谓之一般事理,后者谓之特别事理。

因分析而生之辩论在法律中为最有力者。

结果从原因。

收获在播种之后。

类似不得为同一。何者为非真,同一者必不能谓之同一。

类似之事犹兽之有四足而不能走。

(注)兽皆有四足,喻其类似不能走,喻必有一二点之不同也。

基础不确实之事不可得良效。

原因之原因者，结果之原因也。

（注）杀人者以杀为原因，然有他人指使者，则为原因之原因，因而生杀人之结果。

援先例者常以他人之问题以决定此问题。

二个同一之事，其中一个有效者，他之一个亦为有效。

去基础则结构与工作崩。

基础弱其建筑物崩。

主物去者，其从物亦亡。

因一法律约束之义务，不能因法律之反对而废之。

知事物之原因者，其人之幸福。

不当察远，因而当察近因。

万事莫重于始。

与其吸河流，毋宁饮泉源。

事贵防始。

豫（预）防胜于救疗。

其始已无效者其后不得再为有效。

其始已为不良者，不能因时之经过而复为良。

人无为不可为之事之义务。

事无较必要更正者。

（注）必要即为最正之理，无较之更正者。

虽有较必要尤强者以必要为正。

以物与人者当并用其物之方法与之。

一部包含于全部之内。

最大者包含最小者。

大金额包括小金额。

从物之性质同于主物之性质。

无主则无从。

去其最要之部分者不啻去其全部。

附属之物不可分。

全部胜于一部。

不知其物之名,是谓不知其物。

(注)人有被盗窃者不能指名(明)其所失之物者失求偿之权。

知一般之事易知特别之事难。

不得不缺之事无所谓延滞。

不表现者与不成立者在法律上为同一。

无效之事与无其事同。

未定之事等于无。

不言与难言而不十分者同。

事之中止者,其中止之间看做(作)不成立。

为其事而未遂者不得谓之已为其事。

无论何人不能以己所不有之物赠与人,又为让渡。

夺必为现有者。

(注)苟非其人所有之物,无所谓夺,其谓之夺,必其现有者。

不与诉讼之权于未被害者。

不能以一人之故使他人失权利。

决不施行之权力,无用之权力也。

不可期望偶然之事。

事因一原因而被妨碍者,其原因止时其妨碍亦止。

一人不能占二人之位置。

(注)谓原告不得同时为被告。

同一之土地不得同时为佃户与地主。

一物与他物混合而消灭,不能更为独立。

自己不得为自己之债主。

(注)例如甲为债主,乙为负债者,甲为乙之相续人时其所贷之金即甲自己之物,对之不得起诉是谓权利混同。

二人不能全有一物。

能当大任者必可使为细事。

小者有效,则大者亦有效。大者无效,则小者亦无效。

(注)例如借土地者,一年之期限中有伐木之权,则十年之期限中

亦有此权，反之，十年之期限中无此权者，则一年期限亦无此权。

一度已为之事，虽悔无及。

建筑物所用之石，不得其宜者不可变。

（注）喻一成而不可变。

直接所禁之事，间接亦禁之。

轻蔑命令者即轻蔑发命令之人。

无论何事，无瞬间发明且成就者。

无生而为术者。

（注）艺术必因教育经验所致，无生而知之者。

人无前言之义务。

（注）谓将来之事无先言之义务。

七、可为基础之法律原则

1. 总则及杂则

法律之不备者，以格言定之。

良法生于恶行。

（注）此无恶行，不必要法律。如有盗贼则有盗律，有杀人则有杀人律。

舆论为法律之好证据。

无法律则无假定。

假定由法律而生，而假定不能生法律。

财产权不得无主。

（注）甲以财产权与乙，甲之与与乙之受，其中无无主之时间。

权利不死。

二个之权利相触时以最良者为胜。

罪恶因死去而消灭。

（注）故戮尸非文明之律。

时也者，义务及诉讼权消灭之具也。

诉讼有移。

（注）谓一度控诉之后不许再控。

为不正之事者不得求裁判。

天之力胜于法律之力。

(注)谓好生恶死者人之常情;苟出于保护自己之目的时,法律不能罪之。

背理者无合法。

法律不以无用无效之事强人为之。

有权利有救助。

(注)人借舍不返者,是已有所有权也,故律法助之。

虽不可为之事而已,为之者不得取消之。

(注)例如婚姻,有一定形式,不如式而婚姻者不得为无效。

双方有分物之权者,其一方亦有选择之权。

(注)例如分瓜遗物,苟止许一方为之,则必以良者与己,而以不良者与人,故使他之一方亦有选择权。

身体之罚重于金钱之罚。

罚金不使蒙名誉之损害。

罚非永远者,罪则永远者。

命为不合法之事者无效。

诈伪不可洗涤。

(注)人有初为诈伪而后廉直者。裁判官当注意其初之诈伪,而其终之廉直则不问之。

诈伪无时效。

诈伪之人应受诈伪。

(注)行诈伪者,人亦可向之行其诈伪。

先行者之诈伪,后继者不任其责。

一个之所为生许多之效果。

自由民之身体不许评价。

人身非可评价。

言语当如常人,思想当如学者。

(注)谓立法者及裁判官,其思想当深奥,其出言当平易。

官职非害人者。

(注)谓朝廷设官之意决非害人。

大事要众人之商议。

引渡生证书之效。

2. 道德之原则

条理及权力,世界最明之光。

(注)无条理则无善恶,无政府之权力则不能扶善而抑恶,故曰最明之光。

法律者,最安全之甲胄,在法律之盾之下,何人不敢欺之。

(注)法律保护性命,故曰甲胄,保护财产,故曰盾。

服从为法律之本质。

不守其地之法律,其耻辱犹之受不可灭之烙印。

除法律所禁之外,看做(作)为合法者。

(注)法律之所许往往为道德之所禁,故道德与法律异其范围。

法律于不言之中亦有当禁者。

(注)成文法律不能悉记载应禁之事,然以法律之精神言之时,有当禁者不能泥。

于文法此与上各明一义。

虽犯小罪有时可为大耻辱。

(注)例如诈骗罪。

诈伪与正理决不同居。

为不良之行者畏光明。

(注)谓畏人知。

逃裁判之人不啻自首其有罪。

(注)无罪之人不妨静待裁判,今既逃走是即畏罪之证。

不妄信者贤智之力。

与其不正而进毋宁退而为善。

事有疑者勿为。

无始恶而终善者,故君子慎其始。

干涉不属己及无关系之事者为罪。

不可干涉无关系于己之事。

自由者，无价之宝。

自由不许评价。

不保护自由者，是谓不信不仁。

罚施于少数之人，则多数之人恐。

逃刑者重大之罪恶。

懈怠神事者，决不能遂其人事。

（注）诉讼之证人必先宣誓，未宣誓者其证言无效。

害神者不可赦。

（注）此指自杀。自杀有二罪，一为背国王之命使其失一部之国民，一为犯神之大权而拒其生命。

自杀之罪甚于杀人。

对于天然之罪犯其罚至重。

非正之所为不得谓之大度。

（注）大度谓不吝啬而好施与。

辅佐人多则安全。

错误者之多数无妨为错误。

（注）不能以错误者之多谓其非错误。

父母之权力生于慈爱不生于暴恶。

（注）谓父母之督责其子皆本于爱。

产业因协同而增，争讼由丰饶而增。

教唆他人犯罪者较犯罪之人尤恶。

（注）故律罚教唆等于正犯。

子咎父母，法律所耻。

无鬼神之煽动，不能为大人。

（注）谓得大名者必有异常之天禀，而非出于寻常教育。

3. 寺院及宗教

寺院不死。

寺院之事即政府之事，其卫道之功可贵。

（注）此英国政教未分离时之格言。

寺院所不取者，国库取之。

纳十分之一税,非寺院之义务。

(注)此法仅英国行之。

神圣之物不受评价。

(注)盗平人之物不过惩役十五年,盗寺院之物者终身禁锢。

4. 不成文法及惯习

英国全地之惯习即英国之法律。

惯习即一种之法律。

合理之惯习如法律之可服从。

反于祖先之惯习风俗者,人不悦之。

永久且合法之惯习胜于法律。

事因继续而生效力。

惯习不得因恶事而生,又不得因恶事而废。

惯习虽有大势力,决不能害于条理。

无条理无惯习。

虽不合条理,为公益之故亦可为不成文法。

人民之所好可占条理之位置。

普通之错误非法律。

普通之错误虽不合法,而数回施行之后有惯习之效力。

(注)此与上为正反对。

人民者错误之工师也。

(注)人民最易于错误,犹工师之制造百物。

已禁之惯习不得复苏。

不成文法与成文法相触时,以不成文法为胜。

成文法有缺略时,以不成文法定之。

援用惯习当从严。

惯习非则例。

(注)惯习随地异同,而则例则为一般的。

5. 会社(公司)

多数之株主,其权利连(联)合为一体。

会社虽有多数之人,非集议则不能行动。

一人之共有者不能反于他人之意思，而施己之权力于共有财产之上。

会社之负担，个人不任其责。

(注)此株式会社有限责任之原则。

商社因一人之死去而解散。

6. 人权及义务

神之所为不得为恶。

不可避之灾，不任损害赔偿之责。

买主虽未受取卖主之物，当任损失之危险。

(注)是谓有名之危险问题。买卖契约已成立时，其物品虽在卖主之手，因水火盗难而被损失时，买主任其损失。

罪恶污辱事物。

(注)如赃物不得为财产，胁迫之契约，无契约之效。

禁制之物品不得为贸易。

(注)例如鸦片、春画。

不能因犯罪而得利益。

(注)故官吏犯贿赂之罪者，追征其金。

犯法者不得求法律之助。

(注)例如赌博之负债不能求裁判。

不能因他人之损失而得利益。

不能因一人之所为而害相手方。

不能因他人之损失而致富。

不被困于他人所为之结果。

他人间之契约得利于第三者，然不得害之。

(注)例如甲乙结契约，以家屋贷于丙，此为利第三者，故为有效，非甲乙互谋。使丙负贷借之义务，则为不利于丙，为法律所不许。

负义务者受其利益。

利之所归，害亦归之。

受不利之人并受其利益。

有财产之权及利益者，必负其危险。

任负担者并受其负担之利益。

保证人不数人时,各自请求其负债之全额。

在请求保证人之前,当先请求本人。

二人就同一之事任其责时,若其中一人不任其责,则他之一人引受其全部。

一人因异,时而有能,有不能。

(注)谓幼者之能力逊于丁年,白痴疯癫则失应有之能力。

有以物与人之权者,并有卖买让渡之权。

自己不能为之事不能使他人代理。

身分(份)上之权利不能让渡于他人。

系于身分(份)上之诉讼与其人共死。

(注)其人死亡则诉讼亦消灭。

身分(份)上之权利与其人共死。

(注)身分(份)上之权利谓婚姻及属于其人之特权,皆不能及于他人,故因其人之死亡而消灭。

特权为人身上利益,与其人共死。

负债者不能看作赠遗。

不能因火灾而使负债者免其债。

买取他人之权利者,不可无相当之注意。

卖买之代价常互相欺。

(注)买主欲价之廉,卖主欲价之高,故互相欺。

知而承诺者不能看作欺瞒。

(注)买主既承诺之后,虽发见(现)物品之不良,乃买主之过失,不能以为卖主欺瞒。

懈怠常与不幸为伴侣。

赏誉其物者,其为己之利益与否有决定之自由。

(注)卖主欲其物之速售,必赏赞其物。而买之与否,则其权操之于己。

卖物者炫耀其物。苟为众目所见,卖主不任其责。

不束缚单一之赏誉。

(注)商人之赏誉商品,理所固然,不受束缚。

以同一之物二度卖人者为诈伪。

艺术之缺失者,工人最大之罚。

(注)工人不能为艺术当任赔偿,故曰最大之罚。

使各人从事于其所知者。

使锻冶,为锻冶之业。

(注)按此格言,即前条之一例。

同一之事不受二度之要求,且应其要求者,已应之后不许更为其事。

(注)例如负债,已偿之后不许再为要求偿此无待言然。假如甲借百金于乙,乙贫不能返,协议之后止返七十五元,甲仍以证书还乙,事已结局。其后乙为富人,甲不能更求残金二十五元。

在负债者之手之负债证书看作已为返还。

(注)证书宜在债权者之手,今在债务者手中,故可看作已为返还。

物价从土地。

(注)物价因地不同,故从卖买地之价。

不定债务支拂(付)之时期者,当即时支拂(付)。

不知债务之几何者,虽不拂(付),亦为正直。

(注)索债者有应知债务几何之义务,苟不知之,即无应拂(付)之义务。

履行之延滞等于不履行。

因错误而与人者,虽得取回,然知其事实时则为赠与。

造意者与犯罪者同罪。

兴者与受者皆不法时,不得取返。仅受者不法时,得取返之。

受取者随受取人之意而受取。

(注)例如甲负乙种二债务,仅返还一部而不云充当何种债务者,其充当随受取人之意。

辨济者随辨济人之意为充当。

(注)同上之例,甲返还一部,应充当何种债务,任甲自由。

他人代为辨济者同于本来之辨济。

辨济有二个方法者，负债者有选择权。

(注)二个方法谓：或以现金，或以品物，可任负债者之选择，盖法律厚债务者。

收取违约金者无再返还之义务。

甲对乙所为之诈伪不得为丙诉讼之原因。

意外之费用不得入于计算中。

(注)例如旅费，虽可计算，然如意外之灾难，其费用不当入于费用中。

未遂当与既遂区别之。

为贸易之便利生残者之权不存于商人之间。

(注)英国封建时代生存者之权最大，凡连合之佃户，其中一人死去，则生存者可引受其土地。然其弊甚大，用之者渐稀，故生存者之权不及于商人。

运赁者，给料之母。

(注)海上法：凡舟人不得给料时，可以运赁为抵债，故云。

多目之所见胜于一目。

(注)例如证人、鉴定人。

7. 代人主人雇人

代理人之所为即本人之所为。

令他人为某事者看作自为其事。

使本人任其责。

因奴隶而生之损害赔偿义务属于其主人。

受他人之委任者不得以自己之名。

(注)以上诸格言法律上多有专条。

代理者不得更使人代理。

(注)但有本人许诺时可置复代理。

不得以被委任之权委任他人。

(注)义同上。

受委任者不得超越其委任权之限界。

雇人之所得属于雇主。

8. 无能力

狂人不有意思。

狂人不得为卖买及为一切之商事。

狂人不得为契约。

狂人仅以其权被罚。

(注)狂人不得加罚。何者？狂人已失意思能力，不能享人生之乐，仅此一事已可谓被罚，故不必更加罚也。

狂人看作失踪者。

(注)故其财产别置后见人管理之。

已蒙较法律更大之罚者不加罪。

(注)狂人已失其精神知识。已受神之罚。神已罚之，故虽犯罪常不加罚。

聋哑之人不得为让渡。

(注)古时以聋哑者为无知识，故不许立证，不得为遗言。今则聋哑皆受教育，一变此原则。

酩酊激成罪恶。

(注)英国法虽宥恕无知觉之人，而不及于泥醉且严罚之。

醉时犯罪，及醒而后罚之。

(注)防人之托醉而逃罚。

9. 承诺

从其父或主人之命者看作承诺。

错误之人不能看作承诺。

反于自己所好之行为，非自己之行为。

因于胁迫者不能保其承诺。

可明认者即可默许。

永久之容忍可解为承诺。

默即承诺。

由我承诺者不得由我废弃之。

后起之承认，有溯及既往之效力。

(注)谓无权代理有本人承认者，其效力溯及既往。

无受己之所不好之利益之义务。

(注)法国例:父之负债多者,子可不为相继人。

承诺与犯罪受同一之罚。

力之所及而不作为者,等于作为。

不防止力之所及之事看作为其事者。

可禁之事而不禁之,看作其人之所命。

(注)谓命其为之。

10. 义解

条理不限于场所。

条理者,神之光线。

(注)人为万物之灵,有考索条理之能力,与草木禽兽异。故曰神之光线。

法律者,条理之命令。

公平为裁判之本质。

人有自由民与奴隶。

(注)按近世,已废奴隶之制。

天下之人,不外一之人类。然天下之人类不尽为人。

(注)谓人有善恶,其恶者则禽兽而已。

民法奴隶不算入人中天然法则否。何者?天然法,凡人民均为平等。

一切人民均为平等。

子者,天然之名相续人者,法律之名。

妻及子者天然之名。

(注)法律语谓之有天之女及相续人。

相续人者集合之名。

(注)欧米(美)相续法与日本共单云相续人者,则有相续之权利常有数人。

男性常含女性。

恶事常有不足之原因。

(注)人之为恶,必因其思虑之未周密,故曰不足。

……〔1〕

〔1〕 此处有散佚。——编者注

后见人及幼者。

小儿与狂人无异。

(注)故法律当采同一之原则。

未成年者不能管理财产,又不得为承诺。

幼者得为自己之利益。

(注)幼者与人结契约无效,然为幼者利益之契约而相手,方不履行者,有诉权。

幼者,除寡妇财产之事以外不任其责。

十七岁以下之幼者不许为遗嘱执行人。

幼者不得为他之幼者之后见人。

幼者不得为誓。

(注)英国法虽十四岁以下,亦得为证人,日本则否。

十二岁以下之幼者不得置于法律之外。

(注)谓不当置于法律保护之外。

法律助幼者。

幼者宜受救助,盖少年人易为过失也。

后见人得管理相续人之财产,不得以恶意处分之。

入额增殖遗留财产。

(注)入额亦相续人之财产,故可增殖,不可减损。

仅付托后见人者安。

(注)谓由后见人再付托他人者危。

八、遗　　言

遗赠要于生前为之,至死后其物非汝之有。

(注)死后财产之分派据其国之相续法。

全不作遗嘱书,又虽作之而不合法,或其遗言可取消,又无效及无生存之相续人者,看做(作)为无遗言。

死者之遗嘱为其人生活最后瞬间之动作。

遗言因死而生效力。

遗嘱者之意思非记载于遗嘱书中者无其效。

遗言者最后之意思为其人之真意思。

遗言书要力求遗言者之意思。

(注)原注云此有二制限,第一当合法律之规则;第二当依遗言书之文字解释之。遗言书非不合遗言者之意思,不当离文字解释之。

遗言书有可疑或错误之文字时,从宽解释之,且当以遗言者之意思解释之。

一遗言书有互相抵触之二遗嘱时,无其效力。

一遗嘱书前后之文互不相符者,以最后之文为正。

(注)与前条异然,二说各有至理。

遗言者,虽误认遗产相续人之姓名称号,而有指定之人者,其遗产相续仍为有效。

九、解 释

1. 证书之解释

文字与意思符合者,无所用其解释。

全离文字之解释不可谓之解释,而谓之推量。

粘著(着)文字者粘着皮面。

(注)谓拘泥文字者仅知有皮面。

侵蚀本文之要部者,有毒之解释。

害本文者,噬肉之蝮蛇。

证书之解释以宽大为贵,然对于让与者则从严。

以恩惠之约束与财产者从其证书之意思,以宽解释之,以恶意夺财产者,从其证书之文字严解释之。

解释权利则从严。

(注)谓代理人之权力不可超过本人,故从严。

谈话者,其心之标。

文字当为意思所驱使,勿反于意思。

文字当以有效解释之。

文字有可疑时,若其文字可以通俗之言语惯习解释者,从其意义。

文字当从固有之意义,不当从文法上之用法。

若条理有必要时制限之,文字可以广义解释之。

术语当从最长于术者之说。

(注)例如法律用语当依深于法律者之说。

一般之文字以一般解释之。

不指定者同于全部。

非其文字有可疑者,不可反于其文字而为解说。

表现之疑义决不能以口述补充之。

(注)疑义之隐匿者,或非其人之故意,至表现则有时为故意,故当严其证据。

不分明之场合,我辈当从其不分明之最少者。

遗赠书中为连合者以连合之各部为真实,若其约束为分别时,以约束之一或其他为真实。

(注)例如遗赠书中云甲及乙为某事时,与以某物是为连(联)合,非甲乙共为之,不为有效。今易"及"之字为"或"则为分别。苟有一人为之,亦为有效。

不同之事不可为连(联)合。

最良之解释依前后之文定之。

证书中有关系之文字与插入者有同一之效。

(注)例如证书中有如别纸所书云云不啻以别纸所书者插入此处也。

不言而可了解者不得谓之欠缺。

其物实在者不妨名目之错误。

名可变,物不可变。

物之现在者,可救正名之错误,名之真实者,可救正记述之错误。

(注)例如甲赠物于乙时,呼乙为丙,其赠与为有效,以乙之现在也,又甲以名为丙之地与乙,而误丙之名为戊,亦为有效,以丙地之为真实也。

诸物之名当从普通之惯习解之，不当从人之所见解之。

合二个之否定为一个之当定。

(注)文字中有用二个之否定辞者即为肯定。例如不可不是也。

重复之否为可。

明言一物者除去他物。

明言可使包含者为无效。

(注)既列举其事件，则应包含者皆无效。

明言者害，不明言者利。

(注)明言则多遗漏，故有害。

文字过多者不为文书之害。

(注)谓不厌其详。

有用之文书不因无用之言词而失其效。

文法之错误不为证书之害。

不守书式者，其所为可以取消。

未定之数量毁其证书。

(注)证书中不定数量者其证书无效。

简略生疑。

豫(预)约为现在与将来，而豫(预)定者非为既往而定者。

2. 法律之解释

不定者非法律。

法律遵天然之秩序。

条理者，法律之精神，故条理变者，法律亦变。

知法律者不可仅察其文字。

善解法律者宜注意其可疑之点。

反于不成文法之法律当严解释之。

惯习者，解释法律最良之材料。

法律含有二义，或言词之错误生疑者以情理裁判解释之。

法律不在文字之上，而在事实之上。

使本文无效之解释者，不良之解释也。

法律之极度，非法律。

(注)谓道德。

法律为格别，而条理为一般者，其法律以一般解释之。

为公益而设之，成文法以宽大解释之。

刑事上之法律之解释以宽仁。

法律上之假定常合于情理裁判。

法律不言其意思。

十、契约之法律

不论为有名契约，为无名契约，凡交换皆为有偿。

(注)罗马法分契约为有名无名之二，有名者皆凡十二种，无名者凡四种。

无偿之契约不生义务。

不法之报偿及反于德义之契约，可以取消。

反于法律或善良之契约无效。

承诺为法律。

(注)谓承诺之后，双方均被拘束，犹之法律也。

契约者双方之法律。

双方之契约胜于法律。

法律之规则较人之规则为公。

(注)人之规则谓契约。

契约不明时，从契约地之惯习。

缺豫(预)约者以法律为豫(预)约。

(注)无赠遗而死者，依法律处分其财产。

文字适当者，则财产安全。

(注)证书中文字适当，则不起财产之争讼。

书之者，行之也。

(注)口上之议论不足为据，至于书之于纸上则与行之者同一。

记载之契约不得以口述之证据变更之。

私之契约不能损公之法律。

不得以私契约减公之权利。

不得以私契约害他人之权利。

使已不让渡财产之契约无遵守之义务。

(注)民法关于差押为此原则之例外。

契约中藏匿诈伪为之文句,不为法律所保护,无其效。

书面之契约以书面解之,口头契约以口头解之。

结约之权在己,而解约之权不在己。

得废弃为己利益之法律。

(注)幼者之借金可以不返,然至成年后可追认之,即此类也。

制限契约之双方者并制限其相续人。

债务与契约无特别之场所。

(注)谓无论在何场所皆有履行之义务。

豫(预)约者谓未必之件,其出现与否不可知时而用之者也。

以最小者入契约。

(注)假甲欲以六百佛郎借乙之家屋,而同时,乙欲以五百佛郎贷之其契约,即为五百佛郎。

宣誓含有三个之元素,即信实、正理、裁判是也。

宣誓之式虽因国语而异,至其意义则为同一,以其必呼神以证之也。

十一、证据之法律

法律上,非为誓,不信其人。

誓者不可分之物,不得看做(作)为半真半伪者。

(注)宣誓者数件之中有一伪时,其余皆伪。

因他人之诉讼所为之誓不害己又不利己。

无意识之誓虽为诈伪,不成伪誓。

若证人之数双方均一时,从其最有信用者。

证人可量之不可数之。

(注)谓止当计其申述之可据与否不以证人之多为贵。

目击之证人胜于其他之证人。

目击之证人一胜于耳闻之证人十。

众目优于一目。

关于妓馆之事,以娼妓证之。

(注)谓此外不许以娼妓为证人。

临死无戏言。

(注)谓不必要宣誓。

自己之事不得为证人。

证人仅一人时,不可听其言。

(注)古时必有二名之证人,今则已废其制。

犯破廉耻罪者不得为证人。

申述己之耻辱者,不可听其言。

(注)人无不掩匿己之耻辱者,苟自述之,必有人为之教唆诱导,故其言不足信。

长于艺术者与以信用。

(注)谓鑑定人。

邻人假定为知其邻之事。

法律不强人之不知者为知。

不知其事者,无报知之义务。

证据之权不可制限。

证据要为明白且易解者。

证据要明如日光。

非于神之前,无自责之义务。

无使自己触不幸及危难之义务。

(注)故证言之可为证人,不幸者证人可辞之。

无出为自己不利之文书之义务。

无与兵于手之义务。

(注)谓无自首之义务。

于裁判所所为之自首,较之其他证据更为有效。

自首之原告最良之证人也。

默者非自首。

一部之无效者全部之无效。
一切之罪恶假定归于犯罪者之不利。
一度犯罪常可假定其为犯罪。
(注)以上三格言皆适用于证人。
明白之事实不要证据。
已明之事而使证人申述者,过也。
不适用于其事者不可申述。
(注)谓证言限于本事件之范围。
无益于本问题者,其证言为无效。
假定之强有力者,同于十分之证据。
一切之事假定为保护性命自由及无罪。
假定常保护被告人。
恶事不可假定。
不正之事法律不能假定之。
一切之事除有反对之证据外,看做(作)为合法者。
立证之责任在诉讼者。
证据之责,原告任之。
原告有立证之义务。
法律认为可者欲以为否,不可不证明之。